AUTOCOMPASIÓN FIERA

KRISTIN NEFF

AUTOCOMPASIÓN FIERA

Cómo las mujeres pueden utilizar la amabilidad
para expresarse, empoderarse y crecer

Traducción de Remedios Diéguez Diéguez

 PAIDÓS

Obra editada en colaboración con Editorial Planeta - España

Título original: *Fierce Self-Compassion*

Publicado por acuerdo con Harper Wave, un sello editorial de HarperCollins Publishers

© 2021, Kristin Neff

© 2022, Traducción: Remedios Diéguez Diéguez

© 2022, Editorial Planeta, S. A. - Barcelona, España

Derechos reservados

© 2023, Ediciones Culturales Paidós, S.A. de C.V.
Bajo el sello editorial PAIDÓS M.R.
Avenida Presidente Masarik núm. 111,
Piso 2, Polanco V Sección, Miguel Hidalgo
C.P. 11560, Ciudad de México
www.planetadelibros.com.mx
www.paidos.com.mx

Primera edición impresa en España: junio de 2022
ISBN: 978-84-493-3951-6

Primera edición impresa en México: febrero de 2023
ISBN: 978-607-569-405-4

Impreso en los talleres de Impregráfica Digital, S.A. de C.V.
Av. Coyoacán 100-D, Valle Norte, Benito Juárez
Ciudad De Mexico, C.P. 03103
Impreso y hecho en México – *Printed and made in Mexico*

SUMARIO

POR FIN, ¡AUTOCOMPASIÓN FIERA!

Este libro te va a sorprender. Es atrevido, revolucionario, feminista y rompedor. Un verdadero soplo de aire fresco. La autora desnuda su vida y se muestra de una forma personal más que en ninguna obra anterior, proponiéndonos el reto de integrar los aspectos tiernos, suaves y acogedores de la compasión con los aspectos intrépidos, poderosos, valientes y fieros, más allá de nuestros roles de género, tal y como ella ha ido aprendiendo a lo largo de numerosos eventos vitales dolorosos.

La que escribe este prólogo es una mujer blanca, latina, educada en una religión monoteísta, el cristianismo, y desde ese lugar pienso, escribo, actúo y lucho contra uno de los sistemas más opresivos para las mujeres: el patriarcado espiritual. Con el tiempo he tomado conciencia de que el espacio religioso/espiritual es un lugar más donde se reproduce la desigualdad de género a pesar de los valores espirituales. Revisar este libro y trabajarlo me ha dado esperanza, respuestas a mis interrogantes y una forma de practicar la autocompasión nueva, poderosa y completa. Llevo enseñando el programa MSC (Mindfulness y Autocompasión) desde 2012 y formando profesores en el mismo desde 2016. Durante todos estos años me he encontrado multitud de alumnas y profesoras que confundían la compasión con «buenismo», o lo que en la tradición budista se denomina «compasión estúpida», es decir, compasión sin sabiduría. Si eras una mujer compasiva, tenías que ser buena, complaciente, evitar el conflicto activamente, buscar la armonía a toda costa (incluso a costa de nosotras mismas) y entregarte a los demás sin poner límites razonables ni sostenibles y, por supuesto, que no se te ocurra manifestar el enfado y mucho menos decir groserías (quizá por eso digo tantas y he sido censurada y juzgada —tanto por hombres como por mujeres – por mostrar y expresar la rabia y la indignación abiertamente). Durante siglos se nos ha educado así a nosotras, en esta pseudoespiritualidad llamada «ser buena» que ha sido utilizada como una forma de manipulación y sometimiento. Por otra parte, a los hombres que se acercaban al programa, les daba miedo que la práctica de la compasión y la autocompasión les hiciera más vulnerables y por ende más débiles e indulgentes. Todos estos prejuicios, estereotipos de género y temores quedan totalmente esclarecidos en esta obra cuya autora plantea un modelo de la compasión y la autocompasión que integra de una forma vivencial y pragmática la compasión tierna (la que cuida, nutre y consuela) con la compasión fiera (la que protege, provee, motiva y pone límites). La sabiduría, desde este punto de vista, consiste en integrar las dos perspectivas de forma equilibrada y consistente, independientemente del sexo, el género e incluso más allá de la raza, etnia y las diferentes identidades culturales.

La autora divide el libro en tres partes. En la primera («Por qué las mujeres necesitamos la autocompasión fiera») hace un recorrido sobre los fundamentos de la autocompasión, cómo se ha cercenado el concepto de la compasión según los distintos roles de género, y, muy importante, cómo adueñarnos de la emoción del enfado de una forma transformadora y constructiva, sin vergüenza ni censura. En la segunda parte («Las herramientas de la autocompasión»), la autora profundiza en los aspectos tiernos y fieros de la autocompasión y cómo desarrollarlos de una forma complementaria y balanceada, así como aprender a reconocer y satisfacer nuestras necesidades, apropiándonos de ellas sin descuidar las de los demás. Y, por último, en la tercera parte («La autocompasión fiera en el mundo») muestra cómo poner en acción en el mundo la práctica de la autocompasión fiera para realizar cambios evolutivos y necesarios, apoyando la justicia y la igualdad en el trabajo, equilibrando el cuidarnos y cuidar a otros de forma sostenible y cultivando relaciones sanas y sin dependencias. En casi todos los capítulos se proponen ejercicios de reflexión y prácticas de audio que podrás escuchar en nuestro idioma. En este sentido, la autocompasión se desarrolla y fortalece mediante la práctica y aún más importante que leer sobre ella es llevarla a la vida cotidiana.

Aunque este libro está escrito en femenino y habla directamente a las mujeres, su mensaje las transciende, porque todos los seres humanos sin distinción albergamos el potencial y la posibilidad de desarrollar las «dos compasiones» que dan lugar a la Compasión Sabia. Todos las necesitamos para vivir de una forma justa y equilibrada, por lo que recomiendo encarecidamente la lectura del mismo a personas de todos los géneros.

Me gustaría darles la bienvenida a todos, todas, todxs a la práctica de una compasión completa que represente los valores de diversidad, equidad, inclusión y pertenencia y que no tiene género. Hoy sé que la espiritualidad nos lleva a hacernos preguntas sobre el sentido y el propósito de la vida y no tiene por qué limitarse a ningún tipo particular de creencias o prácticas ni a ninguna estructura o institución patriarcal. He aquí un modelo de espiritualidad moderna, diversa en su origen y expresión, que trasciende todos los prejuicios y errores históricos (estructuras patriarcales clasistas y machistas, abuso de poder, etc.). Se trata de una espiritualidad sanadora, con cambios más radicales y fundamentales en la vida de los seres humanos, que se relacione con una distribución del poder y una representación igualitaria en las estructuras religiosas y la espiritualidad moderna, pero también basada en un nivel de conocimiento profundo de nosotros mismos confiando principalmente en la autoridad espiritual interna en primer término e integrando los aspectos contemplativos del mindfulness con la acción social comprometida de la compasión.

MARTA ALONSO MAYNAR,
Profesora Certificada y Formadora de Profesores del programa MSC
(Mindfulness y Autocompasión), Miembro del Consejo Ejecutivo
del Center for MSC

PRIMERA PARTE

POR QUÉ LAS MUJERES NECESITAMOS LA AUTOCOMPASIÓN FIERA

Introducción
LA FUERZA DE LA BONDAD

> Pero una cosa es cierta: si fusionamos la misericordia con el poder, y el poder con el derecho, entonces el *amor* se convertirá en nuestro legado y cambiará el patrimonio de nuestros hijos.
>
> AMANDA GORMAN,
> poeta juvenil laureada, Estados Unidos[1]

Hay algo en el aire. Todas las mujeres con las que hablo lo sienten. Estamos hartas, enfadadas y listas para el cambio. Los roles de género y las estructuras de poder tradicionales limitan nuestra capacidad (la capacidad de las mujeres) de expresar todo lo que somos, con el consiguiente perjuicio personal y político. A las mujeres se nos permite ser sumisas, maternales y cariñosas, pero si una mujer se comporta de manera apasionada (si estamos demasiado enfadadas o nos mostramos enérgicas), la gente se asusta y nos llama de todo: brujas, arpías, fieras y manipuladoras son algunos de los insultos más suaves que se me ocurren ahora mismo. Para superar el dominio masculino y ocupar el lugar que nos corresponde en las mesas del poder debemos recuperar el derecho a ser apasionadas. Así es como cambiaremos las cuestiones a las que se enfrenta nuestro mundo actual: pobreza arraigada, racismo sistémico, un sistema sanitario endeble y el cambio climático, para empezar. Este libro pretende ayudar a las mujeres a realizar esos cambios.

Un valioso marco para entender cómo las mujeres podemos realizar cambios productivos es la autocompasión. La compasión tiene por objeto aliviar el sufrimiento.[2] Es el impulso de ayudar, un sentimiento activo de preocupación, el instinto palpable de cuidar a los que sufren.

Aunque la mayoría de las personas sienten compasión hacia los demás de manera natural, resulta difícil dirigir ese instinto hacia el interior, hacia uno mismo. Llevo veinte años investigando los beneficios psicológicos de la autocompasión y enseñando a otras personas a ser más amables y más compasivas consigo mismas. Mi colega Chris Germer y yo hemos desarrollado un programa de formación, llamado Mindful Self-Compassion (MSC),[3] que se imparte en todo el mundo. Sin embargo, para obtener todos los beneficios de la autocompasión es preciso desarrollar su lado apasionado además de su lado amable.

De eso me di cuenta no hace mucho. Antes, cuando impartía talleres de autocompasión, explicaba una historia real y divertida con la intención de ilustrar de qué modo nos ayudan la atención plena (mindfulness) y la autocompasión a trabajar emociones «difíciles» como el enfado.

La historia transcurre así: cuando mi hijo Rowan tenía unos seis años, le llevé a ver un espectáculo de aves en el zoo. Una vez sentados, Rowan (que es autista) empezó a portarse mal (no gritando y moviéndose sin control, sino hablando en voz muy alta y poniéndose de pie en lugar de quedarse sentado en su asiento). La mujer que estaba delante y sus dos hijitas de comportamiento ejemplar no dejaban de girarse para mandar callar a Rowan. Pero mi hijo no se callaba. Yo lo intenté, pero estaba tan alterado que le era imposible controlarse. Después de su tercer intento fallido de hacer callar al niño, la mujer se giró, nos lanzó una mirada asesina y exclamó:

— ¡Cállate, por favor! ¡No oímos nada!

Rowan se quedó sorprendido y me preguntó con un tono de voz asustado:

— Mami, ¿quién es esa?

Si alguien hace algo amenazante o agresivo contra *mi* hijo, me convierto en Mamá Osa. Estaba furiosa.

— Es una... — le respondí. Bueno, dejémoslo en que utilicé una palabra que empieza por «p», y no fue *persona* (lo dejo a tu imaginación). El espectáculo acabó poco después. La mujer se giró y me dijo:

— ¿Cómo te atreves a llamarme eso?

— ¿Cómo te atreves tú a lanzarle una mirada asesina a mi hijo? — le solté.

Y nos enzarzamos. *¡Dos mamás junto a sus respectivos retoños peleándose a gritos en un espectáculo de aves!* Por suerte, yo estaba inmersa en la práctica del mindfulness por aquella época (sí, ya veo la ironía), así que dije con relativa calma:

— Estoy muy enfadada ahora mismo.

La mujer respondió:

— Cuéntame algo que no sepa.

Para mí fue un momento crucial porque en lugar de dejarme llevar por la rabia, tomé plena conciencia de ella, le resté intensidad y me marché.

Me parece una buena historia porque ilustra de qué modo nos pueden ayudar habilidades como el mindfulness cuando nuestras emociones reactivas nos colocan en una situación límite. Sin embargo, durante años no supe apreciar la importancia de lo ocurrido: aquella subida instintiva de energía fiera de Mamá Osa. No hice caso a aquel momento de enfado protector y asumí que era un problema cuando en realidad fue algo extraordinario e impresionante.

Jack Kirby, autor de cómics de Marvel,[4] se quedó tan impresionado después de presenciar un accidente de coche y ver a una madre levantando un vehículo de más de mil kilos para salvar a su bebé atrapado que acabó creando el personaje del Increíble Hulk. Ese aspecto extremo de nuestra naturaleza no es nada problemático: se trata de un superpoder, algo digno de ser celebrado y no simplemente «aceptado» con plena conciencia. Y podemos emplear esa fuerza no solo para proteger a nuestros hijos, sino también para protegernos a nosotras mismas, satisfacer nuestras necesidades, promover cambios y participar en el funcionamiento de la justicia. Este libro está pensado para ayudar a las mujeres a sacar a su fiera guerrera interior y así levantarnos y cambiar el mundo.

LA FUERZA DE LA BONDAD

Seguimos viviendo en una sociedad dominada por los hombres y necesitamos todas las herramientas a nuestro alcance para emerger triunfantes, pero también sanas y salvas. Una de las armas más poderosas de nuestro arsenal es la fuerza de la bondad. La autocompasión tierna emplea la energía de los *cuidados* para aliviar el sufrimiento, mientras que la autocompasión fiera se sirve de la energía de la *acción* para aliviar el sufrimiento. Cuando las dos se integran sin fisuras, se manifiestan como la fuerza de la bondad. Nuestra fuerza resulta más eficaz cuando es bondadosa porque combina fortaleza y amor. Es el mensaje difundido por grandes líderes del cambio social como Mahatma Gandhi, la Madre Teresa, Nelson Mandela y Susan B. Anthony. Es lo que transmitió el reverendo Martin Luther King Jr. en su petición del fin de la guerra de Vietnam: «Cuando hablo de amor, no hablo de una especie de respuesta sentimental y débil. Hablo de esa fuerza que [...] es el principio unificador supremo de la vida».[5]

Por suerte, el poder de la bondad se puede dirigir hacia al interior, no solo hacia el exterior. Podemos utilizarlo para impulsar nuestro viaje de crecimiento y sanación al tiempo que luchamos por la justicia. Al fin y al cabo, el activismo social es un acto de autocompasión (no solo de compasión hacia los demás), porque todos estamos interconectados y las injusticias nos afectan a todos.

Antes creía que mi apasionamiento era un defecto que debía superar; ahora me doy cuenta de que es el responsable de que las cosas me hayan salido bien. En 2003 publiqué el primer estudio teórico sobre la autocompasión[6] y creé la escala de la autocompasión (SCS, por sus siglas en inglés) para medirla.[7] Mis estudios iniciales demostraron que las personas con puntuaciones más altas en la escala gozan de niveles superiores de bienestar.[8] Durante aquellos primeros años fui la autora más destacada en la investigación de la autocompasión, pero el campo se ha ampliado muchísimo desde entonces y ahora abarca más de tres mil artículos científicos,[9] además de los que se van publicando día tras día. Dudo que hubiera tenido la valentía de adentrarme en aquel territorio inexplorado de no haber sido por la misma energía guerrera que en ocasiones me lleva a meterme en líos (como insultar a una completa desconocida delante de mi hijo en un espectáculo de aves).

CERRAR EL CÍRCULO

Desentrañar el lado apasionado y el lado amable de la autocompasión es el siguiente paso en mi trabajo, un tema del que me queda mucho por escribir. Al mismo tiempo, tira de hilos que siempre han estado presentes en mi carrera. Realicé mi doctorado en el campo del desarrollo moral con Elliot Turiel en la Universidad de California, Berkeley. Turiel fue alumno de Lawrence Kohlberg, el conocido teórico que propuso que la moralidad se desarrolla en tres fases principales. Según el modelo de Kohlberg,[10] la primera fase (que se produce en la infancia) se centra en la satisfacción de las necesidades personales. La segunda fase (en la adolescencia) se centra en cuidar y satisfacer las necesidades de los demás, y la última fase (si es que se llega a alcanzar, ya en la edad adulta) se ocupa de la justicia y considera los derechos y las necesidades de todos desde un punto de vista equitativo. La investigación de Kohlberg, realizada principalmente en la década de 1960, concluyó que las mujeres tienden a tomar decisiones morales basadas en los cuidados, mientras que los hombres se basan más en los derechos y la justicia. Y se interpretó que las mujeres son pensadoras morales menos avanzadas que los hombres.

Numerosas feministas se molestaron, con razón, ante esa postura que consideraron prejuiciosa. Carol Gilligan, autora del influyente *In a Different Voice*, argumentó que los cuidados y la justicia son dos lentes éticas distintas a través de las cuales podemos ver el mundo. El criterio de la mujer está conectado, no es autónomo, pero no por ello resulta inferior a una perspectiva masculina. Irónicamente, aunque su teoría pretendía rebatir la idea de que las mujeres somos menos morales que los hombres, acabó retratando a las mujeres como seres que no valoran la justicia.

No estoy de acuerdo con ninguna de estas posturas. Las dos me parecen sexistas a su manera. Turiel resolvió la discusión demostrando que hombres y mujeres en todas las fases de desarrollo realizan juicios morales basados en la autonomía, los cuidados y la justicia en función del contexto.[11] Casi todo el mundo, sea cual sea su edad, género o cultura, juzga que es mejor cuidar y ayudar a los demás que hacerles daño, que las personas deberían ser capaces de tomar decisiones autónomas sobre determinadas cuestiones personales, y que la justicia es importante. De hecho, uno de los primeros juicios morales que expresan los niños es el «¡no es justo!». La investigación de Turiel demuestra, además, que el poder social desempeña un importante papel en el modo de expresar cada tipo de razonamiento.[12] El dominio otorga una toma de decisiones más autónoma, y la subordinación exige más cuidado con el prójimo. Por definición, un rasgo fundamental del poder es la posibilidad de hacer lo que uno quiera, y parte de lo que define la subordinación es tener que satisfacer las necesidades de los que ostentan el poder. También se requiere poder para garantizar que las necesidades de todo el mundo reciban la misma consideración. Pasé un año en la India para trabajar en mi investigación sobre la influencia de las creencias culturales acerca de la jerarquía de género en el razonamiento sobre esas cuestiones en los conflictos maritales (profundizaré en ello más adelante).

Descubrí la autocompasión después de regresar a Berkeley para redactar la tesis. Como expliqué en mi primer libro, *Sé amable contigo mismo: el arte de la compasión hacia uno mismo*, mi viaje hacia la amabilidad conmigo misma fue doloroso. Antes de embarcarme en mi investigación en la India, dejé a mi marido por otro hombre (con un gran sentimiento de culpa y remordimientos, porque me tenía por una persona muy empática y moral). Se suponía que mi nuevo amor iba a reunirse conmigo en aquel país, pero no llegó a dejar a su pareja y nunca apareció. Además, cuando volví a casa me enteré de que tenía un tumor cerebral. Murió poco después.

Quería aprender a meditar para recomponer los añicos de mi vida. Empecé a practicar con un grupo que seguía las enseñanzas de Thich Nhat Hanh, un maestro zen vietnamita que hace hincapié en la necesidad de ser compasivos con nosotros mismos, no solo con los demás. Leí obras de maestros budistas occidentales pioneros, como *Amor incondicional*, de Sharon Salzberg, y *Camino con corazón*, de Jack Kornfield. Ambos subrayan la importancia de incluirnos a nosotros mismos en el círculo de la compasión.

A raíz de mis lecturas y mi práctica de meditación, traté de ser más cariñosa y más empática conmigo misma. En lugar de flagelarme por lo que había hecho (solo para convencerme de que era buena persona por odiar lo mala persona que había sido, así de enrevesada es la mente), intenté ser más comprensiva e indulgente. He de decir que al principio fue un poco raro. Cuando me decía: «Los seres humanos cometemos errores», otra vocecita replicaba: «Solo son excusas». No obstante, la voz de la objeción acabó por callar y yo aprendí a reconocer el dolor que había causado, pero tratándome bien en el proceso. Me decía: «Sé que lo habrías hecho de otra manera si hubieras podido, pero en aquel momento no pudiste. Te sentías frustrada en tu matrimonio e intentabas encontrar la felicidad. Todo el mundo quiere ser feliz». En lugar de obsesionarme conmigo misma y mis fechorías, empecé a apreciar mi humanidad imperfecta y el modo en que me conectaba con el universo. Me colocaba las manos sobre el corazón y decía: «Sé que lo estás pasando mal, pero todo saldrá bien. Te acepto exactamente como eres, también con tus defectos». Con ello, me responsabilicé por completo de lo que había hecho, por doloroso que fuera, sin flagelarme. Con la práctica aprendí a acoger mis remordimientos con amor, y mi vida cambió a mejor de forma radical.

Después de graduarme hice un posgrado de dos años con Susan Harter, profesora de la Universidad de Denver y una de las principales investigadoras del país en el campo de la autoestima, una idea que dominaba el concepto psicológico de *bienestar* desde hacía décadas. La autoestima podría definirse como una valoración positiva de la valía personal. Los investigadores empezaron a entender que aunque juzgarse positivamente te hace más feliz, también puede llevar a las personas a caer en trampas y callejones sin salida como el narcisismo y la constante comparación con los demás. Por si fuera poco, la autoestima depende casi siempre de la aprobación social, o de ofrecer un aspecto atractivo, o de tener éxito y no fracasar. La autoestima solo aparece cuando todo va bien y nos deja colgados cuando las cosas van mal, justo cuando más la necesitamos. La autocompasión es una alternativa perfecta a la autoestima. No exige sentirse mejor que los demás, no depende de la aprobación de los demás y no requiere que las cosas estén bien. El único requisito para la autocompasión consiste en ser una persona imperfecta, como todo el mundo. Es una fuente constante de apoyo y refugio.

Cuando empecé a trabajar en la Universidad de Texas en Austin, continué con mi investigación acerca de la influencia del poder en la autonomía, el cariño y la justicia en las relaciones. Además, seguí desarrollando mis ideas sobre la autocompasión y escribí al respecto abordándola como una alternativa más saludable a la autoestima. El tema me absorbió tanto que dejé las demás líneas de estudio y, desde entonces, es mi prioridad (aunque recientemente las recuperé en el contexto de la autocompasión). Cuando nos relacionamos con nosotros mismos con autocompasión tierna, nos cuidamos y nos apoyamos. Cuando nos relacionamos con nosotros mismos con autocompasión fiera, afirmamos nuestra autonomía y defendemos nuestros derechos. Cuando esos dos tipos de autocompasión están equilibrados, podemos ser imparciales y justos. El poder y las expectativas de género también desempeñan un papel en la expresión de la autocompasión. El dominio masculino hace hincapié en la intensidad; la subordinación femenina realza la ternura, y la defensa de la igualdad entre géneros exige que integremos ambas. Como piezas de un rompecabezas que encajan en su sitio, el contenido desordenado de mi trabajo por fin ha cobrado sentido.

POR QUÉ ESTE LIBRO SE DIRIGE A LAS MUJERES, Y POR QUÉ AHORA

La autocompasión es útil para todo el mundo, y la mayor parte de lo que he escrito al respecto no tiene en cuenta el género. Sin embargo, creo que la autocompasión resulta especialmente necesaria para las mujeres en este momento de la historia. Estamos hartas del *mansplaining* (la explicación de algo por parte de un hombre, típicamente a una mujer, de una manera considerada como condescendiente o paternalista) y de que nos traten como si fuéramos unas ineptas. Ha llegado el momento de recibir salarios justos y de ser iguales en poder y representación como líderes en las empresas y los gobiernos. La autocompasión fiera, sobre todo cuando se equilibra con la autocompasión tierna, puede ayudarnos a luchar por nuestros derechos y contrarrestar el daño de siglos oyendo que calladas estamos más guapas.

El movimiento #MeToo también me inspiró para escribir este libro. Las mujeres hemos ocultado el acoso y el abuso sexuales durante demasiado tiempo. Temíamos que nadie nos creería si revelábamos la verdad, que sería motivo de vergüenza o que solo causaríamos más daño. Todo eso cambió en 2017, cuando cientos de miles de mujeres utilizaron el *hashtag* #MeToo para compartir sus experiencias de acoso y abuso sexual. De repente, eran los hombres quienes dejaban sus trabajos con la reputación por los suelos.

Como veremos más adelante, mi historia se identifica con la de miles de mujeres de todo el mundo. A pesar de ser una conocida profesora de mindfulness y compasión, fui engañada y manipulada por alguien que resultó ser un depredador sexual. Un hombre en el que confiaba y al que apoyaba estaba acosando y abusando de un montón de mujeres sin que yo lo supiera. Mi práctica de la autocompasión fue lo que me permitió afrontar el horror de las revelaciones, una tras otra. La autocompasión tierna me ayudó a sanar, y la autocompasión fiera me animó a hablar y comprometerme con no permitir que aquella situación continuara.

El feminismo nos brindó acceso al terreno profesional, pero para tener éxito nos hemos visto obligadas a actuar como hombres y eliminar las cualidades tiernas que no se valoran en ese mundo masculino. Al mismo tiempo, si somos demasiado agresivas o asertivas, provocamos rechazo. Esa situación nos lleva a una falsa elección: tener éxito y ser ridiculizadas, o gustar y continuar siendo insignificantes. Las mujeres tenemos más presión para demostrar que valemos en el trabajo, pero además estamos sujetas al acoso sexual y a sueldos más bajos. La conclusión es esta: la situación actual ya no nos sirve. Creo que al desarrollar e integrar la compasión fiera y tierna, las mujeres estaremos mejor equipadas para realizarnos y realizar los cambios necesarios en el mundo que nos rodea. El patriarcado continúa vivo y haciendo mucho daño. Los problemas acuciantes del momento (el acoso sexual, la desigualdad salarial, los prejuicios imperantes, las disparidades en sanidad, la división política, el planeta moribundo) nos exigen que reclamemos nuestro poder y pasemos a la acción.

Dado que soy una mujer blanca, cisgénero y heterosexual, resulta inevitable que lo que escribo contenga sesgos inconscientes. Aunque voy a poner todo mi empeño en apelar a la experiencia diversa de las personas que se identifican como mujeres, es más que posible que mis esfuerzos se queden cortos. Perdónenme, por favor. Espero que este libro exponga unos principios generales y valiosos que lleguen a personas con distintas intersecciones de identidades. No todas las mujeres somos iguales, y no todos los sufrimientos son iguales, pero sí creo que la autocompasión fiera y la autocompasión tierna son válidas para todas las personas y resultan fundamentales en la lucha contra el sexismo, el racismo, el heterosexismo, la discriminación de las personas con discapacidad y otras formas de opresión.

LA AUTOCOMPASIÓN EN LA PRÁCTICA

La autocompasión no es solo una buena idea. Es algo que podemos *hacer*. Podemos entrenar el cerebro y crear nuevos hábitos para responder al dolor mental, físico y emocional con compasión. Las investigaciones demuestran no solo que podemos aprender a ser personas más autocompasivas: además, la autocompasión cambia nuestras vidas a mejor de forma radical.[13] Este libro presenta conceptos y analiza estudios sobre el tema, y te ayudará a desarrollar los dos tipos de autocompasión, la tierna y la fiera. Te enseñará a combinarlas para crear una fuerza bondadosa que te servirá en facetas fundamentales de tu vida: por ejemplo, en las relaciones, los cuidados de otras personas y el trabajo.

A lo largo del libro te proporcionaré herramientas para ayudarte a entender el contenido. De vez en cuando te ofreceré valoraciones comprobadas empíricamente de elementos como la autocompasión, los estereotipos de género o los estilos de relación más utilizados en investigación para que puedas llevar a cabo ese análisis contigo misma. Además, encontrarás ejercicios concretos para ayudarte a desarrollar los músculos de la autocompasión (en <FierceSelf-Compassion.

org>, en inglés, y en <www,mindfulnessyautocompasion.com>, en español) encontrarás audios guiados de algunos de esos ejercicios). Y aunque también contarás con algunas meditaciones, este libro no es una guía de meditación. No soy una maestra espiritual, soy científica, aunque la profundización en la autocompasión puede ser una experiencia espiritual.

Muchos de los ejercicios incluidos en este libro están adaptados del programa MSC, con apoyo empírico, que desarrollé en colaboración con Chris Germer. En <www.CenterforMSC.org> se ofrecen cursos de MSC en línea en inglés y en <www.mindfulnessyautocompasion.com> en español; también puedes realizar algunos ejercicios por tu cuenta con el *Cuaderno de trabajo de mindfulness y autocompasión*. El MSC no es una terapia, pero puede resultar muy terapéutico. En lugar de centrarse en curar heridas concretas del pasado, el MSC nos ayuda a adoptar un enfoque más autocompasivo en el día a día. En uno de los primeros estudios sobre la efectividad del MSC descubrimos que ocho semanas de práctica provocaron un aumento de la compasión en un 43%.[14] Los participantes informaron de que se comportaban de manera más atenta y compasiva con los demás; se sentían menos deprimidos, con menos ansiedad y estrés, menos elusivos emocionalmente y más felices y satisfechos con sus vidas. Lo más significativo es que el recurso de la autocompasión fue un amigo fiel a partir de entonces. Se demostró que el aumento de la autocompasión y la mejora del bienestar obtenidos del MSC se mantenían durante al menos un año.

El beneficio obtenido del programa también estaba relacionado con la práctica realizada, motivo por el que te animo a practicar la autocompasión a conciencia durante al menos veinte minutos al día. Aunque las investigaciones demuestran que estas herramientas de la autocompasión funcionan, la única manera de asegurarse consiste en probarlas.

Evalúa tu nivel de autocompasión

Si quieres hacerte una idea de lo autocompasiva que eres, rellena esta versión breve de la escala de la autocompasión empleada en casi todas las investigaciones sobre el tema.[15] Solo por diversión, puedes probar a anotar tu puntuación ahora y realizar el test de nuevo cuando acabes el libro para comprobar si tu nivel de autocompasión ha cambiado. Observarás que la escala no diferencia entre autocompasión fiera y tierna. Aunque es posible que mejore la escala en el futuro para reflejar esas dos caras de la autocompasión, la escala actual ofrece una medida general de este rasgo.

INSTRUCCIONES

Por favor, lee cada afirmación con atención antes de responder. A la izquierda de cada punto, indica con qué frecuencia te comportas de esa manera. Responde en función de lo que refleje realmente tu experiencia, no por cómo pienses que tu experiencia *debería* ser.

Para el primer grupo de afirmaciones, utiliza una escala del 1 (casi nunca) al 5 (casi siempre), con las puntuaciones intermedias que consideres oportunas.

_____ Intento ser comprensiva y paciente con los rasgos de mi personalidad que no me gustan.

_____ Cuando ocurre algo doloroso, intento adoptar una perspectiva equilibrada de la situación.

_____ Intento ver mis defectos como parte de la condición humana.

_____ Cuando paso por una etapa muy mala, me doy la empatía y el cariño que necesito.

_____ Cuando algo me molesta, intento mantener mis emociones equilibradas.

_____ Cuando me siento incompetente, intento recordarme que casi todas las personas albergan sentimientos de incompetencia en algún momento.

Para el siguiente grupo de afirmaciones, utiliza una escala del 1 (casi siempre) al 5 (casi nunca), con las puntuaciones intermedias que consideres oportunas. Ten en cuenta que el sistema de puntuación se ha invertido: las puntuaciones más altas indican menos frecuencia.

_____ Cuando fracaso en algo importante para mí, los sentimientos de incompetencia me corroen.

_____ Cuando estoy de bajón, casi siempre pienso que los demás son más felices que yo.

_____ Cuando fracaso en algo importante para mí, tiendo a sentirme sola en mi fracaso.

_____ Cuando estoy de bajón, tiendo a obsesionarme y fijarme en todo lo negativo.

_____ Siento rechazo hacia mis defectos y mis errores, y los critico.

_____ Soy intolerante e impaciente con los aspectos de mi personalidad que no me gustan.

Total (suma de las 12 afirmaciones) = _____

Puntuación media en autocompasión (total/12) = _____

En general, puedes interpretar que una puntuación media oscila entre 2,75 y 3,25 puntos; por debajo de 2,75 sería baja, y por encima de 3,25 se considera alta.

POCO A POCO

Es posible que durante la lectura de este libro te enfrentes a sentimientos difíciles que surgen de manera natural cuando practicamos la compasión. Cuando nos dedicamos amor a nosotras mismas, una de las cosas que pueden ocurrir es que se nos agolpen los recuerdos de todas las ocasiones en las que no nos hemos sentido queridas, o podrían abordarnos pensamientos acerca de los motivos por los que no somos dignas de amor. Por ejemplo, si intentas cuidarte estableciendo límites con un compañero de trabajo que realiza comentarios inapropiados sobre tu figura, podrían asaltarte los recuerdos de cuando tu padre te avergonzaba, en tu adolescencia, por tu manera de vestir. O cuando tratas de consolarte después de un fracaso amoroso, podrían agobiarte los viejos miedos sobre no ser suficientemente divertida, o atractiva, o interesante... En realidad, son buenas señales. Demuestran que estás abriendo tu corazón, y eso significa que el dolor arraigado en los recovecos de tu subconsciente se está liberando. Cuando dispone de espacio y se acepta con cariño, el dolor comienza a sanar.

No obstante, esos sentimientos pueden llegar a resultar abrumadores. La idea es practicar la autocompasión sintiéndonos seguras; de lo contrario, ¡no seremos compasivas con nosotras mismas! En el caso de las mujeres que arrastran un trauma, sobre todo, es importante hacer las cosas poco a poco y al propio ritmo, desconectar de las prácticas y retirarse cada vez que lo necesiten, y regresar a ellas más tarde, tal vez incluso con la ayuda de un terapeuta u otro profesional de la salud mental. No podemos aprender cosas nuevas si nos sentimos desbordadas; por tanto, permítete parar si sientes que un ejercicio o una práctica te resulta demasiado difícil o te desestabiliza. *Por favor, responsabilízate de tu propia seguridad emocional y no te obligues a hacer algo si no te va bien en ese momento.*

Este libro está pensado para ayudarte a liberar el potencial de la autocompasión en sus dos versiones, fiera y tierna. Lo más habitual es que no estén equilibradas, y es importante aprender a integrarlas. La autocompasión te permitirá acceder a su fuerza interior para crecer y ser feliz. Te ayudará a ser más auténtica y a sentirte más realizada. De ese modo, serás un agente eficaz de progreso en la sociedad. El mundo se está transformando rápidamente y las mujeres estamos llamadas a tomar la iniciativa para asegurarnos de que los cambios sean para mejor. Con la fuerza de la bondad, todo es posible.

Capítulo 1
FUNDAMENTOS DE LA AUTOCOMPASIÓN

Necesitamos mujeres tan fuertes que puedan ser dulces [...], tan apasionadas que puedan ser compasivas.

KAVITA RAMDAS,
exdirectora del Fondo Global de Mujeres[1]

La autocompasión no es ingeniería aeroespacial. Tampoco es un estado mental minoritario que se alcanza después de años practicando meditación. En el nivel más básico, la autocompasión consiste simplemente en ser buenas amigas de nosotras mismas. Esta es una noticia esperanzadora, puesto que la mayoría de nosotras ya sabemos ser buenas amigas, al menos de los demás. Con los años aprendemos qué decir cuando alguien cercano se siente incompetente o atraviesa un momento difícil: «Lo siento mucho. ¿Qué necesitas? ¿Puedo hacer algo? Recuerda que estoy aquí para lo que necesites». Sabemos suavizar la voz, utilizar un tono amable y relajar el cuerpo. Empleamos el tacto para transmitir que esa persona y su estado nos importan (por ejemplo, con un abrazo o sujetándole una mano). También sabemos defender a nuestros seres queridos con uñas y dientes cuando es preciso. Todas hemos sentido esa energía de Mamá Osa en nuestro interior cuando alguien a quien queremos se ve amenazado y necesita protección, o cuando necesita un empujoncito para abordar un desafío. Contamos con la sabiduría necesaria para entender qué pasos debemos dar.

Por desgracia, no nos tratamos a nosotras mismas con el mismo grado de compasión cuando pasamos por momentos difíciles. En lugar de detenernos y preguntarnos qué necesitamos para ofrecernos consuelo o apoyo a nosotras mismas, tendemos a juzgarnos, complicarnos en tratar de resolver el problema o, simplemente, perder el autocontrol. Pongamos que tienes un accidente de coche de camino al trabajo porque se te derrama el café y te distraes. Un monólogo interior típico discurriría así: «Eres imbécil. Mira lo que has hecho. Más te vale llamar a la compañía de seguros ahora mismo y avisar a tu jefe de que no vas a llegar a la reunión. Seguro que te despiden». ¿Le hablarías así a alguien que te importa? Seguramente no. Sin embargo, nos tratamos así muy a menudo y nos creemos que está bien. Podemos ser muy crueles con nosotras mismas, incluso más que con las personas que no nos caen bien. La regla de oro dice: *Trata a los demás como te gustaría que te trataran a ti*. Y podríamos añadir: *No trates a los demás como te tratas a ti misma; de lo contrario, no tendrás amigos*.

Un primer paso importante para ser más autocompasivas consiste en analizar cómo nos tratamos a nosotras mismas ante las dificultades en comparación con cómo tratamos a nuestros seres queridos. El contexto más adecuado para esta comparación es una amistad estrecha (porque, afrontémoslo, en ocasiones no somos tan compasivas como nos gustaría con nuestros hijos, nuestras parejas o nuestra familia: se trata de personas demasiado cercanas). En general, disponemos de más espacio en nuestras reacciones con las amistades y no las subestimamos tanto porque son relaciones voluntarias. Esto significa que casi siempre mostramos nuestra mejor versión con nuestros mejores amigos.

Cómo trato a mis amigos y cómo me trato a mí misma en los momentos difíciles

Puede resultar muy revelador comparar en qué medida te muestras compasiva con tus amigos y contigo misma. Empezamos el programa MSC con este análisis a fin de establecer en qué fase te encuentras para aprender autocompasión. Se trata de un ejercicio escrito; toma papel y un bolígrafo.

INSTRUCCIONES

Piensa en diferentes ocasiones en las que alguna amistad cercana haya sufrido. Ten en cuenta situaciones diversas: por ejemplo, una amiga que se sentía mal consigo misma por un error que había cometido, o que sufría acoso en el trabajo, o que estaba agotada por cuidar a sus hijos, o que se sentía acobardada ante una tarea complicada. A continuación, escribe tus respuestas a las siguientes preguntas:

- ¿Cuál es tu reacción típica con tus amigas ante este tipo de situaciones? ¿Qué dices? ¿Qué tono utilizas? ¿Cómo es tu postura? ¿Qué gestos no verbales empleas?
- ¿Cuál es tu reacción típica contigo misma en situaciones similares? ¿Qué dices? ¿Qué tono utilizas? ¿Cómo es tu postura? ¿Qué gestos no verbales utilizas?
- ¿Detectas algún patrón diferente entre tu reacción con tus amigas y contigo misma? (Por ejemplo, adoptas una actitud catastrofista contigo misma, pero con tus amigas muestras más perspectiva.)
- ¿Cómo crees que sería si empezaras a tratarte de un modo similar a como tratas a tus amigas? ¿Qué impacto podría tener en tu vida?

Después de realizar este ejercicio, muchas personas se sorprenden de la diferencia entre cómo se tratan a sí mismas y cómo tratan a sus amigos. Tomar conciencia de hasta qué punto nos subestimamos puede resultar un poco desconcertante. Por suerte, podemos utilizar nuestra extensa experiencia en compasión hacia los demás para reformular la relación con nosotras mismas. Es como una plantilla para utilizarla de base, aunque al principio puede resultar un poco extraño tratarnos tal como trataríamos a un amigo, ya que estamos acostumbradas a tratarnos a nosotras mismas como enemigas. Con el tiempo se convertirá en una actitud más natural. Básicamente, se trata de darnos permiso para dirigir esas habilidades de autocompasión hacia el interior.

Por supuesto, el camino se verá salpicado de obstáculos. El hábito de la autocrítica y los sentimientos de falta de valía y vergüenza pueden ser difíciles de erradicar. También puede darse el temor de que la autocompasión no sea buena para nosotras, de que nos convertirá en unas fracasadas perezosas, egoístas y caprichosas. En los siguientes capítulos trataré de derribar esos obstáculos, aunque existe la posibilidad de leer *Sé amable contigo mismo* o *Cuaderno de trabajo de mindfulness y autocompasión* para profundizar en la superación de las barreras.

La práctica hace al maestro (o, como nos gusta decir en el mundo de la autocompasión, la práctica nos hace imperfectos). Podemos aprender a aceptar nuestras limitaciones humanas y, al mismo tiempo, a emprender las acciones necesarias para mejorar las cosas. Como señala Jack Kornfield, «el fin último de la práctica espiritual no es el de perfeccionarnos a nosotros mismos, sino el de perfeccionar nuestro amor».[2] El amor es la fuerza que impulsa la autocompasión fiera y la tierna.

LOS TRES COMPONENTES DE LA AUTOCOMPASIÓN

Aunque la autocompasión implica tratarnos a nosotras mismas con la amabilidad que mostraríamos de forma natural a un buen amigo, se necesita algo más que simple amabilidad. Si se tratara únicamente de ser amables con nosotras mismas, podríamos caer en el egocentrismo o el narcisismo muy fácilmente. Con la amabilidad no basta. También debemos conocer nuestros defectos, admitir nuestros fracasos y poner en perspectiva nuestras experiencias. Tenemos que conectar nuestras dificultades con las de los demás e ir más allá de nosotros mismos para darnos cuenta del lugar que ocupamos en el panorama general.

Según mi modelo,[3] la autocompasión se compone de tres componentes principales: atención plena (mindfulness), humanidad compartida y bondad. Estos componentes son distintos, pero interactúan como un sistema y los tres deben estar presentes en una actitud de autocompasión para que resulte saludable y estable.

Atención plena. La base de la autocompasión es la capacidad de afrontar y reconocer nuestro malestar. No suprimimos el dolor y fingimos que no está ahí, y tampoco huimos de él en una actuación dramática. El mindfulness nos permite ver con claridad cuándo cometemos un error o cuándo fracasamos. Afrontamos las emociones difíciles que acompañan a nuestros problemas: dolor, miedo, tristeza, rabia, incertidumbre, arrepentimiento. No huimos de ellas. Prestamos atención a nuestra experiencia en el momento presente, conscientes de nuestros pensamientos, emociones y sensaciones en constante cambio y a medida que se van produciendo. La atención plena resulta esencial para la autocompasión porque nos permite saber cuándo estamos sufriendo y responder con amabilidad. Si ignoramos nuestro dolor o nos perdemos en él, no podremos salir de nosotras mismas para decir «vaya, qué estrés, necesito un poco de apoyo».

Aunque el mindfulness es sencillo, puede convertirse en un reto porque va en contra de nuestras tendencias naturales. La neurociencia ha identificado un conjunto de regiones cerebrales interconectadas, llamada red neuronal por defecto,[4] que se sitúa en el centro del cerebro, de delante a atrás. Se dice que es nuestro modo por defecto porque se trata del estado normal de activación del cerebro cuando no estamos concentrados de manera activa en una tarea.[5] El modo por defecto realiza tres funciones básicas: (1) crea el sentido de identidad; (2) proyecta ese sentido hacia el pasado o el futuro, y (3) analiza los problemas. Así, en lugar de estar presentes en lo que hay, nos perdemos en preocupaciones y lamentos. Esto resulta beneficioso desde un punto de vista evolutivo, porque aprendemos de nuestras dificultades pasadas y podemos anticipar futuras amenazas a nuestra supervivencia e imaginar cómo podríamos hacer las cosas de otra manera. No obstante, cuando sufrimos en tiempo real, ese modo por defecto significa que no tenemos la claridad mental necesaria para *saber* que lo estamos pasando mal. Lo que hacemos es perdernos en historias del pasado o del futuro mientras intentamos resolver nuestros problemas. La atención plena desactiva el modo por defecto, lo que significa que podemos estar presentes con nuestro dolor mientras lo sentimos.

Como un estanque cristalino y tranquilo, la atención plena refleja lo que ocurre sin distorsiones, y así podemos tomar perspectiva respecto a nosotros mismos y a nuestra vida. Eso nos permite determinar con acierto los pasos más adecuados para ayudarnos a nosotras mismas. Se necesita valor para reconocer el propio dolor, pero ese acto de valentía resulta esencial para que nuestros corazones se abran en respuesta al sufrimiento. No podemos sanar lo que no sentimos. Por este motivo, la atención plena es la base en la que se asienta la autocompasión.

Humanidad compartida. Para la autocompasión también es fundamental el reconocimiento de nuestra propia humanidad. De hecho, es lo que diferencia la autocompasión de sentir lástima por una misma. En latín, *compassio* significa «sufrir» *(passio)* «con» *(com)*. La conexión es inherente a la compasión. Cuando la compasión se dirige hacia el interior, significa que reconocemos que todos los humanos somos imperfectos y llevamos una vida imperfecta. Aunque puede parecer obvio, caemos con frecuencia en la trampa de pensar que las cosas deberían ir bien y que nada debería salir mal. Albergamos la sensación irracional de que todo el mundo está bien y nosotras somos las únicas que resbalamos y rompemos el cristal, nos cortamos un nervio del pulgar y tenemos que llevar algo parecido a una gigantesca cuña de queso rosa en la mano erguida durante tres meses (verídico). No solo nos hacemos daño: para colmo de males, nos sentimos solas y aisladas. Esa sensación de desconexión es terrible porque, como dicen en biología evolutiva, un mono solo es un mono muerto.

Cuando recordamos que el dolor forma parte de la experiencia humana compartida, salimos de la trampa de la lástima hacia nosotras mismas. En lugar de gritar «¡pobre de mí!», honramos la naturaleza compartida del sufrimiento. Por supuesto, las circunstancias y el grado de sufrimiento son distintos. Las personas oprimidas por las injusticias del sistema o la pobreza arraigada sufren más que las que disfrutan de una vida de privilegios, pero no existe un solo ser humano que esté completamente a salvo de las dificultades físicas, mentales o emocionales.

La compasión se fundamenta en la idea de que todos los seres son merecedores de un trato humano. Cuando nos negamos la compasión hacia nosotras mismas, pero la entregamos a los demás, o cuando valoramos las necesidades de un grupo por encima de las de otro, estamos socavando la verdad básica según la cual formamos parte de un todo interdependiente más grande. Tus actos tienen un efecto en los míos del mismo modo que mis actos tienen un efecto en los tuyos. El dicho «no cagues donde comes», por muy vulgar que resulte, transmite bien la idea. Cómo me trato a mí misma influye en mis interacciones con todas las personas con las que entro en contacto, y cómo me tratan los demás afecta también a todas mis interacciones. Las consecuencias del desconocimiento de esa interdependencia se ven por todas partes: tensiones raciales, religiosas y políticas que alimentan la violencia; inmigrantes huyendo a los países cuyas políticas contribuyeron a sembrar el desastre económico, y un planeta que se calienta a tal velocidad que pronto será inhabitable. La sabiduría de reconocer nuestra humanidad compartida nos permite contemplar el panorama en su conjunto y darnos cuenta de que estamos juntos en esto.

Bondad. La razón de ser fundamental de la autocompasión es la bondad, la amabilidad, el deseo de aliviar el sufrimiento. Esa necesidad de mostrar empatía se experimenta como un impulso sincero de ayudar. Es una actitud cariñosa, amistosa y de apoyo hacia nosotras mismas en nuestro camino entre las dificultades de la vida. Cuando tenemos problemas, muchas veces nos autoflagelamos en lugar de pasarnos un brazo por el hombro en señal de apoyo a nosotras mismas. Incluso las personas que siempre apoyan a los demás se tratan a sí mismas como basura. La amabilidad con nosotras invierte esa tendencia, y entonces somos sinceramente buenas con nosotras mismas.

Cuando reconocemos que hemos cometido un error, ser amables con nosotras mismas significa que entendemos y aceptamos la situación, y que nos animamos a hacerlo mejor la próxima vez. Cuando recibimos malas noticias o nos damos de bruces con los problemas de la vida, abrimos el corazón de manera activa y nos permitimos conmovernos por nuestro propio dolor. Nos detenemos y decimos: «Esto es muy difícil. ¿Cómo puedo cuidarme en este momento?».

No podemos ser perfectas. Inevitablemente, nuestras vidas estarán salpicadas de problemas. Sin embargo, cuando reaccionamos a nuestro dolor con benevolencia y buena voluntad, generamos sentimientos de amor y atención que lo cambian todo para bien. La amabilidad con nosotras mismas nos proporciona los recursos necesarios para afrontar las dificultades, que así resultan más soportables. Se trata de una emoción satisfactoria y gratificante, la dulzura que contrarresta la cara amarga de la vida.

LOS BENEFICIOS DE LA AUTOCOMPASIÓN

Existen numerosos estudios acerca de la relación entre la autocompasión y el bienestar. En general, existen tres maneras de llevar a cabo una investigación sobre autocompasión. El método más habitual utiliza la escala de la autocompasión para determinar si una puntuación más elevada se corresponde con un nivel más alto de resultados positivos, como felicidad, y menos negativos (por ejemplo, depresión). Otra manera de estudiar la autocompasión consiste en provocar un estado de ánimo autocompasivo de manera experimental (por lo general, pidiendo a los participantes en el estudio que se escriban a sí mismos acerca de un problema mientras apelan a la atención plena, la humanidad compartida y la bondad). Los participantes se asignan a ese estado de autocompasión o bien a uno de control en el que escribirán acerca de una situación neutra (por ejemplo, sobre su afición favorita). A continuación, se comparan las conductas de los grupos, como la motivación para estudiar para un examen. Un tercer método de análisis, cada vez más habitual, consiste en formar a las personas en la autocompasión mediante programas como el MSC a fin de comprobar si su nivel de bienestar cambia después de dicha formación. Estos tres métodos de investigación tienden a ofrecer los mismos resultados.[6]

A lo largo de este libro analizaremos la literatura científica acerca de los beneficios de la autocompasión,[7] pero voy a resumirla brevemente en este punto. Las personas más autocompasivas tienden a ser más felices, más esperanzadas y más optimistas.[8] Se sienten más satisfechas con sus vidas y más agradecidas por lo que tienen. Padecen menos ansiedad, depresión, estrés y miedo.[9] Tienen menos probabilidades de pensar en el suicidio[10] o de abusar de drogas y alcohol.[11] Son más sensatas y poseen una mayor inteligencia emocional, y son capaces de regular mejor sus emociones negativas.[12] Poseen una imagen corporal más positiva y tienden a desarrollar menos trastornos de la alimentación.[13] Se implican más en conductas beneficiosas,[14] como practicar ejercicio, seguir una buena alimentación y visitar al médico con regularidad. Gozan de mejor salud física:[15] duermen mejor, se resfrían menos y poseen un sistema inmune más fuerte. Son personas más motivadas y meticulosas,[16] y se responsabilizan de sí mismas.[17] Son más resilientes cuando se enfrentan a los retos que nos plantea la vida,[18] y muestran más valor y determinación para alcanzar sus objetivos. Disfrutan de relaciones más estrechas y funcionales con amigos, familiares y parejas,[19] y gozan de una mayor satisfacción sexual.[20] Son más indulgentes y empáticas, y poseen la capacidad de adoptar la perspectiva de los demás.[21] Son más compasivas con los demás, pero también son capaces de cuidar sin llegar al agotamiento.[22] No es un mal conjunto de beneficios para algo tan simple como tratarse a una misma tal como trataríamos a una buena amiga.

Además, las personas autocompasivas poseen más autoestima, pero no caen en la trampa del egoísmo.[23] La autocompasión no tiene nada que ver con el narcisismo, al contrario que la autoestima exagerada. No conduce a la comparación social constante ni pone el ego a la defensiva. El sentimiento de valía personal que surge de la autocompasión no depende de poseer un determinado aspecto, o de tener éxito, o de la aprobación de los demás. Es incondicional. Esto significa que el sentimiento de valía provocado por la autocompasión resulta más estable con el tiempo.

Los enormes beneficios de la autocompasión, sumados al hecho de que se trata de una habilidad que se puede aprender, contribuyen a explicar por qué tantos investigadores han empezado a estudiar esta actitud. A mi buena amiga y colega Shauna Shapiro, que escribió un estupendo libro sobre mindfulness y autocompasión titulado *Buenos días, te quiero*, le gusta decir que la autocompasión es la salsa secreta de la vida: hace que todo sea mejor.

LA FISIOLOGÍA DE LA AUTOCOMPASIÓN

Como ya he señalado, la mayoría de las personas no son tan compasivas consigo mismas como lo son con los demás, sobre todo cuando fracasan o se sienten insuficientes. Esto se debe en parte a las reacciones automáticas del sistema nervioso. Cuando cometemos un error o nos enfrentamos a dificultades, nos sentimos amenazados de manera instintiva. No todo está bien. Así, reaccionamos a lo que percibimos como un peligro con la «respuesta de amenaza-defensa»[24] (también conocida como «cerebro reptiliano»), la reacción refleja más rápida y que más fácilmente se desencadena. Cuando el cerebro registra una amenaza, se activa el sistema nervioso simpático.[25] La amígdala entra en acción, liberamos cortisol y adrenalina, y nos preparamos para una respuesta de lucha, huida o congelación. El sistema funciona para proteger al cuerpo físico frente a una amenaza (por ejemplo, un árbol a punto de caer o un perro gruñendo), pero puede resultar problemático cuando la amenaza surge de pensamientos del tipo «soy un fracaso» o «¿este vestido me hace gorda?».

Cuando el concepto que tenemos de nosotras mismas se ve amenazado, el peligro es hacia el interior. Somos la atacante y la atacada al mismo tiempo. Así, nos enfrentamos a nosotras mismas con críticas y esperamos deshacernos de las debilidades obligándonos a cambiar. Huimos psicológicamente de los demás encogiéndonos de vergüenza, retirándonos al olvido de quien se siente inútil. A veces nos paralizamos y nos quedamos atascadas en la rumia, repitiendo nuestros pensamientos negativos como si el problema fuera a desaparecer por el hecho de repetirlo por enésima vez. Ese estado constante de reactividad es el motivo por el que ser duras con nosotras mismas resulta tan nocivo para la salud: provoca estrés, ansiedad y depresión.[26] Es importante no juzgarnos por esas reacciones, ya que surgen del deseo inocente de estar a salvo.

No obstante, podemos aprender a sentirnos seguras de otra manera: recurriendo al sistema de cuidados de los mamíferos. La ventaja evolutiva de los mamíferos sobre los reptiles es que los primeros nacen muy inmaduros y necesitan un periodo de desarrollo más largo para adaptarse a su entorno. En comparación con el resto de mamíferos, los seres humanos son los que más tardan en madurar: debido a nuestra notable plasticidad neuronal,[27] el córtex prefrontal necesita entre veinticinco y treinta años para desarrollarse. A fin de mantener a las crías vulnerables a salvo durante ese largo periodo de desarrollo, se fue imponiendo la respuesta de protección de las crías que lleva a los padres y a los retoños a permanecer juntos y hallar seguridad a través de los vínculos sociales.[28] Cuando se activa el sistema de cuidados, se liberan oxitocina (la hormona del amor) y endorfinas (opiáceos naturales que nos hacen sentir bien) y la sensación de seguridad se intensifica.[29]

Aunque la respuesta de protección de las crías se activa de manera instintiva cuando cuidamos a otras personas, también podemos aprender a dirigirla hacia nosotras mismas. Podemos protegernos a nosotras y proporcionarnos sensaciones de seguridad, protección y bienestar. Cuando lo hacemos, el sistema nervioso parasimpático se activa, lo que aumenta la variabilidad de la frecuencia cardiaca (que significa que estamos más abiertas y relajadas) y reduce la actividad simpática (nos sentimos menos tensas).[30] De hecho, los tres componentes de la autocompasión (bondad, humanidad compartida y atención plena o mindfulness) contrarrestan de manera directa los juicios, el aislamiento y la rumia que se producen como consecuencia de la reacción amenaza-defensa. Cambiamos el equilibrio entre esas dos conductas instintivas, muy evolucionadas y diseñadas para garantizar nuestra seguridad, de manera que una aumenta y la otra disminuye de forma simultánea.

Dado que la autocompasión actúa a nivel fisiológico, el tacto constituye una manera eficaz de demostrarnos interés. El cuerpo responde al tacto casi de inmediato y nos sentimos apoyados.[31] El tacto incide en el sistema nervioso parasimpático, que nos calma y nos centra. El cuerpo humano está perfectamente diseñado para interpretar el tacto como una señal de cuidado. Del mismo modo que los padres transmiten una sensación de seguridad y amor a sus hijos a través del tacto durante los dos primeros años de vida, podemos hacer lo mismo por nosotras.

Tacto tranquilizador y de apoyo

El tacto tranquilizador y de apoyo forma parte del programa MSC y es una práctica fundamental de la autocompasión. Cuando estamos molestas, en ocasiones nos sentimos demasiado agobiadas para acordarnos de dirigirnos a nosotras mismas con un tono amable. El acto de desplazar la atención desde la cabeza y los pensamientos hacia el cuerpo para centrarnos en una sensación física como el tacto puede resultar increíblemente beneficioso en momentos difíciles.

INSTRUCCIONES

Prueba diferentes tipos de tacto para ver cómo te sientes. Dedica unos quince segundos a cada tipo de tacto y sumérgete a fondo en la experiencia. Comprueba si detectas el efecto en tu cuerpo. Conviene encontrar un tipo de tacto que te reconforte y te calme, y otro que te ayude a sentirte fuerte, empoderada y apoyada. Cada persona es distinta; experimenta hasta que encuentres el tacto más adecuado para ti.

Estas son algunas opciones reconfortantes para apoyarte con suavidad:

- Poner una o las dos manos sobre el corazón.
- Cubrirte la cara con las manos.
- Acariciarte los brazos suavemente.·
- Cruzar los brazos y apretarlos suavemente contra tu pecho.
- Abrazarte y balancearte suavemente adelante y atrás.

Algunas opciones para apoyarte con firmeza:

- Colocar un puño en el corazón y la otra mano encima.
- Dejar una o las dos manos en el plexo solar, tu centro energético (que se sitúa inmediatamente debajo de la caja torácica y a unos ocho centímetros por encima del ombligo).
- Situar una mano en el corazón y la otra sobre el plexo solar.
- Apretar las manos, una con otra.
- Dejar los brazos plantados con firmeza sobre las caderas.

La idea consiste en encontrar una forma de tacto a la que puedas recurrir automáticamente en situaciones estresantes o difíciles. Elige un par por el momento y trata de utilizarlas cuando sientas malestar emocional o físico. En ocasiones, la mente se siente desbordada para pensar con claridad, pero puedes utilizar el tacto para comunicar compasión a tu cuerpo. Es una manera sencilla y sorprendentemente eficaz de cuidarte y apoyarte.

DIFICULTADES CON LA AUTOCOMPASIÓN

Por naturaleza, algunas personas son más autocompasivas que otras (debido, en parte, al tipo de crianza recibida). Si nuestros padres nos cuidaron y fueron cariñosos con nosotras en nuestra infancia, de manera que nuestro sistema de cuidado mamífero entró en funcionamiento a pleno rendimiento, será más probable que interioricemos esa actitud de apoyo como adultas.[32] Si nos criticaban con dureza, nos ignoraban o nos maltrataban, la autocompasión podría resultar más complicada.[33]

El nivel de seguridad que sentíamos con nuestros padres configura nuestro estilo de apego.[34] Las personas con un apego seguro (aquellas cuyos padres eran cariñosos y atentos, y satisfacían sus necesidades) tienden a sentirse merecedoras de consuelo y apoyo, y son más amables consigo mismas en su etapa adulta.[35] Las personas cuyos padres eran imprevisibles (a veces estaban emocionalmente disponibles y a veces no) o que no recibían toda la atención necesaria tienen más probabilidades de sentir que no merecen amor. De ese modo, la autocompasión se complica. Y en el caso de unos padres emocional, física o sexualmente abusivos, el miedo puede entremezclarse con las señales de cariño. Dedicarse compasión a una misma en esa situación puede resultar aterrador.[36]

Mi colega Chris Germer, psicólogo clínico y autor del esclarecedor *The Mindful Path to Self-Compassion*, observó este patrón en sus pacientes. La etiqueta que se le ocurrió fue «efecto contracorriente» (del inglés, «backdraft»),[37] un término perteneciente al campo de la extinción de incendios. Cuando arde un fuego en un espacio cerrado o con poca ventilación, los bomberos tienen cuidado al abrir las puertas para combatir las llamas. Si el oxígeno se ha agotado y las puertas se abren de golpe, el oxígeno nuevo entra de repente y aviva el fuego. Puede resultar peligroso y explosivo. Algo parecido puede suceder en el campo de la autocompasión. Si hemos tenido que cerrar las puertas de nuestro corazón a cal y canto para sanar el dolor de la infancia, cuando empezamos a abrirlo entra el «aire fresco» del amor y nos trae conciencia del sufrimiento atrapado en su interior. En algunos casos, ese proceso puede ser explosivo y provocar un enorme malestar. Las personas con historias traumáticas no son las únicas que experimentan el efecto contracorriente. Cualquiera que esté acostumbrado a manejar las emociones difíciles encerrándose en sí mismo puede experimentarlo cuando empiece a practicar la autocompasión. En realidad, se trata de una buena señal porque significa que el proceso de sanación ha comenzado.

Otra metáfora, un poco menos aterradora, es la de las manos que se entumecen en la nieve y después, cuando nos las calentamos bajo techo, duelen muchísimo. Como ocurre con las manos, queremos que nuestro corazón congelado se descongele: eso es bueno, aunque duela. Sin embargo, no queremos ir demasiado rápido. Los bomberos van equipados con picos, entre otros motivos, para abrir agujeros en el perímetro de un edificio en llamas y permitir así que el aire entre poco a poco. En ocasiones tenemos que hacer algo parecido con nosotras mismas: introducir la compasión poco a poco para que no resulte tan intensa. En otras palabras, hemos de practicar la autocompasión de manera autocompasiva.

A veces, cuando nos preguntamos qué necesitamos, la respuesta es que nos centremos en otra cosa durante un rato. Podemos encontrar una manera de cuidarnos algo más indirecta: darnos un baño, salir a dar un paseo, acariciar al perro, tomar una taza de té... Cualquiera de estas opciones es un acto de amabilidad, una manera de cuidarnos y satisfacer nuestras necesidades. Por tanto, nos ayudan a crear el hábito de la compasión. Cuando nos sintamos más estables podremos regresar a la práctica de abrir el corazón de manera más explícita.

El mindfulness resulta muy eficaz cuando se trabaja con el efecto contracorriente. Cada vez que centramos nuestra atención en un objeto concreto,[38] nos tranquilizamos. Este es uno de los motivos por los que la respiración profunda nos relaja, porque nos centramos en algo que no son nuestros pensamientos. Otra práctica eficaz consiste en sentir las plantas de los pies en el suelo. Nos ayuda a estabilizar la conciencia y nos ayuda a poner los pies en la tierra (nunca mejor dicho).

Las plantas de los pies

Las investigaciones demuestran que esta práctica nos ayuda a autorregularnos y centrarnos cuando sufrimos dolor emocional.[39] Es la práctica más importante que enseñamos en MSC para trabajar el efecto contracorriente (backdraft). Aunque normalmente se realiza de pie, es posible modificarla para practicarla en posición sentada.

INSTRUCCIONES

- De pie, empieza poniendo tu atención en las sensaciones (el sentido del tacto) en las plantas de los pies sobre el suelo.
- Para percibir mejor las sensaciones, prueba a balancearte suavemente hacia delante y atrás, y de lado a lado, sobre los pies. A continuación, prueba a realizar pequeños círculos con las rodillas mientras te fijas en las sensaciones cambiantes en las plantas de los pies.
- Siente cómo el suelo sostiene todo tu cuerpo.
- Si tu mente empieza a divagar, céntrate de nuevo en las sensaciones en las plantas de los pies.
- Empieza a caminar muy lentamente mientras percibes las sensaciones cambiantes en las plantas de los pies. Nota qué sientes al levantar un pie, avanzar y colocarlo de nuevo en el suelo. Repite con el otro pie, y así sucesivamente.
- Mientras caminas, fíjate en lo pequeña que es la superficie de cada pie y cómo tus pies sostienen todo tu cuerpo. Si lo deseas, dedica un momento de gratitud al enorme esfuerzo que hacen tus pies por ti (algo en lo que no reparamos nunca).
- Puedes imaginar que el suelo se levanta para apoyarte en cada paso.

- Continúa caminando lentamente y sintiendo las plantas de los pies.
- Detente y expande tu conciencia a todo el cuerpo. Permítete sentir lo que sea que sientas y ser tal como eres.

LA AUTOCOMPASIÓN NO ES PARA DÉBILES

La cultura tiende a proporcionar una narrativa falsa acerca de la autocompasión: nos transmite que es una indulgencia que nos resta fuerza y nos convierte en personas «flojas». Recuerdo que cuando el *New York Times* publicó su primer gran artículo acerca de mi trabajo,[40] me sorprendió que muchos comentarios de los lectores fueran negativos. Me llamó la atención uno en especial: «Estupendo, justo lo que necesitamos, una nación de maricas». Empecé a darme cuenta de que la mayoría de la gente no entiende la poderosa naturaleza de la autocompasión. Da por hecho que es propio de personas débiles o pasivas, porque se asocia con el cuidado y la ternura. Sin embargo, la compasión también puede ser enérgica y dinámica. Por ejemplo, el personal de los servicios de emergencia arriesga su vida cuando rescata a personas de la trayectoria de un huracán; los padres hacen malabares con varios trabajos para alimentar a sus hijos, o muchos profesores mal pagados siguen esforzándose en zonas marginales para ayudar al alumnado a salir del ciclo de la pobreza. Estos son ejemplos de enormes actos de compasión.

En las enseñanzas budistas, ese potente aspecto de la compasión orientado a la acción se denomina *compasión feroz*. Es la fuerza que hace frente al daño o a la injusticia. Sharon Salzberg la describe como un tipo de amor fuerte que reúne bondad, claridad, fuerza, equilibrio y acción.[41] Bob Thurman, el gran experto en budismo, la retrata como «una energía fuerte y poderosa que crea calor [y que] se puede utilizar para [...] desarrollar fuerza interior y determinación».[42] Para aliviar nuestro sufrimiento y darnos lo que necesitamos realmente en cada momento deseamos contar con todas las respuestas que estén a nuestro alcance, ya sean fieras o tiernas. Una comparación en la que podemos apoyarnos para entender esas dos caras de la autocompasión es con el yin y el yang.

EL YIN Y EL YANG DE LA AUTOCOMPASIÓN

Los conceptos de *yin* y *yang* proceden de la antigua filosofía china,[43] la cual plantea que existen dos aspectos de un principio energético universal que se hallan en constante dialéctica. El yin representa la quietud; el yang, el movimiento. El yin es una energía maternal, delicada, productiva y receptiva; la del yang es una energía firme, enérgica, dominante y orientada a objetivos. Históricamente, el yin se asocia con lo femenino y el yang con lo masculino, pero ambos se consideran aspectos esenciales del ser humano con independencia del género. Dado que el yin y el yang son expresiones complementarias del *qi*, o energía de la fuerza vital esencial, cada uno desempeña un papel fundamental en la salud y el bienestar. De hecho, desde esta perspectiva, la enfermedad surge a raíz del desequilibrio entre estas dos energías. Como vemos en el conocido símbolo del yin y el yang, la parte negra representa el yin, y la blanca, el yang, en un no dualismo fundamental. Esta metáfora refleja la distinción básica entre la autocompasión fiera y la tierna. Aunque no es habitual tratar la autocompasión desde esta perspectiva y no soy experta en filosofía china, representa un marco útil en el que me apoyo con respeto y humildad.

La cualidad yin de la autocompasión tierna implica «estar con» nosotras mismas en actitud tolerante. Consiste en consolarnos, asegurarnos que no estamos solas y estar presentes con nuestro dolor. Ese es el poder curativo de la autocompasión. Un buen ejemplo de la autocompasión tierna sería el de una madre acunando a su bebé que llora. Cuando nos sentimos apenadas o insuficientes, estamos ahí para calmarnos, validar nuestro dolor y aceptarnos tal como somos. Recurrimos a la energía cariñosa que fluye sin dificultad hacia aquellos que queremos y la dirigimos hacia nosotras. Una manera de describir lo que sentimos cuando ponemos en práctica la autocompasión tierna es la *presencia amorosa y conectada*, que corresponde a la bondad, la humanidad compartida y la atención plena. Cuando aceptamos nuestro dolor con amabilidad, sentimos amor. Cuando recordamos nuestra humanidad compartida, nos sentimos conectadas. Cuando somos conscientes de nuestro dolor, estamos presentes. Con una presencia amorosa y conectada, nuestro dolor pasa a ser más soportable y comienza a transformarse.

La cualidad yang de la autocompasión fiera se asocia con «actuar en el mundo» para aliviar el sufrimiento. Es distinta en función de la acción requerida, pero en general implica protegernos a nosotras mismas, salir adelante o motivarnos. Metafóricamente hablando, la energía dinámica de la compasión es como la de una Mamá Osa que protege ferozmente a sus crías ante una amenaza, o que pesca para alimentarlas, o que deja un territorio cuyos recursos se han agotado para ir en busca de un nuevo hogar. Del mismo modo que la ternura se puede dirigir hacia el interior, la energía feroz de Mamá Osa también. Podemos ponernos en pie y protegernos, cuidarnos y satisfacer nuestras necesidades, e impulsar los cambios necesarios para salir adelante.

La pregunta por excelencia de la autocompasión es «¿qué necesito ahora mismo?» y, más concretamente, «¿qué necesito para aliviar mi sufrimiento?». La respuesta cambia en función de las circunstancias. En ocasiones, lo que necesitamos es aceptarnos en toda nuestra imperfección humana. En ese caso convendrá que apliquemos la autocompasión tierna.

Sin embargo, cuando necesitamos protegernos de un daño potencial, los componentes de la autocompasión tienen una expresión distinta. La bondad con una misma en ese caso es *valiente*. Encontramos el valor necesario para establecer límites, decir «no», ser fuertes como el acero. La humanidad compartida nos ayuda a reconocer que no estamos solas en nuestra lucha, que todas las personas merecen un trato justo. Nos *empoderamos* al unirnos a otras personas y reclamar lo que es justo. La atención plena nos permite actuar con *claridad* y decisión: vemos y decimos la verdad. Cuando el fin de la autocompasión es protegernos de un daño, personificamos la *claridad valiente y empoderada*.

Cuando nuestro objetivo es atender nuestras necesidades, darnos lo que precisamos para ser felices, la forma vuelve a cambiar. En ese caso, la bondad con nosotras mismas significa que nos *satisfacemos* emocional, física y espiritualmente. Emprendemos las acciones necesarias para satisfacer nuestras necesidades con la conciencia de que son importantes. La humanidad compartida nos permite satisfacer nuestras necesidades y las de otras personas de un modo *equilibrado y equitativo*. No somos egoístas, pero tampoco subordinamos nuestras necesidades. Respetamos los deseos de todo el mundo, incluidos los nuestros. La atención plena facilita nuestra capacidad de ser *auténticas*, de saber qué necesitamos realmente en el fondo de nuestro ser para poder dárnoslo y mantenernos fieles a nuestros valores. Cuando la autocompasión se dirige a satisfacer nuestras necesidades, representamos la *autenticidad cumplidora y equilibrada*.

Por último, cuando nuestro objetivo consiste en motivarnos para alcanzar una meta o realizar un cambio, se requiere otra forma de autocompasión. La bondad con nosotras mismas exige que nos *animemos* y nos apoyemos para hacer algo distinto (como motivan los buenos entrenadores a los atletas, o los padres a sus hijos). La crítica constructiva y la retroalimentación nos ayudan a dar lo mejor de nosotras mismas. El reconocimiento de la humanidad compartida nos permite aprender de los errores. Aplicamos la *sabiduría* para determinar el modo de tomar medidas correctivas entendiendo que todos cometemos errores y, con suerte, crecemos a partir de ellos. La atención plena nos proporciona la *visión* necesaria para darnos cuenta de lo que tenemos que hacer, identificar lo que no nos sirve y emprender acciones que nos ayuden más. Vemos nuestros siguientes pasos con claridad y nos mantenemos centradas en nuestros objetivos. Cuando la autocompasión tiene el fin de motivarnos, representamos una *visión alentadora y sabia*.

EXPRESIONES DE LA AUTOCOMPASIÓN			
Finalidad	Bondad con nosotras mismas	Humanidad compartida	Atención plena
Tierna («estar con»)	Amor	Conexión	Presencia
Fiera (proteger)	Valentía	Empoderamiento	Claridad
Fiera (proveer)	Satisfacción	Equilibrio	Autenticidad
Fiera (motivar)	Ánimo	Sabiduría	Visión

La diosa budista de la compasión, Avalokiteshvara («la que escucha los gritos del mundo»),[44] posee numerosos brazos con los que sujeta diferentes instrumentos para aliviar el sufrimiento. El cuadro superior muestra algunas de las diversas formas de autocompasión a las que podemos recurrir. En los siguientes capítulos veremos con detalle cada una de estas alternativas para cuidarnos, así que no te preocupes si ahora mismo te parece demasiada información.

Algunas personas se preguntan por qué existen tres formas de autocompasión fiera y solo una de autocompasión tierna. Se debe a que «estar con» nuestro dolor implica quietud. Exige aceptar las cosas tal como son con el corazón abierto, y por eso presenta una única forma. Aunque podemos expresar ese corazón abierto de maneras ligeramente distintas (de un modo físicamente reconfortante, con palabras amables, etcétera), todas pertenecen al campo de la presencia compasiva. Emprender acciones para aliviar nuestro sufrimiento adopta formas más variadas. De hecho, es probable que existan muchas más de tres, y la manifestación de la autocompasión en acción resulta tan variada como nuestras necesidades humanas. No obstante, las tres formas principales −protección, provisión y motivación− adoptan algunas de las maneras más esenciales de aplicación de la autocompasión para aliviar nuestro sufrimiento.

Gestos de autocompasión

Los tres componentes de la autocompasión son distintos en función de las necesidades que se satisfagan, y es posible experimentar sus energías en el cuerpo. En el programa MSC enseñamos esta práctica para ayudar a los participantes a experimentar una sensación real de autocompasión fiera y tierna. Se recomienda realizar este ejercicio de pie, pero también puedes permanecer sentada.

Instrucciones

Vas a realizar una serie de gestos que te ayudarán a sentir las diferentes expresiones de la autocompasión en tu cuerpo. Para empezar, es importante que analices qué se siente ante la falta de autocompasión:

- Cierra los puños y apriétalos contra tu cuerpo. Percibe las emociones que se desencadenan cuando tienes los puños cerrados. Es posible que te sientas nerviosa, tensa, estresada, oprimida... Es una metáfora de la autocrítica y la resistencia, que es lo que se siente cuando luchamos contra nosotras mismas, nos resistimos a nuestro dolor o ignoramos nuestras necesidades. Y lo hacemos la mayor parte del tiempo de manera inconsciente.

Ahora ya puedes explorar qué se siente con la autocompasión tierna:

- Abre las manos con las palmas hacia arriba. ¿Cómo te sientes, sobre todo si lo comparas con los puños cerrados? Muchas personas notan que se sienten más relajadas, tranquilas, calmadas y tolerantes. Es una metáfora de la atención plena en la autocompasión tierna, lo que se siente cuando aceptamos lo que ocurre con una conciencia abierta y amplia. Nos permite estar con nuestro dolor y validarlo.
- A continuación, estira los brazos como si quisieras tocar a alguien. Si quieres, imagina que abrazas a una amiga o un ser querido. ¿Cómo te sientes? Es posible que percibas una sensación de conexión, unión o expansión. Es una metáfora de la humanidad compartida en la autocompasión tierna, cuando vamos más allá de nuestro yo separado e incluimos a los demás. Es lo que se siente cuando tenemos la certeza de que no estamos solas.
- Coloca una mano sobre la otra y llévalas poco a poco hacia el centro de tu pecho. Siente la calidez y la presión suave de tus manos sobre tu corazón. Respira lentamente. ¿Cómo te sientes? Muchas perso-

nas aseguran que con este gesto se sienten seguras, tranquilas, queridas y relajadas. Es una metáfora de la amabilidad hacia una misma en la autocompasión tierna, lo que se siente cuando nos damos amor. Y puede ser una sensación muy agradable (a menos que estés experimentando un contrafuego, que también es válido).

- Ahora, en un movimiento que lo engloba todo, coloca las palmas de la mano mirando hacia arriba, estira los brazos y lleva las manos hacia el corazón. Así es como se siente la autocompasión tierna en conjunto: una presencia amorosa y conectada.

La autocompasión fiera se manifiesta de manera distinta, y la forma que adopte dependerá de su finalidad.

- De pie, si puedes, adopta la que se conoce como «postura del caballo» en artes marciales. Separa los pies a la altura de las caderas, dobla las rodillas ligeramente e inclina la pelvis hacia delante (también puedes permanecer sentada con la espalda recta). La del caballo es una postura equilibrada y estable con el centro de gravedad bajo. Desde esa postura podemos realizar las acciones que se necesiten en ese momento.

En ocasiones necesitamos protegernos a nosotras mismas:

- Estira un brazo delante de ti, con la palma de la mano mirando hacia arriba, y di en voz alta y clara «¡no!». Repítelo tres veces.
- Comprueba si percibes cómo la energía de ese movimiento recorre tu columna. ¿Cómo te sientes? Muchas personas afirman que se sienten fuertes, poderosas, valientes. Con esta forma de autocompasión fiera representamos la claridad valiente y empoderada.

Otras veces, necesitamos proporcionarnos aquello que nos hace felices:

- Estira los brazos y finge que recoges metafóricamente lo que necesitas mientras llevas tus manos hasta el plexo solar, tu centro energético. Mientras desplazas las manos, repite «¡sí!» tres veces.
- Comprueba si percibes la energía de esta afirmación en tu cuerpo. ¿Cómo te sientes reclamando así tu espacio? Tal vez te parezca un

poco absurdo, pero también puede resultar satisfactorio. Con esta forma de autocompasión fiera manifestamos una autenticidad gratificante y equilibrada.

O quizá necesitamos motivarnos para hacer cosas difíciles, apoyarnos y animarnos para realizar un cambio:

- Dobla el codo y acerca el puño apretado al hombro tres veces, mientras repites con entusiasmo «¡puedo hacerlo!».
- Trata de percibir el impulso de esta energía alentadora. ¿Cómo te sientes? ¿Positiva, optimista, inspirada? Con esta forma de autocompasión fiera expresamos una visión alentadora y sabia.

Estos gestos no están diseñados para repetirlos cada día; se trata más bien de una demostración para ayudarte a entender y experimentar las diferentes formas de autocompasión. No obstante, si cualquiera de ellos te resulta especialmente útil, siempre puedes utilizarlo para despertar el tipo de autocompasión que necesites en un momento dado.

EQUILIBRAR EL YIN Y EL YANG

Para aprovechar todo el potencial de la autocompasión, el yin debe acompañar al yang (y viceversa) de manera que estén siempre en equilibrio. Si no es así, la autocompasión correrá el peligro de convertirse en una manera de estar poco saludable. El *enemigo cercano*[45] es un útil concepto budista que hace referencia a un estado mental que parece similar al estado deseado (de ahí el *cercano*), pero que en realidad lo debilita (motivo por el que es un enemigo). Cada una de las formas de autocompasión puede transformarse en un enemigo cercano cuando el yin y el yang no están equilibrados. Por ejemplo, cuando se produce la aceptación del yin, pero no la voluntad del yang de pasar a la acción, puede convertirse en pasividad y complacencia. El maestro tibetano Chögyam Trungpa denominó a este estado *compasión idiota*. Aunque es importante amarnos y aceptarnos tal como somos en el momento presente, eso no significa que queramos *quedarnos* así para siempre. Si un rebaño de ganado se dirige hacia ti en estampida, no es el momento de limitarse a aceptar la situación. Cuando emprendemos conductas dañinas, como fumar, o nos encontramos en una situación difícil (como una relación emocionalmente abusiva), no queremos limitarnos a aceptar nuestro dolor: también queremos hacer algo al respecto.

Al mismo tiempo, cuando la fuerza de la protección no va acompañada del sentimiento de una presencia amorosa y conectada, puede convertirse en hostilidad y agresión hacia los demás. Podríamos empezar a ver una situación como «nosotros contra ellos», como «yo tengo razón y tú estás equivocado». La compasión debe ser siempre cariñosa. Puede ser fiera y valiente, pero no agresiva. Se puede empoderar, pero no es agobiante. Es clara cuando se trata de decir la verdad, pero no cree tener siempre la razón. De forma similar, si tratamos de satisfacer nuestras necesidades sin suficiente energía yin, podríamos desembocar en el egoísmo, y la motivación para mejorar podría derivar hacia el perfeccionismo.

Desarrollaremos estas cuestiones más adelante, pero basta decir que cuando el yin y el yang están equilibrados e integrados, la experiencia resulta más constructiva. Dejamos ir los patrones de comportamiento que no nos sirven y hacemos lo necesario para mejorar las cosas, y no porque seamos inaceptables tal como somos, sino porque nos preocupamos por nosotras mismas y no queremos sufrir. Cuanto más seguras nos sintamos en esta autoaceptación incondicional, más energía tendremos para protegernos a nosotras mismas, satisfacer nuestras necesidades y lograr nuestros objetivos.

Una buena amiga que lleva un año practicando la autocompasión fiera y tierna conmigo dice que ahora es una persona distinta. Conocí a Jess poco después de mudarme a Texas. Jess tiene más o menos mi edad, practica meditación y tiene un hijo, Billy, con TDAH severo. Tenemos mucho en común. La autocompasión tierna le ayudó a afrontar el trastorno neurológico de su hijo dedicándose la bondad y el apoyo que necesitaba cuando Billy se portaba mal. Además, aprendió a aceptar sus errores como madre, a recordarse que solo es un ser humano que lo hace lo mejor que puede. No obstante, no era suficiente para ayudarla a hacer frente a alguien cuya conducta le resultaba todavía más desafiante: su madre, Samantha.

No me malinterpreten: Jess adora a su madre, pero Samantha la vuelve loca. Cree que por ser la persona de más edad de la familia tiene derecho a decirle a su hija (una mujer madura) cuándo hace algo mal y cómo solucionarlo. No es que cruce todos los límites, es que ni siquiera reconoce que existen. Aunque Jess sabe que su madre se preocupa de verdad, se siente invadida constantemente por sus consejos no deseados. «¿Por qué no puede dejar que cometa mis propios errores en lugar de meterse continuamente en mis cosas?», se enfurece.

El patrón típico de Jess con su madre consistiría en mantener la paz durante periodos largos y explicar que la escuchaba y apreciaba su preocupación, pero que tomaría sus propias decisiones, muchas gracias. En general, los años de práctica de meditación le compensaban. En general. El problema era que su resentimiento continuaba acumulándose y acababa explotando en algún momento, casi siempre por tonterías. Por ejemplo, en una ocasión, durante una cena de Acción de Gracias, Samantha sugirió sutilmente a Jess que no repitiera el menú y esta soltó un «¡vete a la m*****!» y se levantó rápidamente de la mesa. Después se sintió fatal y avergonzada por enfadarse tanto. ¡Precisamente en un día que se dedica, supuestamente, a la gratitud hacia la familia! Jess empezó a perder la esperanza porque incluso después de todos los años de meditación seguía perdiendo el control por una guarnición.

Cuando empezamos a hablar sobre la autocompasión fiera, le pregunté qué le parecería que su rabia no fuera algo que gestionar, sino que celebrar. ¿Y si valorase realmente a su Mamá Osa interior, la que se pone en pie para protegerse cada vez que alguien traspasa sus límites?

—Da un poco de miedo —confesó—. Podría perder el control *del todo* y decir algo de lo que ya no pudiera retractarme. Quiero a mi madre y sé que en realidad intenta ayudarme.

—Me pregunto si el motivo por el que reaccionas es que juzgas y subestimas esa parte tan importante de ti —añadí—. ¿Qué pasaría si dieras la bienvenida a tu guerrera interior cuando apareciera, pero continuaras en contacto con la parte de ti amable y cariñosa?

Jess decidió intentarlo.

Al principio, las cosas fueron un poco accidentadas. En su comida semanal, cuando Samantha intentaba decirle lo que tenía que hacer, Jess trataba de aplicar la fuerza de la bondad para trazar una línea, pero seguía saltando y explotando de vez en cuando. Transcurrido un tiempo, le empezó a resultar más fácil integrar esas dos energías. Un día me llamó para explicarme lo orgullosa que estaba de sí misma por haber conseguido gestionar otra transgresión de los límites por parte de Samantha.

—Le estaba explicando cómo me enfrenté a un incidente en el colegio cuando Billy se metió en líos y me dijo que debería haberlo hecho de otra manera. De ese lugar profundo en mi interior salió un enérgico «¡NO! ¡No está bien que me digas cómo tengo que educar a mi hijo!». Las dos nos quedamos sorprendidas ante la fuerza de aquel no, pero lo hice tan bien que no hubo más que hablar.

Una hora después de comer, Samantha llamó a Jess para disculparse.

—Tienes razón —reconoció—. No tengo que meterme. Has hecho un gran trabajo con Billy. Lo siento.

Jess estaba radiante después de hacer frente a su madre sin perder el autocontrol.

Creo que ejercitar la autocompasión fiera y la tierna es una manera de abordar los desequilibrios que subyacen a gran parte de nuestro sufrimiento. Por suerte, la autocompasión no es solo una idea: se trata de una práctica. Cuando reclamamos nuestro poder como mujeres, podemos aprender a desarrollar e integrar esas dos caras de la autocompasión para abordar los retos a los que nos enfrentamos. A las mujeres se nos educa para no molestar, no para enfadarnos o mostrar nuestro lado fiero. Sin embargo, ya no podemos continuar siendo pasivas por miedo a agitar las aguas. ¡Es preciso agitar las aguas! La autocompasión es un superpoder que guardamos en la reserva y al que podemos acceder en cualquier momento. Solo tenemos que recordar que contamos con ese superpoder y darnos permiso para utilizarlo.

Capítulo 2
¿QUÉ TIENE QUE VER EL GÉNERO?

> ¿Por qué todo el mundo dice «échale huevos»? Los huevos
> son débiles y sensibles. Si quieres ser fuerte, échale una
> vagina. Esa sí que aguanta una paliza.
>
> BETTY WHITE, actriz[1]

Uno de los motivos por los que resulta esencial que las mujeres desarrollemos la autocompasión fiera es que los estereotipos de género limitan la expresión significativa de poder. Esos estereotipos representan la visión convencional de cómo son los hombres y las mujeres. En la mayoría de las culturas, las mujeres se consideran «comunales» y los hombres «agénticos» (orientados al poder e influencia).[2] Dichos estereotipos apuntan a la ternura del yin y la intensidad del yang. Las mujeres se consideran sensibles, cálidas, colaboradoras y preocupadas por el bienestar de los demás; los hombres se ven como seres fuertes, agresivos, orientados a objetivos e independientes. Dicho de otro modo, la ternura es cosa de chicas y la pasión es cosa de machos (o de eso que empieza por «ver» y acaba por «gas»).

Los estereotipos de género chocan a menudo con la realidad de cómo se sienten y se comportan los individuos. Algunas personas son más comunales que agénticas (femeninas), otras son más agénticas que comunales (masculinas), algunas no son ni agénticas ni comunales (indiferenciadas), y algunas son ambas cosas (andróginas). Todos esos rasgos son distintos a la identidad de género, que se refiere a si los individuos sienten que su género coincide con su anatomía sexual (cisgénero), es del género opuesto (transgénero), ambos (género fluido) o ninguno (no binario). Los individuos con una identidad de género determinada también difieren en lo que respecta a lo agénticos o lo comunales que son. Los seres humanos somos increíblemente complejos y variados. Los problemas surgen cuando la sociedad trata de meternos a todos en el mismo saco.

La cultura anima a las mujeres a desarrollar sus cualidades tiernas, pero no las fieras. A los hombres se les enseña a suprimir su lado tierno y a ser «fieros». El yin y el yang tienen que estar equilibrados e integrados para sentirnos completos, pero la socialización según los roles de género provoca que a los hombres y a las mujeres se les permita ser solo medio humanos. El hecho de que los roles de género limiten el desarrollo del yin y el yang también significa que su expresión pasa a ser extrema. El yin se convierte en pura dulzura de color de rosa, mientras que el yang se transforma en Rambo y G. I. Joe. Tenemos que traspasar esos límites para que el yin y el yang fluyan y se integren de manera saludable y armoniosa con independencia del género.

Las expectativas conductuales muy ligadas al género son problemáticas en ambas direcciones. Los hombres sufren las consecuencias de una cultura de masculinidad tóxica[3] que les avergüenza si son blandos, sensibles o vulnerables. Los psicólogos afirman que esas normas dificultan la inteligencia emocional masculina porque hacen hincapié en la agresividad en detrimento de la conexión interpersonal.[4] Dicho de otro modo, los hombres saldrían beneficiados si desarrollaran sus cualidades tiernas (yin). No obstante, la correspondiente necesidad de las mujeres de desarrollar los rasgos apasionados del yang resulta todavía más acuciante. Los roles de género delimitados pueden dañar psicológicamente a ambos sexos, pero benefician a los hombres de manera desproporcionada porque se ven recompensados con puestos de liderazgo y acceso a los recursos. Las normas de género femeninas que priorizan la ternura en detrimento de la acción apasionada limitan el poder y la capacidad de las mujeres de combatir un trato injusto.

Por muy hermosas y esenciales que sean, las cualidades yin de colaboración y atención a las necesidades de los demás sirven para mantener la desigualdad social[5] si no se equilibran con la asertividad y la acción del yang. Cuando se espera que las mujeres sean «agradables» y entregadas, pero no que digan lo que piensan o pidan demasiado, se mantiene un patrón en el que se les niega lo que necesitan y los hombres consiguen lo que quieren. El ideal del sacrificio femenino perpetúa la expectativa de que las mujeres heterosexuales satisfarán las necesidades de los hombres (de sexo, maternidad, tareas del hogar y cuidado de los hijos) sin tener en cuenta lo que nos deben nuestras parejas, la sociedad y nosotras mismas.

Para que las mujeres obtengamos la paridad con los hombres resulta esencial que ejerzamos la capacidad de decir lo que pensamos, y pedir lo que queremos y necesitamos. Las mujeres no podemos cambiar la sociedad de forma unilateral: los hombres también tienen que hacer su parte. Sin embargo, liberarse de los estereotipos restrictivos supone un importante paso para poner en marcha los cambios sociales. No queremos lograr la igualdad convirtiéndonos en seres agresivos y egoístas, o adoptando una ferocidad con total ausencia de ternura. Queremos que nuestra fuerza vaya acompañada de bondad para sacar a este mundo del infierno de la supremacía blanca, de las desigualdades extremas en salud y riqueza, y del calentamiento global. Nuestra capacidad para equilibrar e integrar la autocompasión fiera y la tierna resulta fundamental para esta tarea.

LOS TRES CERDITOS (SEXISTAS)

Aunque podría pensarse que la desigualdad de género surge de los prejuicios de los hombres hacia las mujeres, la realidad resulta más compleja. Las investigaciones demuestran que existen al menos tres formas de sexismo[6] que, casi siempre, se complementan. El *sexismo hostil* defiende la idea de que los hombres son superiores a las mujeres, y se relaciona estrechamente con prejuicios y discriminación.[7] Los hombres que mantienen esta visión del mundo muestran abiertamente su aversión hacia las mujeres que mantienen roles de género no tradicionales, como las feministas y las ejecutivas. Veamos las palabras del telepredicador Pat Robertson: «La agenda feminista no trata de igualdad de derechos para las mujeres. Constituye un movimiento político socialista y antifamilia que anima a las mujeres a dejar a sus maridos, matar a sus hijos, practicar la brujería, destruir el capitalismo y convertirse en lesbianas».[8] Esas ideas forman parte de la historia de Estados Unidos desde el siglo XVII, cuando las mujeres que no se ajustaban a las normas sociales eran etiquetadas de brujas y castigadas como tales.[9] Y continúan vivas en ciertos sectores de la sociedad.

Un ejemplo muy claro es la conferencia Make Women Great Again,[10] programada para octubre de 2020 (antes de que nos golpeara la pandemia). La conferencia no llegó a celebrarse, y es posible que solo fuera un ardid publicitario, pero representa un símbolo del sexismo hostil. El evento *mansplaining* de tres días, presentado por hombres para un público íntegramente femenino, fue descrito por el *New York Post* como una gorra con la leyenda «Make America Great Again» para el útero.[11] Su reparto de conferenciantes de extrema derecha pretendía enseñar a las mujeres a ser más femeninas (es decir, sumisas), agradar a sus maridos y tener «bebés sin límite». A las asistentes se les prometía que podrían dejar de «ceder ante el dogma feminista acosador tóxico e ir en contra de su antigua naturaleza biológica como mujeres. Los hombres han llegado para ayudar». Los organizadores del evento eran líderes en la *manosfera*,[12] ese conjunto de blogs, páginas web y foros en línea antifeministas que fomentan la misoginia y la violencia sexual contra las mujeres. Aunque no siempre son radicales, los sexistas hostiles son más propensos a defender los mitos sobre la violación que continúan justificando las agresiones sexuales («ella podría haber parado si no quería seguir»).[13]

Por el contrario, el *sexismo benévolo* es una forma «positiva» de prejuicio que trata de proteger a las mujeres. Esta ideología mantiene una visión muy favorable de las mujeres (al menos de las que se ajustan a los estereotipos de género), a las que ve como seres más amables, cálidos y cariñosos por naturaleza que los hombres. Además, considera que los hombres tienen la obligación de proteger, valorar y mantener a las mujeres. El sexismo benévolo defiende con firmeza una ideología de esferas separadas en la que las mujeres se consideran más adecuadas para los papeles domésticos privados y los hombres para el liderazgo público. La idea es que los hombres y las mujeres están separados, pero son iguales (un estatus legal rechazado por el Tribunal Supremo de Estados Unidos en 1954, al menos en lo que respectaba a la raza). Según ese punto de vista, el hombre lideraría y la mujer debería seguirle. Él tendría logros y ella le ayudaría. Él protegería y ella cuidaría. Un hombre que describe a su mujer como su «mejor mitad» puede que admire de verdad los rasgos comunales de ella, pero considera que no tienen nada que ver con él. Una mujer puede estar orgullosa de su amable y tierna disposición, pero sentir que depende de las cualidades agénticas de su marido para que la proteja, la mantenga y logre el éxito en su nombre. Esa visión de las cosas reconoce la importancia y la complementariedad del yin y el yang, pero en lugar de atribuir la dualidad a los individuos, la sitúa al nivel de las parejas heterosexuales. La separación de géneros del yin y el yang es el pegamento que mantiene al patriarcado (y al heterosexismo) en su lugar.[14]

Aunque las ideas sexistas hostiles pertenecen más a la esfera de los hombres que de las mujeres, existen muchas mujeres que defienden el sexismo benévolo. La más conocida fue Phyllis Schlafly, que luchó con éxito contra la Enmienda de Igualdad de Derechos. Schlafly consideraba que el feminismo no solo era una amenaza para la estructura familiar, sino también para los beneficios de protección y apoyo económico recibidos por las mujeres en un sistema de valores tradicional. Por supuesto, la dependencia asimétrica y la igualdad total son incompatibles, ya que el precio de ser mantenida es la falta de poder, de autenticidad o de elección. Para contar con la protección de un hombre, la mujer no puede desafiarlo abiertamente. Debe ajustar su identidad a la persona que tiene el mando para mantener su lugar en el orden social. En este caso, igual no es igual a igual.

El tercer tipo, el *sexismo moderno*, simplemente niega la existencia del sexismo.[15] Se trata de la forma más dañina porque no afirma que hombres y mujeres deban ser tratados de manera distinta, sino que *ya* reciben un trato igualitario. El sexismo moderno reconoce que existe la desigualdad (no es fácil negar los hechos), pero argumenta que no se debe a ninguna forma de desventaja sistemática contra las mujeres. Considera que el éxito depende principalmente de las capacidades y la motivación de cada uno. La voluntad masculina (lo agéntico) lleva a los hombres a esforzarse y lograr el éxito, mientras que el carácter comunal femenino lleva a las mujeres a centrarse en la maternidad y las relaciones, lo que interrumpe sus carreras.

El sexismo moderno considera que las feministas que luchan por un trato igual son quejicas que tratan de aprovecharse del sistema buscando ventajas especiales en lugar de respetar las reglas del juego. Eso justifica las afirmaciones de algunos hombres según las cuales *ellos* son víctimas de la discriminación positiva por parte de políticas pensadas para ayudar a las mujeres a conseguir la igualdad de género.[16] Desde ese punto de vista, una mujer con acusadas cualidades agénticas podría, en teoría, lograr tanto éxito como un hombre siempre y cuando haya igualdad de condiciones.

La desigualdad de género no se considera resultado de la discriminación, sino de las diferencias esenciales entre la agencia (acción) masculina y la comunión femenina. Un buen ejemplo de esa visión es el que proporciona Jordan Peterson, profesor en la Universidad de Toronto y héroe de derechas: considera que las diferencias de género respecto al éxito se deben a que «las mujeres tienden a dar prioridad a sus hijos frente al trabajo»[17] y a que «las personas que mantienen que nuestra cultura es un patriarcado opresivo [...] no quieren admitir que la jerarquía actual podría asentarse en las capacidades».

Lo que tienen en común estas tres formas de sexismo es la rígida creencia de que los hombres son agénticos y las mujeres comunales, justificando así la situación de desigualdad.

SEXISMO Y BIOLOGÍA

En general, los individuos que mantienen puntos de vista sexistas afirman que las distinciones entre agencia y comunalidad para el género masculino y el femenino, respectivamente, son naturales. Algunas investigaciones sugieren que podrían existir pequeñas diferencias biológicas de sexo en la tendencia hacia cada una de esas vertientes. La variabilidad relacionada con el sexo en cuanto a hormonas como la oxitocina y la testosterona,[18] por ejemplo, podría desempeñar un papel fundamental en la conducta comunal femenina y la agéntica masculina, respectivamente. La oxitocina es una hormona que fomenta el cuidado, la filiación y los vínculos sociales; la testosterona tiene que ver con las cualidades agénticas de competitividad, motivación y hostilidad. Además, existen pruebas neurológicas que sugieren que los cerebros femeninos son mejores en empatía y colaboración.[19] Y tiene sentido desde el punto de vista evolutivo, ya que la capacidad de una madre de entender las necesidades de su bebé resulta crucial para la supervivencia de la especie.

No obstante, la biología y las fuerzas sociales siempre interactúan. Por ejemplo, la experiencia del poder incrementa la testosterona en mujeres y hombres.[20] En un estudio, los participantes se situaron en un puesto de trabajo falso en el que tenían que representar que despedían a un subordinado.[21] Las pruebas posteriores demostraron que la testosterona había aumentado de manera significativa en las mujeres. De forma similar, la cantidad de tiempo dedicado a cuidar niños predice los niveles de oxitocina tanto en hombres como en mujeres.[22]

El modo en que las predisposiciones genéticas de base biológica se manifiestan como conducta depende del contexto ambiental en el que se produzcan. Por ejemplo, entre los chicos existe una ligera tendencia biológica a ser más activos físicamente que las chicas,[23] mientras que estas se muestran más centradas. Sin embargo, esos rasgos se ven muy amplificados por la conducta de los padres,[24] que tienden a enfrascarse en juegos bruscos y movidos con los chicos, y en juegos simbólicos que requieren concentración con las chicas.

En general, las investigaciones hablan de mayores diferencias individuales dentro de, y no tanto entre, los grupos por sexos. Las diferencias entre los sexos tienden a ser bastante pequeñas. Esos resultados refutan la afirmación según la cual la biología es el principal impulsor de las diferencias de género.[25] Si existe algo de verdad en los estereotipos de género, es una verdad mínima que los factores sociales exageran.[26] Por tanto, cualquier consideración sobre las diferencias de género en cuanto a agencia y comunalidad debe tener en cuenta la socialización.

MAPAS DE GÉNERO

Desde que éramos pequeñas, a las niñas se las viste de rosa y se les regalan muñecas para jugar. Reciben el mensaje de que una buena mujer es dulce, maternal y cariñosa. A los niños se los viste de azul, y reciben camiones y pistolas de juguete, así como el mensaje de que un buen hombre es fuerte y activo. Nuestra identidad adulta se centra en esos ideales de género, que influyen en casi todos los aspectos importantes de la vida y dan forma a la interpretación que hacemos de nuestra propia conducta y de la de los demás.[27] Entender cómo se produce la socialización de género nos ayuda a entender cómo podemos liberarnos de sus limitaciones.

De pequeños interiorizamos manuales de instrucciones detallados (pero sobreentendidos) para nuestros roles, características y actividades de género. Esos manuales se conocen como *esquemas de género*.[28] Los esquemas son estructuras de conocimiento organizadas que actúan como mapas internos.[29] Funcionan de manera inconsciente y filtran nuestras percepciones psicológicas para ayudarnos a interpretar el mundo. Por ejemplo, en Norteamérica, cuando alguien nos invita a una fiesta de cumpleaños, sabemos a qué nos atenemos porque contamos con un esquema de fiesta de cumpleaños. Sabemos que debemos llevar un regalo, que habrá pastel y velas y, si se trata de una fiesta sorpresa, que no debemos decir nada hasta el momento de gritar «¡sorpresa!» cuando la persona que cumple años entre por la puerta. En resumen, los esquemas nos ayudan a dar sentido a las cosas. Utilizamos los esquemas de género para clasificar a las personas y prever conductas, lo que nos ayuda a formarnos expectativas de lo que debemos ponernos para la fiesta, cómo se comportarán los demás, qué tipo de regalo comprar, etcétera.

Cuando las cosas no encajan en nuestros esquemas, nos sentimos incómodos. Es lo que se conoce como *disonancia cognitiva*.[30] Tuve una colega que me explicó que en una ocasión utilizó la disonancia cognitiva con buenos resultados. Quería sorprender a su novio por su cumpleaños y que se encontrara a todos sus amigos desnudos al entrar en casa. Cuando los amigos gritaron «¡sorpresa!», ¡él se sorprendió *de ver-*

dad! (me hubiera encantado estar allí para verle la cara). Dado que no nos gusta experimentar la disonancia, nuestra mente hace lo que puede para ayudarnos a sentir la calma de la congruencia del esquema. Si es posible, distorsionaremos la información para que encaje con nuestros esquemas (así, por ejemplo, podríamos recordar la imagen de un chico cocinando como una chica cocinando).[31]

El hecho de ignorar la información que no encaja en nuestras nociones preconcebidas refuerza nuestros esquemas. Las investigaciones indican que las alumnas tienen menos confianza en su habilidad para las matemáticas,[32] y que sus compañeros consideran que ellas tienen menos talento en ciencias, aunque sus notas sean mejores.[33] La información de las notas se ignora porque no encaja en el esquema de que los hombres son mejores en matemáticas y ciencias que las mujeres. Esto no es el resultado de una idea general según la cual las mujeres son menos inteligentes que los hombres.[34] Las chicas están tan seguras como los chicos de su capacidad de lectura y escritura, y los chicos están de acuerdo porque no existe un esquema según el cual los hombres son mejores en letras.

En general, los esquemas funcionan de manera inconsciente[35] y, por tanto, no nos damos cuenta de su influencia dominante. Incluso las personas que consideran que los sexos son iguales reciben la influencia de ese filtro invisible de la percepción.[36] Podemos juzgar, de manera consciente, que hombres y mujeres son igualmente competentes, pero continuar basándonos en nuestros estereotipos (los hombres son agénticos y las mujeres comunales) para realizar juicios, sobre todo si no disponemos de suficiente información clara en la que basar nuestras valoraciones. Nosotras no decidimos tener esos estereotipos inconscientes, y no surgen de nuestra mente racional: los absorbemos de toda una vida de libros, películas, programas de televisión y música que retratan a los hombres como seres poderosos y agénticos, y a las mujeres como personas cariñosas y maternales. Esos prejuicios están tan extendidos que resulta difícil verlos. Son el pan nuestro de cada día.

En general, los investigadores estudian los prejuicios inconscientes de género haciendo que los participantes lean descripciones de personas idénticas, con la excepción de un nombre masculino o femenino, y después determinan si existen diferencias en las reacciones. Los investigadores de la Duke University School of Business hallaron que los diseños de unas casas se consideraban más innovadores si el supuesto arquitecto se llamaba John y no Katherine.[37] Los investigadores de la Universidad de Nueva York descubrieron que ciertas estrategias empresariales se consideraban más originales si la persona encargada tenía un nombre masculino; además, esos encargados se juzgaban más merecedores de una bonificación, un aumento de sueldo o un ascenso.[38] De forma similar, durante la valoración de proyectos colaborativos en equipo, el mérito del éxito se atribuyó con mayor frecuencia a miembros masculinos, a no ser que la información sobre la aportación de una mujer fuera clara e inequívoca (hablaremos más sobre los efectos colaterales de los prejuicios inconscientes en el capítulo 9, cuando veamos cómo puede ayudar la autocompasión fiera a las mujeres en el trabajo).

Por desgracia, los estereotipos de género se encuentran profundamente arraigados en nuestra psique y son reticentes al cambio. Aunque las mujeres hayamos avanzado mucho en la sociedad en las últimas tres décadas y las personas en general mantengan actitudes más igualitarias que antes, un estudio demostró que entre 1983 y 2014 apenas cambió el estereotipo según el cual los hombres son agénticos y las mujeres son comunales.[39] Esos estereotipos permanecen estables en el tiempo y parecen afianzarse con la edad.

Poco después de llegar a la Universidad de Texas en Austin, mi laboratorio de investigación llevó a cabo un estudio sobre el desarrollo de los estereotipos de género desde la adolescencia temprana hasta la edad adulta temprana, con especial hincapié en las percepciones de rasgos asociados al dominio («posee capacidad de liderazgo», «independiente») o a la sumisión («obediente», «sensible a las necesidades de los demás»).[40] Descubrimos que la percepción de las diferencias de género se radicalizaba con la edad: los adultos jóvenes veían a los hombres como dominantes y a las mujeres como sumisas en mayor medida que los adolescentes (tal vez, porque la exposición a los medios y el conocimiento de la cultura son mayores). También analizamos las creencias subyacentes sobre el porqué de la existencia de esas distinciones. Hallamos que las mujeres jóvenes eran más propensas a afirmar que se debían al tipo de crianza que reciben las niñas y los niños, mientras que los hombres se inclinaban más por las diferencias biológicas, como los genes o las hormonas. Además, las mujeres jóvenes mostraron más actitudes igualitarias (consideraban que las mujeres deberían recibir más oportunidades en el mundo empresarial y en los gobiernos), en parte porque creían que las diferencias de género surgen del modo en que se socializa a las mujeres. En otras palabras, aunque las mujeres se mostraron muy conscientes del estereotipo de la sumisión femenina, consideraron que la desigualdad de poder resulta fundamentalmente injusta. Ello nos da esperanza sobre nuestra capacidad para cambiar los roles de género opresivos.

¿QUIÉN SOY?

Uno de los motivos por los que resulta complicado superar los estereotipos interiorizados es que se arraigan casi desde el nacimiento, y nuestra identidad como personas se desarrolla en torno a nuestra identidad de género (comunal o agéntica).[41] El género es una de las primeras categorías que los niños aprenden:[42] empiezan distinguiendo perceptualmente a hombres y mujeres entre los tres y los ocho meses de vida. En torno a los cuatro o cinco años, los estereotipos que asignan rasgos de personalidad agénticos a los hombres, como «duro» o «valiente», y comunales a las mujeres, como «dulce» o «amable», ya están profundamente arraigados.[43]

Esos estereotipos se refuerzan mediante la observación de las reacciones sociales frente a aquellos que no se ajustan a su rol de género asignado. A los chicos que muestran rasgos comunales tiernos se los califica de «niñitas». Son objeto de burlas no solo por esa disconformidad, sino también porque el comportamiento típico de las chicas se considera menos poderoso.[44] En la primera infancia, las niñas que muestran rasgos agénticos no son ridiculizadas y, en general, se las acepta como «marimachos» (en parte porque su conducta se interpreta como una señal de fortaleza y no de debilidad). Con todo, el mero hecho de que a las chicas agénticas se les asigne esa etiqueta indica que se considera que su comportamiento no es «normal». En la adolescencia, las chicas reciben más presión (sobre todo, las heterosexuales) para ajustarse a los estereotipos de género con el fin de ser populares y ligar mucho.[45] Para gustar y ser aceptadas, podrían empezar a utilizar un lenguaje más indefinido, centrarse en el atractivo sexual y restar importancia a sus competencias.[46]

En la edad adulta, con independencia de la orientación sexual, las mujeres enérgicas o dominantes tienden a experimentar el rechazo social.[47] La conducta asertiva que resultaría perfectamente aceptable en un hombre suele provocar rechazo, insultos y desconfianza si quien la practica es una mujer. Si un hombre rechaza una idea ajena de manera clara y firme porque cree que es inadecuada, se le considera resolutivo y seguro de sí mismo. Si una mujer hace exactamente lo mismo, se la tacha de zorra autoritaria. El miedo al rechazo lleva a muchas mujeres a suprimir su lado apasionado (fiero, feroz) para obtener la aprobación social (profundizaremos en ello más adelante).

En realidad, sin embargo, son los rasgos agénticos, y no los comunales, los que pronostican la salud mental de las mujeres.[48] Las féminas capaces de ser firmes y expresarse de manera auténtica son más felices y se sienten más satisfechas con sus vidas. Las que son incapaces de expresarse con firmeza muestran mayores niveles de ansiedad y depresión cuando se enfrentan a problemas.[49] Sin la capacidad de establecer límites, de decir «no» o de pedir lo que quieren, las mujeres pueden caer fácilmente en el estrés y el agobio. Además, las mujeres muy comunales y nada agénticas tienden a sufrir doblemente: no solo se ven superadas por sus propias dificultades; además, pueden identificarse tanto con el papel de cuidadoras que también sufren por los problemas de sus seres queridos.[50]

Las mujeres andróginas que se consideran agénticas y comunales[51] tienden a disfrutar de una salud mental mejor que las que muestran algún desequilibrio entre esas cualidades. Las investigaciones demuestran que toleran mejor el estrés y se recuperan antes de los fracasos.[52] Se debe a que cuentan con dos maneras de afrontar las situaciones:[53] emprenden pasos proactivos para mejorar su situación cuando es posible, y aceptan las cosas con ecuanimidad cuando el cambio no es una opción. Además, tienden a ser más auténticas y a sentirse más cómodas expresándose tal como son.[54]

Las mujeres «indiferenciadas» (sin rasgos agénticos y comunales destacables) son las que más sufren, porque tienen problemas con la maternidad y la asertividad, lo que provoca dificultades personales e interpersonales. De nuevo, queda patente que el desarrollo y la integración equilibrada de la pasión y la ternura son lo que nos permite ser mujeres completas y sanas.

Evalúa tu nivel de agencia y comunalidad

La siguiente escala es una versión adaptada del cuestionario de atributos personales (PAQ, por sus siglas en inglés),[55] creado por Janet Spence y Robert Helmreich en la Universidad de Texas en Austin. Se trata de uno de los métodos más utilizados para medir la masculinidad y la feminidad en el campo de la investigación.

INSTRUCCIONES

Por cada par de rasgos, elige el número que describa tu posición en la escala. Elige el 1 si la opción de la izquierda te describe, el 5 si optas por la opción de la derecha, o un número intermedio. Por ejemplo, si tuvieras que decidir tu posición entre «nada artística» y «muy artística», deberías elegir el 1 si consideras que careces de capacidades artísticas. Si crees que eres bastante buena en ese campo, elegirías el 4. Y si posees capacidades medias, podrías elegir el 3.

11	Nada independiente	1 2 3 4 5	Muy independiente
22	Nada sensible	1 2 3 4 5	Muy sensible
33	Muy pasiva	1 2 3 4 5	Muy activa
44	Incapaz de entregarte por completo a los demás	1 2 3 4 5	Capaz de entregarte por completo a los demás
55	Nada competitiva	1 2 3 4 5	Muy competitiva
66	Muy seca	1 2 3 4 5	Muy atenta

77	Con dificultades para tomar decisiones	1 2 3 4 5	Tomas decisiones fácilmente
88	No ayudas a los demás	1 2 3 4 5	Ayudas mucho a los demás
99	Te rindes muy fácilmente	1 2 3 4 5	Nunca te rindes
110	Nada amable	1 2 3 4 5	Muy amable
111	Insegura	1 2 3 4 5	Muy segura de ti misma
112	Nada consciente de los sentimientos de los demás	1 2 3 4 5	Muy consciente de los sentimientos de los demás
113	Te sientes muy inferior	1 2 3 4 5	Te sientes muy superior
114	Nada comprensiva con los demás	1 2 3 4 5	Muy comprensiva con los demás
115	Bajo presión te derrumbas	1 2 3 4 5	Soportas bien la presión
116	Muy fría en las relaciones con los demás	1 2 3 4 5	Muy cercana en las relaciones con los demás

Instrucciones para la puntuación

Puntuación total en agencia (suma de los 8 puntos impares) = _____
Puntuación media en agencia (total/8) = _____
Puntuación total en comunión (suma de los 8 puntos pares) = _____
Puntuación media en comunión (total/8) = _____

En términos generales, una agencia o una comunalidad media por debajo de 3 indica que tu puntuación en ese rasgo es baja; por encima de 3, significa que es alta. Una persona con puntuación baja en agencia y alta en comunalidad se considera femenina; si es alta en agencia y baja en comunalidad, se considera masculina; si es baja en los dos rasgos será indiferenciada, y si es alta en los dos rasgos, se considera andrógina.

GÉNERO Y AUTOCOMPASIÓN

Por tanto, ¿cuál es el vínculo entre el género y la autocompasión? Esta pregunta me resulta de gran interés, y es un tema que continúo explorando en mi investigación. Cabría pensar que las mujeres somos más autocompasivas que los hombres porque nos socializan para ser amables y atentas. Las investigaciones, sin embargo, demuestran lo contrario: las mujeres somos menos autocompasivas que los hombres. A través de un metaanálisis de setenta y un estudios,[56] descubrimos que las mujeres obtenían puntuaciones más bajas en autocompasión (aunque la diferencia era mínima). Parte del motivo por el que somos menos autocompasivas es que tenemos tendencia a ser más autocríticas.[57] Como ya he mencionado, cuando se desencadena la respuesta de amenaza y defensa, casi siempre se manifiesta como autocrítica, sentimientos de aislamiento y sobreidentificación. Los individuos en posiciones subordinadas tienen que estar más atentos al peligro, motivo por el que las mujeres recurrimos a la autocrítica para sentirnos seguras.

Aunque las mujeres seamos menos autocompasivas que los hombres, tendemos a ser más compasivas con los demás.[58] Sometimos a casi mil cuatrocientos individuos a la escala de la autocompasión[59] y a una escala de la compasión similar[60] que evaluaba la bondad, el sentido de la humanidad compartida y la atención plena (la consciencia hacia el sufrimiento ajeno). Las mujeres obtuvieron puntuaciones ligeramente más bajas que los hombres en la escala de la autocompasión, pero mucho más altas en la escala de la compasión. Aunque tanto hombres como mujeres mostraron la tendencia general a ser más compasivos con los demás que consigo mismos, la discrepancia resultó más evidente entre las segundas. El 67% de los hombres se mostraron considerablemente más compasivos con los demás que consigo mismos; el 12%, más compasivo consigo mismo que con los demás, y el 21%, igual de compasivo consigo mismo y con los demás. Entre las mujeres, el 86% se mostró significativamente más compasivo con los demás, el 5%, consigo mismo, y solo el 9% de ellas mostraron un equilibrio entre sí mismas y los demás.

Esos resultados reflejan cómo se enseña a las mujeres a priorizar las necesidades de los demás frente a las propias. El poder determina quién logra satisfacer sus necesidades. Históricamente, a las mujeres se nos ha exigido que subordinemos nuestras necesidades a las de los hombres con el fin de mantener la paz en las relaciones. Los hombres, que se creen con más derecho a que se satisfagan sus necesidades, parecen tener menos problemas para ser compasivos consigo mismos.

No obstante, no es el sexo biológico el que provoca las diferencias en cuanto a autocompasión. La socialización de los roles de género es la verdadera culpable. En otro estudio con mil adultos, aproximadamente, descubrimos que las mujeres andróginas, que son agénticas y comunales a la vez, son tan autocompasivas como los hombres.[61] Se sienten seguras de sí mismas y valiosas, lo que les permite dirigir sus desarrolladas capacidades de cuidado hacia el interior en los momentos difíciles. Las mujeres con carencias en ambos rasgos presentan los niveles más bajos de autocompasión porque son incapaces de recurrir al cariño o a la fuerza para cuidar de sí mismas. Estos hallazgos implican que como mujeres no tenemos que renunciar a nuestras cualidades comunales para recibir la autocompasión con los brazos abiertos. Para revelar todo su potencial solo tenemos que reforzar nuestro lado agéntico a fin de poner el yang en equilibrio con el yin.

Por suerte, el hecho de que se eduque a las mujeres para que valoremos la compasión significa que tenemos menos miedo a la autocompasión que los hombres[62] y estamos más abiertas a aprender a aplicarla. Aunque no disponemos de datos al respecto, calculo que un 85-90% de participantes que asisten a los talleres de MSC son mujeres. La idea de utilizar la compasión como una fuente de afrontamiento y resiliencia parece tener más sentido para las mujeres que para los hombres. Además, llegan siendo expertas en compasión porque han sido educadas desde una edad temprana para cuidar a los demás. Esto significa que nos encontramos en una posición más ventajosa para brindarnos compasión a nosotras mismas porque ya sabemos ser cariñosas, sensibles y comprensivas.

Y aunque los roles de género comunales femeninos tienden a ser delicados, existe un contexto en el que se nos permite ser apasionadas. Podemos actuar como una poderosa Mamá Osa si lo hacemos para proteger a nuestros hijos. La agencia al servicio de la comunalidad (es decir, realizar una acción contundente para ayudar a nuestros hijos) no solo es aceptable, sino también legendaria. Con o sin hijos, la mayoría de las mujeres sentimos el poder de Mamá Osa en nuestro interior. La cuestión es saber dar un giro consciente y dirigir esa fuerza protectora hacia el interior.

MÁS ALLÁ DEL GÉNERO

A todos nos perjudica la separación por género de la agencia y la comunalidad, del yin y el yang. Nuestro desarrollo se ve entorpecido cuando limitamos nuestra capacidad de expresar esas dos maneras esenciales de ser, y cada una de esas energías podría caer en la distorsión. Las cualidades de sensibilidad, aceptación y comprensión del yin pueden transformarse en impotencia y dependencia cuando se separan de la energía yang apasionada. Las cualidades de valentía y acción del yang podrían caer en la agresión, el dominio y la ignorancia emocional si se separan de la energía tierna del yin.

¿Qué ocurriría si el yin y el yang no estuvieran vinculados a lo masculino y lo femenino? ¿Y si cada individuo pudiera expresar su voz única? En lugar de priorizar una cualidad sobre la otra, podríamos utilizar e integrar las dos. Cuando el yin y el yang se liberan de la dinámica del dominio y la sumisión, podemos utilizar el poder de la bondad para transformarnos y aprovechar, además, ese poder para transformar un sistema social inservible.

En los últimos años he analizado en profundidad mi propio equilibrio entre el yin y el yang. Aunque la cultura suprime, en general, el lado apasionado en las mujeres, el viaje de cada una es único. Para mí, el viaje consistió en recuperar e integrar mi lado tierno. Durante gran parte de mi vida, he sido más yang que yin. Fue una elección consciente. Recuerdo perfectamente los pasillos de mi instituto a mis dieciséis años. Los chicos empezaban a fijarse en mí y yo sentía la presión de tener que ser atractiva y popular para sentirme segura de mí misma. «¡A la porra! No voy a encontrar mi camino siendo guapa —me decía—. ¡Encontraré mi camino siendo lista!» Entendía la falta de poder que implicaba depender económicamente de un hombre porque mi padre nos dejó cuando yo tenía dos años. El sueño de mi madre de ser un ama de casa a tiempo completo mantenida por un marido benévolo no funcionó, y tuvo que trabajar de secretaria (que no le gustaba) para pagar las facturas. Yo no quería nada de aquello para mí.

De modo que me centré en mis estudios y conseguí una beca completa para la Universidad de California en Los Ángeles (UCLA). Cursé mi doctorado en Berkeley, conseguí un puesto posdoctoral en la Universidad de Denver, y después uno de profesora en la Universidad de Texas en Austin. Básicamente, nunca he dejado de estudiar. La inteligencia se convirtió en mi fuente de seguridad. Podía debatir con los mejores, y la pasión me llegó de forma natural. Aunque mi lado tierno estaba bien desarrollado en relación con la enseñanza de la autocompasión o la crianza de mi hijo, esas dos partes de mí parecían estar muy separadas. Pasaba tanto tiempo *haciendo* (investigando, escribiendo, desarrollando protocolos de formación, dando charlas) que mi yin y mi yang estaban completamente desequilibrados.

Desde que me di cuenta, me centro deliberadamente en conocer a mi lado yin, más delicado e intuitivo, que en ocasiones se siente abrumado por mi intelecto. Hago cosas muy poco científicas, como rezar a mis antepasadas para pedirles que me guíen. Practico el dejar ir la necesidad de saber, confiar en la vida, aprender a abrirme a la incertidumbre. Honro a las dos vertientes de mi ser y las invito a fusionarse e integrarse en mi interior.

He descubierto que convocar a la vez la autocompasión fiera y la tierna me permite sentirme más completa y satisfecha. Puedo funcionar en el mundo de manera más equilibrada. Y después me olvido y vuelvo a salirme del centro, pero entonces me acuerdo y vuelvo a intentarlo. No es una progresión lineal en la que una vez integrados el yin y el yang, estamos listos. Es un proceso repetitivo que debe ser recordado continuamente. Cuando nos preguntamos a nosotras mismas qué necesitamos, a veces necesitamos más pasión; otras veces, más ternura. Pero siempre necesitamos las dos.

Respirando el yin y el yang

Este ejercicio se basa en una meditación con respiración clásica para trabajar con las energías del yin y el yang, y equilibrarlas. Lo desarrollé como un modo de integrar ambos en mi interior, y hoy lo enseño en mis talleres. Muchas personas afirman que sienten los efectos de la práctica en su cuerpo inmediatamente, lo que las ayuda a sentirse más completas y centradas (en FierceSelf-Compassion.org existe una versión en audio, en inglés y en <https://www.mindfulnessyautocompasion.com/autocompasion-fiera/audios> en español).

INSTRUCCIONES

- Siéntate cómodamente, pero asegúrate de tener la espalda recta. Coloca las dos manos sobre tu plexo solar o en el lugar que te ayude a sentirte fuerte y apoyada.
- Empieza a fijarte en tu respiración. No la cambies ni la controles, simplemente respira de forma natural.
- Es posible que tu mente se disperse. Cuando ocurra, vuelve a centrar tu atención sin juzgarte.
- A continuación, empieza a centrarte en tus inspiraciones y siente cada inhalación.
- Mientras inspiras, imagina que inhalas una energía yang apasionada y fiera. Siente el poder que se alza desde la base de tu columna.
- Si quieres, imagina que la energía fiera es una luz blanca brillante que fluye a través de todo tu cuerpo.
- Continúa así durante dos minutos, o más tiempo si lo deseas.
- Inspira profundamente y mantén el aire durante cinco segundos. Espira.
- Coloca las manos sobre tu corazón o cualquier otra parte del cuerpo que te tranquilice.
- Empieza a concentrarte en tus espiraciones. Siente cómo te relajas con cada exhalación.
- Mientras exhalas, deja ir y deja ser.
- Con cada espiración imagina que liberas compasión tierna desde el yin, una presencia amorosa y conectada. Deja que te nutra, que te sane.
- Si quieres, imagina esa energía tierna como una suave luz dorada que fluye a través de tu cuerpo.
- Continúa así durante dos o más minutos.
- De nuevo, inspira profundamente y mantén el aire durante cinco segundos. Suéltalo.

- Ahora, une el yin y el yang: coloca una mano sobre tu corazón y la otra sobre el plexo solar o en un lugar que te reconforte.
- Mientras inspiras, imagina que inhalas pasión; cuando espires, imagina que exhalas ternura.
- Deja que esas dos energías fluyan libremente en tu cuerpo, fundiéndose e integrándose.
- Deja que el flujo hacia el interior y el exterior sea tan natural como el movimiento del mar, con las olas acercándose y alejándose.
- Si te apetece, puedes centrarte más en las inspiraciones o las espiraciones en función de lo que necesites en cada momento.
- Continúa durante cinco minutos, o más tiempo si lo prefieres.
- Cuando estés lista, abre los ojos poco a poco.

Conviene mencionar que no existe un modo correcto de realizar esta práctica. A algunas personas les gusta convocar la ternura con las inspiraciones y expulsar la energía fiera con las espiraciones. También puedes cambiar el orden de la inspiración y la espiración. Experimenta y descubre tus preferencias.

Capítulo 3
MUJERES FURIOSAS

La verdad te hará libre, pero antes te hará enojar.

GLORIA STEINEM, escritora y activista[1]

Después de que un ajustado voto en bloque confirmara a Brett Kavanaugh para el Tribunal Supremo de Estados Unidos, numerosos medios reflexionaron sobre el papel que desempeñó la rabia en su vista ante el Comité Judicial del Senado. Christine Blasey Ford, que acudió a testificar voluntariamente, mostró una increíble valentía ante el comité del Senado mientras detallaba sus recuerdos personales sobre el abuso sexual cometido por Kavanaugh cuando ella era adolescente. Igualmente impactante resultó su conducta durante la vista. Si bien testificó con seguridad cuando se refirió a su campo de trabajo (la psicología del trauma), en otros momentos se expresó como una niña que necesitaba aplacar a los hombres poderosos que la rodeaban. Eso no restó valor a la valentía que demostró al estar allí. Fue tremendo. Sin embargo, resultó evidente que pensaba que tenía que ser delicada y dulce si quería ser escuchada.

Probablemente, Ford tenía razón. Si hubiera mostrado su rabia contra Kavanaugh, es muy posible que hubiera sido objeto de rechazo por transgredir el estereotipo de la mujer «buena». Cualquier arrebato habría desacreditado su testimonio ante muchas personas. Se le permitió manifestar su dolor por sentirse víctima, pero nada más.

Kavanaugh, por el contrario, fue defendido por gran parte del público y numerosos senadores por mostrarse furioso con razón. Su exhibición de rabia contribuyó a asegurar su confirmación para el Tribunal Supremo.

LAS BUENAS CHICAS NO SE ENFADAN

La rabia es una poderosa expresión de energía yang. Dispara una alarma y señala la presencia de peligro. Nos impulsa a actuar con urgencia para reducir las amenazas. Aunque niños y niñas experimentan la rabia al mismo ritmo en las primeras fases del desarrollo, la rabia de las niñas se trata de manera distinta a la de los niños.[2] Casi en cuanto aprenden a caminar y a hablar, padres y profesores animan a las niñas a mostrar cualidades tiernas (ser agradables, serviciales y colaboradoras), pero se las disuade activamente de que muestren la parte fiera del enfado.[3] A las niñas se les dice que utilicen una voz más «agradable» tres veces más que a los niños,[4] dejando así bien claro el mensaje de que nuestro papel consiste en mantener la paz y no desbaratar los planes de los demás.[5]

La idea de que la rabia resulta adecuada para los niños, pero no para las niñas,[6] está tan arraigada que las madres tienden a etiquetar a un infante angustiado como «triste» si es una niña y como «furioso» si es un niño.[7] No es de extrañar que los niños consideren que es normal que los chicos se enfaden, pero no así las chicas.[8] Para las niñas pequeñas, todo esto resulta confuso. El hecho de que invaliden y malinterpreten nuestras emociones es el primer paso en el camino hacia la supresión de nuestra capacidad de decir lo que pensamos y mantenernos firmes.

Sandra Thomas y sus colegas de la Universidad de Tennessee llevaron a cabo un análisis pionero sobre el enfado de las mujeres en la década de 1990.[9] El estudio incluyó a 535 mujeres a las que formularon preguntas abiertas sobre su experiencia del enfado. El equipo descubrió que numerosas participantes no estaban en contacto con su enfado o se sentían profundamente incómodas con él. Como afirmó una de las participantes: «Creo que me han educado para que no reconozca el enfado como una emoción humana válida. El resultado de esa educación es que no siempre he sabido cuándo estaba enfadada y no dispongo de muchas maneras eficaces de expresar el enfado. En general, me siento impotente cuando estoy enfadada. Me siento inútil. Me siento tonta. Tengo miedo. Sentir rabia me asusta».[10] Los investigadores descubrieron que las causas más frecuentes de enfado entre las mujeres eran los sentimientos de impotencia, el hecho de no ser escuchadas, la injusticia, la irresponsabilidad de los demás y la incapacidad de realizar los cambios deseados.

También descubrieron que cuando las mujeres suprimían su enfado y lo acumulaban como tensión física en el cuerpo, se sentían indefensas, pequeñas y vulnerables. Además, reprimir el enfado acababa provocando una explosión que también les hacía sentir que habían perdido el control (y, por tanto, más indefensas). Una de las participantes escribió: «Mi marido dice que soy como Jekyll y Hyde. Puedo estar hablando con un tono de voz muy dulce, normal, y explotar de repente. [...] Me pongo a chillar, con esa mirada torcida de puro odio. [...] No me doy cuenta de que lo estoy haciendo. Es como si me hubiera metido en un cuerpo ajeno. Me puse tan furiosa con él que agarré su taza y la empujé contra su cara. Él no podía creer que hubiera hecho tal cosa. Y me puse a llorar porque yo tampoco podía creerlo».[11] Resulta irónico que el enfado, que es una emoción potente por naturaleza, provoque que las mujeres se sientan indefensas porque no se nos permite reconocerla como una parte de nuestra verdadera naturaleza. Por el contrario, nos sentimos como si una fuerza alienígena se hubiera apoderado de nosotras y decimos cosas como «he perdido el control» o «no era yo». Y es que a las mujeres se nos enseña a rechazar el enfado y a verlo como una emoción ajena a nosotras.

La idea de que el enfado no es natural para las mujeres se refuerza con las reacciones de los demás. A las mujeres enfadadas se las etiqueta como locas, irracionales e inestables. En general, la gente considera que una mujer enfadada o «alborotadora» debe de estar mentalmente perturbada, emocionalmente desequilibrada, hormonada (puede que tenga la regla, como insinuó Trump acerca de la periodista Megyn Kelly después de que esta se dirigiera a él en actitud agresiva: «Se veía la sangre saliéndole por los ojos, sangre saliéndole de su... Lo que sea»). El estereotipo según el cual las mujeres somos cuidadoras comunales está tan arraigado que cuando mostramos cualquier otra conducta, se interpreta como anormal.[12] No obstante, las mujeres sí podemos estar tristes, porque la tristeza es una emoción sensible y tierna que se acepta a sí misma. Simplemente, no podemos estar enfadadas. Los hombres, por otro lado, se consideran apasionados, acertados y entregados cuando se enfadan. Su enfado encaja con su identidad estereotipada como agentes de acción y cambio. Los hombres reciben aprobación cuando se enfadan porque el enfado demuestra que tienen pelotas. Las mujeres, por su parte, son agraviadas: el enfado demuestra que son unas tocapelotas.

MUJERES NEGRAS Y ENFADO

Aunque la mayoría de las participantes en el estudio de Thomas eran blancas, también se realizaron entrevistas en profundidad con algunas participantes negras para comprobar si su experiencia era distinta.[13] El equipo descubrió que, aunque también temían que el enfado se apoderase de ellas, eran más conscientes de las funciones positivas de esa emoción que otros grupos. Debido a la doble amenaza del sexismo y del racismo, sus madres y sus abuelas les habían enseñado que en ocasiones se necesita de la rabia para protegerse y sobrevivir en un mundo injusto. A pesar de todo, investigadores de la Universidad Estatal de Clayton hallaron que las mujeres negras en realidad no se muestran más enfadadas que otras en lo que respecta a accesos de ira, temperamento propenso al enfado, expresiones verbales o físicas de ira, o control del enfado.[14] De hecho, se descubrió que las mujeres negras informaban de niveles más bajos de ira reactiva en situaciones en las que sufrían críticas, faltas de respeto o valoraciones negativas en comparación con otras personas. Se interpretó que aquellos hallazgos demostraban la madurez que se desarrolla al tener que tratar con el racismo y el sexismo cada día. Las mujeres negras reconocen la función protectora del enfado, pero también poseen mayor capacidad de regularla.

Por desgracia, eso no ha impedido que la sociedad etiquete a las mujeres negras como malhumoradas y hostiles. «Mujer negra enfadada» es una etiqueta que también se conoce como *estereotipo Sapphire*,[15] que se basa en el personaje del mismo nombre que aparecía en el programa *Amos 'n' Andy*, en la década de 1950. Dicho personaje era hostil y fastidiaba constantemente a su marido. Los estudiosos afirman que ese estereotipo negativo se desarrolló para justificar el maltrato dispensado a las mujeres negras,[16] y continúa teniendo consecuencias destructoras. Por ejemplo, un estudio con casi trescientas universitarias blancas[17] analizó las percepciones sobre lo culpables que se sienten las mujeres por provocar la violencia doméstica entre cónyuges de la misma raza. Los investigadores descubrieron que después de leer informes idénticos sobre casos de violencia doméstica entre una pareja negra o una pareja blanca, a las mujeres negras se les atribuyó más responsabilidad de la violencia que a las blancas, posiblemente debido al estereotipo de que están más enfadadas y son más agresivas en general. El dato resultó todavía más patente entre las personas con una visión tradicional de los géneros. Esos inquietantes hallazgos coinciden con las estadísticas, que demuestran que la policía tiende a tomarse menos en serio los relatos de las víctimas negras de violencia doméstica que los de las víctimas blancas.[18] Cualquier mujer que se salga del molde de la feminidad ideal enfadándose es rechazada por la sociedad, pero ese juicio dañino se intensifica en el caso de las mujeres negras.

ENFADO, GÉNERO Y PODER

La supresión del enfado femenino contribuye a mantener relaciones de poder desiguales. El mismo enfado que tiende a realzar el poder de un hombre frente a los demás, reforzando así el arquetipo de la fuerza y la autoestima masculinas, disminuye el de la mujer. Un estudio realizado por la Universidad Estatal de Arizona analizó ese sesgo de percepción informando a los participantes de que iban a formar parte de una deliberación de un jurado falso acerca de un caso de asesinato.[19] El experimento se realizó a través de internet y se diseñó de manera que cuatro miembros del jurado, a través de comentarios escritos, estarían de acuerdo con el veredicto, pero uno de los miembros mostraría su desacuerdo. En realidad, los demás miembros del jurado no existían; la configuración se diseñó para analizar las reacciones de los participantes al *feedback* en línea. Cuando el disidente tenía un nombre masculino y expresaba ira, los participantes se sentían menos seguros de sus propios puntos de vista y se dejaban influenciar más por su opinión. Si esta figura tenía nombre de mujer y expresaba ira, los participantes se sentían más seguros de sí mismos y se dejaban influenciar menos por su opinión (aunque planteara los mismos argumentos y expresara el mismo grado de enfado que su homólogo masculino).

Las expresiones de enfado infunden respeto e intensifican la competencia percibida en el caso de los hombres, pero invitan al desprecio y sugieren una disminución de las capacidades en el caso de las mujeres. La deslegitimación de esa emoción básica despoja a las mujeres de su capacidad para influir eficazmente en los demás. Y perjudica a nuestra salud mental.

MUJERES, ENFADO Y BIENESTAR

Dado que a las mujeres no se nos permite expresar el enfado abiertamente como a los hombres, tendemos a dirigirlo hacia el interior en forma de autocrítica. Cuando nos sentimos amenazadas y no podemos enfrentarnos al peligro emprendiendo alguna acción externa, la reacción de lucha se dirige hacia el interior. Tratamos de reafirmar el control a través de la autocrítica con la esperanza de que nos obligará a cambiar y así recuperaremos la seguridad. Además, somos más propensas que los hombres a juzgarnos a nosotras mismas de forma negativa por enfadarnos,[20] lo que conduce a una autocrítica todavía más severa. El enfado interiorizado en forma de autocrítica es una de las principales razones por las que las mujeres, en especial aquellas que se identifican con un rol de género femenino, manifestamos niveles más bajos de autocompasión que los hombres.[21]

También ayuda a explicar por qué las mujeres tenemos el doble de probabilidades de sufrir depresión.[22] Nos rendimos bajo la presión del autodesprecio y acabamos aturdidas por los ataques constantes contra nosotras mismas. El aumento de cortisol y la inflamación provocada por la activación constante del sistema nervioso simpático hacen que nuestros cuerpos y nuestras mentes se bloqueen.[23] La autocrítica también puede llevarnos a padecer trastornos de ansiedad, como ataques de pánico,[24] o trastornos de la alimentación, como la anorexia.[25]

La incapacidad de expresar el enfado puede desembocar en rumia, que también provoca depresión.[26] Recuerda que la rumia representa una respuesta de congelación al peligro y, como la autocrítica, es una conducta básica de seguridad, una forma de resistencia a lo que ocurre que se halla arraigada en el deseo de hacer que nuestro dolor desaparezca. En lugar de aparecer y desaparecer de manera natural, el enfado se mantiene debido a nuestra resistencia (al fin y al cabo, se supone que las mujeres no debemos enfadarnos). Esto significa que nuestra mente se queda enganchada a ella como si fuera velcro, con los pensamientos de enfado repitiéndose una y otra vez.

Robin Simon, de la Universidad de Wake Forest, y Kathryn Livery, de la Universidad de Dartmouth, dirigieron un estudio con una gran representación nacional de mil ciento veinticinco americanos.[27] Descubrieron que la emoción de enfado de las mujeres es más intensa y dura más que la de los hombres (a pesar de factores sociodemográficos, como la educación, los ingresos y la raza). Los investigadores descubrieron que la mayor incidencia de depresión observada entre las mujeres del estudio podía explicarse en parte por la mayor intensidad y duración del enfado. Al negar a las mujeres la libre expresión de nuestro enfado justificado, la sociedad nos obliga a guardárnoslo.[28]

LOS REGALOS DEL ENFADO

Las normas contra el enfado femenino no solo perjudican nuestra salud mental: además, nos niegan el acceso a un importante y poderoso recurso. El profesor Raymond Novaco, experto en el estudio de la ira (Universidad de California en Irvine), ha descrito al menos cinco maneras en que el enfado puede ser una emoción útil.[29] En primer lugar, el enfado nos activa. Cuando nos enfadamos, erguimos la espalda y sentimos la energía corriendo por nuestras venas. Esa energía nos moviliza para actuar y anula la inercia o la complacencia. Nos brinda el toque de motivación necesario para impedir daños o injusticias. Ya sea para hablar con las autoridades, ir a votar o tomar las calles, como hicimos muchas de nosotras después de la elección de Donald Trump o la muerte de George Floyd, necesitamos enfadarnos para provocar cambios.

En segundo lugar, el enfado nos proporciona un enfoque claro sobre lo que amenaza con hacernos daño. Actúa como un rayo láser que señala el peligro. Aunque puede resultar debilitadora si se convierte en rumia, la capacidad del enfado de iluminar un problema que exige atención es un regalo que no deberíamos subestimar. Nos proporciona una enorme claridad justo en el momento en que la necesitamos.

En tercer lugar, el enfado nos ayuda a defendernos y protegernos. Invalida la respuesta de miedo y nos ayuda a enfrentarnos a quien nos hace daño o nos trata injustamente. A veces necesitamos enfadarnos para tener la valentía de enfrentarnos a quienes nos amenazan o nos faltan al respeto. Si no nos enfadamos, tendremos muchas menos probabilidades de dar nuestra opinión. El enfado nos aporta energía y nos centra en la amenaza, nos equipa para emprender acciones de autoprotección.

Un cuarto aspecto útil del enfado es que posee una clara función comunicativa. Nos alerta de que algo va mal, al tiempo que informa a los demás de que estamos incómodas. Si no nos enfadamos ante el sutil pero malicioso comentario de un compañero de trabajo acerca de nuestro rendimiento, es posible que ni siquiera nos demos cuenta de que el comentario era inadecuado o dañino. Si los gritos no desempeñan un propósito comunicativo útil cuando provocan que el interlocutor se cierre, el enfado expresado como convicción firme («creo que ese comentario no ayuda») sí puede lograr que el interlocutor nos preste más atención tanto en el momento presente como en el futuro próximo.

Incluso cuando el enfado no es más que una expresión de dolor (por ejemplo, cuando decimos palabrotas tras darnos un golpe en un pie), desempeña una importante función catártica. De hecho, un estudio descubrió que cuando los participantes tenían que sumergir las manos en agua helada, los que recibieron la instrucción de decir groserías mostraron una mayor tolerancia al dolor y aguantaron con las manos en el agua más tiempo que aquellos a los que se les indicó que no reaccionaran. Ese efecto resultó especialmente evidente en las mujeres, que dicen menos palabrotas que los hombres (en general). Dado que las mujeres estaban menos familiarizadas con el poder catártico del enfado, les resultó muy eficaz para aliviar el dolor.[30]

Por último, el enfado proporciona una sensación de control personal y empoderamiento. Cuando estamos enfadadas y enfrascadas en cambiar las cosas a mejor, dejamos de ser las víctimas indefensas. Aunque no podamos cambiar nuestra situación, el enfado evita que caigamos presas del miedo y la vergüenza. Adoptamos el espíritu de una superviviente. El enfado nos recuerda que contamos con una potente voz respecto al modo en que decidimos vivir nuestra vida.

ENFADO CONSTRUCTIVO Y ENFADO DESTRUCTIVO

Por supuesto, no todo el enfado es beneficioso. Lo cierto es que los investigadores identifican dos tipos de enfado: el constructivo y el destructivo.[31] Este último rechaza y culpa a los demás de un modo personal: «¡*Son villanos malvados*!». Se trata de una energía hostil y agresiva que busca tomar represalias y destruir. El enfado destructor es farisaico y no se preocupa por los efectos que pueda tener en sus receptores, que merecen lo que les pase. Además, actúa de manera defensiva del ego, protegiendo nuestra imagen propia como si fuera una cuestión de vida o muerte. Es reactivo y absurdo, y conduce a malas decisiones. La efervescencia del enfado nos ciega y nos impide ver las cosas con claridad porque nos centramos únicamente en castigar a la persona que amenaza con hacernos daño. Y es así incluso cuando esa persona somos nosotras, cuando nos acribillamos con duras críticas por empeorar las cosas. Este enfado es capaz de destruir relaciones y provocar violencia, incluidos ataques verbales y físicos.[32] Dado que activa el sistema nervioso simpático, también puede provocar hipertensión,[33] disfunción del sistema inmune[34] y problemas de salud serios como enfermedad coronaria.[35]

El enfado destructivo hace honor a refranes como «el enfado es locura el tiempo que dura» o «llenarse de enfado es como agarrar un carbón ardiente con la intención de arrojárselo a alguien; somos nosotros los que nos quemamos». Cuando estamos enfadadas con nosotras mismas o con otra persona, nos alejamos de la conexión y convertimos en enemiga a la persona con la que nos hemos enfadado. En resumen, debilitamos la compasión. Nos hacemos daño a nosotras mismas, no solo a los demás, porque damos más fuerza a los sentimientos de aislamiento y rechazo.

El enfado constructivo es el proceso por el que una persona se defiende y defiende sus derechos sin hostilidad ni agresión.[36] Se centra en la protección frente al daño y a la injusticia. Este enfado se dirige al daño, trata de entender las condiciones que llevan hasta él, en lugar de atacar a la persona o las personas responsables. Tiene en cuenta el impacto de su expresión en los demás. El enfado destinado a reducir el sufrimiento no empeora los problemas: trata de resolverlos. El enfado constructivo es una fuente inagotable de acción centrada en evitar la injusticia y decir «no».

El enfado constructivo ejerce un efecto positivo en nuestra salud mental y física. En un gran estudio con casi dos mil adultos (hombres y mujeres),[37] un grupo de investigadores de la Universidad de Alabama observaron cómo expresaban el enfado en entrevistas grabadas en vídeo. Clasificaron a los participantes como manifestantes de enfado constructivo si cumplían uno de los siguientes criterios: eran asertivos y trataban directamente con la persona con la que se habían enfadado, hablaban del motivo de su enfado, intentaban entender el punto de vista de la otra persona, o hablaban de su enfado con otras personas para intentar tener más opiniones y posibles puntos de vista alternativos. Los resultados del estudio indicaron que los participantes que mostraron un enfado constructivo eran menos cínicos, agresivos y hostiles con los demás, y mostraban menos señales de ansiedad y depresión que los participantes cuyo enfado no era constructivo. Además, su presión sanguínea presentaba niveles saludables.

El enfado que trata de entender y no destruir también sirve para la eficaz resolución de conflictos. Un importante objetivo del enfado consiste en corregir la vulneración de los derechos o de lo que es justo.[38] Cuando esta emoción es constructiva, motiva a los individuos a resolver los conflictos de un modo equilibrado.[39] Por ejemplo, un grupo de investigadores examinó el apoyo israelí al compromiso sobre el estatus de Jerusalén y los refugiados palestinos, y descubrió que cuando el enfado iba acompañado de odio, el apoyo era menor.[40] No obstante, el enfado sin odio (cuando los palestinos eran vistos como seres humanos, no como el enemigo) daba como resultado un mayor apoyo. El enfado constructivo puede ser un elemento positivo si se emplea para evitar daños y no es personal.

ENFADO Y JUSTICIA SOCIAL

El enfado llama a las cosas por su nombre. Nos permite ver cuándo nos discriminan o nos tratan de manera injusta, y enfrentarnos a ello. Si las mujeres no nos enfadamos, significa que nuestros deseos, necesidades y anhelos no cuentan. Significa que no podemos cambiar nuestra situación. Las prohibiciones contra el enfado femenino por ser una reacción «impropia» y «poco refinada» constituyen una forma de control social, una manera de mantenernos quietas. La inclinación a enfadarnos es, por tanto, un acto político, además de una reivindicación personal de nuestros derechos. Como afirma Soraya Chemaly, autora de *Enfurecidas*: «La verdad es que el enfado no es lo que se interpone en nuestro camino: es nuestro camino. Lo único que tenemos que hacer es admitirlo».[41] El enfado surge cuando queremos tener voz y voto respecto a nuestras circunstancias. La energía fiera del enfado provoca la acción y aviva la asertividad y cierto sentido de agencia (voluntad de actuar). Nos permite hablar alto y claro sobre el trato justo y contribuye a que se satisfagan nuestras necesidades. Si la rabia sin sentido dirigida a los demás no resulta de ayuda, la energía del enfado puede ser increíblemente útil si se utiliza de manera correcta y se dirige hacia sistemas injustos que provocan sufrimiento.

Una mujer con miedo a enfadarse tendrá más dificultades para pronunciarse ante una injusticia. En un estudio realizado por Diana

Leonard y sus colegas de la Universidad de California en Santa Bárbara se examinó cómo influían los estereotipos sobre el enfado femenino en el deseo de emprender acciones contra la injusticia.[42] Se planteó a las participantes, mujeres universitarias, una situación hipotética: «En una clase de *kickboxing* con mayoría de estudiantes masculinos, el instructor comenta que ha decidido centrar las sesiones en el entrenamiento de fuerza. Después, llama a Jessica para decirle que debería plantearse muy en serio un cambio a la clase de aeróbic». Las participantes que atribuían estereotipos negativos al enfado femenino en general se mostraron menos propensas a enfadarse con esa situación en particular. Además, no lo vieron tanto como un acto de discriminación ni manifestaron el deseo de unirse a otras mujeres para enfrentarse al instructor de *kickboxing*. Pasar por alto comentarios sexistas como ese implica que nadie protestará por la injusticia.

El enfado femenino es fundamental para oponerse a la desigualdad de género porque motiva a las mujeres para agruparse y pasar a la acción. La acción colectiva se define como los pasos adoptados por un grupo para luchar contra la injusticia y la discriminación, y puede consistir en protestas, marchas, boicots, firmas de peticiones, votaciones o alzar la voz para denunciar maltrato.[43] Históricamente, la acción colectiva ha sido uno de los medios más eficaces con el que han contado las mujeres para introducir cambios sociales. Piensa en las protestas de las sufragistas que consiguieron el voto para las mujeres en 1920, o en las Mothers Against Drunk Driving, que consiguieron llevar al Congreso la petición de incrementar la edad mínima para consumir alcohol hasta los veintiún años y endurecer las penas para los que superan la tasa permitida de alcohol en sangre. Sus logros redujeron a la mitad los accidentes relacionados con la bebida. El actual paisaje político norteamericano está conformado por la rabia de las Rage Moms[44] (Mamás Rabiosas), una expresión acuñada por las periodistas Lisa Lerer y Jennifer Medina, del *New York Times*, para describir grupos de acción social impulsados por el enfado, como MomsRising[45] (grupo de acción política con un millón de miembros) o Moms Demand Action[46] (organización en defensa del control de armas). El movimiento Black Lives Matter fue creado por tres mujeres (Alicia Garza, Patrisse Cullors y Opal Tometi), furiosas por la violencia contra sus hijos, sus familias y su comunidad.[47] El enfado es la batería recargable que da energía al movimiento por la justicia social.

AUTOCOMPASIÓN Y ENFADO

No abundan las investigaciones sobre autocompasión y enfado, pero lo poco que existe sugiere que la primera puede ayudar a suavizar los efectos negativos del enfado. Un estudio dirigido por Ashley Borders y Amanda Fresnics, del College of New Jersey, analizó el vínculo entre la autocompasión y el enfado en más de doscientos universitarios.[48] Hallaron, en primer lugar, que los individuos con niveles de autocompasión más altos eran ligeramente menos propensos a manifestar enfado (a irritarse mucho con alguien o sentir el deseo de gritarle), pero la diferencia era muy pequeña. La autocompasión no es incompatible con el enfado, pero sí es cierto que nos permite ejercerla de manera más eficaz, como atestiguó el hecho de que los individuos autocompasivos mostraran menos tendencia a la rumia o a sentirse acosados por pensamientos o recuerdos de ira, o fantasías de venganza. Dado que la autocompasión nos permite sentirnos enfadadas sin autocriticarnos o reprimirnos, no nos obsesionamos con ella de un modo insano. Los participantes en el estudio con la autocompasión más desarrollada también informaron de menos casos de agresividad física o verbal en los últimos seis meses, actitud que se explicaba por la ausencia de rumia. En general, corremos más riesgo de atacar a otras personas cuando nos dejamos llevar por el enfado. Cuando somos conscientes de nuestros sentimientos de enfado, recordar que forman parte indisoluble de la vida puede ayudarnos a reafirmarnos sin provocar daños.

Yo misma presencié el impacto transformador de la autocompasión sobre el enfado en la vida de una vecina llamada Celeste, una bibliotecaria blanca jubilada, cercana a los setenta, con dos hijos adultos, tres nietos y un caniche neurótico llamado Tutu. Celeste creció en Grand Rapids, Míchigan, y fue educada en la idea de que las mujeres deben sonreír y ser agradables, dulces y complacientes. Su marido,

Frank, se había jubilado de su puesto en un concesionario de coches y pasaban mucho tiempo juntos. Frank podía hablar sin parar y resultar muy pesado. Interrumpía a Celeste constantemente cuando hablaba, o le explicaba una noticia sobre política como si fuera una niña. Ella, sin embargo, nunca decía nada. No quería ser la bruja quejica. Y se sentía cada vez más infeliz. Aunque se suponía que la jubilación era un alivio, Celeste se sentía más nerviosa que nunca. Se autocriticaba por no ser más agradecida, y esas críticas no hacían más que empeorar las cosas. Su nerviosismo acabó convirtiéndose en ansiedad, y Celeste empezó a sentirse incómoda consigo misma.

Celeste sabía de mi trabajo sobre la autocompasión, y hablábamos de ello a menudo. Leyó uno de mis libros y se interesó en aprender a ser más amable consigo misma. Yo tenía la sospecha de que le iría bien acudir a terapia, así que se lo sugerí delicadamente, explicándole que había visto a una terapeuta local llamada Laura y que me había ayudado mucho. Laura utilizaba un enfoque llamado sistemas de la familia interna (IFS, por sus siglas en inglés), desarrollado por Richard Schwartz.[49] Esta terapia ayuda a las personas a entrar en contacto con diferentes partes de sí mismas y sentir compasión por todas ellas. ¿Querría su número? Por suerte, Celeste se mostró receptiva.

Celeste le explicó a Laura que estaba buscando a un terapeuta porque necesita ayuda con su nerviosismo y su ansiedad. No solo se sentía incómoda: la situación estaba empezando a tener un efecto negativo en su matrimonio. Cuando Laura le preguntó por qué había llegado a aquel estado, Celeste le respondió que creía que debían de ser los cambios hormonales y la edad. Laura le preguntó dónde sentía la angustia, y Celeste le indicó el estómago.

—Si tu estómago pudiera hablar, ¿qué diría? —fue la siguiente pregunta de Laura. Al principio, Celeste pensó que la terapeuta estaba loca.

—¿Que tengo hambre? —se aventuró a responder intentando no mostrar su impaciencia. Sin embargo, le siguió la corriente y acabó respondiendo—: «Estoy irritado».

—¿Podrías darme más detalles sobre esa irritación? —preguntó Laura. ¿Era posible que fuera su marido el que la enfadaba?

—No, por supuesto que no —replicó Celeste, que sintió de inmediato cómo se ruborizaba. Cuando Laura se lo comentó, Celeste se dio cuenta de que *había* una parte de ella que estaba enfadada, pero se sentía avergonzada por ello. De pequeña le habían enseñado que la rabia era algo malo, y recordaba perfectamente a una de sus tías diciéndole que se ponía fea cuando se enfadaba.

—¿Qué edad tenías cuando recibiste ese mensaje? —preguntó Laura. Celeste calculó que tendría alrededor de siete años.

Siguiendo las instrucciones de Laura, Celeste le habló a aquella niña, a la parte a la que habían avergonzado por enfadarse, y le dijo:

—No pasa nada. Ahora soy adulta y puedo gestionar mi ira, pero gracias por tu esfuerzo para mantenerme a salvo.

Después, aquella parte de Celeste se relajó. De ese modo pudo establecer un contacto más estrecho con su parte enfadada, que sentía como un nudo ardiente en el estómago. Cuando dio voz a aquella parte de sí misma, se sorprendió por la cantidad de rabia que había ido acumulando con los años. Se sentía humillada, menospreciada e infravalorada por su marido. Se dio cuenta de que su enfado trataba de protegerla de un trato condescendiente, pero la niña con miedo a enfadarse la frenaba constantemente. Laura ayudó a Celeste a familiarizarse con su ira, y esta se sintió como si hubiera encontrado una parte de sí misma que había estado perdida durante muchos años.

Al principio, el enfado de Celeste era destructivo. Como un genio salido de una lámpara maravillosa, se enfurecía cada vez que su marido la interrumpía o se dirigía a ella de manera condescendiente. Celeste se ponía a gritar y a proferir todos aquellos insultos que había escuchado en las películas, pero que nunca se había atrevido a pronunciar. La reacción de su marido consistía en guardar silencio y retirarse, y su relación se vio sometida a una gran tensión. Aunque Celeste se sentía agradecida por estar más en contacto con sus emociones, quería a Frank y aquella tensión estaba destruyendo su matrimonio. Sabía que tenían que arreglar las cosas, pero no quería reprimir sus emociones como había hecho durante casi toda su vida.

Durante unos meses de terapia, Laura enseñó a Celeste a acoger su ira, a verla como una amiga y no como el enemigo. Celeste aprendió a tener conversaciones con su parte enfadada, a escuchar lo que tenía que decir y a apreciar la energía que le aportaba. Permitió a su emoción de enfado que fluyera libremente en su cuerpo y trató de relajarse de manera consciente cuando sentía que estaba luchando contra ella o reprimiéndola. Al cabo de un tiempo, cada vez que Frank la ponía nerviosa, en lugar de gritarle sin pensar aprendió a dar las gracias internamente a su enfado y dirigirlo a la conducta de Frank, no al propio Frank. Celeste aprendió a pedirle a su marido, tranquila pero con firmeza, que no la interrumpiera y que dejara de explicarle las cosas si ella no le pedía su opinión.

Mentiría si dijera que su matrimonio mejoró de forma radical o que Frank aceptó a la nueva Celeste. No lo hizo, pero tampoco se retiró. Se enfrentaba mejor al enfado de su mujer si ella no le gritaba y dejó de interrumpirla tanto. Con el tiempo, llegaron a una tregua. Celeste se sentía mucho más auténtica y segura de sí misma, y cuando dejó de centrarse en su matrimonio como su principal fuente de felicidad, su nerviosismo y su ansiedad acabaron desapareciendo.

Entender tu enfado

Esta práctica sigue los principios básicos que se enseñan en la terapia IFS, que es lo que necesitamos para honrar, validar y entender emociones como el enfado, y reconocer que están ahí para ayudarnos a mantenernos seguras o lograr un objetivo. Las investigaciones demuestran que este enfoque terapéutico puede reducir la depresión y la autocrítica.[50] Sé por experiencia personal que esta terapia funciona. Es uno de los mejores sistemas que he encontrado para integrar partes de nosotras mismas que desconocemos o rechazamos. Este es un ejercicio escrito, así que prepara papel y pluma o un lápiz.

INSTRUCCIONES

Piensa en un hecho reciente de tu vida personal que haya provocado que te enfades con alguien (intenta que no tenga que ver con la política o las noticias internacionales, de momento, o con hechos que te hayan llevado a enfadarte contigo misma). Si eliges algo que te enfadó mucho, podría llegar a agobiarte y te resultará difícil extraer una lección del ejercicio, pero si es algo trivial no supondrá ningún reto. Por favor, concéntrate en algo a medio camino entre esos extremos. ¿Cuál era la situación? (por ejemplo, tu pareja te ocultó algo, tu hija te habló de manera irrespetuosa, un empleado eludió una tarea importante, etcétera).

- ¿Cómo se expresó tu ira? Por ejemplo, ¿gritaste, utilizaste un tono de voz frío o palabras cortantes; no dijiste nada, pero te hervía la sangre?
- ¿Cuál fue el resultado de tu ira? ¿Ocurrió algo destructivo? ¿Sacaste algo constructivo?
- ¿Cómo te sentiste después del enfado? ¿Cómo te impactó personalmente? Por ejemplo, ¿te sentiste empoderada, avergonzada, confusa?
- ¿Sientes curiosidad por lo que tu enfado podría haber intentado hacer por ti? ¿Trató de advertirte de un peligro o de protegerte de algún modo, aunque el resultado de tu enfado no fuese beneficioso? Por ejemplo, ¿intentó evitarte un daño, ayudarte a dar tu opinión o establecer unos límites claros?
- Prueba a escribir algunas palabras de agradecimiento a tu enfado por sus esfuerzos para ayudarte. Aunque los métodos empleados por tu enfado para expresarse no fueran los ideales, o las consecuencias no te sirvieran de ayuda, ¿puedes valorar esa energía de tu interior que intentaba protegerte? Por ejemplo, podrías escribir algo así: «Gracias, ira, por defenderme e intentar asegurarte de que se revelara la verdad. Reconozco tu intención de mantenerme a salvo a toda costa».
- Ahora que tu enfado cuenta con tu agradecimiento y tu aprecio, ¿tiene ella algunas palabras sabias para ti? ¿Cuáles?
- Al final de este ejercicio, analiza cómo te sientes. Si te sientes superada, por poco que sea, prueba la práctica «Las plantas de los pies», de la pág. 43, para centrarte. Si la idea del enfado despierta alguna autocrítica o un sentimiento de vergüenza (o si te ha costado entrar en contacto con tu ira), prueba a dedicarte un poco de autocompasión tierna para ser amable contigo misma y aceptarte. ¿Puedes permitirte ser tal como eres en este momento?

LA FUERZA PROTECTORA DEL ENFADO

En ocasiones, la autocompasión fiera adopta la forma del enfado. La diosa hindú Kali[51] es un maravilloso símbolo de la ferocidad femenina, y podemos inspirarnos en ella. Kali, cuyas representaciones suelen ser azules o negras, aparece con la lengua fuera, un collar de cráneos y apoyada sobre un hombre indefenso que se retuerce en el suelo (su marido, Shiva). Está desnuda, con los pechos generosos orgullosamente expuestos. Sus múltiples brazos sujetan una espada y una cabeza. Kali representa la destrucción, pero también se la considera la madre del universo, la creadora definitiva. Lo que Kali destruye es el engaño, sobre todo el engaño de la separación. Su ferocidad es un instrumento de amor y justicia. Elimina las estructuras que separan y oprimen, dejando así espacio para la igualdad y la libertad.

Como mujeres, tenemos acceso al poder de Kali. No es un hecho científico, solo algo que la mayoría de las mujeres sabemos de manera intuitiva. Debemos dejar de tener tanto miedo, a ella o a las reacciones de los demás ante ella. Debemos honrar a nuestra Kali interior, no juzgarla ni negarla. Cuanto más reprimamos esa energía, más se expresará de manera poco saludable, y eso nos hará daño y hará daño a otros. Sin embargo, cuando se le permite tomar forma como un enfado constructivo, no destructivo, el poder de Kali resulta positivo.

Kali también es sabia (al fin y al cabo, es una diosa), y su capacidad para destruir el engaño de la separación significa que es profundamente compasiva. La compasión reconoce la interdependencia de personas, causas y condiciones. Entiende que los motivos por los que caemos en conductas dañinas suelen tener su raíz en condiciones que escapan a nuestro control: genes, historia familiar, influencias sociales y culturales. Esto significa que podemos sentir compasión hacia las personas que hacen cosas malas, entendiendo que forman parte del todo colectivo, pero enfadarnos de todos modos por esas fechorías. Cuando reconocemos la interconexión, vemos con mayor claridad que el daño a una persona daña a todo el mundo, motivo por el que debemos hacer frente al daño sin empeorar sus efectos odiando a aquellos que lo infligen. El enfado autocompasivo se centra en la protección sin hostilidad hacia aquellos que representan una amenaza.

La clave para utilizar el enfado con compasión consiste en equilibrar el yin y el yang. Cuando la fuerza del yang no está templada por la suavidad del yin, se torna dura y reactiva. Nuestro enfado nos impulsa a actuar sin preocuparnos por la persona con la que estamos enfadadas, lo que nos lleva a una conducta destructiva. Cuando podemos estar con nosotras mismas y con los demás con aceptación, con el corazón abierto, el enfado puede permanecer centrado en el alivio del sufrimiento. El poeta David Whyte escribió en *Consolations*: «El enfado es la forma más profunda de compasión por el otro, por el mundo, por uno mismo, por una vida, por el cuerpo, por una familia y por todos nuestros ideales, todos vulnerables y todos, posiblemente, a punto de ser heridos. Despojada de la prisión física y de la reacción violenta, el enfado es la forma más pura de cuidado, la llama interna viva del enfado».[52]

La palabra china para «ira» es *shēngqì* (生气). La traducción literal es «generar *qi*». *Qi* es la palabra china para «energía», y el enfado es una forma yang de *qi*. Como se ha mencionado, la medicina china postula que cuando los aspectos yin y yang del *qi* están en armonía entre sí, hay salud, bienestar y satisfacción.[53] Cuando el yin y el yang no están en armonía, hay enfermedad, dolor y sufrimiento. Siempre que la expresión yang del enfado esté equilibrada con el cuidado yin, puede ser una fuerza sana y constructiva. Solo cuando la energía fiera del enfado no está integrada con la tierna energía del cuidado, nuestra emoción de enfado pasa a ser dañina y destructiva. Nuestra fuerza tiene que ser protectora para resultar sostenible y eficaz.

El enfado sin amor es odio, pero el amor sin enfado es hueco y edulcorado. Cuando el amor se encuentra con la injusticia, se enfada. Como escribe el maestro zen Bernie Glassman, «el enfado[54] es narcisista y egoísta. Sin embargo, si se le quita el apego al yo, la misma emoción se convierte en la energía fiera de la determinación, que es una fuerza muy positiva». Somos diosas tiernas y guerreras fieras. Una sin la otra está incompleta.

MI VIAJE CON EL ENFADO

Antes de empezar con la práctica habitual de la autocompasión fiera, tenía tendencia a moverme entre ser amable o estar enfadada con los demás. Me resultaba difícil integrar los dos extremos. Para ser totalmente sincera, todavía me cuesta. Sobre todo en mi vida laboral (en la que funciono con mucha energía yang), tiendo a ser más un *bulldog* que Mamá Osa. Esto significa que mi fuerza no siempre es bondadosa. No soy insultante ni agresiva con los demás, pero digo la verdad como la veo, sin pensar en las consecuencias de mis palabras. En general, soy directa y no me preocupa si caigo bien o mal. Es una combinación peligrosa. Me molesta que alguien presente un argumento sin sentido, que pase por alto algo obvio o que realice un estudio con grandes defectos. De hecho, he llegado a referirme a esa parte de mí como mi «irritómetro». Cuando me molesta algo, significa que no está funcionando correctamente, y mi irritómetro me proporciona información útil. Sin embargo, cuando mi *bulldog* está al mando y me olvido de estar presente y ser compasiva en ese momento, los resultados no son tan buenos. En esos momentos siento que no tengo tiempo para ser amable; hay libros que escribir, estudios que dirigir y talleres que impartir. El problema, por supuesto, es que no presto suficiente atención al impacto de mis reacciones en los demás.

Por ejemplo, hace poco un colega me envió un artículo sobre autocompasión en el que había estado trabajando varios años. Acababa de redactarlo y quería mi opinión antes de enviarlo para su revisión por pares. Le envié un correo electrónico con estas contundentes palabras: «Tu metodología es totalmente errónea», y le señalé todos los problemas de su investigación sin mencionar los aspectos positivos de su trabajo. Sé dar opiniones constructivas, pero cuando mi irritómetro está en la zona roja y aparece el *bulldog*, todo eso se malogra. Mi franqueza puede ser cruel. Poco después me di cuenta de lo que había hecho y le envié un segundo correo con sugerencias para mejorar sus análisis y comentarios sobre las características positivas del estudio. Me respondió: «Ah, vale, estás intentando *ayudarme*. Debo admitir que me sorprendió tu primer correo». Me disculpé y le pedí perdón.

Las personas que reciben una dosis completa de mi fiereza y me conocen poco se sorprenden y no saben cómo reaccionar, en parte porque en general soy cariñosa y amable. Además, como la gente espera que la fiereza desemboque en violencia física o emocional, tiende a encogerse de miedo incluso cuando no muestro una actitud amenazante. El mero hecho de estar en presencia de esa energía intensa asusta a la gente. Antes, cuando eso ocurría, me daba cuenta de que me había pasado de la raya y pedía disculpas, pero también me sentía avergonzada. Luché contra este problema durante mucho tiempo; me resultaba frustrante seguir reaccionando de esa manera después de tantos años practicando la autocompasión. Aunque intentaba aceptar al *bulldog* y perdonarme por mis imperfecciones, tenía tendencia a ver esa parte de mí como una debilidad y no como un punto fuerte.

Afortunadamente, las cosas empezaron a cambiar después de hacer de la autocompasión fiera una práctica explícita. Me di cuenta de que el *bulldog* era Kali muy mal encaminada. Trataba de evitar el engaño y proteger la verdad tal como la veía. En realidad, la energía fiera que a veces me impulsaba a criticar a otros sin piedad era la misma energía que me permitía ser una buena científica y tener éxito en el competitivo entorno académico. Por ejemplo, se han producido acalorados debates sobre la idoneidad de la escala de la autocompasión para medir la autocompasión (yo las llamo «guerras de las escalas»),[55] y mi disposición a implicarme me ha impulsado a recopilar un montón de datos empíricos sólidos para validar la escala.[56] Después de que un académico desestimara los datos calificándolos de «cortina de humo científica» y utilizara ataques personales para exponer sus argumentos,[57] me indigné tanto que escribí una respuesta exhaustiva en solo tres días.[58] En ella exponía cómo las pruebas empíricas confirmaban mi posición y echaban por tierra la suya de una manera novedosa y (a mi juicio) muy convincente. ¡Estaba motivada! Mi enfado me sirvió para un fin constructivo, me ayudó a pulir mis ideas y a mejorar la calidad de mis contribuciones al campo.

Me doy cuenta de que esa guerrera interior es una parte de mí que debo celebrar en lugar de juzgar o controlar. Es un poderoso motor que nos permite centrar nuestra atención de manera muy productiva.

Sin embargo, la fiereza no es útil si no se equilibra con la ternura. Como símbolo de mi búsqueda de la integración, compré un pergamino japonés con una imagen de la Divinidad Femenina representada como una madre embarazada, con la tierra a modo de vientre, y lo colgué en una pared de mi habitación. En la pared opuesta, justo encima de mi cojín de meditación, colgué una imagen de Kali en todo su esplendor destructivo. Ahora, cuando estoy enfadada, me siento debajo de Kali y permito que la energía de su enfado fluya libremente dentro de mi cuerpo. Le doy las gracias por darme fuerza y coraje, y le pido que me conceda su poder para hacer el trabajo necesario en el mundo. También agradezco a la diosa madre por darme un corazón tierno y le pido que me llene de paz y amor para que mis actos no hagan daño. Por último, imagino que estas dos energías se fusionan y se integran en mi cuerpo, mi mente y mi espíritu para estar equilibrada y completa.

Trabajar con el enfado

Para trabajar bien con la emoción de enfado, tenemos que hacerla completamente nuestra. Debemos permitir que nuestra energía fiera fluya, sabiendo que está ahí para protegernos. También debemos estar en contacto con sentimientos de preocupación tierna dirigidos tanto al interior como hacia el exterior para que nuestro enfado no se convierta en algo destructivo. Con el tiempo, también tendremos que ser capaces de perdonar a los que nos hieren (incluso si esa persona somos nosotras mismas), pero el perdón es un último paso y lleva algún tiempo (las prácticas diseñadas para desarrollar el perdón hacia uno mismo y hacia los demás se pueden encontrar en el *Cuaderno de trabajo de mindfulness y autocompasión*). El propósito de este ejercicio consiste en trabajar con la energía fiera del enfado e integrarla con la ternura.

Cuando realices esta práctica, por favor, no elijas una situación muy traumatizante o que pueda abrumarte, a menos que lo hagas con la orientación de un terapeuta o un profesional de la salud mental. Conviene que empieces con algo más pequeño, como un conocido que fue desagradable contigo, o un amigo que actuó de forma irresponsable, o un vendedor que intentó engañarte. Si en algún momento te sientes insegura, deja el ejercicio. Siempre podrías retomarlo más tarde si lo deseas.

Instrucciones

- Piensa en una situación que te haga enfadar. Puede ser pasada o presente. Por favor, elige una con la que te sientas segura en este momento.
- Repasa los detalles recordando la situación con la mayor fidelidad posible. ¿Qué ocurrió? ¿Se traspasaron tus límites? ¿Se te faltó al respeto o no se te tuvo en cuenta? ¿Se produjo una injusticia?
- Deja que surjan los sentimientos de ira.
- Coloca las dos manos sobre el plexo solar o en algún otro lugar de apoyo que te ayude a mantenerte firme mientras sientes tu ira.
- Siente que tus pies tocan el suelo. Conéctate a la tierra a través de las plantas de los pies.
- En este momento, si puedes, deja de lado la historia de quién o qué es el causante del enfado, y siéntelo como una sensación física en tu cuerpo. ¿Dónde se encuentra? ¿Qué sensaciones te produce? ¿Es caliente, fría, palpitante, punzante, te entumece?

Reconocer tu fiereza

- Debes saber que es completamente natural sentirte como te sientes. Es tu Mamá Osa fiera protegiéndote. Es una forma de autocompasión. Dedícate estas palabras: «¡Está bien sentirse enfadada! Es el deseo natural de protegerme».
- Valida completamente la experiencia de estar enfadada al tiempo que intentas no quedarte atrapada en lo ocurrido: quédate con la propia ira.
- Si en algún momento te dejas llevar por el enfado, céntrate en las plantas de los pies hasta que recuperes la concentración, y vuelve a sentir tu enfado como una sensación física.
- Comprueba si puedes permitir que la energía fiera del enfado fluya libremente por tu cuerpo. No hay necesidad de reprimirla, de contenerla, de juzgarla. Esto también es un aspecto importante de un corazón compasivo.
- Mientras te mantienes conectada a la tierra a través de las plantas de los pies y sientes el apoyo de tus manos, intenta abrirte a tu enfado (hasta donde te sientas segura). Puede que incluso la sientas

fluyendo por la columna vertebral, arriba y abajo, dándote fuerza y determinación. Quizá tu enfado quiera decir algo, tiene un mensaje que desea expresar. Desde un lugar estable y centrado, ¿qué tiene que decir tu ira?

• ¿Puedes escuchar a esa parte de ti y agradecerle sus esfuerzos por protegerte?

Aportar un poco de ternura

• Continúa dejando que fluya la energía fiera de la protección mientras te mantienes conectada a la tierra a través de las plantas de los pies.

• Si sientes que te ayuda más permanecer simplemente con tu ira, concédete el permiso para hacerlo.

• Sin embargo, si quieres añadir también un poco de ternura, coloca una mano sobre el plexo solar y la otra sobre tu corazón o en algún otro lugar que te tranquilice. Siente el espacio entre tus dos manos.

• Permanece en contacto con la fuerza y la determinación de la fiereza que está surgiendo para protegerte. Desde ese lugar de fuerza, céntrate en tu corazón.

• Reconoce que tu enfado es una expresión de amor, el deseo de mantenerte a salvo.

• Si puedes, conecta también con los sentimientos más tiernos de cariño y cuidado hacia ti misma que estén presentes, que impulsan tu deseo de protegerte.

• Si surge algún sentimiento de vergüenza o juicio sobre tu ira, ¿puedes acogerlo también con ternura?

• Invita a la presencia amorosa y conectada a fusionarse e integrarse con el enfado.

• Permítete ser fiera y tierna al mismo tiempo. Deja que las energías fluyan libres en este momento.

• Intenta saborear y aceptar este sentimiento de plenitud.

• Siente tu deseo de aliviar el sufrimiento. Desde este lugar de compasión, ¿hay algo que te gustaría hacer para abordar lo ocurrido, aunque solo sea tomar la decisión de protegerte en el futuro?

• Cuando estés lista, deja el ejercicio y, simplemente, descansa en tu experiencia, dejando que el momento sea exactamente como es, y tú misma exactamente como eres.

Esta práctica puede resultar bastante intensa. Por tanto, dedícate algún cuidado cuando termines: sal a dar un paseo, tómate una infusión o haz algo que te relaje.

Después de trabajar con mi enfado durante un tiempo, las cosas empiezan a resultarme más fáciles. Todavía me irrito y puedo reaccionar sin pensar, pero la intensidad y la frecuencia han disminuido (un poco). Me he comprometido a intentar considerar las consecuencias de mi enfado en los demás y a hacer el menor daño posible. Me recuerdo a mí misma ese compromiso a lo largo del día para que me sirva de apoyo en esos momentos en los que salto y tengo menos posibilidades de ver las cosas con claridad. Aunque el camino hacia la integración es largo y estoy empezando a aprender a caminar, estoy convencida de que es la única manera de avanzar (no solo para mí, sino también para todas las mujeres en conjunto). Nos encontramos en una importante encrucijada de la historia. Después de reconocer y denunciar claramente las múltiples formas de opresión, explotación y abuso que sufrimos las mujeres, las minorías raciales y tantas otras personas, *tenemos* que enfadarnos. Si no estamos enfadadas, estamos dormidas. Sin embargo, ¿qué vamos a hacer con esa rabia? ¿Odiar a los hombres blancos con poder, abuchearlos o amargarnos, alejando así a los que podrían ser nuestros aliados potenciales? ¿Vamos a dejar de lado nuestros recursos perfeccionados de bondad, cuidado y amor solo porque se han utilizado nuestros roles comunales para reprimirnos?

Como mujeres, podemos hacer las cosas de otra manera. Podemos estar agradecidas por nuestra ira, por el impulso y la determinación que nos da; aprender a reconocerla como parte de nuestra verdadera naturaleza. Podemos sentirnos más cómodas en su presencia para que no nos asuste. Y, sobre todo, podemos combinar nuestro enfado con amor para utilizar ese poder de la bondad en el combate contra las injusticias. En nuestra búsqueda por aliviar el sufrimiento, la autocompasión fiera es un potente recurso fiable al que podemos acudir para ayudarnos a nosotras mismas y a todos los seres.

Capítulo 4
#METOO

Hay una fuerza inherente en el sentido de agencia.
#MeToo, en muchos aspectos, trata sobre ese sentido.

TARANA BURKE,
creadora del movimiento #MeToo[1]

En octubre de 2017 salió a la luz que el notorio productor Harvey Weinstein había acosado y abusado sexualmente de decenas de mujeres. La actriz Alyssa Milano reaccionó tuiteando un llamamiento para que las mujeres que hubieran sufrido acoso o agresión sexual respondieran con el *hashtag* #MeToo. En cuestión de días, casi la mitad de los usuarios de Facebook tenían una amiga que había respondido. En el poco tiempo transcurrido desde entonces, cientos de hombres en posiciones de poder han sido denunciados por acoso o abuso sexual: desde políticos como Roy Moore hasta actores como Louis C. K., músicos como Ryan Adams o presentadores como Charlie Rose, altos ejecutivos como Les Moonves, multimillonarios como Jeffrey Epstein y gurús de la autoayuda como Tony Robbins. La lista aumenta cada día. Muchos de esos hombres populares han afrontado las consecuencias de sus actos, aunque muchos otros (destaca Donald Trump) no lo han hecho todavía. Por supuesto, el maltrato sexual contra las mujeres siempre ha sido un problema presente en la sociedad. Antes de llegar a Twitter, el movimiento #MeToo surgió de la mano de Tarana Burke en 2006 para denunciar el abuso sexual sufrido por las mujeres negras. La principal diferencia ahora es que hablamos de ello de manera más pública. En muchos sentidos, el movimiento representa el levantamiento colectivo de la autocompasión fiera de las mujeres que decimos «¡se acabó!».

Un estudio a gran escala realizado en 2018 y titulado «The Facts behind the #MeToo Movement» [«Datos detrás del movimiento #Me-Too»][2] intentó cuantificar el alcance del acoso y el abuso sexual en Estados Unidos. Los resultados dan que pensar. La gran mayoría de las mujeres (el 81%) asegura que ha experimentado un comportamiento inadecuado en público o en el trabajo. La forma más común de maltrato que soportamos las mujeres son los comentarios verbales degradantes (77%), pero muchas han sufrido tocamientos no deseados (51%), acoso cibernético – como el envío de fotos de desnudos – (41%), acoso o seguimiento agresivo (34%), o exhibicionismo (30%).

Además, una de cada tres mujeres ha sido objeto de acoso en el entorno laboral,[3] lo que provoca estrés y crea un ambiente hostil que socava la capacidad de la mujer para hacer su trabajo. Y aunque se podría pensar que las conductas no deseadas se dirigen normalmente a las mujeres que ocupan puestos «inferiores», la investigación demuestra que el riesgo es mayor para las que ocupan puestos de liderazgo. Según un estudio, el 58% de las mujeres con cierto poder en entornos de trabajo dominados por hombres afirman haber sufrido acoso.[4] Irónicamente, el poder de esas mujeres supone una amenaza para la identidad de los hombres. Así, los hombres inseguros las humillan y las degradan. Al fin y al cabo, el acoso sexual no tiene que ver con el sexo, sino con el poder.

Como respuesta a estas situaciones han surgido organizaciones para ayudar a las mujeres a enfrentarse al maltrato sexual en el trabajo. Una de ellas es Time's Up. El movimiento, iniciado por artistas, productores y ejecutivos de la industria del entretenimiento, se extendió como un reguero de pólvora y pronto incluyó todos los campos, desde agricultores hasta académicos. Además, el Fondo de Defensa Legal Time's Up proporciona asistencia legal a cualquier mujer que haya sufrido una mala conducta sexual en el lugar de trabajo (por ejemplo, agresiones, acoso, abusos y represalias).

Esta lacra va mucho más allá del entorno laboral. Más de una cuarta parte de las mujeres afirman haber sufrido algún tipo de contacto sexual forzado en algún momento de sus vidas.[5] Entre las comunidades marginadas, como las lesbianas o bisexuales, las mujeres pobres y las que padecen una discapacidad intelectual, el número de las que han experimentado alguna agresión es mayor. Aproximadamente, una de cada cinco mujeres ha sido violada (ha tenido relaciones sexuales no consentidas) o ha experimentado un intento de violación en su vida.[6] Casi la mitad de ellas son menores de diecisiete años. En cuatro de cada cinco casos, la víctima conocía al agresor (un amigo, un familiar o su pareja sentimental). Y la mayoría de las violaciones no se denuncian a la policía, especialmente las perpetradas por alguien que no es un desconocido, debido a la vergüenza o al miedo a que se le adjudique parte de la culpa. De esas violaciones denunciadas, solo una pequeña parte acaba en condena.[7] Esta es la realidad con la que vivimos las mujeres.

Tus experiencias personales de acoso sexual

Este ejercicio está diseñado para ayudarte a identificar casos de acoso sexual. En ocasiones, los sucesos son completamente obvios, pero otras veces resultan más sutiles. Cuando señalamos las formas concretas en las que hemos sido maltratadas, podemos ser más conscientes de lo que ocurre y, por lo tanto, podemos protegernos mejor.

Si sufres un trauma por un abuso sexual del pasado, es posible que quieras omitir este ejercicio o realizarlo con la orientación de un terapeuta. Además, si estás experimentando o has experimentado recientemente un incidente de acoso sexual en el trabajo, documéntalo y denúncialo a un superior cuanto antes. Asegúrate de que la persona que elijas para esa denuncia esté dispuesta a escucharte sin tomar represalias. Si no se toman medidas, puedes acudir a centros de atención especializados..

Estos son algunos de los tipos más comunes de acoso sexual (extraídos de rainn.org):

- Acoso verbal de carácter sexual, incluidas las bromas que hacen referencia a actos sexuales o a la orientación sexual.
- Tocamientos o contacto físico no deseados.
- Insinuaciones sexuales no deseadas.
- Conversaciones sobre relaciones, historias o fantasías sexuales en el trabajo, la escuela u otros lugares inapropiados.
- Fotos, correos electrónicos o mensajes de texto sexualmente explícitos no deseados.

- Piensa en tu historia en el colegio, en casa o en el trabajo. Apunta cualquier incidente de acoso sexual que recuerdes.
- A continuación, escribe cómo te sentiste después del incidente. ¿Enfadada? ¿Confusa? ¿Ofendida? ¿Asustada? ¿Molesta?
- ¿Qué hiciste, si es que hiciste algo, después del episodio?
- A menudo, cuando se producen situaciones de este tipo, nos cogen desprevenidas y no sabemos cómo reaccionar. O no podemos reaccionar como quisiéramos por miedo a las represalias.
- Ahora que no estás en peligro, escribe cómo te habría gustado reaccionar al incidente.

En ocasiones, las mujeres pasamos por alto esas conductas y les quitamos importancia o las consideramos como bromas de mal gusto, sobre todo si el acoso no es muy grave. Es importante que señalemos las conductas que nos incomodan y empecemos a hablar claro para hacer saber a los demás que esos actos no son aceptables. Si recuerdas con insistencia algún incidente que te resulta especialmente desagradable, prueba a escribirte una carta compasiva sobre lo ocurrido (consulta el ejercicio de la pág. 119).

LAS CICATRICES QUE QUEDAN

¿Cuáles son las consecuencias del maltrato sexual para las mujeres? Las investigaciones demuestran que provoca estrés crónico, ansiedad, depresión y problemas de confianza.[8] En el trabajo, puede producir un descenso de la satisfacción laboral, menos compromiso con la empresa, niveles más bajos de implicación y peor salud mental y física.[9] Las consecuencias del abuso sexual son todavía peores:[10] trastorno de estrés postraumático (TEPT), insomnio, trastornos alimentarios, uso y abuso de sustancias... e incluso el suicidio. El movimiento #MeToo ofrece a las mujeres la oportunidad de cambiar el curso de las cosas y empezar, por fin, a lidiar con la verdad y sanar.[11]

Aunque los hombres también pueden ser víctimas de acoso y agresión sexual, especialmente los homosexuales, bisexuales y transexuales, la gran mayoría de las víctimas son mujeres. Y la inmensa mayoría de los agresores son hombres. Algunos se sienten con derecho a utilizar a las mujeres para su gratificación sexual porque la sociedad y los medios de comunicación transmiten el mensaje de que está bien hacerlo. A las mujeres se nos considera objetos sexuales:[12] «floreros» en una fiesta, papeles románticos y seductores en una película de acción, adornos publicitarios que hacen que un producto resulte más atractivo... Nuestra valía se evalúa constantemente en relación con nuestra capacidad para satisfacer el deseo sexual de un hombre. La socialización de género separa a algunos hombres de la energía yin del cuidado hasta tal punto que empiezan a deshumanizar a las mujeres como objetos para ser utilizados. La hipermasculinidad, definida como una actitud machista[13] que otorga atractivo a la agresión y menosprecia las emociones tiernas por considerarlas débiles y femeninas, alimenta directamente el acoso y el abuso sexual.[14] Un metaanálisis de treinta y nueve estudios llegó a la conclusión de que la hipermasculinidad es uno de los indicadores más potentes de la probabilidad de que los hombres cometan agresiones sexuales.[15]

Aunque esto apunta a la necesidad urgente de que los hombres integren mejor el yin y el yang, aquí me interesa sobre todo exponer las implicaciones de la integración para las mujeres. Uno de los motivos por los que me apasiona tanto la autocompasión fiera en las mujeres es que creo que su fuerza protectora puede ayudarnos a luchar contra ese infame legado del patriarcado. Si las mujeres reconocemos, reforzamos e integramos la autocompasión fiera con mayor profundidad en nuestra manera de ser, nos empoderará para levantarnos contra el maltrato sexual y gritar «¡se acabó!».

UN ESTAFADOR DE TEXAS

La experiencia de que una persona a la que quiero me confesara que había sido víctima de abuso sexual fue la principal inspiración para escribir este libro. La revelación me afectó especialmente porque el responsable era una persona en la que había confiado y a la que había apoyado durante años. Por entonces, diría que era un buen amigo mío. Y a pesar de todos los años de práctica de mindfulness, el deseo de ver en él solo lo bueno me impedía ver la terrible verdad: era un depredador. Al intentar afrontar esta situación me di cuenta de que necesitamos la compasión fiera y la tierna desesperadamente para gestionar el horror del abuso sexual. Necesitamos ternura para soportar el dolor y la vergüenza que surgen inevitablemente, y fiereza para hablar e impedir que el daño continúe. Para proteger a la víctima, he cambiado los nombres y los detalles que identifican a los protagonistas de mi historia.

George era un encantador y atractivo caballero sureño de cuarenta y pico años con una forma de hablar muy musical. Dirigía una organización sin ánimo de lucro, en las afueras de Austin, que proporcionaba servicios para niños autistas y sus familias. El centro estaba a solo treinta minutos en coche de Elgin, donde yo vivía, así que llevaba a Rowan allí a menudo cuando era pequeño. Rowan respondía bien al arte, a la música y al juego que formaban parte del enfoque no tradicional de George para trabajar con este tipo de niños. En aquel momento, yo pensé que George era brillante e inspirador, y establecimos una relación estrecha. Me encantaba promocionar la organización, organizaba eventos relacionados con la autocompasión para recaudar fondos para el centro y era donante anual.

George contaba con voluntarios y empleados, un grupo altruista de adolescentes y jóvenes adultos ilusionados y aventureros (principalmente mujeres) de Estados Unidos y otros países. Estaban dispuestos y comprometidos a ayudar a los niños autistas y a sus familias, y querían marcar la diferencia en el mundo. Muchos de los miembros del personal vivían en el centro, un pequeño complejo con varios edificios. Todos adoraban a George. Era la figura carismática que dirigía el colectivo: un inconformista divertido, inteligente e intenso que desafiaba el saber convencional con su enfoque del autismo.

Cierto es que George era también un poco baboso. En ocasiones, realizaba comentarios inapropiados sobre el aspecto de una mujer.

Siempre se quejaba de que le dolía la espalda y pedía que alguien le hiciera un masaje. «Es George —decíamos—. Le gusta tontear, pero es un tipo estupendo que ayuda mucho a los niños.» George estaba casado con Eileen, una irlandesa preciosa casi veinte años más joven que él, que le ayudaba a dirigir el centro. Tenían dos niñas pequeñas. Yo no tenía mucha relación con Eileen, que parecía muy centrada en dirigir la organización y mantenerla a flote. Sospechaba que George tenía sus historias, pero me decía que su honestidad no era asunto mío. Daba por sentado que todo ocurría fuera del trabajo y que sería algo consentido entre dos adultos.

Cassie, una de aquellas adolescentes ilusionadas que ayudaba en el centro, era la hija de una amiga de la familia, una madre soltera con dos trabajos. Cassie llevaba varios años ayudándome con Rowan, y me caía muy bien. Era dinámica, divertida, inteligente y encantadora. Era estupenda con Rowan, y dado que yo no tenía niñas, me encariñé especialmente con ella. Cassie descubrió que le gustaba trabajar con niños autistas y empezó a ayudar como voluntaria en el centro de George cuando solo tenía catorce años. A veces la llevaba en coche y la animaba a seguir por aquel camino. Me preocupaban un poco los coqueteos de George, pero había un ambiente apasionante en el centro y Cassie era feliz allí. Supuse que George pondría límites y que nunca tontearía con las mujeres que trabajaban para él, especialmente con las más jóvenes. Él tenía dos niñas, por el amor de Dios.

Muy pronto, Cassie empezó a pasar todos los fines de semana en el centro, acercándose a George (en ocasiones hacía de niñera de sus hijas) y a su personal. Aquella situación continuó durante un par de años. George aseguraba que Cassie tenía un talento natural y le prestaba mucha atención. Finalmente, fue contratada y se convirtió en una de las protegidas de George, del que aprendió su método terapéutico con la esperanza de hacer carrera en el campo del autismo. En ocasiones, George y Cassie salían a hacer mandados solos y tardaban horas en volver. Una vocecita en mi cabeza decía: «Mmm, es un poco raro», pero otra vocecita añadía: «Seguro que está bien. Solo le está prestando más atención porque es un buen tipo. Su padre no está, es bueno para ella tener una figura masculina en su vida».

No obstante, como nos llevábamos muy bien, de vez en cuando le preguntaba a Cassie para asegurarme:

—¿George se ha portado de manera inapropiada contigo?

—¡No, qué va! —respondía—. Es como un padre para mí y me triplica la edad.

Lo decía sin dudar y con tanto desdén que me sentía culpable por pensar mal. Al cabo de un tiempo noté que Cassie parecía cambiada. Me parecía un poco menos sociable, pero lo achaqué a los cambios de humor de la adolescencia.

Llegó el cumpleaños de George, hicimos una fiesta, y él se emborrachó y empezó a bailar con una joven en una actitud abiertamente sexual. La situación era muy inapropiada por muchas razones, sobre todo porque su mujer y sus dos hijas estaban sentadas a unos pocos metros. Eileen estaba de espaldas a la pista de baile, de manera que tapaba la vista a sus niñas. Yo no tenía claro si había visto el espectáculo; tenía la cabeza gacha y estaba centrada en las niñas. Por mi parte, me sentí muy incómoda y me marché pronto.

Cassie también estaba en la fiesta. Al día siguiente hablamos sobre la conducta de George. Reconoció que parecía descontrolado. Volví a preguntarle, en aquella ocasión de manera más contundente, si George se había portado inapropiadamente con ella.

—Bueno... —dudó. Y entonces lo soltó todo. Me contó que había empezado a insinuársele unos dos años después de llegar al centro.

Al principio, George se dedicó a hablarle de sexo. Cassie se sentía incómoda, pero también halagada porque él hablara con ella de temas de adultos. Después, se exhibió y se masturbó delante de ella. Más tarde comenzaron los tocamientos, que fueron a más. Cassie se sentía muy confusa y en conflicto, pero era la única figura de amor paternal en su vida y no quería perder aquello. George se llevó su virginidad el día que Cassie cumplió dieciocho años.

—Después dejó de hacerme caso. Supongo que era lo único que quería. Pensaba que le importaba, pero ya no. Qué estúpida soy.

Mientras me explicaba su historia, la furia de Kali se apoderó de mí. La conducta depredadora de George me sacudió hasta la médula. Estaba furiosa. Pero como Cassie me importaba tanto, aquella furia se suavizó con un intenso sentimiento de preocupación tierna. Sentí el deseo de protegerla, una fuerza clara y decidida, empeñada en evitarle más daños.

—No tienes que avergonzarte de nada —la tranquilicé—. Él te manipuló y se aprovechó de ti.

—Supongo —añadió Cassie tímidamente—. Por favor, hagas lo que hagas, no se lo digas a mamá, se quedaría destrozada.

Le prometí que dejaría esa decisión en sus manos e intenté explicarle con delicadeza que tal vez podría contar lo ocurrido a otros miembros del personal para evitar que George engañara a otras chicas. Sin embargo, estaba paralizada por su deseo de no causar problemas. No quería perjudicar a la familia de George ni dañar la reputación del centro. Es muy típico de las mujeres (incluso de chicas tan jóvenes como Cassie): estamos condicionadas a pensar primero en no hacer daño a los demás, aunque eso implique permitir que nos hagan daño. Lo que más me impresionó, sin embargo, fue que Cassie no parecía enfadada. Solo mostraba una extraña pasividad. Resultaba difícil ver a la joven alegre que había conocido unos años antes. La luz de sus ojos había desaparecido, como si no hubiera nadie en casa.

Continuamos hablando, y mientras la escuchaba (sin apenas intervenir, pero dándole apoyo y una aceptación incondicional), empezó a asomar su profunda repulsa por haberse enganchado a George. Me dijo que se sentía sucia, utilizada y culpable por haber permitido que sucediera durante tanto tiempo. Sus remordimientos me partieron el alma. Intenté ayudarla a acoger aquellos sentimientos tan feos con compasión, tal como acogía a los niños autistas a los que ayudaba. George había sido una figura paterna para ella; *por supuesto*, ella era humana y quería su amor. El hecho de que Cassie fuera su protegida y no quisiera poner en peligro su trabajo o sus perspectivas laborales también desempeñó un papel importante. La situación no era culpa de la chica. Cuando fue capaz de sostenerse con una presencia amorosa y conectada, empezó a tranquilizarse.

Entendí que para Cassie (como para muchas personas), la autocompasión tierna era una condición previa para que su autoestima adoptara la forma del enfado. Con el tiempo empezó a darse cuenta de que su conducta era comprensible, pero la de él estaba mal. George sabía que Cassie era emocionalmente vulnerable y se aprovechó de ella (por no mencionar que era su jefe). El desequilibrio de poder era tan grande que, en realidad, ella no podía dar su consentimiento. Finalmente, su propia fiereza comenzó a asomar. Cassie empezó a reconocer que era víctima de abuso. Que no deberían haberse aprovechado así de ella. ¡No estaba bien! Se fue sintiendo más segura a medida que reconocía su ira. Comprobé cómo recuperaba el brillo en los ojos cuando la energía yang empezó a correr por sus venas. Volvía a estar viva, y muy enfadada. Y entonces adoptó una expresión de dolor, pero decidida.

—Tienes razón —dijo—. Es muy probable que no sea la única. ¡Seguro que ha acosado a otras chicas del centro! ¡Tenemos que pararle los pies!

Trazamos un plan improvisado. Primero reuniría información para comprobar si nuestras sospechas eran ciertas, y después decidiríamos qué hacer. Después de unas cuantas llamadas a antiguas voluntarias y exempleadas, la verdad resultó ser incluso peor de lo que me había temido. Varias mujeres que trabajaban codo con codo con George habían sido acosadas, explotadas, degradadas sexualmente, o algo peor. Y no solo las jóvenes. Una niñera peruana de sesenta años se marchó de repente, y alguien me explicó el motivo: George la había manoseado sin su consentimiento. Por suerte, la mujer trabajaba para una agencia que le buscó otro puesto (y puso a George en la lista negra).

Cada vez que alguien del centro se iba de repente, George se inventaba alguna tapadera en la que él quedaba como una víctima. Esta robaba dinero, aquella mentía, aquella otra era una incompetente... Sin embargo, mis investigaciones revelaron que muchas se habían ido por el maltrato sexual recibido. Una exvoluntaria admitió que George la había forzado. Ella le dijo «no» tres veces, pero él no paró. Sin embargo, dado que la fuerza que utilizaba para coaccionarla era psicológica y no física, la chica se sentía avergonzada y confusa, y dudaba de sí misma. Acabó manteniendo una relación consentida con George para tratar de que las cosas parecieran estar bien en su mente perturbada.

Este patrón es habitual: la realidad de haber sido violada es tan horrible que hacemos volteretas psicológicas para que parezca aceptable.

George se enteró de que estaba haciendo preguntas y empezó a decir a todo el mundo del centro que me había vuelto loca y que era víctima de algún tipo de crisis emocional. Aconsejó a todo el mundo que no se acercara a mí. La mayoría de los voluntarios y los trabajadores le creyeron. Era increíblemente convincente y, como dicen en Texas, «más resbaladizo que una cebolla cocida».

A George se le daba muy bien lanzar humo para tapar sus huellas. Su método para evitar que su mala conducta sexual fuera descubierta durante todos aquellos años consistió en confundir y desorientar a sus víctimas. Manipulaba a las personas para que se sintieran inseguras («todo el mundo se queja de ti», le dijo a una) o las intimidaba («no volverás a trabajar en el campo del autismo», amenazó a otra). Hacía que se sintieran necesarias («el centro se vendría abajo sin ti») y especiales («eres la única que me entiende», le dijo a más de una). Utilizaba aquellas manipulaciones para asegurarse su silencio.

Fue entonces cuando me di cuenta de que George era, probablemente, un narcisista maligno.[16] A diferencia de los narcisistas grandiosos, que presumen constantemente y se sienten superiores a los demás, los narcisistas malignos utilizan a los demás de forma egocéntrica y sin remordimientos, mintiendo y manipulando para conseguir lo que quieren. Utilizan el sexo como fuente de poder, aprovechándose de sentimientos muy arraigados e inconscientes de falta de mérito e insuficiencia en las personas a las que manipulan. Se alimentan de los demás como vampiros, utilizan a las personas para llenar un vacío interior, las menosprecian o las manipulan para reforzar la sensación de importancia y afirmar su control.[17] Tienden a elegir como víctimas a personas amables, cariñosas y confiadas, explotando esas cualidades nobles en su beneficio. Me di cuenta de que mi buen amigo, un hombre al que apoyaba desde hacía años, era un Harvey Weinstein, pero más guapo. El inconformista al que había creído un Mago de Oz era en realidad un estafador de Texas.

Me quedé atónita por no haber visto lo que estaba pasando. ¿Cómo me dejé engañar? ¿Cómo pude poner a Cassie en aquella situación peligrosa? Y no solo eso: yo había ayudado a financiar el centro y le había dado credibilidad con mi pertenencia a la universidad y mi reputación como científica. Sin saberlo, ¡ayudé a perpetuar el desastre! Tenía que hacer por mí lo que había hecho por Cassie. En primer lugar, me dediqué amor y apoyo incondicionales. Intenté sostener mi dolor y mi vergüenza con cariño y ternura, y aceptar que me había equivocado. Le había dado la espalda a una verdad monstruosa porque una parte de mí no podía reconocerla y eligió la opción más fácil. Algo muy humano.

A continuación, acogí mi ira, que era como un volcán en erupción. Fantaseaba con la idea de reprender a George, pero decidí no enfrentarme a él directamente porque entendí que era un enfermo y sería contraproducente. También quería protegerme de lo que sería, sin duda, un encuentro traumático. Lo que hice fue pasar a la acción.

En mi jardín hay un maravilloso y enorme roble centenario que posee el espíritu de una abuela sabia. Tenía la costumbre de sentarme bajo sus ramas y pedir sanación, amor y perdón para mí misma. En aquella ocasión, cuando me senté junto al árbol, pedí tener acceso a toda la fuerza de mi rabia. Permití que la energía fiera del enfado fluyera libremente en mi interior. Me comprometí a no tomar el camino fácil y seguir adelante. Haría lo que fuera necesario para acabar con el daño.

Cassie quería contárselo a Eileen, la mujer de George. Sentía que merecía conocer el alcance de su comportamiento depredador para poder protegerse y proteger a sus hijas. Cassie escribió una carta desgarradora para Eileen en la que se lo contaba todo y le pedía disculpas por hacerle daño. Me pidió que se la diera, una idea con la que me sentí muy incómoda, sobre todo porque Eileen y yo no teníamos confianza. Sin embargo, como Eileen era codirectora del centro, me preocupaba que se la considerara responsable ante la ley si alguien denunciaba a George. Además, sentía que tenía el deber de informarla, de mujer a mujer, para que pudiera tomar las decisiones que considerara oportunas. Pensé que era mejor esperar a que George estuviera fuera de la ciudad para que Eileen supiera la verdad sin la influencia inmediata de su marido.

Además de la carta de Cassie, imprimí varias declaraciones escritas por otras mujeres que me habían dado permiso para compartirlas. Era consciente de que George la habría convencido de que estaba loca, así que quería darle pruebas tangibles de su conducta. La reacción de Eileen no fue para nada como yo esperaba. Se puso a la defensiva, no abrió las cartas y se enfadó conmigo. Incluso me acusó de intentar chantajearlos. Supongo que fue su manera de afrontarlo. Era más fácil verme a mí como la mala, no al hombre que amaba.

Finalmente, Cassie reunió el coraje necesario para explicárselo a su madre, de la que recibí un correo pidiéndome que fuera a hablar con ella. Su reacción tampoco fue como esperaba. Pensaba que estaría furiosa, pero no: sobre todo, estaba preocupada. Le expliqué que como la situación había empezado antes de que Cassie cumpliera los diecisiete (la edad para tener relaciones consentidas en Texas), se podía denunciar. Sin embargo, la madre de Cassie no quería presentar cargos: tenía miedo de arrastrar a su hija a una batalla pública en los tribunales. Además, temía las posibles represalias de George, al que ahora consideraba peligroso. Esta es una de las razones más habituales por las que no se denuncia el abuso sexual: el miedo a empeorar las cosas. Y dado que la inmensa mayoría de abusadores no van a prisión, se trata de un miedo fundado.

Una de las trabajadoras del centro a la que le dijeron que me había vuelto loca me envió un mensaje: «He oído que tienes declaraciones escritas. ¿Podrías enseñármelas?». Acepté reunirme con ella y las leyó. Se quedó horrorizada y se lo explicó al resto de trabajadoras que vivían en el centro. Todas decidieron abandonar el mismo día. Una mañana recogieron sus cosas y se escabulleron en silencio antes de que amaneciera para no tener que enfrentarse a George, al que ahora tenían miedo.

Algunas chicas me preguntaron si podían quedarse conmigo un par de días mientras decidían sus siguientes pasos. Tuvimos largas conversaciones llenas de indignación sobre lo que había ocurrido. Todas admitieron haber tenido relaciones sexuales con George. Y todas se quedaron consternadas al descubrir que lo que consideraban una relación especial y única (aunque oculta) no tenía nada de única. Se dieron cuenta de que George se acostaba con casi cualquier chica o mujer y de que formaban parte de lo que casi equivalía a un harén. O, quizá más exactamente, a una secta, con un líder carismático y desentendido. Una vez más, necesitaban autocompasión tierna para soportar la conmoción y el dolor de la verdad, y autocompasión fiera para pasar a la acción. Avisaron a quienes debían saber lo que estaba sucediendo, y la noticia empezó a extenderse en el campo del autismo. El carisma de George dejó de servirle para mantenerse a flote. Cerró el centro y se cambió de estado con su familia.

Eileen no dejó a su marido, probablemente por sus hijas o, tal vez, porque el abuso emocional la tenía anulada. No la conozco lo suficiente para afirmarlo con seguridad, pero resulta muy habitual que las mujeres se mantengan junto a sus maltratadores. Aún hoy, George no ha pedido perdón a ninguna de las personas a las que hizo daño y nos culpa a Cassie y a mí de arruinarle la vida.

Cuando hablé con diferentes víctimas de George, intentamos entender cómo pudo alargarse tanto la situación. Sí, era difícil ver lo que estaba ocurriendo debido a su habilidad para hacer *gaslighting* (las mentiras y la manipulación que los narcisistas utilizan para mantener desequilibradas a sus víctimas). Sin embargo, hubo señales claras a las que deberíamos haber prestado atención y no lo hicimos. Recordé la ocasión en la que George llevó a Cassie a cenar por su cumpleaños. Me incomodó, pero ignoré mis dudas y me puse en lo mejor. Pensé que no se atrevería a intentar seducir a una adolescente que era como una hija para él. Para ser completamente sincera, no pensé demasiado en ello porque era más fácil no hacerlo. Tomarme mis sospechas en serio habría significado enfrentarme a algo que no quería ver. Y resultó que fue aquella la noche en la que se llevó su virginidad.

Después del cierre del centro, la gente con la que hablé del tema se mostró impactada, pero no sorprendida. Con la noticia cobraron sentido comportamientos reveladores que muchos percibimos desde hacía años, aunque una especie de bloqueo mental nos impidiera atar cabos. Uno de los bloqueos es el deseo de ver lo mejor en los demás. Sin duda, todo el mundo sabía que los coqueteos de George eran inapropiados y un poco repugnantes, ¡pero era tan bueno con los niños!

Siempre que recibimos información que no encaja con nuestros esquemas de cómo son las cosas (cuando experimentamos disonancia cognitiva), anulamos la realidad para que las cosas tengan más sentido y encajen en el mundo que queremos ver. Hay una incapacidad para creer que alguien que pensamos que es bueno podría estar actuando de una manera que es mala, así que reprimimos nuestras dudas y nuestra confusión para poder seguir adelante con tranquilidad. Sin embargo, como mujeres, no podemos seguir dándoles la espalda. Tenemos que abrir los ojos a las conductas dañinas para protegernos a nosotras mismas y entre nosotras.

Un sorprendente número de mujeres con las que he conversado confiesan experiencias similares con exnovios, exmaridos, excompañeros de trabajo o exjefes. Lo extraño es lo poco que hablamos de ello. Como ya he mencionado, la conducta que desencadenó el movimiento #MeToo no es nueva. Lo único nuevo es que por fin hemos empezado a hablar del tema sin tapujos. Tenemos que observar con claridad cómo permitimos las conductas depredadoras sin quererlo, con nuestro silencio, para reconocer la conducta en sí y lo que nos impide compartir la información necesaria para pararla. Aunque la responsabilidad de este tipo de abuso sexual recae de lleno en los autores, no podemos quedarnos a esperar que los hombres despierten y dejen de hacer barbaridades por voluntad propia. Las mujeres tenemos que actuar para protegernos ya.

CÓMO ACABAR CON LA CONDUCTA DEPREDADORA

¿Cómo podemos utilizar la autocompasión fiera para evitar el maltrato sexual? Resulta difícil hablar si el abusador es tu jefe y temes que te despidan. Por eso necesitamos leyes que criminalicen el acoso y el abuso sexual en todas las esferas. Lo creas o no, en muchos lugares (Texas es uno de ellos) no existen leyes contra el acoso sexual en empresas con menos de quince empleados.[18] Ese es el motivo por el que el personal contratado del centro de George finalmente no emprendió acciones legales, no por falta de ganas. Es preciso rectificar ese vacío de protección legal para las mujeres.

También podemos convocar la energía de nuestra Kali interior en el momento en que comience el maltrato, y decir con firmeza y contundencia: «¡No! ¡No está bien!». Este tipo de fiereza posee el potencial de detener a los depredadores, que prefieren objetivos fáciles. Descubrí que algunas de las chicas que trabajaban en el centro habían rechazado a George, y que este las dejó en paz. No sé por qué continuó persiguiendo a unas y a otras no, pero observé que las chicas a las que renunció tenían mucha energía yang. Sospecho que George percibió que perseverar con ellas le habría supuesto mucho trabajo y les echó el ojo a otras. Por supuesto, no siempre es posible decir «no»; depende de una combinación de numerosos factores: poder, privilegio, circunstancias económicas, consumo de sustancias, etcétera. Además, no es responsabilidad de la mujer detener a los depredadores: la responsabilidad recae íntegramente en los autores de los hechos. Con todo, nuestra fiereza interior puede ayudarnos a protegernos, y no debemos tener miedo de recurrir a ella cuando sea necesario.

Cuando hablé con las chicas que lograron ahuyentar a George, todas se lamentaron de haber permanecido en silencio. Aunque lanzaron advertencias sutiles a las demás trabajadoras del centro (por ejemplo, «si te pide un masaje en los hombros cuando no hay nadie delante, ¡cuidado!»), nadie denunció a George públicamente. En parte fue porque no eran conscientes del alcance de su depravación, pero también porque simplemente tenían a George por un mujeriego y no se tomaron su comportamiento suficientemente en serio. Por desgracia, nuestra larga historia de patriarcado provoca que las mujeres pasemos por alto las conductas abusivas. «Así son George, Harvey, Charlie, Jeffrey, Donald (añade los nombres que desees a lista)», decimos, como si fuera un hecho que los hombres son depredadores y no tenemos más remedio que soportarlo.

Las mujeres llevamos mucho tiempo luchando por nuestra libertad sexual. Sin embargo, en ocasiones no prestamos suficiente atención al modo en que los desequilibrios de poder dan forma a nuestra capacidad de consentir, o lo dañinos que son en realidad los actos de los hombres que no respetan los límites sexuales. Esperemos que las cosas sigan cambiando gracias al movimiento #MeToo. Creo que las mujeres hemos llegado a un punto decisivo en la historia. Nuestro silencio permite la conducta depredadora. La única manera de que mejoren las cosas consiste en admitir lo que está ocurriendo, por muy incómodas que esto nos haga sentir. Si una mujer decide sacar la verdad a la luz o no es una decisión personal que depende de numerosas circunstancias (de si le resulta seguro, de si con ello va a empeorar las cosas y de las diferentes personas implicadas). No obstante, como mínimo tenemos que admitir la verdad para con nosotras a fin de hacer todo lo que esté en nuestra mano para protegernos, sobrevivir y sanar.

EL PAPEL DE LA AUTOCOMPASIÓN

Los estudios demuestran que, por suerte, la autocompasión puede facilitar la recuperación de las víctimas de abuso sexual. Muchas de las investigaciones sobre autocompasión para supervivientes se basan en entrevistas exhaustivas para averiguar cómo ha ayudado la autocompasión a las mujeres a seguir adelante. Un tema habitual en los testimonios de las supervivientes es que la experiencia del abuso les provoca una enorme vergüenza y entorpece su capacidad de autocompasión. Como afirmó una participante en un estudio, «no puedes darte amor y apoyo si no tienes conciencia de ti misma. Para mí, el abuso sexual es duro, sí, pero en realidad el problema está en todas las creencias arraigadas por la vergüenza de no valer nada. Piensas: "Obviamente, soy una mala persona, porque si no, no me habrían hecho eso".»[19] Por ese motivo, las mujeres abusadas se benefician tanto de la autocompasión: porque las ayuda a deshacer el daño infligido a su identidad.

Con tiempo y ayuda profesional, las mujeres pueden darse cuenta de que el abuso no es culpa suya y aprender a desarrollar compasión por sus experiencias traumáticas. Las investigaciones demuestran que la autocompasión ayuda a las supervivientes a encontrarse con emociones difíciles, como la vergüenza, de una manera más productiva, sin sentirse tan abrumadas por ellas.[20] Un estudio detectó los siguientes puntos en los testimonios de las mujeres sobre el papel de la auto-compasión en la recuperación del abuso:[21] las ayudó a afirmar su autoestima, a aceptarse a sí mismas tal como son, a liberarse de la culpa, a honrar sus emociones dolorosas, a tomarse tiempo para cuidarse, a conectar con otras personas que hubieran pasado por experiencias similares, a apreciar sus avances y, muy importante, a reclamar su poder. De eso trata el testimonio de Dominique: «Me he dado cuenta de que la agresión sexual ocurrió, pero no define quién soy. Es un empoderamiento en plan "me estoy defendiendo, esto no me va a controlar, esto no va a controlar mi vida. Puedo volver a tener el poder que me quitaron. Puedo recuperarlo"».[22] Estas mujeres también comparten el compromiso de enfrentarse a la desigualdad de género y defender los derechos de los demás.

Sin embargo, antes de llegar al punto de sentirnos empoderadas después del abuso, tenemos que dedicarnos autocompasión tierna. El primer paso consiste en aceptar el dolor de nuestro trauma con plena conciencia y atención para reconocerlo y validarlo sin darle la espalda. Tenemos que estar presentes con nuestro sufrimiento, por incómodo que resulte, del mismo modo que estaríamos al lado de un niño que llora, al que no abandonaríamos. He escuchado decir a muchas mujeres que lo único que querían era olvidar su experiencia del abuso y seguir adelante. Sin embargo, cuando olvidamos nuestro dolor en lugar de reconocerlo, el proceso de recuperación se alarga inevitablemente. Es importante ver y expresar con claridad la verdad de lo ocurrido, aunque solo con nosotras mismas, con un terapeuta o con una persona de confianza. Dicho esto, resulta igualmente importante no retraumatizarnos a lo largo del proceso de sanación. Si el abusador fue un familiar o una pareja, es casi seguro que se producirá una explosión repentina cuando nos abramos al dolor de lo ocurrido. Tenemos que encontrar un ritmo que nos resulte seguro y, si es posible, buscar ayuda profesional. En MSC decimos «ve poco a poco, avanza más». La paciencia respecto a la rapidez de la sanación después del abuso es uno de los regalos que ofrece la autocompasión.

También ayuda dedicarnos tanto cariño, comprensión y aceptación incondicional como podamos. Si nos sentimos rotas, ¿podemos acoger nuestro quebrantamiento? Es posible que nos sintamos sucias después de sufrir abusos (en el pasado se aplicaba el adjetivo *perdida*, en el sentido de echada a perder, a la mujer abusada), pero nuestras almas siguen siendo puras y hermosas con independencia de lo que nos haya pasado. Cuando llenamos nuestra conciencia de presencia amorosa y conectada, nuestra verdadera autoestima sale a la luz.

Por último, debemos recordar nuestra humanidad compartida. Al menos, una cuarta parte de la población femenina ha sufrido algún tipo de abuso, y una inmensa mayoría ha sido víctima de acoso. Los motivos no son personales. No tenemos que sentirnos aisladas o avergonzadas por lo ocurrido. No estamos solas. Podemos sentir la conexión con los millones de mujeres de todo el planeta, y a lo largo de la historia, que han sufrido como nosotras. Aunque nuestra confianza se haya roto en mil pedazos, podemos formar una nueva red de seguridad tendiendo la mano a otras mujeres que han pasado por experiencias similares. Podemos encontrar fuerza en esos vínculos, unidas en el compromiso compartido de acabar con el abuso sexual de una vez por todas.

Escribir una carta con compasión

La escritura compasiva es una práctica que forma parte del programa MSC. Las investigaciones demuestran que resulta muy eficaz si se practica de forma regular.[23] Si has sido víctima de maltrato sexual, puedes probar a escribirte una carta compasiva acerca de la experiencia. Resulta más seguro realizar esta práctica respecto a un hecho perturbador (por ejemplo, un hombre te dijo algo lascivo) que a un acto traumatizante (como una violación). Si has sufrido un abuso o una agresión sexual, esta práctica podría ser demasiado intensa para hacerla sola; si puedes, recurre a la ayuda de un terapeuta u otro profesional de la salud mental. Además, cada persona es distinta, y las reacciones a un ejercicio a veces resultan sorprendentes. Si empiezas a sentirte superada, concédete el permiso de parar. Eso también es autocompasión.

Si has sufrido una agresión sexual recientemente (un contacto sexual forzado), busca ayuda de inmediato. En México, puedes llamar al 911 en todos los estados del país y consultar https://www.gob.mx/inmujeres/.

Instrucciones

Piensa en una situación de acoso o maltrato sexual con la que creas que puedes trabajar en este momento. Algo entre leve y moderado. Tiene que ser un incidente pasado, terminado, tú estás en una situación segura y te gustaría brindarte un poco de sanación. Si pensar en la situación te resulta muy desagradable, piensa en algo menos traumático, si es posible. Decide lo que mejor te vaya.

- Para el primer paso, limítate a describir lo ocurrido. Incluye todos los detalles que consideres relevantes. Si empiezas a agobiarte, dedícate un momento de autocompasión: haz una pausa para tomarte una infusión o concéntrate en sentir las plantas de los pies en contacto con el suelo.
- Después de describir lo ocurrido, escribe un párrafo que aporte una conciencia plena al dolor provocado por la experiencia. ¿Qué emociones sentiste en aquel momento? ¿Qué sentimientos tienes ahora? ¿Puedes describir cómo se manifiestan esos sentimientos en forma de sensaciones físicas (tensión en la garganta, pinchazos en la tripa, vacío en el pecho, etcétera)? Permite que las emociones que surjan sean tal como son, sin juzgarlas bajo ningún concepto. Vergüenza, asco, miedo, rabia, irritación, tristeza, confusión, culpa...: deja que salgan a la superficie de tu conciencia. Observa lo difícil que resulta experimentar esos sentimientos e intenta validar tu dolor (es muy normal sentirse así).
- A continuación, escribe un párrafo que te recuerde la humanidad compartida de la experiencia. Por desgracia, situaciones como la tuya ocurren todos los días. No estás sola. Y, lo más importante, no es culpa tuya. El maltrato a la mujer viene de miles de años de patriarcado y desequilibrio de poder. No obstante, puedes mantenerte firme junto a tus hermanas sabiendo que ya no aceptamos ese maltrato. Siente el poder de formar parte de algo más grande que tú.
- Continúa con un párrafo que exprese una profunda amabilidad contigo misma. Escribe algunas palabras de consuelo y alivio para el dolor y el daño que has vivido. Asegúrate de que esas palabras estén llenas de ternura y comprensión, como las que dedicarías a una buena amiga que hubiera experimentado algo similar. Si surgen sentimientos de vergüenza o inseguridad, trata de acogerlos con

una presencia amorosa y conectada. ¿Puedes ser amable contigo misma en medio de tu dolor?

- Escribe un párrafo desde tu Kali interior o tu Mamá Osa fiera. Deja que tus palabras sean fuertes, atrevidas y valientes, mientras te comprometes a protegerte y proteger a tus hermanas. Reconoce sin dudar la injusticia de lo que te han hecho. Deja que surja la emoción de enfado sin resistirte a ella. Permite que fluya por tu cuerpo, y si empiezas a sentirte superada, deja que te conecte a la tierra a través de las plantas de los pies. Intenta no pensar demasiado en el agresor. Tus células cerebrales ya han consumido suficiente glucosa pensando en él; no merece más atención. En su lugar, dirige toda la fuerza de tu rabia hacia el propio daño. ¡Esto no debería haber ocurrido!

- Por último, comprueba si puedes utilizar tu enfado como fuente de energía para pasar a la acción. ¿Hay algo que puedas hacer para evitar que vuelva a ocurrir algo parecido, a ti o a otra mujer? En caso afirmativo, ¿puedes comprometerte a dar un paso, por pequeño que sea, en esa dirección?

- Cuando acabes la carta, respira hondo varias veces y guárdala en un lugar seguro. Cuando lo consideres oportuno, léela con mucha atención. A algunas mujeres les gusta enviarse la carta por correo y leerla cuando la reciben, unos días más tarde.

Si experimentas sentimientos difíciles durante este ejercicio, cuídate mucho. Pregúntate qué necesitas. ¿Un abrazo, un paseo, hablar con alguien de confianza, un rato a solas y en silencio? Intenta darte lo que más te ayude en ese momento.

PASAR A LA ACCIÓN

Aunque es importante utilizar la autocompasión para sanar del abuso sexual, la sanación no es suficiente. También es fundamental tratar de evitar que otras mujeres sufran daño en el futuro. Una de las principales causas del maltrato sexual es social: la desigualdad estructural que otorga poder a los hombres sobre las mujeres. La unión con otras mujeres nos ayuda a reunir el valor necesario para denunciar a los abusadores. El movimiento #MeToo ha demostrado que los hombres poderosos pueden ser llevados ante la justicia y declarados culpables. Si nos mantenemos unidas, podremos empezar a desmantelar el sistema que permite ese comportamiento inaceptable.

Sin embargo, ¿cuál es la mejor manera de denunciar los abusos, sobre todo si corremos el peligro de que ese paso tenga repercusiones? Algunas empresas cuentan con fórmulas para denunciar las conductas depredadoras de forma anónima, pero son la excepción. Además, esa conducta se da casi siempre fuera del entorno laboral. De hecho, los abusos sexuales se producen en su mayoría en el seno de la familia.[24] ¿Qué hacemos entonces? Por desgracia, no tengo la respuesta, y existen expertos que saben mucho más que yo sobre el tema (en el 911 se puede recibir asesoramiento inmediato). Lo que sí sé es que la respuesta tiene que guiarse por los principios de la autocompasión, y que tenemos que actuar con una lucidez valiente y empoderada para protegernos. Si trabajamos juntas con el corazón abierto, fiero y tierno a la vez, descubriremos el mejor camino que seguir.

Esperemos que cada vez más hombres se unan a nosotras y empiecen a utilizar la compasión fiera para denunciar a los hombres que muestren un comportamiento depredador. Sin embargo, no podemos esperar a que se dejen convencer. Como mujeres, necesitamos protegernos ya. Algo está pasando, un cambio en la conciencia femenina. Nuestro enfado arde, un brote de yang para equilibrar el yin. Las mujeres por fin estamos despertando nuestra verdadera naturaleza, de una potencia fiera y delicadamente tierna. Kali se está poniendo en pie.

SEGUNDA PARTE

LAS HERRAMIENTAS DE LA AUTOCOMPASIÓN

Capítulo 5
ACEPTARNOS CON TERNURA

La salida de nuestra jaula empieza por aceptar absolutamente todo de nosotros y de nuestras vidas, acogiendo con cariño nuestra experiencia minuto a minuto.

TARA BRACH, escritora y profesora de meditación[1]

La autocompasión ofrece muchas maneras de aliviar el sufrimiento en función de lo que se necesite en cada momento. Antes de empezar a analizar las herramientas de la autocompasión fiera, debemos entender bien la autocompasión tierna, ya que el yin tiene que estar equilibrado e integrado con el yang para alcanzar la plenitud y el bienestar. A continuación, veremos los conceptos brevemente; si te interesa profundizar, tal vez te ayude consultar mi libro anterior, *Sé amable contigo mismo*, más centrado en el desarrollo de la autoaceptación yin.

La autocompasión tierna es la capacidad que nos permite «estar con» nosotras mismas tal como somos, consolarnos y tranquilizarnos con la idea de que no estamos solas, y validar nuestro dolor. Posee el carácter delicado y cuidador de una madre con su hijo recién nacido. No importa si el bebé llora a moco tendido y vomita sobre tu blusa nueva: le quieres incondicionalmente. La autocompasión tierna nos permite tener esa actitud hacia nosotras mismas. Del mismo modo que sostenemos al bebé que llora mucho, podemos aceptar nuestras emociones intensas y perturbadoras con amor para que no nos superen. Ese carácter cuidador nos permite preocuparnos menos por lo que ocurre en nuestra experiencia (ya sea doloroso, difícil, desafiante o decepcionante) y centrarnos más en cómo nos relacionamos con ella. Aprendemos a estar con nosotras mismas de otra manera. En lugar de perdernos en nuestro dolor y dejarnos engullir por él, somos compasivas con nosotras mismas *porque* sentimos dolor. El cuidado y la atención que nos dedicamos nos permiten sentirnos seguras y aceptadas. Cuando abrimos nuestro corazón a lo que es, se genera una calidez que nos ayuda a curar las heridas.

Mientras escribía este libro nos golpeó la COVID-19. Todos mis talleres presenciales se cancelaron y Rowan tuvo que recibir clases a través de Zoom. Era complicado escribir mientras intentaba ayudarle con las clases y mantenerle entretenido, sin olvidarme de tener suficiente comida (llegué a comprar más de veinte kilos de arroz y judías por si acaso) y papel higiénico (suficiente para afrontar las posibles consecuencias de más de veinte kilos de arroz y judías), además de enfrentarme a todos los demás cambios enormes provocados por la pandemia. Estaba sola y preocupada por el futuro. He tenido muchísima suerte en comparación con muchas otras personas que han perdido su trabajo, a un ser querido o la salud, pero eso no significa que no haya sufrido mucho estrés. Cuando surgen sentimientos de miedo, tristeza o incertidumbre, sé lo que tengo que hacer: ofrecerme compasión tierna. Y me digo cosas del tipo «esto es muy duro, ¿qué necesitas en este momento?». A veces necesito calmarme y salgo a dar un paseo o me doy una ducha caliente. Lo más habitual es que necesite apoyo emocional. Me coloco una mano sobre el corazón y la otra sobre el plexo solar, y siento mi propia presencia. Me dedico conscientemente un poco de amabilidad y amor, y me recuerdo a mí misma la naturaleza compartida de la experiencia (en este caso, con miles de millones de personas, literalmente). Aunque las dificultades no desaparecen, dedicarme unos minutos para ver cómo estoy y brindarme un poco de amabilidad supone una enorme diferencia.

Cuando somos compasivas con nosotras mismas en momentos difíciles, nuestra conciencia deja de consumirse por completo por el sufrimiento: también se preocupa por ese sufrimiento. Somos más grandes que nuestro dolor, y también somos el amor que acoge el dolor. Ese salvavidas puede convertirse en una fuente de gran significado y satisfacción con independencia de lo complicada que sea la situación en un momento dado.

Los tres componentes de la autocompasión (bondad, humanidad compartida y atención plena) desempeñan un papel crucial en la autocompasión tierna. La bondad es la actitud emocional que nos permite reconfortarnos y calmarnos a nosotras mismas. La humanidad compartida proporciona la sabiduría para entender que no estamos solas y que la imperfección forma parte de la experiencia humana compartida. Y la atención plena nos permite estar presentes con nuestro sufrimiento para así validar nuestros sentimientos difíciles sin tratar de arreglarlos o cambiarlos inmediatamente. Estos tres componentes adoptan una forma particular cuando se recurre a la autocompasión tierna para satisfacer nuestras necesidades: presencia amorosa y conectada.

AMOR

El componente de bondad que constituye el núcleo de la autocompasión adopta un carácter amoroso cuando nuestra necesidad consiste en estar con nosotras mismas tal como somos. Es delicado, cálido y cuidador. En general, las mujeres nos sentimos muy cómodas con el lado tierno de la compasión porque está muy arraigado en los roles de género femeninos. Somos especialistas en compasión; desde que nacemos nos educan para cuidar de los demás. Sin embargo, puede resultar menos familiar, incluso incómodo, dirigir esos cuidados hacia nosotras.

La mayoría de nosotras somos mucho más duras con nosotras mismas que con los demás. Nos decimos cosas crueles y desagradables que nunca diríamos a otra persona. Pongamos que te olvidaste de llamar a tu madre el día de su cumpleaños porque tenías muchas cosas en la cabeza. Si una buena amiga te explicara que le había pasado eso, probablemente le dirías algo del tipo «sé que estás disgustada porque te has olvidado de llamar a tu madre, pero esas cosas pasan. No es el fin del mundo. Estabas muy estresada y ocupada, y se te olvidó. Puedes llamarla ahora y decirle lo mucho que significa para ti». Sin embargo, cuando nos encontramos en la misma situación, tenemos tendencia a decirnos cosas de este tipo: «Eres una hija horrible. No puedo creer que seas tan egoísta. Seguro que mamá está destrozada, es posible que no te lo perdone en la vida».

Con nuestras amigas, lo habitual es centrarnos en la conducta («te has olvidado de llamar a tu madre») y no en la persona («eres una hija horrible»). Atribuimos el comportamiento a la situación («estabas muy ocupada») y no a un rasgo de la personalidad («eres muy egoísta»). Vemos la gravedad de lo ocurrido de manera objetiva («no es el fin del mundo») en lugar de hacer un drama («seguro que mamá está destrozada»). Y recordamos que la situación es pasajera («puedes llamar a tu madre ahora») en lugar de pensar que las cosas son permanentes («no te lo perdonará en la vida»).

Entonces, ¿por qué nos tratamos a nosotras mismas de forma tan distinta? Una de las razones tiene que ver con la forma de enfrentarnos a las amenazas. Cuando observamos algo de nosotras mismas que no nos gusta o cuando nos enfrentamos a un problema, nos sentimos amenazadas personalmente. Como ya hemos visto, nuestra reacción instintiva a la amenaza consiste en luchar, huir o quedarnos paralizadas, y cuando esa reacción se dirige a nosotras mismas, el instinto se manifiesta como autocrítica, aislamiento y sobreidentificación. Creemos que reaccionando así podremos tomar el control y evitar los errores, lo que nos permitirá mantenernos a salvo. Por el contrario, no nos sentimos tan amenazadas personalmente por los problemas de los demás (aunque me sienta mal por mi amiga, a la que han despedido, eso no representa un peligro inmediato para mí) y, por tanto, nos resulta más sencillo llegar a la reacción protectora. Cuando ejercemos la autocompasión, cambiamos nuestra fuente instintiva de seguridad del sistema de amenaza-defensa al sistema de cuidado; así podemos apoyarnos más a nosotras mismas y afrontar las situaciones difíciles con mayor eficacia.

Un elemento fundamental para crear ese ambiente de apoyo es el tono de voz utilizado cuando nos dirigimos a nosotras mismas,[2] ya sea en voz alta o a través de un monólogo interior. Todos somos extremadamente sensibles al tono de voz. Durante los dos primeros años de vida, antes de que entendamos el lenguaje, el tono es el principal medio de comunicación entre padres y bebés. Podemos percibir la implicación emocional de las palabras, independientemente de su significado.[3] Por ejemplo, si utilizamos palabras amables, pero las decimos de forma plana o fría, el mensaje global será tan eficaz como el de una llamada pregrabada. En cambio, cuando nuestro tono de voz está impregnado de bondad y buena voluntad, lo sentimos como una corazonada. Respondemos a nuestra propia calidez de manera instintiva.

Lo sorprendente de pasar de la crítica severa a la amabilidad es que los momentos difíciles (incluidas las situaciones que provocan sentimientos de vergüenza e ineptitud) se convierten en una oportunidad para dar y recibir amor. Podemos ser tiernas con nosotras mismas ante cualquier experiencia que se nos presente, por muy difícil que sea. A medida que aprendemos a sentirnos más cómodas con la voz de la autocompasión, nuestra capacidad de amar se hace más fuerte. No tiene requisitos previos ni nos exige que cambiemos, porque el amor puede con todo.

CONEXIÓN

El sentido de humanidad compartida inherente a la autocompasión tierna genera sentimientos de conexión cuando reaccionamos a nuestro dolor. Cuando recordamos que las dificultades y los sentimientos de incompetencia son algo que todos compartimos, no nos sentimos tan solas. Sin embargo, lo más habitual es que nos sintamos aisladas de los demás cuando tenemos problemas. Piénsalo. Cuando sueltas ese comentario completamente inapropiado en una reunión, o no puedes pagar la factura de tu tarjeta de crédito, o recibes malas noticias del médico, es como si algo hubiera salido mal. Como si eso *no debiera* estar sucediendo. Como si lo que se supone que debería suceder fuera perfecto, y cuando las cosas no van como nos gustaría, fuera porque ha ocurrido algo anormal. La sensación de anormalidad no es una reacción lógica, sino emocional. Sí, lógicamente sabemos que nadie es perfecto, que nadie tiene una vida perfecta, y que (como dice la canción) no siempre puedes conseguir lo que quieres. Sin embargo, cuando las cosas se complican, la reacción emocional consiste en pensar que el resto del mundo lleva una vida «normal» sin problemas y que solo «yo» tengo dificultades.

Esta visión egocéntrica se ve exacerbada por la cultura occidental, que nos hace creer que somos agentes independientes con el control sobre nosotros mismos y nuestro destino. Cuando nos creemos que tenemos la sartén por el mango, olvidamos nuestra interdependencia esencial (la verdad de que todos nuestros actos se producen en una red más amplia de causas y condiciones).

Pongamos que me siento inadecuada porque a veces estoy irritable e impaciente con los demás, y eso ha perjudicado mis relaciones laborales (es completamente hipotético, por supuesto). Podría identificarme con ese «defecto de carácter», juzgarme y culparme por ello. Sin embargo, con la sabiduría de la humanidad compartida, puedo ver que no tengo el control total de ese comportamiento. Si lo tuviera, ya lo habría dejado. Mi comportamiento se debe en parte a mi composición genética, mis hormonas, mi historia familiar temprana, las experiencias vitales, las circunstancias actuales de mi vida (económicas, amorosas, laborales, de salud), etcétera. Y todos esos factores interactúan con otros (como las convenciones sociales y la economía global) que están completamente fuera de mi control. Por lo tanto, no hay razón para tomarse nada de esto personalmente. Mi experiencia está íntimamente relacionada con lo que ocurre en el mundo. Esto no significa que no deba asumir la responsabilidad de mis actos y hacer las cosas lo mejor que pueda (es decir, intentar darme cuenta antes de actuar y pedir disculpas o arreglar la situación si es necesario). Pero tampoco tengo que culparme sin piedad.

Cuando recordamos que los errores forman parte de la experiencia humana, nos tomamos nuestros fallos de manera menos personal. A medida que nos vamos dando cuenta de que no somos más que una puntada en un gran tapiz, nuestros sentimientos de separación y aislamiento empiezan a diluirse. Ya no nos sentimos anormales, sino que entendemos que todas las personas tienen fortalezas y debilidades ligadas a factores complejos mucho más grandes que cualquier individuo. Cuando no nos sentimos tan solas, nuestro dolor pasa a ser soportable. Este sentimiento de conexión refuerza la sensación de seguridad necesaria para afrontar los retos de la vida.

PRESENCIA

La atención plena es fundamental para la autocompasión. Proporciona la conciencia necesaria para estar con *nosotras mismas* tal como somos y para validar nuestro dolor. Es un estado equilibrado que ahuyenta dos reacciones al sufrimiento habituales: la evitación y la sobreidentificación. En ocasiones nos alejamos de nuestras dificultades cerrando los ojos y mirando hacia otro lado. Ignoramos los problemas de nuestro matrimonio, de nuestro trabajo o del entorno, y optamos por el olvido de la negación en lugar de la incomodidad de abrirnos a las cosas tal como son. Sin embargo, para cuidarnos tenemos que estar presentes con nuestro dolor. Tenemos que centrarnos en nuestro interior y dejar espacio para los sentimientos difíciles de tristeza, miedo, ira, soledad, decepción, pena o frustración. Solo entonces podremos responder a nuestro dolor con amor, sabiendo que esos sentimientos forman parte de la experiencia humana compartida.

Otras veces nos fundimos con nuestros sentimientos negativos. Nos vemos tan atrapadas en nuestro sufrimiento que perdemos toda perspectiva. Nos obsesionamos con nuestros problemas y, en el proceso, los distorsionamos y los exageramos. Piensa en cómo te dejas llevar cuando ves una película de acción, cómo te pones en tensión como si fueras tú quien va a ser atropellada por el coche que derrapa. De repente, la persona que está a tu lado estornuda y te das cuenta: «Ah, sí, ¡estoy viendo una película!». La atención plena nos da el espacio y la perspectiva necesarios para ver con claridad lo que está sucediendo y así poder brindarnos compasión a nosotras mismas por las dificultades del momento.

Cuando nos abrimos a la realidad tal como es, aunque no nos guste, nos ayuda de forma casi inmediata. Cuando ocurre algo que no nos gusta, lo habitual es que intentemos arreglarlo y hacer que desaparezca. Luchamos contra lo que es, y así complicamos todavía más la situación. Sabemos, porque la psicología lo ha demostrado, que cuanto más nos resistimos al dolor, más lo agravamos.[4] Piensa en lo que ocurre cuando aprietas un globo: estalla. La resistencia podría definirse como el deseo de manipular nuestra experiencia del momento presente. Cuando nos resistimos al malestar, no solo nos provocamos dolor, sino que además nos sentimos molestas y frustradas porque las cosas no son como queremos que sean. El profesor de meditación Shinzen Young lo expresa con una fórmula matemática: «Sufrimiento = dolor × resistencia».[5] En un retiro de meditación al que asistí, bromeó diciendo: «En realidad, es una relación exponencial, no multiplicativa». Digamos que tu vuelo se cancela y temes perderte la boda de una buena amiga. ¡Vaya mierda! ¡Qué decepción! Sin embargo, si despotricas y echas pestes sobre lo horrible que es la situación, te jalas los pelos, gritas y golpeas la cabeza contra una pared metafórica, solo intensificarás el estrés de que el vuelo se haya cancelado. Y consumirse con el pensamiento «¡esto no debería estar ocurriendo!» (es decir, resistirse a la realidad de que *está* ocurriendo) solo sirve para echar más leña al fuego. La atención plena nos permite aceptar la realidad. Nos decimos: «Estoy destrozada por la cancelación del vuelo. No quiero perderme la boda de mi amiga. Me siento muy disgustada y muy triste». Ese reconocimiento claro del dolor nos permite validar nuestros sentimientos y tomar medidas acertadas para intentar cambiar las cosas en el futuro (a lo mejor puedes alquilar un coche, por ejemplo).

Otra ventaja de estar presente en el momento en lugar de resistirse al dolor es que permite resolver las dificultades con mayor rapidez. Sabemos que la resistencia no solo intensifica nuestro sufrimiento, sino que además contribuye a bloquearlo. Si te resistes, persiste. Si sientes ansiedad y luchas contra ella, puedes desarrollar un trastorno de ansiedad. Si te sientes triste y luchas contra ello (sobre todo si te autocriticas por sentirte triste), puedes desarrollar una depresión. Por lo general, las emociones tienen una vida limitada. Surgen en una situación difícil y se van desvaneciendo con el tiempo. Cuando luchamos contra nuestros sentimientos negativos, los alimentamos y los mantenemos mediante la energía de nuestra resistencia. Son como gatos callejeros que merodean junto a nuestra casa un día y otro porque les dejamos sobras por la noche. Sin embargo, cuando podemos estar presentes con nuestros sentimientos difíciles sin más, permitiendo con plena conciencia que nuestra experiencia sea tal como es en el momento, acaban por irse.

Dicho esto, es natural querer resistirse al dolor, y por eso es tan difícil dejarlo ir. Incluso una ameba se alejará de una toxina en una placa de Petri. Nuestro deseo innato de estar bien es lo que da impulso a nuestra resistencia. He intentado enseñar mindfulness y autocompasión a Rowan desde una edad temprana porque sé que le irá muy bien para la vida. Durante años rechazó la idea por completo. Si se enfadaba por algo y yo intentaba ayudarle a aceptar la situación con calidez y amabilidad, a veces me soltaba: «No me vengas con eso de la autocompasión, mamá. No quiero aceptar el dolor». La honestidad de su reacción era desgarradora. Soy su madre y desearía que su resistencia le protegiera, que su dolor se disolviera como por arte de magia. Sin embargo, la resistencia es inútil (los extraterrestres invasores tenían razón en eso). El dolor empieza a desaparecer, a su propio tiempo y a su propio ritmo, solo cuando nos volvemos hacia él con la mente y el corazón abiertos.

La práctica del mindfulness nos permite dejar ir la resistencia para que podamos estar con nosotras mismas de un modo más compasivo. Con solo reconocer que tenemos problemas y permitir que las cosas sean como son, damos el primer paso hacia la sanación. Cuando estamos presentes con nosotras mismas y nuestro dolor, recordando al mismo tiempo que no estamos solas en nuestras dificultades, siendo amables con nosotras mismas porque sufrimos, personificamos un estado de autocompasión tierna. Esa presencia amorosa y conectada se puede aplicar a cualquier experiencia, y marca una gran diferencia en nuestra capacidad de afrontamiento.

La pausa de la autocompasión tierna

La pausa de la autocompasión es una de las prácticas más populares del programa MSC. Está diseñada para ayudarte a apelar a los tres componentes de la autocompasión siempre que necesites aceptación o apoyo en el día a día. Es como pulsar el botón de reinicio de un ordenador; se trata de hacer una pausa necesaria cuando tenemos problemas para reorientarnos y volver a centrarnos. El formato básico de la pausa de la autocompasión consiste en apelar intencionadamente a los tres componentes de la autocompasión (atención plena, humanidad compartida y bondad) para que nos ayuden a relacionarnos con nuestra experiencia de un modo más compasivo. Primero aprenderemos esta práctica para una situación en la que se requiere autocompasión tierna. En capítulos posteriores, adaptaremos la práctica para las tres formas de autocompasión fiera: proteger, proveer y motivar (dispones de una versión de audio guiada de esta práctica, en inglés, en FierceSelf-Compassion.org y en español en <https://www.mindful nessyautocompasion.com/autocompasion-fiera/audios>).

INSTRUCCIONES

Piensa en una situación difícil de tu vida, algo que te haga sufrir y que quieras abordar de una manera más empática y tolerante. Tal vez te sientas incompetente, o estás muy triste por algo que te está ocurriendo, y te gustaría contar con una presencia amorosa y conectada que te ayude a superarlo. Por favor, elige algo en el rango de leve a moderado cuando realices la práctica por primera vez, no algo que pueda resultarte abrumador. Permítete sentir el problema y observa cualquier incomodidad que percibas en tu cuerpo. ¿Dónde lo sientes más? Toma contacto con el malestar en tu cuerpo.

Asegúrate de adoptar una postura lo más relajada posible. Vas a decir una serie de frases (en voz alta o para tus adentros) diseñadas para apelar a los tres componentes de la autocompasión en su forma yin. Aunque te sugeriré las frases, el objetivo es que encuentres el lenguaje que mejor te funcione.

- La primera frase está pensada para ayudarte a estar plenamente presente con el dolor que estás experimentando. Prueba a decirte, poco a poco y con calma: «Este es un momento de sufrimiento». Si este lenguaje no va contigo, trata de expresar ese mensaje de otra manera; por ejemplo: «Esto es difícil», «Me siento muy estresada» o «Esto duele de verdad».
- La segunda frase está pensada para recordarte que estás conectada con la humanidad. Prueba a decirte «el sufrimiento forma parte

de la vida». Otras opciones serían «no estoy sola», «todos nos enfrentamos a dificultades en la vida» y «esto es lo que se siente cuando se tienen problemas».

- La tercera frase apela al poder del amor y la bondad. Empieza colocándote las manos sobre el corazón o allí donde te calmen a través del calor y el tacto suave. Prueba a decirte con ternura: «Que sea amable conmigo misma». Otras opciones: «Que me acepte tal como soy», «Que sea comprensiva y paciente conmigo misma» o «Estoy aquí para lo que necesites». Si te sientes cómoda, incluso puedes dedicarte un «te quiero».

- Si te cuesta encontrar las palabras adecuadas, imagina que una buena amiga tiene el mismo problema que tú. ¿Qué le dirías a esa persona, en una conversación sincera, para calmarla y consolarla? ¿Puedes dirigirte el mismo mensaje a ti misma?

Después de esta práctica, es probable que te sientas de una de estas tres maneras: positiva, negativa o neutra. Trata de permitirte ser tal como seas en el momento, sin necesidad de arreglar nada. Si experimentas sensaciones muy intensas, puedes probar a realizar el ejercicio «Las plantas de los pies» (pág. 43).

AUTOCOMPASIÓN VERSUS AUTOESTIMA

Una de las funciones más importantes de la autocompasión tierna es la autoaceptación radical. Cuando aprendemos a estar con nuestro yo imperfecto de un modo compasivo, dejamos de juzgarnos y criticarnos por no ser suficientemente buenas. Abandonamos la continua lucha por ser una persona distinta, por ser perfectas, y nos aceptamos con todos nuestros defectos y rarezas. Este enfoque es radicalmente distinto al que trata de estimular la autoestima.

La autoestima es una evaluación de la valía personal.[6] Es la valoración de que somos buenas, no malas. La mayoría de nosotras hemos aprendido que para sentirnos bien con nosotras mismas debemos sentirnos especiales y por encima de la media.[7] La mediocridad no es deseable, cosa que supone un problema porque resulta imposible, por lógica, que todos seamos especiales y por encima de la media al mismo tiempo. También significa que nos comparamos continuamente con los demás: «¿Tiene más amigos en Facebook que yo?», «¿Es más guapa que yo?», «¿Es cierto que Brené Brown protagoniza su propio especial en Netflix?». Esa comparación constante nos lleva a sentirnos competitivas con los demás (por tanto, a alejarnos).[8] Ese comportamiento no solo reduce los sentimientos de conexión: además, puede llevarnos a mostrar una conducta realmente desagradable, desde el acoso físico[9] («si me meto con el rarito, pareceré más *cool*») hasta la agresividad en las relaciones[10] («si difundo rumores sobre la nueva del trabajo, no caerá tan bien como yo»). La comparación social también puede despertar prejuicios.[11] Las raíces del prejuicio son complejas y tienen mucho que ver con la conservación del poder y los recursos. No obstante, un factor fundamental del prejuicio es que cuando me digo que mi grupo étnico, religioso, nacional, racial (añade lo que quieras) es superior al tuyo, estoy impulsando mi estatus relativo.

Otro problema de la autoestima es que nos lleva a juzgar nuestra valía personal en función de si satisfacemos o no los estándares que nos autoimponemos:[12] ¿he perdido el peso que me había propuesto?, ¿he alcanzado mis objetivos de ventas?, ¿he utilizado mi tiempo libre de manera productiva? Nuestro sentido del valor depende de si conseguimos nuestros objetivos. Los tres campos más comunes en los que las mujeres depositamos nuestra autoestima son la aprobación social, el atractivo percibido y el desempeño eficaz en las áreas de la vida que nos importan (estudios, trabajo, maternidad, etcétera).[13] Por eso nos preguntamos constantemente: «¿He hecho un buen trabajo», «¿Caigo bien a la gente», «¿Estoy guapa?». Nos sentimos positivas cuando la respuesta es afirmativa, pero en esos días en los que nuestro pelo no colabora y está horrible, y la respuesta es negativa, nos sentimos menos valiosas.

Dado que nuestro sentimiento de valía personal cambia en función de si cumplimos con las expectativas, nuestras o de los demás, puede ser muy variable.[14] La autoestima es inestable porque solo está ahí en los buenos momentos. ¿Qué ocurre cuando nos rechazan para un puesto de trabajo, o nos deja nuestra pareja, o no nos gusta lo que vemos cuando nos miramos en el espejo? Nos vemos despojadas de nuestra fuente de valía personal, y la depresión o la ansiedad podrían ser la consecuencia.

Además, la búsqueda de una autoestima alta nunca acaba; es como una cinta de correr de la que parece que no podemos bajarnos. Siempre hay alguien que lo hace mejor que nosotras (si no ahora, pronto). Y el hecho de que seamos criaturas imperfectas significa que no estaremos a la altura de nuestros estándares una y otra vez. *Nunca* seremos suficientemente buenas o tendremos suficiente éxito.

La autocompasión tierna evita la trampa de la autoestima porque nos enseña a aceptarnos incondicionalmente. No tenemos que ganarnos el derecho a la autocompasión. Somos compasivas con nosotras mismas simplemente porque somos seres humanos imperfectos y merecemos atención, sin más. No es necesario que tengamos éxito o que seamos especiales y estemos por encima de la media. Solo tenemos que acoger con cariño la confusa obra en progresión y en apuros que somos.

La autocompasión acudió en mi ayuda hace poco, cuando mi autoestima amenazó con abandonarme. El verano pasado, a un mes de una importante conferencia sobre autocompasión ante un público muy numeroso, me salió lo que parecía un grano en la punta de la nariz. «Qué raro —pensé—. Hacía años que no me salía un grano. Deben de ser los cambios hormonales de la menopausia.» Pero el grano no se iba. Era cada vez más grande y más brillante (no como Rodolfo, el reno, pero casi). Finalmente fui al dermatólogo y resultó ser un melanoma. Nada grave, gracias a Dios, pero había que extirparlo de inmediato (el día antes de tomar el avión rumbo a mi gran conferencia). Así que me presenté ante el público con un gran vendaje blanco en medio de la cara. No era precisamente el mejor aspecto que podía ofrecer. Sin embargo, en lugar de preocuparme por el atractivo físico o de temer que el público me juzgara, me dediqué compasión por el mal trago. Eso me permitió adoptar un enfoque más desenfadado de la situación, e incluso solté una broma: «Seguro que han visto la venda que llevo en la nariz. Cuando pasas de los cincuenta, empiezan a crecerte cosas raras en el cuerpo y hay que quitarlas. ¡Qué le vamos a hacer!».

Realicé un estudio con Roos Vonk en la Universidad de Nijmegen, Países Bajos, en el que comparamos directamente el impacto de la autoestima y la autocompasión en los sentimientos de valía personal.[15] Examinamos los datos de 2.187 participantes (un 74% de ellos, mujeres de edades comprendidas entre los dieciocho y los ochenta y tres años) que respondieron a anuncios en periódicos y revistas. Durante un periodo de ocho meses, los participantes fueron respondiendo a diferentes cuestionarios. Descubrimos que, en comparación con la autoestima, la autocompasión se asociaba menos con la comparación social y dependía menos de la aprobación social, del atractivo percibido y del desempeño eficaz. Por tanto, el sentimiento de valía personal obtenido a través de la autocompasión resulta más estable en el tiempo. Medimos los sentimientos individuales de valía personal un total de doce veces a lo largo de los ocho meses y descubrimos que era la autocompasión, no la autoestima, la que predecía la estabilidad del sentimiento de valía personal en los participantes.

Los objetivos de la autoestima y la autocompasión son polos opuestos. Una trata sobre hacerlo bien; la otra, de abrir el corazón. Esta segunda opción nos permite ser plenamente humanas. Dejamos de intentar ser perfectas o de llevar una vida ideal, y nos centramos en cuidarnos en todas las situaciones. Puede que no cumpla con un plazo, que diga alguna estupidez o que tome una decisión desacertada, y mi autoestima habrá sufrido un gran golpe, pero si soy amable y comprensiva conmigo misma en esos momentos, tendré éxito. Cuando somos capaces de aceptarnos como somos, dedicándonos apoyo y amor, conseguimos nuestro objetivo. Es algo con lo que podemos contar siempre, pase lo que pase.

EL BÁLSAMO CURATIVO DE LA AUTOCOMPASIÓN

Como ya he mencionado, existen numerosas investigaciones que demuestran que la autocompasión mejora el bienestar.[16] Reduce la depresión, la ansiedad y el estrés; incrementa la felicidad y la satisfacción vital, y mejora la salud. Una de las maneras de funcionar es que cambia nuestra fisiología. Cuando practicamos la autocompasión, desactivamos el sistema de amenaza-defensa y activamos el sistema de cuidado, lo que nos ayuda a sentirnos seguras. Para ilustrarlo, un estudio pidió a los participantes que se imaginaran recibiendo compasión y sintiéndola en su cuerpo.[17] A cada momento les decían cosas como «permítete sentir que eres el receptor de una gran compasión; permítete sentir la bondad amorosa que recibes». Los investigadores descubrieron que los participantes que se dedicaron compasión presentaron unos niveles más bajos de cortisol (un marcador de la actividad del sistema nervioso simpático) y afirmaron sentirse más seguros en comparación con el grupo de control. Además, mostraron un aumento de la variabilidad del ritmo cardiaco (un marcador de la activación del sistema parasimpático), lo que sugiere que se sentían más relajados y menos a la defensiva.

La autocompasión también fomenta el bienestar porque transforma los estados negativos en positivos. Cuando sostenemos nuestro dolor con una presencia amorosa y conectada, ese dolor empieza a remitir, pero además sentimos la agradable sensación de abrir el corazón. Se trata de una experiencia significativa y satisfactoria. Por ejemplo, para una investigación se buscaron participantes en Facebook[18] y se les pidió que se escribieran una carta compasiva durante siete días. Los participantes pensarían cada día en algo angustioso que les hubiera dejado preocupados, y se escribirían una carta a sí mismos siguiendo estas instrucciones: «Piensa qué le dirías a un amigo en tu lugar, o qué te diría un amigo en esa situación. Intenta mostrar comprensión (por ejemplo, "me entristece que te sientas angustiado") y toma conciencia de que tu angustia es válida. Trata de ser bueno contigo mismo. Nos gustaría que escribieras lo que se te ocurra, pero asegúrate de que la carta te proporcione lo que creas que necesitas escuchar para sentirte cuidado y aliviado respecto a la situación o el hecho que te inquieta». Los investigadores incluyeron un grupo de control de participantes a los que se pidió que escribieran acerca de sus recuerdos más tempranos, cada día, durante una semana. Después registraron el bienestar de los participantes y descubrieron que, en comparación con el grupo de control, aquellos que se escribieron con autocompasión se sentían menos deprimidos al cabo de tres meses. Todavía más destacable es que afirmaron sentirse más felices al cabo de seis meses, demostrando así los sentimientos positivos duraderos que nos aporta una presencia amorosa y conectada.

La autocompasión también nos ayuda contrarrestando la vergüenza, que se produce cuando confundimos nuestras malas conductas con quienes somos. En lugar de limitarnos a reconocer que hemos cometido un error, nos decimos: «Soy un error». En lugar de reconocer que hemos fracasado, pensamos «soy un fracaso». Se trata de un estado ensimismado en el que nos sentimos vacías, inútiles y desconectadas de los demás. Los tres componentes de la autocompasión actúan como un antídoto directo contra la vergüenza: la atención plena evita que nos sobreidentifiquemos con nuestros tropiezos; la humanidad compartida contrarresta los sentimientos de aislamiento de los demás, y la bondad nos permite sentir que valemos a pesar de nuestras imperfecciones. Así vemos claramente nuestras debilidades y las reconocemos sin definirnos por ellas.

Hace poco, Rowan me recordó que necesitaba aplicarme el cuento. Íbamos en el coche, con la radio puesta, y yo cantando. Digamos que cantar no es la mejor de mis habilidades. Es más: a veces me avergüenzo de lo mal que lo hago. Y dije en voz alta: «Soy una cantante horrible». Sin dudar, Rowan replicó: «No eres una cantante horrible, mamá, solo cantas horriblemente».

La vergüenza es una emoción excepcionalmente problemática porque nos lleva a cerrarnos por completo.[19] Además, puede llegar a impedirnos que intentemos reparar el daño que hayamos podido causar. Los sentimientos intensos de repulsa y aislamiento provocados por la vergüenza, combinados con el deseo de huir de lo que hemos hecho, hacen que resulte mucho más difícil enfrentarnos cara a cara a nuestros actos. La vergüenza es distinta a la culpa, que no resulta tan invalidante. Cuando nos sentimos mal por nuestra conducta sin identificarnos como personas malas, resulta más sencillo asumir la responsabilidad de nuestros actos.

Edward Johnson y Karen O'Brien, de la Universidad de Manitoba, examinaron la relación entre la autocompasión, la vergüenza, la culpa y la depresión.[20] Pidieron a los participantes en su estudio que pensaran en un episodio de su pasado en el que se arrepintieran de su conducta. Un grupo recibió la instrucción de escribir acerca del incidente aplicando los tres componentes de la autocompasión (atención plena, humanidad compartida y bondad). En comparación con el grupo de control, los que trabajaron con autocompasión informaron de un descenso significativo del sentimiento de vergüenza y de las emociones negativas. Resulta interesante que sus niveles de culpabilidad no cambiaran (la autocompasión no les hizo sentir más culpables, pero tampoco menos). El sentimiento de culpa, los remordimientos, pueden ayudar a reconocer con honestidad los malos actos; la vergüenza, en cambio, no ayuda a nadie. Dos semanas más tarde, los participantes del grupo de autocompasión se sentían menos deprimidos, una situación debida en parte a la disminución de la vergüenza. La capacidad de no sentir vergüenza y vernos con claridad representa uno de los regalos más poderosos de la autocompasión.

AFRONTAR EL DOLOR

La autocompasión nos proporciona resiliencia emocional ayudándonos a superar los momentos difíciles sin acabar derrotadas.[21] Por ejemplo, nos ayuda a afrontar situaciones complicadas, como un divorcio. En un estudio, los investigadores pidieron a personas en proceso de divorcio que completaran una grabación de un monólogo de cuatro minutos, sin preparar, acerca de la experiencia de la separación.[22] Después, otros investigadores independientes valoraron el nivel de autocompasión de los monólogos. Los participantes que se mostraron más autocompasivos con sus rupturas evidenciaron una adaptación psicológica mejor no solo en la crisis inmediata, sino también nueve meses más tarde.

La autocompasión también ayuda a tratar cuestiones relacionadas con la salud, como la diabetes,[23] la espina bífida[24] o la esclerosis múltiple:[25] las personas afectadas logran el equilibrio emocional y superan el día a día con mayor facilidad. En un estudio cualitativo sobre cómo ayuda la autocompasión a afrontar el dolor físico crónico a las mujeres,[26] una participante escribió: «Cuando estoy desayunando, pienso que a lo mejor no debería intentar separar mi dolor de mí misma. Puede que mi dolor sea parte de mi normalidad y que eso esté bien. Si soy [...] amable [conmigo misma] y después sigo adelante, todo es más fácil». De forma similar, los individuos que se enfrentan a condiciones que amenazan su vida, como un cáncer[27] o el VIH,[28] tienden a sentir menos estrés, depresión, ansiedad y vergüenza por sus enfermedades cuando las abordan con compasión.

Dirigí un estudio con un alumno de posgrado sobre el contrapeso que la autocompasión proporciona a los padres de niños autistas.[29] Yo sabía por experiencia propia lo importante que es tener compasión hacia ti misma cuando tienes un hijo con necesidades especiales, pero quería explorar la experiencia de otros padres con hijos autistas. Buscamos voluntarios a través de nuestra sociedad local de autismo, y pedimos a los padres y las madres que completaran la escala de la autocompasión. También les pedimos que rellenaran un cuestionario para evaluar el grado de autismo de sus hijos y lo estresados, sobrepasados o deprimidos que se sentían a causa de su situación. Por último, preguntamos hasta qué punto se sentían optimistas respecto al futuro y su nivel de satisfacción con sus vidas. Los resultados indicaron que las madres y los padres más autocompasivos percibían menos estrés en el trato con sus hijos. Además, presentaban menos probabilidades de deprimirse y se sentían más positivos y satisfechos con sus vidas. De hecho, la autocompasión fue un indicador de cómo llevaban la situación más fuerte que que el grado de severidad del autismo de sus hijos. Esto sugiere que la relación que mantenemos con nosotras mismas en medio de las dificultades es más importante que el grado de intensidad de esas dificultades.

Cuando no contamos con los recursos emocionales necesarios para gestionar aspectos problemáticos de nosotras o de nuestras vidas, en ocasiones utilizamos estrategias de afrontamiento negativas para evitar el dolor. Podemos tratar de ahogar esa angustia en alcohol, drogas o sexo de manera compulsiva, buscando sentirnos bien desesperadamente aunque solo sea por un momento. Sin embargo, cuando el subidón desaparece o la emoción de la experiencia se esfuma, volvemos a la misma realidad y tratamos de escapar de nuevo, una y otra vez. Así nace el ciclo adictivo. Las investigaciones demuestran que las personas autocompasivas, capaces de sostener su dolor con amor y sin necesidad de alejarlo a base de sustancias, tienen menos probabilidades de caer en la adicción al alcohol,[30] las drogas,[31] la comida[32] o el sexo.[33] Existe incluso un estudio que descubrió que las personas autocompasivas tienen menos probabilidades de desarrollar adicción al chocolate,[34] uno de los favoritos entre los remedios para sentirse mejor. La autocompasión también ayuda a las personas a recuperarse de las adicciones;[35] de hecho, representa uno de los beneficios de los programas de recuperación, como Alcohólicos Anónimos.[36]

La autocompasión puede reducir otras maneras problemáticas de afrontar el dolor. Por ejemplo, un estudio se centró en adolescentes chinos[37] que habían sufrido acoso a lo largo de un año, y descubrió que los sujetos más autocompasivos tenían menos probabilidades de caer en actitudes autolíticas, como realizarse cortes. Las personas que se hacen cortes suelen utilizar el dolor físico para distraerse del dolor emocional o para sentir *algo* si se sienten emocionalmente vacías.[38] La autocompasión proporciona un medio más saludable de sentir y procesar el dolor. Cuando las cosas van realmente mal, hay personas que incluso intentan acabar con su vida. En el marco de un estudio se enseñó autocompasión a afroamericanos con pocos ingresos que habían intentado suicidarse en el último año.[39] Aunque los participantes se enfrentaban a problemas muy graves, como la pobreza y el racismo sistémico, fueron capaces de aprender a ser más amables consigo mismos y demostraron un descenso significativo de la depresión y los pensamientos suicidas. En esos casos, la autocompasión fue literalmente un salvavidas.

LA PARADOJA DE LA AUTOCOMPASIÓN

Si la autocompasión tierna nos ayuda a paliar el sufrimiento y a sanar, resulta esencial no utilizarla de manera manipuladora para cambiar nuestra experiencia del momento presente. Una paradoja fundamental de la autocompasión es: «Nos brindamos compasión a nosotras mismas no para sentirnos mejor, sino *porque* nos sentimos mal». Es posible que esto te desconcierte un poco (es lo que tienen las paradojas), pero resulta fundamental. La autocompasión nos ayuda a sentirnos mejor, pero si en un momento de sufrimiento nos colocamos una mano sobre el corazón o nos decimos algo amable con la intención de librarnos del dolor, se convertirá en una forma oculta de resistencia que solo empeorará las cosas. Si te resistes, persiste y se hace más fuerte. Lo que debemos hacer es aceptar plenamente que el dolor *está* ahí y ser amables con nosotras mismas *porque* las cosas duelen. De ese modo, reducimos el sufrimiento al suavizar nuestra resistencia a él. El beneficio de la autocompasión no procede del control o de la fuerza, sino que se trata de un efecto secundario positivo.

Veamos un ejemplo de su posible funcionamiento. Pongamos que no duermo bien y que he descubierto que dedicarme autocompasión por el problema del insomnio crónico me ayuda a dormirme. Sin embargo, no puedo engañar al sistema. Si empiezo a utilizar la autocompasión para tratar de poner fin a mi insomnio, me pondré muy nerviosa cuando no me duerma inmediatamente, y eso hará que me cueste mucho conciliar el sueño. La autocompasión al servicio de la resistencia fracasará, porque tratar de controlar las cosas intensifica inevitablemente nuestro sufrimiento. Cuando sea capaz de aceptar que padezco insomnio y sea amable conmigo misma solo porque el insomnio es terrible, me sentiré cuidada y lo suficientemente tranquila para conciliar el sueño. La autocompasión utilizada al servicio de la aceptación permite que la sanación se produzca por sí sola, de forma natural.

UNA LECCIÓN APRENDIDA

Yo entendí la paradoja de la autocompasión por las malas. Cuando tenía poco más de veinte años, mi hermano Parker desarrolló una cirrosis en el hígado. Los médicos dieron por sentado que era alcohólico. Parker admitió que le gustaba tomar una cerveza de vez en cuando, pero juró que no tenía ningún problema. Un médico muy listo recordó un trastorno genético extremadamente raro sobre el que había leído en la Facultad de Medicina: la enfermedad de Wilson. Las personas con ese trastorno no excretan el cobre, que tiende a acumularse en el cuerpo y a alojarse en órganos como el hígado. Una señal inconfundible de la enfermedad son los círculos de color cobre que rodean el iris, los anillos de Kayser-Fleischer (llamados así por los oftalmólogos alemanes que los descubrieron). El médico de mi hermano los reconoció y, efectivamente, Parker tenía la enfermedad de Wilson. Se trata de un trastorno genético doble recesivo, es decir, que requiere el gen de ambos progenitores. Eso significaba que yo tenía una posibilidad entre cuatro de padecer la enfermedad, y los dados no marcaron a mi favor.

Di positivo, pero mi hígado estaba bien. Empecé a tomar un quelante suave que me ayudaba a excretar el cobre, y me sometí a pruebas de hígado con regularidad. Cada vez que tenía una visita médica y anotaba la enfermedad de Wilson en el formulario de admisión, los médicos me preguntaban entusiasmados si podían llamar a sus colegas para observar mis anillos de Kayser-Fleischer («¡no volverán a ver esto en su vida!»). Sin embargo, aparte de aquellos momentos de fama de andar por casa, no había mucho que hacer: no tenía síntomas observables. Y así fueron pasando los años.

Más tarde, ya superados los treinta, empecé a tener extraños episodios a los que me refería como «déjà vu onírico». Yo hacía mis cosas, iba a comprar un edredón nuevo, salía a dar un paseo, acariciaba a mi gato y, de repente, sin ningún desencadenante aparente, tenía una intensa sensación de que lo que estaba haciendo en aquel momento lo había soñado antes. La sensación era extremadamente atractiva, como si me arrastraran a otro mundo, pero la experiencia me dejaba con una desagradable sensación de miedo. A través de mi práctica de la autocompasión, traté de enfrentarme a la sensación de déjà vu con cariño y aceptación, colocándome una mano sobre el corazón y dedicándome unas palabras de apoyo. En general, se me pasaba en unos minutos. Los episodios eran extraños y un poco desconcertantes, pero el déjà vu es algo habitual y no pensé demasiado en ello.

Un día del año 2009 estaba en el cine y tuve otro déjà vu onírico. Me coloqué una mano sobre el corazón y traté de ser autocompasiva, pero en aquella ocasión lo hice de manera inconsciente, porque quería que el episodio acabara. ¡Intentaba ver una película, por el amor de Dios! ¡No tenía tiempo para aquello! En lugar de dedicarme compasión porque me sentía mal, lo hice para sentirme mejor. El episodio de déjà vu duró unos cuarenta y cinco minutos. Cuando salí del cine, no me acordaba de nada. Ni siquiera recordaba los países que había visitado durante mi viaje por Europa el verano anterior. Mi resistencia al episodio (disfrazada de autocompasión) hizo que durara mucho más de lo que probablemente habría durado de otro modo.

Acudí a un neurólogo en cuanto pude. Resulta que, a diferencia de mi hermano, el cobre no se estaba acumulando en mi hígado (que estaba bien), sino que se alojaba en mi cerebro. Los depósitos me habían provocado epilepsia del lóbulo temporal: pequeños ataques epilépticos localizados cerca del lóbulo temporal que se manifiestan como una sensación intensa de *déjà vu*. Tomé la medicación que me recetaron, que me ayudó mucho, aunque todavía sufro episodios ocasionales. Ahora, cuando tengo la sensación de «¿no he soñado esto ya?», pongo toda mi atención en el dedo gordo del pie derecho (no me preguntes por qué, pero siento que es lo que está más lejos de mi cerebro) y trato de distraerme. No lucho contra los episodios de *déjà vu*, pero tampoco me recreo y hago lo que puedo para reducir su impacto.

El hecho de padecer esta enfermedad ha aumentado mi aprecio por la autocompasión tierna, que ha sido esencial para lidiar con su síntoma más problemático: mi memoria llena de agujeros. Para que se hagan una idea de lo terrible que puede ser, una vez que celebramos una cena de compañeros de la universidad, surgió el nombre de alguien de nuestro antiguo círculo íntimo.

—¿Cómo le va? —pregunté—. Hace años que no sé nada de él.

—Kristin, ¿no te acuerdas? —preguntó un amigo—. Se suicidó hace veinte años.

Me puse roja como un tomate y me sentí muy avergonzada. Lo primero que pensé fue que debía parecer muy fría e insensible por no recordar algo tan importante y trágico. Por suerte, contaba con el apoyo de mi práctica de autocompasión. Cerré los ojos un momento y me permití sentir la vergüenza, por muy incómoda que fuera. A continuación, me dije con cariño: «No es que no te importe. Es solo que ese recuerdo en concreto se había borrado. Estas cosas pasan. No pasa nada». La autocompasión va conmigo a todas partes, es un apoyo constante. Aunque las cosas no son más fáciles o menos complicadas, sí he desarrollado mi capacidad de sostener la situación con una presencia amorosa y conectada. ¡Y es una buena noticia, ya que la vida me da muchas oportunidades para practicar!

Estar con las emociones difíciles

Existen numerosas prácticas para ayudarnos a «estar con» las emociones difíciles de manera tierna, sin resistirnos y sin que nos superen. Esas prácticas no son estrategias para librarse de las emociones difíciles: solo nos permiten establecer una nueva relación con ellas. En el MSC combinamos estas propuestas en una práctica diseñada específicamente para encontrarnos con emociones difíciles. Las propuestas son:

Etiquetar las emociones. Nombrar o etiquetar las emociones difíciles nos ayuda a librarnos o «despegarnos» de ellas. Si podemos decir «esto es tristeza» o «empiezo a sentir miedo», tomamos perspectiva respecto a la emoción en lugar de dejarnos engullir por ella. De ese modo ganamos cierta libertad emocional. Si la nombras, la dominas.

Atención plena a la emoción en el cuerpo. Los pensamientos surgen y se instalan con tal rapidez que resulta difícil trabajar con ellos. El cuerpo, por el contrario, se mueve con relativa lentitud. Cuando encontramos la expresión física de una emoción y la mantenemos con plena conciencia y atención, nos situamos en un lugar más adecuado para cambiar nuestra relación con la emoción. Siéntela y podrás sanarla.

Ablandando, Calmándote, Permitiendo. Existen tres maneras de aportar autocompasión tierna a las emociones difíciles. Ablandar el cuerpo con respecto a la tensión que sentimos es una forma de autocompasión física; calmarnos por lo mucho que duele es una forma de autocompasión emocional, y permitir es un tipo de autocompasión mental que aplaca el sufrimiento porque reduce la resistencia.

Conviene reservar esta práctica para emociones no muy intensas como la tristeza, la soledad o la pena, que necesitan ser tratadas con cariño, frente a las emociones fieras como el enfado. Como siempre, si empiezas a sentirte superada durante la práctica, dedícate compasión parando y buscando otra manera de cuidarte (por ejemplo, sentir las plantas de los pies sobre la tierra o practicar alguna otra forma de autocuidado). Encontrarás una versión guiada de esta práctica (en inglés) en Fierce Self-Compassion.org. y, en español, en <https://www.mindfulnessyauto compasion.com/autocompasion-fiera/audios>.

INSTRUCCIONES

- Busca una postura cómoda, sentada o tumbada, y respira tres veces para relajarte.
- Coloca una mano sobre el corazón, o en otro lugar que te calme, para recordarte que estás ahí y que tú también mereces amabilidad.
- Piensa en una situación poco o moderadamente difícil en la que te encuentres inmersa en este momento (un problema de salud, una relación tensa o un problema en el trabajo). No elijas un problema muy complicado la primera vez que realices este ejercicio, pero tampoco uno trivial. Opta por una situación que te genere un poco de estrés cuando piensas en ella.
- Visualiza claramente el problema. ¿Quién estaba presente? ¿Qué se dijo? ¿Qué ocurrió o qué podría ocurrir?

Etiquetando las emociones

- Mientras repasas la situación, percibe si te despierta alguna emoción. En caso afirmativo, observa si se te ocurre una etiqueta para la emoción, un nombre. Por ejemplo: ¿tristeza?, ¿pena?, ¿confusión?, ¿miedo?
- Si te asaltan varias emociones, trata de nombrar la más intensa en relación con la situación.
- Repite el nombre de la emoción para tus adentros con voz tierna y comprensiva, como si estuvieras confirmando lo que siente una amiga: «Eso es nostalgia», «Eso es dolor».

Mindfulness de la emoción en el cuerpo

- A continuación, expande tu conciencia para abarcar tu cuerpo en su conjunto.
- Vuelve a pensar en la situación difícil, si ha empezado a difuminarse en tu mente, y nombra la emoción más intensa que sientas. Escanea tu cuerpo en busca del punto donde sientes más esa emoción. Imagina que recorres tu cuerpo de la cabeza a los pies y detente donde sientas un poco de tensión o malestar.
- Si puedes, elige un solo punto de tu cuerpo en el que el sentimiento se exprese con mayor intensidad (por ejemplo, tensión muscular en el cuello, una sensación molesta en el estómago o dolor en el corazón).

- Con la mente, inclínate suavemente hacia ese punto.
- Prueba a experimentar la sensación de forma directa, como si viniera de dentro. Si te cuesta, trata de percibir la sensación general de malestar.

Ablandando, calmándote, permitiendo

- Empieza a ablandar ese punto de tu cuerpo, dejando que los músculos se relajen como si te sumergieras en agua caliente. Ablandando..., ablandando..., ablandando... Recuerda que no estás intentando cambiar el sentimiento, sino sosteniéndolo de un modo más delicado. Haz lo que puedas, por poco que sea.
- A continuación, intenta calmarte ante la experiencia difícil. Prueba a colocar una mano sobre la parte del cuerpo donde sientes el malestar, y percibe su calor y su tacto suave. Imagina que el amor y la bondad fluyen a través de tu mano y llegan a tu cuerpo. Puedes imaginar incluso que tu cuerpo es el de una niña amada. Calmándote..., calmándote..., calmándote.
- ¿Te gustaría escuchar algunas palabras de consuelo? Por ejemplo, podrías imaginar que tienes una amiga con el mismo problema. ¿Qué le dirías? («Siento mucho que estés así», «Me importa mucho lo que te pasa»).
- ¿Puedes dedicarte un mensaje similar a ti misma? («Es muy duro sentir esto», «I le de ser amable y comprensiva conmigo misma.»)
- Por último, permite que el malestar esté ahí. Dale espacio y libera toda necesidad de hacer que desaparezca. Permitiendo..., permitiendo..., permitiendo.
- Permítete ser tal como eres, así, aunque sea solo por un momento.
- Ablandando..., calmándote..., permitiendo. Ablandando..., calmándote..., permitiendo. Tómate tu tiempo y avanza por los tres pasos a tu ritmo.
- Es posible que percibas que el sentimiento empieza a moverse o cambiar de ubicación. No pasa nada. Continúa con él. Ablandando..., calmándote..., permitiendo.
- Cuando estés lista, deja la práctica y concéntrate en tu cuerpo como un todo. Permítete sentir lo que quiera que sientas, de ser exactamente como seas en este momento.

¿ACEPTACIÓN O COMPLACENCIA?

Cuando el yin y el yang están desequilibrados, la autocompasión tierna puede transformarse en complacencia insana. No es buena idea sentarse a «estar consigo misma» si hace cinco días que no te duchas o no te cambias de ropa. Para ser autocompasivas de verdad también tenemos que hacer lo necesario para protegernos y satisfacer nuestras necesidades, y para ello introduciremos los cambios necesarios. Lo hacemos además, no en lugar, de aceptarnos tal como somos.

El baile entre la aceptación y la acción puede ser complicado, sobre todo a la luz del concepto (ya de por sí complejo) de que nos brindamos compasión no para sentirnos mejor, sino porque nos sentimos mal. Sin embargo, cuando el yin y el yang están integrados, nuestros actos no se encaminan a resistir al dolor o a manipular nuestra experiencia en el momento presente. Se trata más bien de la efusión de un corazón abierto que hace lo que puede para ayudar sin caer en el engaño de que así podemos controlar el resultado. Paradójicamente (una vez más), la aceptación radical de nosotras mismas nos aporta la sensación de seguridad y estabilidad necesaria para introducir cambios en nuestras vidas.

La diferencia radica en el motivo que impulsa nuestros actos. En lugar de actuar porque nos sentimos inaceptables tal como somos, o porque no podemos aceptar nuestra experiencia, actuamos movidas por la amabilidad y la benevolencia. Si mi trabajo es estresante, puedo sostener ese estrés con una presencia amorosa y conectada. Puedo reconocer la dificultad, recordar que existen muchas otras personas en situaciones similares y apoyarme con cariño. La autocompasión tierna evitará que me ponga nerviosa y reactiva hasta el punto de que la vida me resulte más difícil de lo que era. Sin embargo, la aceptación no es suficiente. Imagina que tengo problemas laborales. La verdad es que ese trabajo no es bueno para mí y necesito cambiar. La autocompasión fiera es lo que me dará el coraje y la motivación para hacer algo distinto: hablar con mi jefe y negociar una reducción de jornada, o buscar otro trabajo con mejores condiciones.

Una preocupación habitual respecto a la autocompasión es que aceptarnos a nosotras mismas nos lleve a evitar asumir la responsabilidad de nuestros errores. «Vaya, he robado un banco y a lo mejor no debería haberlo hecho. Bueno, nadie es perfecto.» Si el yin y el yang se encuentran en equilibrio, eso no ocurrirá. Las investigaciones demuestran que la autocompasión incrementa, no perjudica, la motivación para asumir la responsabilidad personal de nuestra conducta. De hecho, un estudio dirigido por Juliana Breines y Serena Chen en la Universidad de California, Berkeley, pidió a un grupo de alumnos de grado que recordaran algo reciente por lo que se sintieran culpables (por ejemplo, copiar en un examen, mentir a su pareja o decir alguna mezquindad).[40] A continuación, se asignó a los estudiantes, de forma aleatoria, una de tres situaciones: una situación de autocompasión en la que tenían que escribir un párrafo expresando bondad y comprensión acerca de su conducta; una situación de autoestima, en la que tenían que escribir sobre sus cualidades positivas; y una situación de control, en la que escribían sobre una afición. Los resultados mostraron que los participantes del grupo de la autocompasión por sus malos actos se sintieron más motivados para pedir disculpas por el daño causado y más comprometidos a no repetir la conducta en cuestión. El estímulo de la autoestima no sirvió de ayuda, ya que lo que se suele alimentar en esos casos es una negación egodefensiva de responsabilidad. De hecho, un estudio realizado por investigadores de la Universidad de Pittsburgh[41] halló que uno de los motivos por los que los individuos autocompasivos reconocen más sus errores y piden disculpas es porque se encuentran menos debilitados por la vergüenza: se sienten suficientemente seguros para admitir lo que han hecho. La autocompasión, lejos de ser un modo de evadir la responsabilidad personal, en realidad la *refuerza*.

Hay quien critica el movimiento mindfulness debido al énfasis en la aceptación y en hallar paz en nuestro interior como respuesta a las dificultades. En su provocativo libro *McMindfulness: cómo el mindfulness se convirtió en la nueva espiritualidad capitalista*, Ronald Purser afirma que el mindfulness culpa a los individuos de estar tan estresados. Asegura, además, que el movimiento mindfulness vende la ideología de que el estrés es una patología individual (como si aprender a respirar profun-

damente unas cuantas veces fuera a solucionar todos tus problemas).
Y también alega que ese mensaje distrae de la difícil tarea de cambiar
los sistemas capitalistas para que sean menos explotadores y más equi-
tativos.

Probablemente, se podría decir lo mismo del movimiento de la
autocompasión, pero solo si no se conoce la autocompasión fiera. Por
ejemplo, las instituciones sanitarias y las educativas se interesan cada
vez más por la autocompasión para prevenir los casos de desgaste o
agotamiento. Cuando el colectivo de enfermeras o los docentes se dedican compasión por la dificultad de sus trabajos, los ayuda a sentirse
menos agobiados,[42] y eso les permite arreglárselas mejor (hablaremos
de esto más adelante). Sin embargo, ¿significa eso que las instituciones pueden seguir sobrecargando y pagando mal a profesoras y enfermeras con solo lanzarles un poco de autocompasión para que continúen siendo eficaces? Si ese es el objetivo oculto, los hospitales y los
colegios no promoverían la verdadera autocompasión, sino su gemela
mala (la autocomplacencia), en un intento de distraer de las pésimas
condiciones de trabajo.

La aceptación tierna no nos impide intentar mejorar nuestra vida.
De hecho, es el primer peldaño necesario para pasar a la acción. Cuando se combina con el deseo fiero de autoprotegernos, satisfacer nuestras necesidades y motivar el cambio, nos aporta la plataforma emocional estable que necesitamos para enfrentarnos a los sistemas
sociales inservibles. La aceptación significa renunciar a la ilusión de
que podemos controlar las cosas, o de que la vida debería ser perfecta,
pero sin dejar de hacer todo lo que esté en nuestras manos para mejorar las cosas. Lo hacemos no para evitar la verdad del dolor, sino porque nos importan las cosas. El baile de la aceptación y el cambio forma
parte del núcleo de la autocompasión.

Capítulo 6
MANTENERNOS FIRMES

Una mujer es como una bolsita de té: nunca sabes lo
fuerte que va a ser hasta que se mete en agua caliente.

Proverbio irlandés

Como mujeres, hemos interiorizado inconscientemente el mensaje
de que somos el sexo débil, doncellas indefensas que necesitan a un
hombre corpulento y fuerte que nos salve. Durante demasiado tiempo
nos han enseñado a valorar la dependencia por encima de la independencia, a ser atractivas y sexis (pero no como una manera de expresarnos, sino para atraer a un hombre que nos proteja). Y no necesitamos
que los hombres nos protejan; necesitamos protegernos nosotras solas. Las mujeres somos fuertes. Soportamos el dolor del parto. Mantenemos familias unidas y nos movemos hábilmente entre conflictos
interpersonales y adversidades. Sin embargo, hasta que aprendamos a
defendernos con la misma energía fiera que utilizamos para cuidar a
los demás, nuestra capacidad de enfrentarnos a los grandes retos del
mundo seguirá siendo limitada.

A algunas personas les preocupa que la autocompasión las ablande,
pero lo cierto es que nos aporta una fuerza increíble. La creencia de que
la autocompasión es débil corresponde a una visión unidimensional.
Si pensamos solo en el lado tierno y protector de las cosas, nos sugiere
una postura apacible y complaciente ante la vida. Y dado que el cuidado forma parte de los roles de género comunales femeninos, y que a
las mujeres se nos otorga menos poder que a los hombres, la autocompasión se asocia en ocasiones con una *falta* de poder. Por eso es tan
importante que las mujeres defendamos y mostremos la autocompa-

sión fiera, para poder liberarnos de ese concepto erróneo y dar vida a la guerrera fuerte que llevamos dentro.

Aliviar el sufrimiento puede ser un gran acto de valentía. Piensa en las personas que acuden sin pensarlo a ayudar en desastres como incendios o inundaciones. No se limitan a «estar con» el sufrimiento de las víctimas: emprenden acciones rápidas y eficaces para rescatar a las personas atrapadas en los tejados, por ejemplo. Afrontémoslo: en muchos aspectos, nuestras vidas son un desastre, no comparable con el huracán Katrina o el 11 de septiembre, por supuesto, aunque algunos días nos sintamos muy mal. Nuestro sufrimiento puede estar provocado por la naturaleza, por otras personas o por nosotros mismos (en ocasiones, ¡por las tres cosas a la vez!). Tenemos que hacer lo que sea necesario para mantenernos firmes en esas crisis con el fin de ser plenamente autocompasivas. Como mujeres, ese poder ya está en nuestro interior, pero se halla oculto por los estereotipos que dicen que no forma parte de nuestra verdadera naturaleza.

Olivia Stevenson, de la Universidad del Norte de Colorado, y Ashley Batts Allen, de la Universidad de Carolina del Norte, examinaron el vínculo entre la autocompasión y la fuerza interior en más de doscientas mujeres.[1] Observaron que las participantes con puntuaciones más altas en escala de la autocompasión se sentían más empoderadas, más fuertes y más competentes, más reafirmadas, más cómodas expresando el enfado, más conscientes de la discriminación cultural y más comprometidas con el activismo social. Esos hallazgos son similares a los de otra investigación que demuestra que las mujeres autocompasivas tienen más probabilidades de enfrentarse a los demás en caso necesario y temen menos el conflicto.[2]

Los tres componentes de la autocompasión (bondad con nosotras mismas, humanidad compartida y atención plena) desempeñan un importante papel cuando la compasión tiene como fin autoprotegernos. Cuando luchamos por mantenernos seguras, los tres componentes se manifiestan como una lucidez valiente y empoderada.

VALENTÍA

La bondad, cuando tiene como fin protegernos de algún daño, es fuerte y valiente. Para afrontar el peligro se necesita audacia y determinación, como cuando nos subimos a una ventana para escapar de un edificio en llamas o nos sometemos a quimioterapia para combatir un cáncer. También se necesita valentía cuando nos enfrentamos a un peligro psicológico, cuando alguien nos falta al respeto o invade nuestra privacidad y tenemos que establecer límites. La bondad nos impulsa a exigir un trato justo cuando nos tratan de manera injusta, y puede adoptar la forma de campañas de votación, artículos de opinión, manifestaciones y protestas en un mitin, huelgas o participación en sentadas. La bondad activa y comprometida es el polo opuesto de la debilidad y la flojera.

Una puerta de entrada a este tipo de fuerza que las mujeres conocemos bien es el instinto protector materno. Si un matón insulta a nuestro hijo o un desconocido amenaza su seguridad, sabemos lo fuerte que puede llegar a ser Mamá Osa. La fuerza del amor enfocada en la protección puede ser explosiva. De hecho, la oxitocina (la hormona asociada al vínculo materno afectivo) también estimula la agresividad defensiva cuando una madre protege a sus retoños.[3] Los psicólogos lo denominan *respuesta de atención y defensa*.[4]

Nunca olvidaré el día que tuve que reaccionar a ese instinto. Rowan, Rupert (su padre) y yo estábamos en Rumania en una expedición de naturaleza. En una ironía que pronto quedaría clara, nuestra idea era ver osos pardos. Rowan tenía unos nueve años. Nos paramos en un hostal, en el campo, para pasar la noche y nos instalamos en una de las habitaciones. Nuestro guía local habló con la dueña, una rumana de mediana edad, y después pidió hablar con Rupert en privado. Cuando este regresó a la habitación, parecía disgustado.

—El guía dice que no podemos quedarnos aquí. A la dueña le preocupa el autismo de Rowan —me dijo—. Teme que se ponga a pintarrajear las paredes o que se tire por el balcón, o que moleste a los demás huéspedes.

Me quedé alucinada. Aunque resultaba evidente que Rowan era autista, no alborotaba en absoluto.

—Voy a ver si la puedo tranquilizar —dijo Rupert mientras salía de la habitación.

Algo en mi interior empezó a removerse. Comenzó en el estómago y fue ocupando todo mi ser, una energía primitiva mucho más grande que yo misma. Era como si estuviera acumulando una fuerza volcánica. Recordé que estábamos en Rumania, el país que encerraba a los «defectuosos mentales» en orfanatos donde nadie les hacía el menor caso.[5] Los niños podían pasarse años en catres sin que ni siquiera los sacaran a caminar o a jugar. Era tal el abandono que un simple movimiento podía partirles los huesos.

Me aseguré de que Rowan no corría ningún peligro y bajé a enfrentarme a la dueña del hostal. No sabía qué iba a hacer, pero aquella fuerza se había apoderado de mí. La mujer se quedó sorprendida cuando irrumpí en la cocina. Rupert y el guía estaban con ella. Le apunté directamente con un dedo.

—¡Tú, pedazo de intolerante! ¡No nos quedaríamos aquí aunque nos pagaras! —Ella no hablaba inglés, pero captó la idea. Se encogió en un rincón, aterrorizada ante mi furia—. Nos vamos —dije, y salí de la cocina pegando un portazo.

Ese es uno de mis recuerdos más intensos de las ocasiones en que Mamá Osa se ha apoderado de mí, y la fuerza fue impresionante. Me gustaría haber sabido integrar mejor la fiereza y la ternura para concentrarme en lo injusto de su reacción hacia Rowan en lugar de tomármelo como algo personal, pero todavía no sabía hacerlo. Todavía no había aprendido a hacer mío mi poder para que al expresar mi fiereza fuera también cariñoso. Con todo, me dio una pista de la fuerza inmensa de una madre protegiendo a su hijo. Me ayudó a ver cómo podía utilizar esa fiereza para realizar los cambios tan complicados que el mundo necesita. Es importante recordar que esa fuerza no sale de nuestro yo insignificante. Cuando se trata de aliviar el sufrimiento con la compasión hacia nosotros mismos y hacia los demás, esa fuerza surge del amor mismo.

EMPODERAMIENTO

Poner a trabajar nuestro sentido de humanidad compartida al servicio de la protección es una fuente fundamental de empoderamiento. Malala Yousafzai, la activista pakistaní defensora de la educación de las niñas y premio Nobel más joven de la historia, afirmó: «Alzo mi voz no para gritar, sino para que aquellos que no tienen voz puedan ser escuchados. [...] No podemos tener éxito cuando a la mitad de nosotros nos callan».[6] Lo cierto es que cada vez que nos autoprotegemos, protegemos a todo el mundo. Mantenemos la unión con nuestras hermanas y nuestros hermanos sabiendo que no estamos solas. La unión hace la fuerza.

Cuando olvidamos eso y nos sentimos aisladas debido al miedo o a la vergüenza, pensamos que estamos indefensas. Podemos caer en la creencia de que somos incapaces de cambiar nada porque el problema es mucho más grande que nosotras por separado. No resulta fácil autoprotegernos cuando nos sentimos solas. Desde un punto de vista evolutivo, no podríamos sobrevivir como individuos. Los seres humanos evolucionamos para vivir en grupos sociales cooperativos, y un rasgo fundamental de la humanidad es que debemos nuestra proliferación a la capacidad de trabajar juntos. Recordar esto y actuar en consecuencia nos da poder.

Cuando nos identificamos con otras personas que sufren como nosotras (mujeres, personas de color, la comunidad LGTBQ+, personas con capacidades distintas, trabajadoras domésticas, inmigrantes..., la lista no deja de crecer), sentimos nuestra humanidad compartida. Y cuando damos los pasos necesarios para proteger al grupo con el que nos identificamos, ahí está la autocompasión fiera en acción. Aunque las nociones tradicionales de poder tienen que ver con el control de recursos como el dinero, la tierra y los alimentos, o con dominar a otros distorsionando la información o coaccionando a través de la fuerza militar, algunos psicólogos sociales modernos afirman que en realidad es la identidad de grupo la que subyace al poder. Como escribió John Turner, de la Universidad de Australia, «la identidad de grupo y la influencia otorgan a las personas el poder de la acción colectiva y el esfuerzo cooperativo, el poder de influir en el mundo y perseguir objetivos compartidos mucho más grandes que los que albergaría cualquier miembro aislado».[7] Cuando me identifico con un todo más grande en el que «nosotros» nos protegemos «a nosotros mismos», yo (como miembro del grupo) soy más fuerte.

La sabiduría de la humanidad compartida no solo nos ayuda a sentirnos empoderadas, sino también a entender la complejidad de la interseccionalidad[8] (el hecho de que podemos identificarnos con diversos grupos en función del género, la raza, la etnia, la clase, la religión, la orientación sexual, el nivel de discapacidad, el tipo corporal, etcétera) y que todas esas identidades coexisten. Mostrar respeto hacia nuestra conexión con los demás a través de nuestras identidades compartidas (al tiempo que honramos nuestra unicidad a través de la intersección particular de identidades que expresamos) nos permite situarnos en una dirección auténtica dentro del panorama general. Una mujer latina transgénero, atea y sin discapacidades tendrá una experiencia vital distinta a la de una latina cisgénero, católica y con alguna discapacidad. Cuando nos hacemos dueñas de nuestra unicidad al tiempo que estamos conectadas con algo más grande que nosotras mismas, nos apropiamos realmente de nuestro poder.

Entender la humanidad compartida nos anima a protestar contra la injusticia. Un grupo de investigadores italianos[9] descubrió que ese aspecto de la autocompasión mejora nuestra capacidad de adoptar la perspectiva de los demás y favorece las actitudes positivas hacia los grupos marginales (medida a través de respuestas a afirmaciones del tipo «nuestra sociedad debería proteger más el bienestar de las personas sin hogar»). Entender la interdependencia hace que resulte más fácil ver las realidades incómodas de la discriminación y los privilegios injustos. Además, nos ayuda a mantenernos fuertes en caso de discriminación. Si alguien me insulta y me lo tomo como algo personal, podría sentirme más débil o con miedo. Cuando olvido que mi identidad forma parte de un todo más grande y me siento aislada de los demás si percibo una amenaza, la sensación de peligro resulta mucho más intensa. Sin embargo, si soy capaz de recordar que tengo el mismo derecho a recibir respeto que el resto de seres humanos, estaré en mejor posición para defender nuestros derechos comunes como una cuestión de principios.

Rosa Parks explicó así su negativa a ceder su asiento en el autobús a un pasajero blanco: «Sentí que tenía derecho a quedarme donde estaba. Por eso le dije al conductor que no iba a levantarme. Pensé que me detendría. Lo hice porque quería que aquel conductor en concreto supiera que nos estaban tratando de manera injusta como individuos y como pueblo».[10] Su capacidad de conectar con su comunidad en aquel momento, en lugar de sentirse aislada y sola, fue fundamental para su capacidad de manifestar su postura. Huelga decir que aquel acto de autocompasión fiera increíblemente valiente contribuyó a poner en marcha el movimiento por los derechos civiles en Estados Unidos.

CLARIDAD

La atención plena al servicio de la protección nos permite ver con claridad sin dar la espalda a la verdad. En ocasiones, no queremos reconocer que nos están haciendo daño. Cuando nuestro jefe pregunta: «¿Puedes traernos café, cariño?», en una reunión compuesta principalmente por colegas masculinos, puede resultar más sencillo tomárselo a risa que plantar cara. Una parte de nosotras sabe que no está bien, pero nos engañamos pensando que no es para tanto, y así evitamos tener que enfrentarnos al hecho de que nos han menospreciado de manera no muy sutil en una sala llena de compañeros. Y también significa que no tenemos que enfrentarnos a posibles consecuencias.

Esta tendencia a evitar los problemas porque resulta más sencillo no enfrentarse a ellos se encuentra muy extendida. Prueba A: debido al calentamiento global, el mundo se precipita hacia una crisis que amenaza no solo nuestra supervivencia como especie, sino también el equilibrio de todo el planeta. No obstante, muchas personas ignoran la amenaza o no le prestan atención porque, como dijo Al Gore, es una verdad incómoda. De forma similar, uno de los motivos por los que muchas personas blancas no reconocen la dura realidad de la desigualdad racial es porque resulta demasiado alarmante. Reconocer el sufrimiento de las personas de color (y nuestra complicidad con el sistema que alimenta ese sufrimiento) sería demasiado doloroso. Miramos hacia otro lado para conservar nuestra paz mental, y así no tenemos que cuestionarnos los privilegios de los que disfrutamos debido al racismo sistémico. Seguimos adelante como si no hubiera un precio que pagar o consecuencias.

La atención plena dirigida a la protección no proporciona paz mental, sino todo lo contrario. El mindfulness alerta sobre el daño que se está provocando y expone lo que es preciso cambiar. Nos impulsa a ver y decir la verdad para autoprotegernos y proteger a los demás. Y lo hace con equilibrio y perspectiva, sin minimizar ni exagerar el problema. Cuando se trata del sufrimiento, la atención plena es clara y lo suficientemente amplia para sostener la verdad por dolorosa o desagradable que sea. No se resiste a los hechos desagradables ignorándolos ni tampoco los exagera melodramáticamente. Ve las cosas tal como son.

Pongamos que tu cita a ciegas aparece con cuarenta y cinco minutos de retraso sin una buena excusa. Existen tres maneras de reaccionar: una consiste en pasarlo por alto y no darle importancia, porque quieres de verdad que la cita vaya bien. Sin embargo, si reaccionas así dejas pasar una señal de alarma potencialmente importante. Podría tratarse de una advertencia a la que deberías prestar atención: esa persona podría no ser de fiar. Otra posible reacción consistiría en sentir una gran frustración e inventar toda una historia acerca de ese narcisista frío e insensible. En ese caso tampoco se ve la situación con claridad; podrían existir razones válidas para su retraso que no tienen nada que ver con el egoísmo. Un enfoque con mindfulness de la conducta consistiría en reconocer lo que ha ocurrido, preguntar con calma y de manera directa, y mantener la mente abierta sobre las implicaciones de su explicación. Esa claridad proporciona la ecuanimidad y la estabilidad necesarias para tomar buenas decisiones respecto a los siguientes pasos.

Tanto si se trata de expresarse como de mantener un silencio digno, podemos utilizar la autocompasión fiera para autoprotegernos del daño, pero también desde una actitud receptiva. Joan Halifax, maestra de meditación zen, afirma que esa postura fiera consiste en tener «la espalda fuerte y el corazón suave».[11] Cuando nos mantenemos erguidas sin cerrarnos ni ponernos a la defensiva o rígidas, podemos pasar a la acción de un modo más eficaz.

La pausa de la autocompasión que nos protege

Esta es una versión de la pausa de la autocompasión que permite generar autocompasión fiera al servicio de la autoprotección, claridad valiente y empoderada. Dispones del audio de una versión de esta práctica guiada, en inglés, en FierceSelf-Compassion.org. y, en español, en <https://www.mindfulnessyautocompasion.com/autocompasion-fiera/audios>.

INSTRUCCIONES

Piensa en una situación de tu vida en la que sientes la necesidad de autoprotegerte, establecer límites o hacer frente a alguien. Podría ser que un compañero de trabajo se esté aprovechando de ti, o que tu vecino ponga la música a tope hasta muy tarde, o que un pariente intente imponerte sus ideas políticas. De nuevo, elige una situación en la que te sientas muy poco o moderadamente amenazada, pero no en auténtico peligro, para realizar la práctica sin agobiarte. Rememora la situación. Intenta no centrarte demasiado en la persona o en el grupo de personas que provocaron la situación, sino en el propio daño. ¿Qué ocurre? ¿Qué está pasando? ¿Cuál es el acto que implica traspasar el límite, la amenaza o la injusticia? Permítete sentir las emociones que surjan. ¿Miedo, ira, frustración? Comprueba si puedes dejar a un lado el relato de lo ocurrido y establecer contacto con el malestar como sensación física. Permite, simplemente, que esas sensaciones corporales estén ahí.

A continuación, siéntate o permanece de pie. Echa los hombros hacia atrás para adoptar una postura de fuerza y determinación. Vas a decir una serie de frases (en voz alta o para tus adentros) pensadas para reunir los tres componentes de la autocompasión de un modo protector activo. Aunque voy a sugerirte las frases, el objetivo es que encuentres tu propio lenguaje.

- La primera frase pretende ayudarte a ser plenamente consciente de lo que está ocurriendo. Mientras te centras en el daño, y no en la persona o las personas que lo provocaron, di poco a poco y con convicción: «Veo claramente la verdad de lo que está ocurriendo». Eso es atención plena: vemos las cosas tal como son. Otras opciones: «Eso no está bien», «No deberían tratarme así» o «Esto es injusto». Busca las palabras que mejor se adapten a ti.

- La finalidad de la segunda frase es ayudarte a recordar la humanidad compartida, sobre todo el poder de conexión, para tomar fuerza de los demás sin dejar de autoprotegerte. Prueba a decir: «No estoy sola, otras personas también han vivido esto». O prueba otras opciones: «Cuando me defiendo, defiendo a todo el mundo», «Todos los seres humanos merecemos un trato justo» o, simplemente, «Yo también».

- Colócate un puño sobre el corazón en un gesto de fuerza y valentía. Comprométete a ser amable contigo misma manteniéndote segura. Para la tercera frase, prueba a decir con actitud segura: «Voy a protegerme». Otras opciones son: «No voy a ceder» o «Soy lo suficientemente fuerte para enfrentarme a esto».

- Si te cuesta encontrar las palabras adecuadas, imagina que alguien que te importa de verdad se ve maltratado o amenazado de la misma manera que tú. ¿Qué le dirías a esa persona para ayudarla a ser fuerte, para mantenerse erguida, para ser valiente? ¿Puedes dirigirte ese mensaje a ti misma?

- Por último, cubre tu puño con la otra mano y mantén la postura con ternura. La invitación consiste en combinar la energía fiera de la claridad valiente y empoderada con la energía tierna de la presencia amorosa y conectada. Concédete todo el permiso de sentir la fuerza de tu rabia, tu determinación, tu verdad, pero permite también que esa fuerza sea bondadosa. Recuerda que estamos intentando dirigir la compasión fiera hacia el daño o la injusticia, no hacia las personas que lo provocaron. Esas personas son seres humanos y tú eres un ser humano: ¿eres capaz de recurrir a tu fiereza para comprometerte y pasar a la acción, al tiempo que mantienes vivo el amor?

Es posible que te sientas muy activada después de esta práctica. Haz lo que creas conveniente para cuidarte. Puedes probar a respirar profundamente o realizar unos estiramientos, y siempre puedes realizar el ejercicio «Las plantas de los pies» (pág. 43).

ESTABLECER LÍMITES

La energía protectora fiera nos empodera para establecer límites claros y decir «no». A las mujeres se nos educa para ser generosas y complacientes, y muchas de nosotras creemos que eso es lo que nos da valor, que caeremos mal si decimos «no».[12] Se espera de nosotras que sonriamos, que seamos agradables y que digamos «sí». Esa educación empieza muy pronto. Nuestros padres nos daban amor y afecto cuando respondíamos a sus deseos, igual que nuestros profesores, nuestros jefes y nuestros compañeros. Cuando llegamos a la edad adulta, puede resultar complicado separar nuestro sentido de valía como mujeres de la percepción de que hemos de ser agradables. Nuestro autoconcepto se forma en torno a esas cualidades cuidadoras y complacientes. Sin embargo, esa educación puede impedir que nos defendamos. Es cierto que podemos caer mal a determinados individuos por no darles lo que quieren, pero cuando tenemos autocompasión no dependemos de las opiniones positivas de los demás. Eso nos permite elegir la integridad antes que agradar a los demás; nos brindamos apoyo y cariño cuando existen consecuencias negativas por hacerlo.

En ocasiones nos cuesta establecer límites porque no queremos ser groseras o maleducadas. Aunque la cortesía y el respeto mutuo son necesarios para mantener las relaciones, no queremos ser tapetes. Queremos ser puertas que se pueden abrir o cerrar en función de lo que queremos y necesitamos en cada momento. En *The Assertiveness Guide for Women*, Julie de Azevedo Hanks proporciona algunas alternativas útiles para decir «no» sin ser grosera. Estas son algunas de las respuestas que sugiere: «Eso no me va a ir bien», «Aprecio de verdad que me preguntes, pero no puedo hacerlo», «No puedo comprometerme con eso ahora mismo» o «De momento voy a responder que no. Si cambio de opinión, te lo haré saber».[13] Cuando decimos «no» de manera clara e inequívoca, sin evasivas del tipo «mmm, eh, a ver...», adoptamos una postura que hace que nuestra voz sea escuchada. Otra opción consiste en decir: «De verdad me gustaría ayudar, pero tengo que cuidarme y decir que no». Cuando la respuesta se enmarca en una situación de autocuidado, da forma y refuerza el mensaje de que todos somos responsables de nuestro propio bienestar y que, en ocasiones, la amabilidad hacia una misma consiste en decir «no». Además, así damos permiso a los demás para que hagan lo mismo.

La autocompasión nos ayuda a trazar líneas claras entre la conducta con la que estamos de acuerdo y la que no es bien recibida. Si un colega cuenta un chiste ofensivo, una amiga no es completamente sincera o nuestra suegra se mete donde no la llaman, tenemos que poder informar a estas personas de que su conducta no nos parece aceptable. Si estamos demasiado centradas en agradar y no molestar, podríamos caer en la trampa del consentimiento o de restar importancia a las cosas. Tenemos que asegurarnos de que nuestro silencio no se interprete como validación; de lo contrario, fomentaremos las malas conductas de manera tácita. La autocompasión fiera al servicio de la protección nos da la fuerza y la determinación necesarias para decir «no» a lo que no nos gusta o sabemos que está mal. Es la fuerza que nos impulsa a mantenernos fieles a nosotras mismas.

AUTOPROTEGERNOS FRENTE AL DAÑO

En ocasiones no basta con establecer límites y tenemos que autoprotegernos de manera activa de alguien que abusa de nosotras emocionalmente o físicamente. Aunque en este libro no puedo tratar con detalle cómo enfrentarse a esas situaciones (las mujeres en peligro inminente de violencia deben llamar al 911, el número de emergencias, o en todos los estados del país y consultar https://www.gob.mx/inmujeres/), sí resumiré brevemente los principios básicos sobre la ayuda que puede brindarnos la claridad valiente y empoderada para mantenernos a salvo. En primer lugar, podemos reconocer la verdad de lo que está ocurriendo. Cuando la persona que nos hace daño es un ser querido, este primer paso puede resultar extremadamente difícil. Sin embargo, minimizar la situación solo servirá para empeorar las cosas. Para autoprotegernos debemos tener perfectamente claro qué está ocurriendo. No está bien. Está mal. Tiene que acabar ahora.

También podemos conectar con otras personas para compartir nuestra experiencia. Puede ser a través de internet o con un grupo de apoyo, o reconociendo nuestra humanidad compartida. No estamos solas: por desgracia, muchas otras personas sufren lo que nosotras hemos sufrido. No tenemos que culparnos o tomarnos las cosas de manera personal. Nuestra situación se debe a factores complejos, muchos de los cuales están fuera de nuestro control. Podemos tomar fuerzas de nuestras hermanas que han soportado lo mismo que nosotras, sabiendo que al autoprotegernos estamos defendiendo a todas las mujeres.

Con el fin de hallar el coraje necesario para intentar acabar con el daño podemos apelar a nuestra Mamá Osa interior y canalizar nuestra fiereza para llevar a cabo acciones de protección (consulta las prácticas «Trabajar con el enfado», pág. 96; «La pausa de la autocompasión que nos protege», pág. 161 o «Meditación de la amiga fiera», pág. 169). Esto podría implicar el enfrentamiento con la persona que nos hace daño, poner fin a una relación o, si la conducta es un delito, acudir a las autoridades. El paso crucial consiste en realizar el compromiso de autoprotegernos. No obstante, el momento en el que dejamos una relación abusiva suele ser el más peligroso[14] y, por tanto, también tenemos que ser listas y planificar bien las cosas. Cuando nuestra sabiduría interior deje de estar bloqueada por el miedo o la incertidumbre, podremos decidir la dirección que vamos a tomar.

Por último, cuando ya estemos a salvo, podremos aportar autocompasión tierna para el trabajo de sanación (a ser posible, con la ayuda de un profesional de la salud mental; el ejercicio «Escribir una carta con compasión» [pág. 119], también podría resultar beneficioso). Cuando el yin y el yang estén integrados, no bajaremos la guardia ante las personas que representen un peligro, aunque abramos la puerta de nuestro corazón hacia nosotras mismas.

SOBREVIVIR AL TRAUMA

Por suerte, la autocompasión proporciona la resiliencia necesaria para sobrevivir al daño físico o emocional. Como ocurre con el maltrato sexual, las investigaciones demuestran que la formación en autocompasión ayuda a las mujeres a recuperarse de la violencia interpersonal. Un estudio dirigido por Ashley Batts Allen siguió el progreso de mujeres alojadas en un refugio para víctimas de violencia doméstica que participaron en un grupo de apoyo de autocompasión de seis semanas.[15] Las facilitadoras enseñaron a las participantes a implementar la autocompasión en su día a día a través del debate, el intercambio interpersonal, la exploración de cómo debería ser la autocompasión en situaciones emocionalmente difíciles, la escritura de un diario y otros ejercicios. Tras la formación, las mujeres se sentían más empoderadas (en particular, más cómodas plantando cara a los demás), más positivas y confiadas, y más seguras en lo emocional y en lo físico.

La autocompasión proporciona una gran fortaleza a las personas que han experimentado un trauma, ya sea por violencia interpersonal o por agresión sexual, discriminación, desastres naturales, un accidente grave o una guerra.[16] Las consecuencias del trauma pueden prolongarse mucho después de que el propio hecho traumático haya terminado. Un resultado habitual es el TEPT. Se trata de un impacto psicológico grave[17] que va acompañado de alteraciones del sueño y de la evocación vívida constante de la experiencia traumática, con pérdida de interés por los demás y por el mundo exterior. Cuando las personas son compasivas consigo mismas después de experimentar un trauma, tienen menos probabilidades de sufrir TEPT, lo que les permite mantener su estabilidad.[18]

Los estudios con veteranos de guerra ilustran este punto a la perfección. Yo misma participé en una investigación que demostró que los veteranos que regresaron de Irak o Afganistán con niveles más altos de autocompasión presentaban menos síntomas de TEPT, se desenvolvían mejor en el día a día[19] y tenían menos probabilidades de abusar del alcohol y de considerar la posibilidad del suicidio.[20] Esto se debe en parte a que la autocompasión atenúa sus sentimientos de vergüenza y desconexión de los demás. Un estudio del Departamento de Asuntos de los Veteranos[21] descubrió que el nivel de compasión mostrado por los soldados hacia sí mismos después de regresar de su destino (los que se trataban con cariño y apoyo en lugar de autocriticarse con dureza) era un indicador más fidedigno de la posibilidad de acabar desarrollando TEPT que su nivel de exposición en combate. Dicho de otro modo, más importante que la cantidad de acción en la que participaron los soldados fue la compasión en su relación consigo mismos después del combate. ¿Se trataban como un aliado interior que dedica apoyo y ánimo? ¿O como un enemigo interior que critica sin piedad? Sin duda, ir a la batalla (y regresar a casa) siendo tu propio aliado te hace más fuerte.

La autocompasión también ayuda a afrontar el trauma de los prejuicios y la discriminación. Un estudio reciente con trescientas setenta mujeres cisgénero[22] analizó el impacto traumático de microagresiones sexistas, como el hecho de escuchar a los hombres refiriéndose a las mujeres como partes del cuerpo (pedazo de culo, etcétera), bromeando sobre la violación, o realizando comentarios carentes de sensibilidad. El estudio concluyó que las mujeres autocompasivas eran más resilientes ante esas conductas sexistas y experimentaban menos consecuencias emocionales negativas.

La autocompasión constituye un potente recurso para los jóvenes LGTBQ+, estigmatizados por ser diferentes. Determinados grupos religiosos les dicen abiertamente que son inmorales y están equivocados, y el hecho de dejarlos fuera de los retratos de la vida adolescente en los medios de comunicación les transmite el mensaje implícito de que no son normales. Son víctimas de abuso físico y verbal en una proporción muy superior a los adolescentes heterosexuales o cisgénero. Ese acoso constante provoca que entre los jóvenes LGTBQ+ se disparen los casos de ansiedad, depresión y pensamientos suicidas.

Abra Vigna y sus colegas de la Universidad de Wisconsin analizaron si la autocompasión ayudaba a los adolescentes LGTBQ+ de un instituto del Medio Oeste a perseverar frente al acoso.[23] La conclusión a la que llegaron fue que los adolescentes más autocompasivos afrontaban mejor el acoso y las amenazas, y tenían menos probabilidades de sufrir ansiedad o depresión ligadas a esos episodios.[24] En un segundo estudio, los investigadores hallaron que la autocompasión reducía la ansiedad, la depresión y los pensamientos suicidas entre los jóvenes

LGTBQ+ de color que sufrían acoso por su raza además de su orientación sexual.[25] Los resultados sirvieron para subrayar la fuerza de la autocompasión como fuente de autoprotección.

De hecho, se ha descubierto que la autocompasión produce «crecimiento postraumático»,[26] que implica un aprendizaje y un desarrollo personal a partir de experiencias traumáticas. Las personas más autocompasivas poseen una mayor capacidad de ver los elementos positivos aprendidos de crisis pasadas, incluidos el sentimiento de cercanía con los demás, un mayor aprecio del valor de su propia vida y la confianza en sus capacidades personales. En lugar de restarnos, la autocompasión transforma los contratiempos en oportunidades de aprendizaje. Cuando recurrimos al poder de la claridad valiente y empoderada, somos capaces de tomar el control de nuestras vidas y abordar los retos con más valor y determinación. Cuando superamos situaciones que parecían insoportables en su momento (y lo hacemos no con un estoicismo frío, sino con cariño y compasión), descubrimos fortalezas que no sabíamos que teníamos.

SOBREVIVIR A NUESTRA INFANCIA

La autocompasión fiera también nos aporta la fortaleza necesaria para sobrevivir a los traumas de la primera infancia y funcionar como adultos sanos. Cuando somos víctimas de abusos por parte de padres o cuidadores, las heridas son especialmente profundas. De adultas nos podría resultar más complicado practicar la autocompasión, porque los sentimientos de amor y cuidado se funden con los de miedo y dolor en etapas tempranas. Con la ayuda de un profesional de la salud mental podemos aprender a ser compasivas con nuestro trauma, lo que nos permitirá afrontar mejor la magnitud de nuestro dolor. En muchos aspectos, lo que ocurre es que volvemos a hacer de padres con nosotras mismas, y nos damos el amor incondicional, los cuidados y la seguridad que no recibimos de pequeñas. Aunque se requiere tiempo, la práctica consistente de la autocompasión puede ayudarnos a desarrollar vínculos seguros en la edad adulta.[27] Podemos aprender a confiar en nuestro propio cariño y nuestro apoyo como fuente de seguridad, lo que nos proporcionará la plataforma estable necesaria para afrontar los desafíos de la vida. Un estudio con mujeres abusadas sexualmente o físicamente en su infancia demostró que las participantes que habían aprendido a ser más autocompasivas con su experiencia como adultas eran más resilientes, lo que les permitía recuperarse de los contratiempos con mayor facilidad, permanecer centradas bajo presión y evitar la falta de motivación.[28]

La terapia centrada en la compasión (CFT, por sus siglas en inglés)[29] tiene como objetivo ayudar a personas con un historial de trauma infantil a utilizar la autocompasión para afrontar las tensiones y la vergüenza intensa que sufren en muchos casos. Paul Gilbert, creador de la CFT, reconoce la importancia de ambos tipos de autocompasión, la fiera y la tierna, para la recuperación. «La compasión implica desarrollar el valor de abrirnos a nuestra ira y nuestra rabia, no es una especie de "calmante". De hecho, […] calmar es útil como refugio seguro, pero también como preparación para enfrentarnos a lo que venga». La CFT enseña a encontrar la seguridad en la capacidad de consolarnos a nosotras mismas cuando experimentamos emociones dolorosas o recuerdos traumáticos, pero también en el descubrimiento de la valentía necesaria para hacernos valer. Las investigaciones demuestran que este enfoque ayuda a las personas a ser más asertivas y menos sumisas ante quienes tratan de hacerles daño.[30] Como afirmó una mujer británica después de participar en un grupo de CFT: «Me ha hecho sentir como si me hubiera puesto una especie de armadura compasiva y pudiera afrontar mejor cada día, es como si llevara puesta una armadura de seguridad y puedo ser compasiva con todos los aspectos de mi vida […]. Me siento más fuerte y más empoderada».[31] Numerosos estudios demuestran que este enfoque resulta muy eficaz para dar a las personas los recursos que necesitan con el fin de sanar el pasado y avanzar sin miedo hacia el futuro.[32]

Meditación de la amiga fiera

Esta práctica es una adaptación de una meditación llamada «el amigo compasivo», una visualización guiada desarrollada originalmente en el marco de la CFT, pero que también se utiliza en MSC. La he modificado para ayudarte a crear una imagen de una amiga fiera que representa la fuerza de la bondad y a la que puedes recurrir cada vez que necesites autoprotegerte (encontrarás una versión guiada, en inglés, en Fierce Self-Compassion.org y, en español, en <https://www.mindfulnessyauto compasion.com/autocompasion-fiera/audios>).

INSTRUCCIONES

- Busca una postura cómoda, sentada o tumbada. Cierra los ojos y respira profundamente varias veces para tomar conciencia de tu cuerpo.

Lugar seguro

- Imagina que te encuentras en un lugar seguro y cómodo. Podría ser una habitación acogedora con una chimenea encendida, una playa tranquila con el calor del sol y una brisa suave, o un claro en un bosque. También podría ser un lugar imaginario: por ejemplo, flotando sobre las nubes. Todo vale, siempre que te transmita calma y seguridad. Disfruta de la sensación sin prisas.

Una visita

- Pronto recibirás una visita, una presencia fuerte y poderosa, pero también tierna y amorosa (una amiga fiera) que representa la fuerza de la bondad.
- ¿Qué imagen te sugiere? Esa amiga podría recordarte a alguien del pasado (por ejemplo, a una profesora o a una abuela valiente y protectora). También puede ser una figura imaginaria, como una diosa guerrera, o un animal, como un jaguar. No es necesario que este ser tenga una forma determinada; podría ser una presencia o una luz brillante.
- Deja que se forme la imagen en tu mente.

Llegada

- Tienes la opción de salir de tu lugar seguro y reunirte con tu amiga fiera o invitarla a entrar. Si quieres, aprovecha esa oportunidad en este momento.
- Imagínate con tu visita en la postura que te resulte más cómoda. A continuación, permítete experimentar cómo es estar en compañía de ese ser: su valentía y su determinación, lo querida y protegida que te sientes. Lo único que necesitas es experimentar el momento.
- Esta amiga es sabia, ve con claridad y entiende qué está ocurriendo en tu vida ahora mismo. Detecta las áreas en las que necesitas ser firme, defenderte o establecer límites. Es posible que tu amiga quiera decirte algo, justamente lo que necesitas oír en este momento para que puedas autoprotegerte. Por favor, tómate un momento y escucha con atención lo que este ser sabio tenga que decirte.
- Es posible que tu amiga también quiera hacerte un regalo, un objeto que simbolice la fuerza de la bondad. Tal vez se materialice en tu mano.
- Si no recibes palabras ni un regalo, no pasa nada: continúa experimentando la fuerza, el amor y la protección. Todos estos elementos representan una bendición en sí mismos.
- Tómate un momento para asimilar la presencia de este ser.
- Permítete percibir que esta amiga fiera es en realidad una parte de ti misma. Todos los sentimientos, las imágenes y las palabras que estás experimentando surgen de su propio corazón fiero y tierno.

Regreso

- Por último, cuando estés lista, deja que la imagen se vaya diluyendo en tu mente sin olvidar que esa fuerza de la bondad está siempre en tu interior, sobre todo cuando más la necesitas. Puedes llamar a tu amiga fiera siempre que quieras.

HACER FRENTE A LOS ACOSADORES INTERIORES

La autoprotección compasiva no solo resulta esencial para evitar daños externos, sino también internos. Muchas personas traumatizadas en su infancia interiorizan los duros mensajes críticos de sus cuidadores abusivos para sentirse seguras. Los niños necesitan confiar en lo que les dicen los adultos con los que conviven y se relacionan. Mientras un padre riñe a una niña por lo que considera que ha hecho mal, ella no puede decirle: «¡Lo siento, papá, pero estás equivocado!». No solo provocaría que el adulto se enfadara más, sino que además resultaría aterrador pensar que no sabe lo que dice cuando ella depende completamente de él para disponer de un techo, guía y protección. Sin embargo, de adultos sí podemos hacer frente a ese acosador interior. La autocrítica ya no nos mantiene a salvo; nos hace daño porque se interpone en nuestra capacidad de brindarnos el apoyo que necesitamos. La autocompasión ofrece la claridad valiente y empoderada necesaria para hacer frente a nuestra crítica interior y pedirle que nos deje tranquilas.

Resulta importante entender que las personas con traumas infantiles no son las únicas que cuentan con un crítico interior cruel, y que no siempre es una voz del pasado. Como ya hemos visto, atacarnos a nosotras mismas parece una reacción natural frente a las amenazas. Hay quien podría pensar que mi hijo, Rowan, nunca ejerce la autocrítica feroz. Ojalá fuera así. Aunque llevo toda su vida hablándole de autocompasión, puede ser extremadamente duro consigo mismo. Las personas autistas, como todos los seres humanos, se asustan cuando reconocen sus imperfecciones porque les recuerdan que no tienen el control absoluto. Rowan se siente profundamente decepcionado cada vez que comete un error (como perder el cargador del móvil u olvidarse de un trabajo escolar importante). En más de una ocasión le he oído insultarse a sí mismo en voz alta: «¡Qué pedazo de imbécil!», se dice. No tengo palabras para explicar cuánto me duele oírle decir esas crueles palabras y, sin duda, nadie le ha dicho nada parecido en la vida real. Sin embargo, le gustan los dibujos animados, y los matones de los dibujos utilizan ese tipo de lenguaje. El acoso es una manera de intentar tener el control, y una parte de Rowan siente que podrá controlarse y evitar errores en el futuro si es duro consigo mismo.

Además, Rowan teme que se enfaden con él y le griten por equivocarse, así que se adelanta. Aunque nunca nadie le ha gritado por cometer un error, anticipa esa posibilidad y le asusta. La autocrítica no es solo una conducta aprendida: se trata también de una conducta humana que surge del miedo y del deseo de mantenerse a salvo. No obstante, no tenemos que ser una víctima de nuestra primera infancia, de la cultura o de la programación biológica. Existe otra opción.

Podemos hacer frente con valentía a nuestro acosador interior. Saber que somos muchos los que escuchamos esa vocecita que nos dice lo malos o lo desagradables que somos nos da fuerzas. No estamos solas. Cuando nos enfrentamos a la voz abusiva de ese crítico interior también nos alzamos en defensa de millones de personas de todo el mundo que sienten cada día el bochorno de su tirano interior. A esa parte de nosotras mismas podemos decirle de manera clara y firme: «No está bien que me hables así», igual que le digo a Rowan: «No está bien que hables así a mi querido hijo». Sin culpar ni avergonzar a nuestro crítico interior, podemos rechazar sus tácticas intimidantes y trazar una línea. El ejercicio «Motivándose al cambio con Autocompasión» (pág. 220) explica cómo podemos relacionarnos con nuestro crítico interior de manera muy eficaz para apagar su voz.

SANAR DEL MALTRATO

La autocompasión tierna también ejerce un importante papel en la autoprotección. Después de hacer todo lo posible para defendernos, tenemos que mirar hacia dentro para curar nuestras heridas con compasión, equilibrando el yin y el yang. Cuando alguien nos maltrata (ya sea nuestra hija adolescente que nos insulta, un jefe que nos paga un sueldo injusto, una pareja que nos engaña o un padre que abusó de nosotras), duele mucho. La autocompasión tierna nos proporciona el respeto, la consideración y la seguridad que no recibimos de los demás. Es importante no saltarse el paso de calmarnos y consolarnos a nosotras mismas cuando somos víctimas de algún tipo de maltrato. En ocasiones, cuando nos enfadamos con alguien o tomamos medidas (castigar a un niño, interponer demandas, poner fin a una relación), no afrontamos los sentimientos subyacentes de dolor o tristeza. Aunque la acción fiera es totalmente necesaria, no queremos utilizarla para escudarnos en nuestro dolor. Puede resultar más sencillo centrar nuestro enfado en la persona que ha provocado el daño en lugar de afrontar los sentimientos más vulnerables, como la pena o el rechazo, que subyacen a esa ira.

Y si seguimos profundizando, en muchos casos encontraremos necesidades no satisfechas: de justicia, amor, conexión, respeto o seguridad. Para satisfacerlas no podemos depender de aquellos que nos han hecho daño, y desear que cambien resulta poco realista. No obstante, con la autocompasión tierna podemos aportarnos sanación y satisfacer muchas de las necesidades que otros no han tenido en cuenta. Cuando nos hacen daño, necesitamos protección y sanación. Una sin la otra está incompleta.

Responder al daño

Esta práctica es una adaptación de un ejercicio de MSC llamado «Satisfacer las necesidades no satisfechas», y puede ayudarte a integrar la autocompasión fiera y la tierna si has recibido algún tipo de maltrato. Las emociones protectoras como el enfado o la indignación son «duras» porque actúan como un escudo y nos protegen de emociones más tiernas y vulnerables como el dolor o la tristeza. Tenemos que honrar y hacernos cargo de los sentimientos duros y tiernos después de recibir el daño, pero requieren energías distintas. Lo ideal es realizar esta práctica una vez pasado el peligro o el daño, y cuando estés lista para sanar. Si el maltrato continúa, tal vez prefieras concentrar toda tu energía en acabar con la conducta antes de dedicarte el poder sanador de la autocompasión tierna. Los ejercicios «La pausa de la autocompasión que nos protege» (pág. 161) o «Trabajar con el enfado» (pág. 96) podrían resultar más adecuados en este caso. Si empiezas a sentirte superada en cualquier momento del ejercicio, recuerda que siempre puedes dejarlo y practicar la autocompasión de otra manera.

INSTRUCCIONES

Piensa en una situación pasada en la que hayas recibido algún tipo de maltrato. Por favor, elige una situación poco o medianamente perturbadora, pero no traumatizante. Te resultará difícil aprender la práctica si te ves superada. Intenta recordar los detalles de la situación con la mayor claridad posible.

Sentir tu fiereza

- Trata de identificar las emociones duras generadas por la situación que te resulten protectoras, como el enfado o el rencor.
- A continuación, concéntrate en tu cuerpo. ¿Cómo se manifiestan esos sentimientos? ¿Es como un ardor en el estómago, un martilleo en la cabeza? Intenta establecer contacto con la sensación física de las emociones.
- Reconoce que esas emociones provienen de la autocompasión y que tratan de mantenerte a salvo.
- Reconoce claramente que no está bien que te traten de esa manera. Intenta dedicarte algunas palabras sencillas reconociendo que el daño está hecho (por ejemplo, «estuvo mal» o «no recibí un trato justo»).
- A continuación, apela a la humanidad compartida y recuerda que muchas personas han vivido situaciones similares. Dedícate algunas palabras que reconozcan tu conexión con los demás, como «no estoy sola» o «mucha gente se ha sentido así».
- Deja que tus emociones fluyan libremente por tu cuerpo como energía, sin intentar controlarlas o reprimirlas. Mientras tanto, siente también las plantas de los pies en el suelo; te ayudará a arraigarte y estabilizarte.
- Valida por completo la experiencia de esas emociones protectoras. Intenta no centrarte demasiado en quién dijo o quién hizo qué a quién y concentra tu atención en los sentimientos duros. Si quieres,

también puedes dedicarte algunas palabras como «necesito la protección de mi ira» o «me preocupo por mí, por eso me siento tan frustrada».

- No es necesario que continúes si lo que más necesitas en este momento es validar tus emociones. Es posible que en el pasado hayas reprimido tu enfado, por ejemplo, y que ahora necesites sentirlo sin filtros. Si es el caso, permite que las emociones fluyan por tu cuerpo mientras te mantienes conectada a la tierra a través de las plantas de los pies, sin juzgar.
- Prueba a dedicarte un gesto de apoyo: por ejemplo, colocar un puño sobre el corazón (una señal de fuerza) y cubrirlo con la otra mano (señal de amabilidad).

Encontrar sentimientos blandos

- Si estás lista para la sanación, tienes que ver qué hay debajo de los sentimientos protectores. ¿Hay emociones blandas o vulnerables, como dolor, miedo, rechazo, tristeza, vergüenza...?
- Si eres capaz de identificar un sentimiento suave, prueba a nombrarlo con un tono de voz delicado y comprensivo, como si estuvieras apoyando a una buena amiga: «Vaya, eso es dolor» o «Esto es tristeza».
- Permítete estar presente con esos sentimientos y acompañarlos con cariño y aceptación.

Descubrir necesidades no satisfechas

- Si te sientes preparada para avanzar, comprueba si puedes revelar la historia de lo que ha provocado el dolor, aunque solo sea un momento. Intenta dejar de lado por un instante los pensamientos sobre la transgresión y pregúntate: «¿Qué necesidad emocional básica tengo o tenía en aquel momento que no se ha satisfecho? ¿La necesidad de ser vista o escuchada, de sentirme segura, conectada, valorada, especial, respetada o amada, por ejemplo?».
- De nuevo, si puedes identificar una necesidad no satisfecha, trata de nombrarla con un tono de voz delicado y comprensivo.

- Siente el cariño y el apoyo de tus manos en tu cuerpo.
- Aunque desearas recibir un trato amable o justo, aquella persona fue incapaz de dártelo por diversas razones. No obstante, cuentas con otro recurso (tu propia compasión) y puedes empezar a satisfacer tus necesidades de manera más directa.
- Por ejemplo, si necesitabas ser vista, la parte compasiva de ti puede decirle a la parte herida «¡te veo!». Si necesitabas sentirte apoyada o conectada, tu parte compasiva puede decir: «Estoy aquí para lo que necesites» o «Tú encajas». Si necesitabas sentirte respetada, prueba a decirte: «Sé lo que valgo», y si necesitabas sentirte querida: «Te quiero» o «Me importas».
- En otras palabras, prueba a decirte en este momento lo que querías escuchar de la persona que te trató mal.
- Si te cuesta satisfacer tus necesidades no satisfechas, o si te sientes confusa, ¿puedes dedicarte compasión por esa dificultad?
- Por último, si puedes, comprométete a tratarte como te mereces y prométete que en el futuro intentarás protegerte del daño.
- Deja el ejercicio y descansa la experiencia, permitiendo que el momento sea exactamente tal como es, y tú, exactamente tal y como eres.

¿PROTECCIÓN U HOSTILIDAD?

Cuando nos autoprotegemos, y el yin y el yang están desequilibrados, la autocompasión puede adoptar una forma dañina. En lugar de centrarnos en evitar el daño, podemos caer en el ataque a la persona o el grupo que lo provocó. De ese modo, nuestra fiereza pasa a ser agresiva, y eso provoca un sufrimiento que, a su vez, perjudica la compasión.

¿Qué determina que la claridad valiente y empoderada sea una expresión de amor o de agresión? La diferencia radica en la intención que subyace en nuestros actos. ¿Tienen el fin de aliviar el sufrimiento, o son una represalia? ¿Proceden del corazón o del ego? Si la fiereza procede de un lugar que trata de proteger el sentido de valía personal, puede resultar emocionalmente violenta. Podemos pensar que nos estamos defendiendo cuando replicamos con un comentario cortante a la persona que acaba de plantarnos («sigue poniendo los ojos en blanco, a lo mejor acabas encontrando un cerebro») o cuando insultamos al político que aparece en la tele, pero lo cierto es que solo estamos llamando a la hostilidad. En cambio, cuando el amor está presente en nuestra respuesta y nuestra intención surge del deseo de ayudar, se convierte en una fuerza poderosa orientada al bien común. Podemos condenar la conducta dañina y emprender acciones para evitarla sin convertirla en algo personal.

La compasión tiene su raíz en la conexión, pero cuando lo olvidamos y convertimos a los que suponen una amenaza en los «otros», se crea una mentalidad destructiva de «nosotros contra ellos». Por desgracia, es lo que está ocurriendo con la increíble polarización política en países como Estados Unidos, lo que hace casi imposible que el Gobierno funcione. Para que nuestra fiereza sea compasiva, tenemos que reconocer que es necesario poner fin a la violencia física, social y emocional, pero sin olvidar que quienes la provocan siguen siendo humanos.

Por supuesto, el reconocimiento de la humanidad compartida tampoco debería ser empleado como una manera de negar las diferencias. Algunas personas utilizan el lema *«All lives matter»* («Todas las vidas importan») para rebatir al movimiento Black Lives Matter (Las Vidas Negras Importan). Sin embargo, así no se honra a la humanidad compartida: solo se ignora la historia de opresión racial, brutalidad policial y deshumanización que han sufrido las personas negras en particular. La autocompasión fiera reconoce las distinciones, incluidas las diferencias fundamentales en cuanto a la fuente y el grado de sufrimiento experimentado por individuos y grupos, pero también el poderoso hilo de la humanidad que nos mantiene conectados.

En ocasiones, la claridad valiente y empoderada puede caer en la arrogancia. Si perdemos la aceptación sin prejuicios de la autocompasión tierna, podemos acabar sintiéndonos demasiado seguras de nosotras mismas y de nuestra capacidad para conocer la verdad. Cuando nos obsesionamos con determinar lo correcto frente a lo incorrecto, puede volverse en contra de nuestra capacidad de ver con claridad. No obstante, si mantenemos una mentalidad abierta podemos identificar la conducta dañina y decir la verdad con mayor facilidad, incluso cuando reconocemos la posibilidad de estar equivocadas o de que otras personas podrían tener un punto de vista distinto.

Si la compasión fiera y la tierna están integradas cuando nos protegemos frente a un daño, la fuerza de la bondad que se produce tiene un poder inconmensurable. Como escribió Martin Luther King Jr., «el poder sin amor es imprudente y abusivo, y el amor sin poder es sentimental y anémico. El poder, en su mejor versión, es amor aplicando las exigencias de la justicia, y la justicia, en su mejor versión, es poder corrigiendo todo lo que se alza contra el amor».[33]

AUTOCOMPASIÓN Y JUSTICIA SOCIAL

Martin Luther King Jr. se inspiró en Mahatma Gandhi, uno de los agentes por el cambio social más eficaces del siglo xx. La compasión fiera y la tierna acompañaron la lucha de Gandhi por la justicia: defendió una forma de resistencia no violenta llamada *satyagraha* (literalmente, «verdad-fuerza» o «amor-fuerza» en hindi) para liberar la India del dominio británico.[34] Gandhi distinguió la *satyagraha* de la resistencia pasiva, que según él podía proceder del miedo.[35] La *satyagraha* era un arma de los fuertes y exigía un gran arrojo y valentía.

Aunque podría resultar más sencillo odiar y atacar a los que nos oprimen, hacer daño a los demás para acabar con el sufrimiento personal es contraproducente. Además, resulta contradictorio utilizar métodos injustos para obtener justicia o violencia para lograr la paz. Por eso es precioso dedicar la fuerza de la bondad a evitar el daño en lugar de atacar a la persona o el grupo que lo provoca. Como afirmó Gandhi: «"Odia el pecado y no al pecador" es un precepto que, aunque fácil de entender, rara vez se practica, y por eso el veneno del odio se propaga por el mundo [...]. Resulta muy lícito resistir y atacar el sistema, pero resistir y atacar a su autor equivale a resistir y atacarse a uno mismo, porque todos somos [...] hijos de uno y el mismo Creador».[36]

La frase «odia el pecado y no al pecador» ha sido adoptada por ciertos fundamentalistas[37] que creen que la cita procede de la Biblia (no es así) y la utilizan para justificar su discriminación contra la comunidad LGTBQ+. Esos fundamentalistas afirman que pueden odiar la homosexualidad sin odiar a los homosexuales. Sin embargo, su idea del pecado en este caso es una conducta que no se ajusta a las normas perfectamente definidas de género y sexualidad, y no una conducta que haga daño a alguien. La compasión rechaza el daño, no el inconformismo. El inconformismo con los patrones dominantes de conducta heterosexual de género no hace daño a nadie, sino todo lo contrario. Se trata de una expresión valiente de amor y autenticidad. Retorcer las ideas de Gandhi para justificar así la discriminación deshonra sus intenciones. Por eso es tan importante la claridad para la autocompasión fiera. Tenemos que ser capaces de distinguir el verdadero daño de las normas sociales diseñadas para mantener viva la opresión.

Cuando nos autoprotegemos desde un lugar de compasión, podemos ser firmes e inflexibles, pero en nuestros corazones hay amor, no odio. Ese sentimiento de autocompasión fiera acompañó la Marcha de las Mujeres que se celebró en Washington el 21 de enero de 2017, el día después de que Donald Trump ocupara el cargo de presidente. Personas de todo el mundo se indignaron ante las fanfarronadas de Trump sobre el abuso sexual en las infames cintas de *Access Hollywood*: «Sabes que me atraen las guapas automáticamente y empiezo a besarlas.[38] Es como un imán. Las beso sin más, ni siquiera espero. Y cuando eres una estrella, te dejan hacerlo. Puedes hacer lo que quieras. Agarrarlas por el coño. Lo que quieras». Sin embargo, el objetivo de las organizadoras no era despotricar contra Trump, sino apoyar el trato justo y los derechos de las mujeres mediante una protesta no violenta en la tradición de otros movimientos del pasado.[39] La marcha, además, pretendía apoyar a otros grupos discriminados por razón de raza, etnia, orientación sexual, identidad de género, estatus migratorio o religión. La Marcha de las Mujeres alcanzó el récord de ser la protesta de un solo día más numerosa de la historia de Estados Unidos con sus cinco millones de personas, aproximadamente, participando en ciudades de todo el país.[40] Al combinar el cuidado con la determinación fiera de hacer frente a la injusticia, el movimiento resultó increíblemente pacífico. No se tuvo noticia de ninguna detención en todo Estados Unidos.[41]

AUTOCOMPASIÓN FIERA Y ANTIRRACISMO

El sexismo y el racismo se entrelazan porque ambos son el resultado de la opresión. No son la misma cosa (las mujeres pueden ser racistas y las personas de color pueden ser sexistas), pero están entrelazados. Desarrollar la autocompasión no acaba con las estructuras arraigadas de desigualdad racial sin más, pero creo que tiene mucho que aportar. Del mismo modo que los prejuicios de género inconscientes nos llevan a colaborar con la opresión de género, los prejuicios de raza inconscientes nos llevan a colaborar con el racismo. Si las mujeres blancas esperamos despertar y luchar contra el racismo, necesitamos la autocompasión tierna para sostener el dolor de nuestra complicidad y ver las cosas tal como son, y la autocompasión fiera para acabar con él.

El movimiento feminista ha sido justamente criticado por no adoptar una postura suficientemente contundente contra el racismo, en el mejor de los casos, y por perpetuarlo, en el peor.[42] Las primeras sufragistas, como Elizabeth Cady Stanton, apoyaron plenamente la supremacía blanca.[43] Muchas feministas sureñas apoyaron las leyes Jim Crow (al fin y al cabo, los linchamientos tenían el supuesto fin de proteger a las mujeres blancas).[44] El cliché más reciente de las «Karen» (mujeres blancas que se creen superiores a los demás y abusan de sus privilegios) sigue siendo muy real, como demuestra la llamada de Amy Cooper al 911 afirmando: «Un hombre afroamericano me está amenazando»[45] en el neoyorquino Central Park solo porque un observador de aves negro se atrevió a pedirle que siguiera las normas y llevara el perro atado.

En general, el racismo se expresa de manera más sutil: por ejemplo, asumiendo que tu experiencia como mujer blanca es universal e ignorando las experiencias, claramente distintas, de las mujeres de color.

Muchas obras feministas se centran exclusivamente en mujeres blancas sin ni siquiera mencionar la raza.[46] El racismo explica cómo se ha pasado por alto ese detalle durante décadas. Dado que las mujeres blancas tienen más poder que las negras, se considera que sus narrativas son el estándar. El prototipo de persona es un hombre y el prototipo de mujer es una mujer blanca. Como propone la teoría de la invisibilidad interseccional,[47] eso significa que las mujeres de color casi nunca se tienen en cuenta en los estudios sobre la experiencia humana.

Tenemos que denunciar el desequilibrio de poder y la opresión allí donde se oculten para lograr un cambio sostenible en la sociedad, ya que nuestra lucha contra el patriarcado será inútil si no tiene en cuenta la raza. La opresión es opresión, y la compasión tiene su origen en el impulso de aliviar el sufrimiento provocado por *todas* las injusticias. La autocompasión será crucial cuando las mujeres blancas realicemos la difícil tarea de reconocer nuestros privilegios y nuestro papel en la perpetuación de un sistema racista. La autocompasión tierna nos ayudará a reconocer cómo nos hemos beneficiado del hecho de ser blancas sin desviar la mirada por la vergüenza. Y la autocompasión fiera nos permitirá asumir la responsabilidad y comprometernos a hacer las cosas de otra manera.

Como mujer blanca cisgénero y heterosexual, la autocompasión me ha ayudado a empezar a entender mi papel en un sistema racista. Me considero un ser moral y siento rechazo cuando me piden que analice mis privilegios. «¡Pero no soy racista!», grita mi ego. La vergüenza que nos invade ante la insinuación de que somos racistas interfiere en nuestra capacidad de reconocer que, en realidad, somos parte del problema. Esto ocurre cuando se cometen microagresiones, como la ocasión en la que me sentí insatisfecha con la habitación que me habían asignado en un hotel y pregunté a la mujer hispana que me atendió si podía hablar con el gerente (era ella la gerente). Si nos ponemos a la *egodefensiva* en ese tipo de situaciones, acabamos invalidando la experiencia de la persona a la que hemos ofendido y silenciamos su voz. Ser amable y comprensiva conmigo misma ha mejorado mi capacidad para ver que, como la mayoría de nosotros, no practico la opresión de manera consciente, pero el racismo influye inconscientemente en mis interacciones con los demás por el mero hecho de haber crecido en una sociedad racista. Yo no he creado el sistema injusto de supremacía blanca en el que vivo. El legado de la esclavitud y la segregación ya existía mucho antes de que yo naciera. La autocompasión contrarresta la vergüenza que siento cuando reconozco mi participación pasiva en este sistema y cómo me beneficio de él (doy por sentado que la policía me protegerá, nunca me miran mal cuando estoy en una cafetería, etcétera).

Cuando era pequeña, no teníamos mucho dinero. Mi madre era una secretaria con dos hijos a su cargo, sola y sin ayuda económica de mi padre ausente. A los once años nos mudamos a un departamento barato situado en los límites de un barrio rico con un estupendo distrito escolar para que mi hermano y yo recibiéramos una buena educación. Mis sobresalientes me permitieron asistir a la UCLA con una beca y, finalmente, acabar mi doctorado en la Universidad de Berkeley. En primaria y secundaria fui aceptada y encajé sin problemas. Si hubiera sido negra, uno de los pocos rostros negros en un mar de blancos, ¿mi madre se habría sentido cómoda poniéndome en aquella situación? ¿Habría tenido el mismo círculo de amigos? ¿Los profesores me habrían apoyado igual? Resulta difícil saberlo, pero no cabe duda de que no tuve que invertir ni un solo momento en pensar en el color de mi piel, un lujo que procedía del hecho de ser blanca.

Necesitamos la autocompasión tierna para ver con claridad el papel que desempeñamos en el racismo y sostener esa incómoda verdad con amor y aceptación. De ese modo podremos emprender los pasos valientes, difíciles y necesarios para hacer las cosas de otra manera. Muchos de los cambios deben producirse socialmente, y la complejidad de la reestructuración que se necesita resulta abrumadora. Sin embargo, cada uno de nosotros tiene un papel que desempeñar, ya sea votando, protestando, alzando la voz cada vez que escuchemos comentarios racistas, analizando si nuestras interacciones se distorsionan debido a los estereotipos raciales, o pidiendo disculpas sinceras si ofendemos a alguien sin querer. La verdad es que resulta difícil saber qué hacer exactamente para que se produzcan cambios, así que también tenemos que ser humildes, escuchar a los demás y aprender de ellos.

La conclusión es que el sexismo nos perjudica a todos. El racismo nos perjudica a todos. La discriminación contra cualquier grupo (con una identidad de género, una orientación sexual, una religión, unas capacidades, una forma corporal distintas) nos perjudica a todos. No somos individuos separados. Nuestra capacidad de aliviar nuestro propio sufrimiento está estrechamente relacionada con el compromiso de acabar con el sufrimiento de todos, porque la paz de nuestros vecinos, de nuestras sociedades y, en última instancia, del planeta depende de ello. Nuestro poder de cambiar el mundo es más fuerte de lo que pensamos, siempre y cuando recordemos la necesidad de integrar la autocompasión fiera y la tierna, las dos caras del amor.

Capítulo 7
SATISFACER NUESTRAS NECESIDADES

Soy mi propia musa, el tema que mejor conozco.
El tema que quiero conocer mejor.

FRIDA KAHLO, artista y activista[1]

La pregunta esencial de la autocompasión es: «¿Qué necesito?». Si vamos a cuidar de nosotras mismas, tenemos que hacernos cargo de nuestro propio bienestar. Para aliviar nuestro sufrimiento debemos tomarnos en serio nuestras necesidades y valorarnos lo suficiente para satisfacerlas. Cuando reconocemos que nuestras necesidades importan (uno de los principios básicos de la autocompasión), podemos mantenernos firmes si nos piden que sacrifiquemos lo que nos importa. No tenemos que colocar nuestras necesidades por debajo de las de los demás, que es lo que nos enseñan a hacer a las mujeres. Si solo nos sentimos valoradas y valiosas cuando ayudamos a los hijos, las parejas, los amigos, la familia, los compañeros de trabajo (básicamente, a cualquiera con excepción de nosotras mismas), estaremos sosteniendo un sistema que va en nuestra contra. Qué duda cabe de que está bien ser amables y generosas con los demás, pero la amabilidad debe ser equilibrada e incluirnos a nosotras. Si no es así, esa generosidad solo obra al servicio de un sistema patriarcal en el que las mujeres no se consideran valiosas por derecho propio, como participantes plenas e iguales. Nos reduce al papel de compañeras y nos impide realizarnos con total plenitud.

El dictado de que las mujeres deben dar más que recibir es una fuente de dificultades considerables. Las mujeres nos ocupamos de casi todas las tareas domésticas y del cuidado de niños y mayores, incluso en parejas en las que los dos trabajan a tiempo completo.[2] Esa carga extra provoca estrés y tensión. Las investigaciones demuestran que las mujeres tenemos más probabilidades que los hombres de sufrir estrés por sacrificar continuamente nuestras necesidades para satisfacer las exigencias de familias, amigos y parejas.[3] Una de las consecuencias de ese patrón es que las mujeres disponemos de menos tiempo libre. Un estudio de la Universidad de Maryland[4] registró al milímetro el tiempo que invertían hombres y mujeres en diversas actividades en el transcurso de un día normal. Las mujeres no solo disponían de menos tiempo para ellas mismas; además, disfrutaban menos del poco que les quedaba. Los investigadores lo atribuyeron al hecho de que las mujeres seguían preocupándose por la familia durante su tiempo libre. Así, el tiempo de ocio con el que contaban les resultaba menos renovador o satisfactorio. El tiempo libre nos permite evadirnos de algunos de los aspectos tediosos de la vida y nos ofrece oportunidades para el crecimiento personal y la reflexión. Nos ayuda a desarrollar el pensamiento creativo y a disfrutar de la vida. Sin él, la existencia pierde una buena parte de su significado y su valor.

Cuando nos incluimos a nosotras mismas en el círculo de la compasión, nuestras prioridades empiezan a cambiar. No colocamos nuestras necesidades ni en primer lugar ni al final: adoptamos un enfoque equilibrado. Decimos que sí a los demás cuando tenemos la energía para ello, pero no tenemos miedo a decir que no. Consideramos que nuestras necesidades tienen la misma importancia cuando se trata de decidir en qué invertimos nuestro tiempo, nuestro dinero y nuestra atención, y nos concedemos el permiso de cuidarnos. Decidimos qué valoramos en la vida y alineamos nuestras actividades con esas prioridades.

Cuando nuestro objetivo consiste en aliviar el sufrimiento satisfaciendo nuestras propias necesidades, los tres componentes de la autocompasión (bondad con nosotras mismas, humanidad compartida y atención plena) se manifiestan en forma de autenticidad completa y equilibrada.

PLENITUD

Si somos amables con nosotras mismas, haremos lo que sea necesario para ser felices. Nos preguntaremos qué contribuye a nuestro bienestar y daremos los pasos necesarios para que ocurra. Si apreciamos estar al aire libre, en la naturaleza, nos tomaremos el tiempo necesario para hacerlo. Si es la sensualidad lo que nos llena, bajaremos el ritmo y disfrutaremos de las caricias de nuestra pareja en lugar de ir al grano. Si es la expresión artística lo que nos da vida, alimentaremos la llama de la creatividad. Si la espiritualidad es nuestra verdadera vocación, no permitiremos que el ajetreo del día a día se interponga en el camino de la introspección. *Debemos* hacerlo si nos importa, porque sufrimos cuando no nos sentimos realizadas. Quedarse atrapada en una vida insatisfactoria pesa sobre nuestra felicidad como un bloque de hormigón.

La búsqueda de la plenitud está estrechamente relacionada con el descubrimiento del significado de la vida (entendernos a nosotras mismas, entender el mundo y saber qué lugar ocupamos en él). Los estudios demuestran que las personas autocompasivas encuentran más significado a la vida y están más de acuerdo con afirmaciones como «mi vida tiene un propósito claro».[5] Además, experimentan más «pasión armoniosa»:[6] participan en actividades con las que disfrutan de verdad y que les resultan satisfactorias.

A la mayoría de nosotros no nos han criado para que prestemos mucha atención a la plenitud emocional o psicológica, o al tipo de vida que realmente queremos vivir. Nos dirigieron para obtener unos logros establecidos (acabar el instituto, terminar una carrera si esa era la expectativa, conseguir un trabajo, tener pareja, tener hijos y criarlos, avanzar en nuestra carrera). En muchos casos, no es hasta la jubilación cuando nos paramos a pensar seriamente qué nos satisface.

Sin embargo, cuando realmente nos cuidamos a nosotras mismas, la pregunta «¿qué necesito?» pasa a formar parte del tejido de nuestras vidas. En lugar de posponer esa pregunta, negando algo que sabemos que es importante, pero que no tenemos tiempo de responder, orientamos nuestras vidas a sentirnos satisfechas mientras las vivimos, ahora, en el momento presente. El tipo de trabajo que hacemos y en qué invertimos nuestro tiempo libre se integra con lo que nos importa: el medioambiente, la música, el aprendizaje, la diversidad, la espiritualidad, la salud. Pasa a formar parte de nuestro enfoque de la vida cotidiana, en lugar de ser un objetivo que lograr en un futuro lejano.

Hallar la plenitud implica invertir tiempo para ganar competencia en las actividades con las que disfrutamos. Necesitamos sentir que las dominamos en cierto modo, lo que nos permite participar en nuestro mundo de manera eficaz e influir en él. Ya sea aprender a meditar, correr una maratón, organizar una conferencia nacional o crear actividades extraescolares interesantes para nuestros hijos, el desarrollo de nuestro potencial da significado y valor a nuestras vidas. El crecimiento personal requiere energía y esfuerzo (en algunos casos, también valentía). Puede resultar aterrador probar algo nuevo, sobre todo si nos sentimos cómodas con las cosas tal como están. También podemos tener miedo al fracaso. La belleza de la autocompasión radica en que la autoaceptación incondicional hace que nos sintamos seguras para dar ese salto valiente hacia delante. Cuando sabemos que no pasa nada por fracasar, podemos desafiarnos a nosotras mismas con nuevos retos que poseen el potencial de hacernos más felices. La amabilidad con nosotras mismas nos saca de la complacencia para que nos adentremos en el terreno desconocido del crecimiento y el descubrimiento.

EQUILIBRIO

Satisfacer nuestras necesidades como un acto de autocompasión no resulta ni egoísta ni injusto. El reconocimiento de la humanidad compartida que forma parte indispensable de la autocompasión requiere que no nos centremos solo en nosotras mismas o solo en los demás. Se trata de utilizar la sabiduría para ver el conjunto más amplio y averiguar qué es justo, equilibrado y sostenible. La conexión es una necesidad humana fundamental; por tanto, si realizamos acciones que dañan nuestras relaciones con los demás, nos perjudicamos a nosotras mismas. En la autocompasión resulta esencial el equilibrio saludable entre hacer lo que queremos y ayudar a los demás.

Hace tiempo que me interesa saber cómo equilibra la gente sus propias necesidades y las de los demás. Al principio de mi carrera como investigadora realicé un estudio con uno de mis alumnos de posgrado para analizar cómo resuelven los conflictos los estudiantes universitarios cuando sus necesidades personales chocan con las de alguien importante en su vida.[7] Por ejemplo, podría ocurrir que una alumna quisiera estudiar un año en el extranjero, pero eso significara dejar atrás a su novio. O tal vez le gustaría quedarse en el campus durante las vacaciones de Acción de Gracias para pasar tiempo con sus amigos, pero su madre querría que pasara esos días en casa. Nuestro objetivo consistía en determinar el impacto de la autocompasión en la capacidad de los jóvenes para equilibrar sus propias necesidades con las de sus amigos y sus seres queridos, y cómo influía en su bienestar emocional. En primer lugar, determinamos cómo resolvieron el conflicto. ¿Cedieron y subordinaron sus necesidades a las de otra persona? ¿Priorizaron sus propias necesidades a expensas de otros? ¿O fueron capaces de llegar a un acuerdo creativo que satisficiera las necesidades de todos? A continuación, pedimos a los participantes que nos explicaran lo angustiados que se sentían en el momento de decidir qué camino seguir respecto al conflicto y el grado de autenticidad que otorgaban a su decisión. Por último, analizamos su bienestar psicológico en sus relaciones específicas con sus madres, sus padres, sus mejores amigos o sus parejas. ¿Se sentían bien consigo mismos en la relación, o estaban desanimados e infelices?

Llegamos a la conclusión de que los jóvenes más autocompasivos tenían bastantes más probabilidades de llegar a acuerdos en los que se tuvieran en cuenta las necesidades de las dos partes. No renunciaban a lo que era importante para ellos, pero tampoco ponían sus necesidades por delante. Otra conclusión fue que los participantes más autocompasivos manifestaron menos agitación emocional a la hora de resolver los conflictos, y aseguraron sentirse más valorados y menos deprimidos en sus relaciones. De hecho, los datos indicaron que la tendencia de las personas autocompasivas a llegar a acuerdos en situaciones conflictivas ayuda a explicar *por qué* son más felices, lo que sugería que el equilibrio es fundamental para el bienestar. Un hallazgo importante fue que los individuos autocompasivos afirmaron sentirse más auténticos en la resolución de conflictos en las relaciones, lo que sugiere que uno de los beneficios principales de la autocompasión es el permiso que nos concede para ser plenamente auténticos.

AUTENTICIDAD

La atención plena (mindfulness) nos ayuda a ser auténticos porque esclarece nuestras creencias, nuestros valores y nuestras emociones. Nos permite mirar hacia el interior, facilitando así la introspección necesaria para la autenticidad. Cuando vivimos sin reflexionar, podemos perdernos en una búsqueda interminable de más dinero, más cosas, más elogios, pero nada de eso nos dará la verdadera felicidad. Muchas crisis de los cuarenta se desencadenan cuando uno se da cuenta de que estaba en el lugar equivocado, haciendo cosas equivocadas con las personas equivocadas (o, como dirían los Talking Heads: *And you may tell yourself, "this is not my beautiful house! This is not my beautiful wife!"*, «¡Y puedes decirte a ti mismo: "¡Esta no es mi bonita casa! ¡Esta no es mi preciosa mujer!"»). Si seguimos el programa ciegamente, podría ocurrir que un día nos despertemos y descubramos que nos sentimos frustrados y aburridos. Podríamos poner fin a nuestra relación, comprarnos un coche nuevo o recurrir a la cirugía estética en busca de la felicidad. Sin embargo, nada de eso ayudará hasta que miremos en nuestro interior y nos preguntemos: «¿Qué me conviene realmente?».

El mindfulness nos aporta la perspectiva necesaria para reflexionar sobre nuestros actos y evitar caer a la ligera en una vida vacía. Nos permite prestar atención no solo a lo que estamos haciendo, sino también al *motivo* por el que lo hacemos. De ese modo podemos actuar con integridad. Jia Wei Zhang, de la Universidad de California, Berkeley, dirigió una serie de estudios sobre la experiencia de la autenticidad cultivada por la autocompasión.[8] En uno de ellos, los participantes completaron una breve encuesta diaria durante una semana. Además, tenían que indicar qué nivel de autocompasión sentían cada día y en qué medida se sentían auténticos en sus interacciones con otras personas. Los investigadores hallaron que las variaciones diarias en los niveles de autocompasión estaban estrechamente relacionadas con las oscilaciones en el sentimiento de autenticidad.

Un segundo estudio concluyó que la autenticidad de la autocompasión nos permite reconocer nuestras debilidades. La autenticidad no es un proceso de manipulación para ver las fortalezas como verdaderas y las carencias como falsas: se trata de aceptar todo nuestro ser con lo bueno, lo malo y lo horrible. Los investigadores pidieron a los participantes que pensaran en debilidades personales que les hicieran sentir mal consigo mismos. A continuación, se distribuyeron al azar según una condición de autocompasión («imagina que estás hablando contigo mismo sobre esa debilidad desde un punto de vista compasivo y comprensivo»), una condición de autoestima («imagina que hablas contigo mismo sobre esa debilidad desde la perspectiva de validar tus cualidades positivas, en lugar de las negativas») o una condición neutra para la que no recibieron ninguna instrucción (lo que significa que, probablemente, se vapulearían a sí mismos por sus debilidades). Inmediatamente después, los participantes tuvieron que indicar en qué medida se sentían auténticos reconociendo su limitación. Los que recibieron la información relacionada con la autocompasión describieron sentimientos de autenticidad mucho más intensos en comparación con los participantes de los otros dos grupos. La autocompasión nos brinda la libertad de ser auténticas con nosotras mismas sin tener que satisfacer estándares irreales de perfección, algo que la autoestima no ofrece.

Cuando emprendemos acciones para satisfacer nuestras necesidades, hallamos un tipo de felicidad que esquiva a muchas mujeres, ya que desde que nacemos recibimos el mensaje de que la felicidad se encuentra principalmente en cuidar de los demás. Por eso es tan importante reflexionar seriamente sobre lo que necesitamos y valoramos en la vida, y comprometernos después a satisfacer esas necesidades.

La pausa de la autocompasión que nos provee

Esta versión de la pausa de la autocompasión cultiva autocompasión fiera para que podamos satisfacer nuestras necesidades con una autenticidad plena y equilibrada. Encontrarás una versión guiada de esta práctica, en inglés, en FierceSelf-Compassion.org. y, en español, en <https://www.mindfulnessyautocompasion.com/autocompasion-fiera/audios>.

INSTRUCCIONES

Piensa en una situación de tu vida en la que sientas que no se están satisfaciendo tus necesidades: por ejemplo, no te estás tomando suficiente tiempo para ti misma, o no te gusta nada tu trabajo, o inviertes tu tiempo libre en cosas que no te hacen feliz. Recrea la situación mentalmente. ¿Qué ocurre? Permítete sentir las emociones que surjan. Por ejemplo, ¿detectas sentimientos de agotamiento, aburrimiento, resentimiento o desesperación? Establece contacto con el malestar como una sensación física. A continuación, céntrate en la necesidad que no se está satisfaciendo: por ejemplo, la necesidad de descansar, de paz, de aprender, de diversión, de emoción, de lo que sea con lo que te identifiques. Prescinde de los detalles personales de tu situación y céntrate en la necesidad no satisfecha.

A continuación, siéntate de manera que tu cuerpo esté alerta. Vas a pronunciar una serie de frases (en voz alta o para tus adentros) pensadas para que los tres componentes de la autocompasión te ayuden a emprender las acciones pertinentes para satisfacer tus necesidades y proveerte de lo necesario. Aunque encontrarás las sugerencias a continuación, el objetivo consiste en que encuentres tu propio lenguaje natural, con frases que tengan sentido para ti.

- La primera frase convoca al mindfulness para que tomes conciencia de tus necesidades más profundas y las valides. Empieza diciendo con convicción: «Esto es lo que necesito para sentirme auténtica y completa». Otras opciones son: «Esto es muy importante para mí», «Mis necesidades importan» o «Mi verdadero ser necesita esto para ser feliz».
- La segunda frase está pensada para ayudarte a recordar la humanidad compartida. Así podrás equilibrar tus necesidades con las de

los demás. Reconocer las necesidades de todos nos ayuda a mantener el equilibrio. Prueba a decirte: «Honraré mis necesidades, así como las necesidades de los demás». Otras opciones son: «Todos los seres humanos tienen necesidades importantes», «Mis necesidades cuentan como las de los demás» o «La vida implica recibir, además de dar».

- A continuación, colócate las dos manos sobre el plexo solar y siente tu centro. Como un acto de amabilidad con nosotras mismas, podemos emprender pasos concretos para darnos lo que necesitamos. Prueba a decirte: «Me comprometo a satisfacer mis necesidades lo mejor que pueda», u otras posibles opciones, como «merezco ser feliz», «me aportaré alegría» o «haré lo que sea necesario para estar saludable, para estar bien».
- Si te cuesta encontrar las palabras adecuadas, imagina que una persona que te importa mucho se siente insatisfecha. ¿Qué le dirías para ayudarla a respetar sus propias necesidades, a dedicarse el tiempo y el esfuerzo necesarios para ser feliz? ¿Puedes enviarte ese mensaje a ti misma?
- Por último, coloca una mano sobre el corazón y deja la otra sobre el plexo solar. La invitación consiste en combinar la energía fiera de satisfacer las propias necesidades con la energía tierna de la presencia amorosa y conectada. ¿Puedes emprender acciones para sentirte más satisfecha, al tiempo que tomas conciencia de que ya eres una mujer completa tal como eres? El deseo de satisfacer tus necesidades no procede de un lugar de carencia, sino de un corazón abundante.

DESARROLLANDO NUESTRO POTENCIAL

El movimiento del potencial humano (Human Potential Movement, HPM) recalcó la importancia de satisfacer nuestras necesidades. Dicho movimiento prescindió del foco tradicional de la psicología en la patología y propuso que las personas poseemos la capacidad infrautilizada de llevar vidas extraordinarias llenas de creatividad, significado y felicidad. Abraham Maslow, el fundador del movimiento, lo describió como un proceso de autorrealización.[9] Cuando alimentamos nuestros talentos e inclinaciones naturales de manera que puedan desarrollarse sin trabas, estamos en disposición de desarrollar nuestro potencial. También podemos aceptarnos a nosotras mismas y aceptar nuestras imperfecciones humanas tras explorar de manera activa nuestros mundos interior y exterior para saber de qué somos capaces. Maslow afirmó que si no nos tomamos en serio nuestra necesidad de crecer, nos quedaremos estancados.

Los psicólogos Ed Deci y Rich Ryan, creadores de la teoría de la autodeterminación,[10] proponen que la competencia, los vínculos y la autonomía son necesidades humanas fundamentales, y que un desarrollo saludable se define en relación con lo bien que satisfacemos esas necesidades.[11] La competencia es la función de actuar de manera eficaz, satisfactoria y gratificante. Los vínculos significan que mantenemos relaciones recíprocas y equilibradas. La autonomía implica actuar en armonía con nuestros valores y deseos. Existen cientos de estudios que apoyan la idea de que satisfacer esas necesidades fundamentales produce un bienestar óptimo.[12] Y también existen investigaciones que demuestran que la autocompasión nos ayuda a eso mismo.[13] Por ejemplo, un estudio examinó a un grupo de universitarios durante su primer año en la facultad y concluyó que los alumnos más autocompasivos también demostraban más autonomía, competencia y vínculos con los demás.[14] Además, el hecho de satisfacer esas necesidades iba acompañado de una mejor salud mental, plenitud y más vitalidad a lo largo del año escolar.

Yo misma lo comprobé a través de una alumna que participó en mi curso de autocompasión en la Universidad de Texas en Austin. Tania era una mujer afroamericana divertida que pasaba de los sesenta. En ocasiones se dejaba caer por mi oficina para hablar sobre el material tratado en clase, y me explicó cómo había llegado a ser una orgullosa estudiante universitaria de sesenta y cinco años. Tania creció en Houston. En cuanto acabó el instituto, buscó trabajo para ayudar a su familia. Consiguió un puesto estable en una tintorería, y al cabo de unos años se convirtió en encargada del negocio. Crio a tres niñas sin apenas ayuda de su marido, del que se había divorciado hacía muchos años. Las hijas de Tania se casaron y tuvieron hijos (seis en total). Todas vivían cerca y dependían de ella para encargarse de los pequeños por las tardes y los fines de semana. Sin embargo, Tania ocultaba un terrible secreto. No le gustaban los bebés ni los niños pequeños. Lloraban sin parar y no tenían nada interesante que decir. Lo que más odiaba era cambiar pañales (¿no había pasado esa etapa hacía muchos años?). De todos modos, sus hijas dependían de su ayuda, «así que cumplí con mi deber —bromeaba—. Literalmente, mi vida era una mierda». Al final, todo esto empezó a afectarla a pesar de su buen humor, y se vino un poco abajo.

Al parecer, una vieja amiga se dio cuenta del cambio y preguntó a Tania qué necesitaba para ser feliz. Según me contó, la pregunta la dejó paralizada. Nunca se lo había planteado seriamente; estaba demasiado ocupada trabajando y cuidando a los demás. Después de reflexionar, Tania se dio cuenta de que quería estudiar inglés en la facultad. De pequeña siempre había encontrado paz y refugio en los libros, y sabía que la llama de su inteligencia nunca había sido avivada. Soñaba con asistir a alguna escuela superior por las tardes y los fines de semana para conseguir un título, y después, tal vez, pasarse a la universidad y graduarse. Sin embargo, eso le dejaría sin tiempo para cuidar de sus nietos. ¿No sería egoísta poner sus necesidades por delante?

Por otro lado, tenía la oportunidad de aprender y crecer de una manera que nunca había experimentado, y la posibilidad la tentaba. Decidió dar el salto. Cuando explicó a sus hijas que tendrían que buscarse otra niñera, al principio se molestaron, pero cambiaron de opinión rápidamente y brindaron todo su apoyo a su madre. La querían mucho y le estaban muy agradecidas por todo lo que les había dado.

Tania se sentía en sus clases como pez en el agua. Sacaba sobresalientes mientras continuaba trabajando en la tintorería, y solicitó su ingreso en la Universidad de Texas. Lo consiguió. Estaba a punto de cumplir sesenta y cinco, así que decidió jubilarse, utilizar la paga para alquilar un pequeño departamento en Austin y convertirse en estudiante a tiempo completo. Aunque decía que le gustaba mi clase, estaba claro que ya conocía la importancia de satisfacer sus propias necesidades. Era capaz de zambullirse en la experiencia de la autocompasión con tanta gratitud que resultaba precioso verla. Le pregunté por sus planes para después de la graduación, qué quería hacer. Me miró con una gran sonrisa y respondió: «No pienso en mañana. Vivo el presente».

LAS NECESIDADES DE LAS MUJERES EN UN MUNDO PATRIARCAL

Un motivo por el que resulta tan importante el cultivo de la autocompasión para las mujeres es que las normas y las expectativas del patriarcado hacen todo lo posible para que no satisfagamos nuestras necesidades. Las personas que siguen una ideología de sexismo benevolente nos ven a las mujeres como cuidadoras natas que nos sentimos felices por sacrificar nuestros intereses en favor de los demás. Según ese punto de vista, dar es nuestra vocación en la vida. Por supuesto, si eso fuera cierto, siempre habríamos considerado que el autosacrificio es una fuente de verdadera satisfacción. Pero no es el caso, sobre todo cuando dar no es un acto espontáneo, sino lo que se espera socialmente de nosotras.

Realicé la investigación para mi tesis en Mysore, India, porque sentía curiosidad por el modo en que la cultura moldea los puntos de vista de las personas sobre el género y la satisfacción de las necesidades personales. Según algunos estudiosos, las sociedades no occidentales, como la india, poseen una moralidad basada en el deber.[15] El énfasis recae en satisfacer las necesidades de los demás, no en los derechos o en la autonomía personal (que se suponen intereses occidentales). Esa distinción general entre Oriente y Occidente se parece mucho a la proposición de que las mujeres poseemos una moralidad basada en el cuidado y a los hombres les preocupan más los derechos y la justicia. Mi tutor de la tesis, Elliot Turiel, estaba en contra de esas dos caracterizaciones simplistas y consideraba que el interés por la autonomía, la justicia y el cuidado de los demás son universales.[16] Sin embargo, su expresión depende en parte de las relaciones de poder.

Las culturas que hacen hincapié en los deberes suelen ser jerárquicas. Esto significa que si el cuidado de los demás recae en los subordinados, los derechos y las prerrogativas personales son abundantes para aquellos que ocupan el poder. En la India, por ejemplo, las mujeres aprenden desde muy pequeñas a sacrificarse *(sewa)*[17] por los hombres mediante prácticas como servirles la comida primero a ellos, y comer ellas los restos que dejan los hombres. Tradicionalmente, se pagaba una dote a la familia del futuro marido, lo que reforzaba la idea de que las mujeres representamos una carga y no somos tan valiosas como los hombres. De las mujeres adultas casadas se espera que cuiden de sus maridos y sus hijos, pero en general reciben mucha menos comida, ropa, atención sanitaria y educación que los hombres.[18] Planteé la hipótesis de que ante los conflictos entre mujeres y maridos en la India, los hombres juzgarían que las mujeres deben cumplir con su deber y los maridos tienen derecho a hacer lo que quieran. Pensé que las mujeres verían las cosas de otra manera.

Conté con dos estupendas alumnas de la universidad local que realizaron las entrevistas para mi investigación: Susmitha Devaraj y Manimala Dwarkaprasad. Eran dos jóvenes fuertes que me ayudaron a entender la extraordinaria complejidad de los roles de género en la India y que me demostraron con el ejemplo que a las mujeres no les gusta verse ignoradas. Me hablaron sobre el peso de la tradición en la India, lo difícil que era ir a contracorriente, motivo por el que las mujeres se limitan a aceptar su rol como parte de la vida porque parece que no existen otras opciones. Sin embargo, eso no significa que piensen que las cosas son justas. Por no mencionar que de la India han surgido grandes mujeres líderes como Indira Gandhi, la primera ministra con más años de mandato a sus espaldas (gobernó con mano de hierro entre 1966 y 1984).[19] ¿Aquellos puntos de vista diversos y aparentemente contradictorios sobre los roles de género femeninos formarían parte del razonamiento moral de la población?

Recluté a setenta y dos jóvenes hindúes para mi estudio (niños, adolescentes y adultos jóvenes), con el mismo número de hombres y mujeres.[20] Entregamos a los participantes una serie de viñetas sobre parejas casadas en las que chocaban las necesidades y los deseos del matrimonio. La investigación se diseñó de tal manera que el actor en cada situación fuera o el marido o la mujer. Por ejemplo, una cuestión se centraba en un marido llamado Vijay que quiere recibir clases de *veena* (un instrumento de cuerda indio), pero su mujer prefiere que haga tareas en la casa. Una historia paralela se centraba en una mujer, Suma, que quiere asistir a clases de baile, pero su marido quiere que se quede en casa. Pedimos a los participantes que decidieran qué debería hacer el actor y por qué.

No hubo sorpresas. En general, las respuestas se decantaban más hacia la satisfacción de las necesidades personales de los maridos. No obstante, las mujeres manifestaron que la esposa *debería* poder satisfacer sus propias necesidades, aunque la cultura no lo permitiera. Respecto a la historia de las clases de baile, por ejemplo, la respuesta típica fue que Suma debería hacer lo que quisiera. «Suma debería ir a clases, ya que es la única manera que tiene de realizar sus intereses. Debe hacer lo que le interese, porque si no, acabará siendo muy infeliz e indiferente ante la vida. [...] Lo que exige la tradición no siempre está bien. Algunas tradiciones son muy absurdas. Yo no voy a respetar una tradición que se interponga en mis intereses personales. ¿Cómo va a crecer un individuo si la tradición se convierte en una barrera para el dinamismo? Yo lo tengo claro: quiero que Suma vaya a clases de baile», afirmó una adolescente.[21] La experiencia me ha enseñado que las chicas y las mujeres valoran profundamente la realización personal, incluso en sociedades tradicionales y muy patriarcales. Aunque la estructura social general imponga restricciones a nuestra capacidad de satisfacer nuestras necesidades, seguimos queriendo nuestra oportunidad de ser felices.

Si bien es cierto que las barreras contra la realización personal son más sutiles para las mujeres occidentales, no dejan de estar ahí. Es cierto que poner a los demás por delante ya no se describe como nuestro *deber*, pero es una expectativa tácita de la buena mujer. Nos dicen que para ser «buenas» debemos aceptar las peticiones de los demás: «¿Te importaría hacer mi turno?», o «¿Puedes quedarte con mis perros mientras estoy de vacaciones?», o «¿Puedes organizar tú el viaje?». Si no nos importa hacer esas cosas, nos sentiremos bien aceptando, pero si no es así, no nos sentiremos tan bien. Cada vez que, sin pensar, decimos «sí» a una amiga, a la pareja, a un hijo o a un compañero de trabajo porque creemos que *debemos*, sin consultar con nosotras mismas si es realmente lo que queremos, estamos reforzando las normas de autosacrificio basadas en el género. Esto no significa que no debamos optar nunca por satisfacer las necesidades ajenas en lugar de las nuestras, sino que hemos de hacerlo como una decisión consciente, después de sopesar todas las opciones, y no porque pensemos que debemos hacerlo para ser buenas personas. Y cuando tenemos claro que una opción no nos conviene, la autocompasión nos exige que honremos nuestras necesidades y, si es posible, tratemos de hacer otra cosa.

DESCUBRIENDO QUÉ NOS HACE FELICES

Cuando obtuve mi plaza en la Universidad de Texas en Austin, el que entonces era mi marido, Rupert, y yo compramos una casa con un terreno de siete acres. La propiedad se encontraba en la pequeña localidad de Elgin, a cuarenta y cinco minutos del centro de Austin y del campus universitario. Nos mudamos allí porque Rupert, un apasionado de la equitación, quería tener caballos. Un tiempo después, nuestro hijo Rowan empezó a recibir clases en casa a través del New Trails Learning Center, un centro de terapia equina que su padre creó en nuestro terreno.

Yo seguí viviendo en Elgin después de separarme de Rupert (continuamos siendo amigos) porque Rowan parecía feliz allí. Sin embargo, la verdad es que no me gustan los caballos. Soy una chica de ciudad, no de campo. En Elgin no hay una cafetería para pasar el rato, y las opciones gastronómicas son extremadamente limitadas. La ciudad es conocida sobre todo por sus salchichas, que no es precisamente el paraíso culinario para una pescetariana intolerante al gluten y a los lácteos como yo. Además, es una localidad extremadamente conservadora y fiel a Trump, todo lo contrario a la liberal Austin. Para que te hagas una idea, durante la pandemia, un bar de Elgin apareció en las noticias por prohibir el uso de mascarilla a los clientes.[22] Sin embargo, viví en ese extraño lugar (muy fuera de mi zona de confort) durante casi veinte años para satisfacer las necesidades de los demás.

Acabé mudándome al centro de Austin hace un par de años, en parte para que Rowan recibiera una educación mejor, pero también porque estaba harta de Elgin. Ahora me doy cuenta de mi enorme renuncia al vivir en un medio cultural que no me resultaba auténtico. Me encanta tener todo a mano, a cinco minutos de un té matcha con leche de coco y a diez minutos del campus. Me hace feliz. No es que me arrepienta de la decisión de quedarme en Elgin más tiempo del que hubiera deseado, pero aprecio mucho más lo importante que es llevar una vida que satisfaga de verdad nuestras necesidades. No volveré a transigir para acabar viviendo en un lugar que no es adecuado para mí.

Cuando nos preocupamos de verdad por nosotras mismas, nuestras necesidades importan. *Deben* importar. Nuestros ideales de ser mujeres cariñosas, atentas y generosas deben incluirnos a nosotras mismas; de lo contrario, el cariño brillará por su ausencia. Cuando negamos nuestra autenticidad y nuestra plenitud, estamos limitando espiritual y psicológicamente la expresión natural de un individuo único y hermoso cuya historia no puede contar nadie más. Y a un nivel político, contribuimos a mantener el patriarcado sin ser conscientes de ello. Por suerte, tenemos la oportunidad de cambiar esa situación si adoptamos un papel activo en el cuestionamiento de esas normas y reunimos el valor para hacer las cosas de otra manera. La autocompasión nos proporciona una alternativa para valorarnos, que es el primer paso hacia el cambio de un sistema tendencioso. Ocurrirá en los actos electorales y en las urnas, pero también tiene que pasar en nuestros corazones cuando nos preguntemos: «¿Qué necesito en este momento?».

Conviene distinguir entre deseos y necesidades, objetivos y valores. Los deseos son ansias de algo agradable o deseable, como el éxito económico, una casa bonita, un buen coche, atractivo físico o una comida exquisita. Las necesidades representan lo esencial para nuestra supervivencia emocional o física: por ejemplo, mantenernos sanos y salvos, conectados con los demás, o disfrutar de una vida con sentido. Además, las necesidades tienden a ser más generales que específicas (por ejemplo, necesitar un hogar tranquilo versus querer que mi conflictivo *roomie* se marche).

Por otro lado, los objetivos son metas particulares que queremos conseguir: por ejemplo, acabar un máster, casarnos, perder diez kilos o viajar a África. Los valores son perspectivas sobre lo que es importante; orientan nuestros objetivos, y después, una vez logrados, nos mantienen en marcha. Los valores aportan significado y propósito a la vida. Entre los ejemplos de valores figuran la generosidad, la honestidad, el aprendizaje, la amistad, la lealtad, el esfuerzo, la paz, la curiosidad, la aventura, la salud y la armonía con la naturaleza. En resumen, los objetivos son cosas que hacemos y los valores los vivimos. Como escribió Thomas Merton: «Si quieren identificarme, no me pregunten dónde vivo, qué me gusta comer o cómo me peino, sino pregúntenme detalladamente para qué pienso que estoy viviendo y qué pienso que me impide vivir plenamente por aquello por lo que quiero existir».[23]

Por tanto, ¿cómo sabemos si nuestros actos son congruentes con nuestras verdaderas necesidades y valores, y que no actuamos simplemente para satisfacer a los demás o ajustarnos a un ideal social? Una manera de saberlo consiste en tomar conciencia de las consecuencias emocionales de nuestros actos. Por ejemplo, pongamos que te han educado para que valores el servicio a los demás y todos los domingos, después de misa, preparas sándwiches para las personas sin hogar de tu comunidad. Si se trata de un acto satisfactorio y auténtico, te sentirás feliz y viva después de un día preparando sándwiches de jamón y queso, y repartiéndolos por la calle. Si no es auténtico y solo lo haces porque «eso es lo que se supone que debe hacer una buena persona», te sentirás agotada e irritada al final del día. Averiguar qué necesitamos y valoramos realmente en la vida, y emprender las acciones necesarias para vivir en armonía con lo que consideramos importante son dos actos fundamentales para la realización personal.

Una vida plena

Este ejercicio está adaptado de una práctica que enseñamos en el programa MSC, «Descubrir nuestros valores nucleares». Se inspira en la terapia de aceptación y compromiso[24] desarrollada por Steven Hayes y sus colegas, una terapia que hace hincapié en la acción comprometida con nuestros valores más importantes como piedra angular para una vida plena y auténtica. Prepara papel y pluma, ya que se trata de un ejercicio de reflexión escrita.

INSTRUCCIONES

Echando la vista atrás

- Imagínate dentro de unos años. Estás sentada en un jardín precioso mientras contemplas tu vida. Cuando echas la vista atrás y comparas el presente con el pasado, te invade una profunda sensación de satisfacción, plenitud y alegría. Aunque la vida no siempre ha sido fácil, has logrado mantenerte fiel a ti misma y has invertido todo el tiempo que has podido en hacer lo que te hacía feliz.
- ¿Cuáles son las necesidades profundas que has satisfecho o los valores que has honrado y te han aportado tanta satisfacción? Por ejemplo ¿aventura, creatividad, aprendizaje, espiritualidad, familia, comunidad, tiempo en la naturaleza? Por favor, escribe lo que te haya aportado plenitud.

Contemplando el presente

- ¿En qué medida satisfaces actualmente tus necesidades para alcanzar la felicidad? ¿Falta equilibrio en algún aspecto de tu vida? ¿Inviertes demasiado tiempo en satisfacer las necesidades de los demás, como para ocuparte de ti misma? Por favor, escribe en qué aspectos no te sientes realizada.

Obstáculos

- Todos nos enfrentamos a obstáculos que nos impiden satisfacer nuestras necesidades. Algunos son externos, como el hecho de no disponer de suficiente dinero o tiempo. En muchos casos, consiste en que tenemos otras obligaciones: por ejemplo, atender a la familia o cuidar a un enfermo. Por favor, reflexiona un momento sobre este punto y escribe acerca de tus obstáculos externos.

- También pueden existir obstáculos internos que se interponen en tu capacidad de satisfacer tus necesidades. Por ejemplo, ¿eres demasiado prudente, quieres agradar a los demás, temes ser egoísta o sientes que no mereces ser feliz? Por favor, mira en tu interior, reflexiona y escribe cuáles son tus obstáculos internos.
- Observa tu profundo anhelo de ser feliz y si experimentas sensaciones de tristeza o frustración cuando no se satisfacen tus necesidades.

Llamando a la autocompasión fiera

- A continuación, escribe cómo crees que podría ayudarte la autocompasión fiera a superar algunos de los obstáculos que se interponen en la satisfacción de tus necesidades. ¿Podría darte el valor necesario para decir «no»? ¿Ayudarte a sentirte segura y con la confianza suficiente para hacer cosas nuevas, arriesgarte a la desaprobación o dejar ir aquello que no te sirve? ¿Qué puedes hacer para sentirte más feliz y satisfecha?
- Si tienes alguna duda, recuerda que cuanto más satisfagas tus necesidades, más energía tendrás para dar a los demás. ¿Puedes comprometerte a hacer lo necesario para cuidarte?

Llamando a la autocompasión tierna

- Por supuesto, en ocasiones existen obstáculos infranqueables que nos impiden sentirnos plenamente realizadas. Parte de ser humano radica en el hecho de que no todo puede ser exactamente como queremos que sea.
- Cierra los ojos y coloca las manos sobre el corazón u otro lugar del cuerpo que te aporte calma. ¿Puedes hacer sitio a la realidad de que no siempre nos sentiremos realizadas, de que no siempre podemos satisfacer nuestras necesidades tal como queremos?
- Escribe algunas palabras de amabilidad y aceptación acerca de esas limitaciones humanas.

- Por último, intenta integrar las energías de la autocompasión fiera y la tierna. Al tiempo que aceptamos nuestra experiencia en el momento presente tal como es, también podemos realizar un esfuerzo comprometido para cambiar nuestras circunstancias. ¿Existe alguna manera creativa de satisfacer tus necesidades que no hayas tenido en cuenta, aunque no sea completa? Por ejemplo, si te encanta la naturaleza y trabajas todo el día en una oficina, ¿puedes ir caminando al trabajo o decorar el espacio con plantas para darle un toque más natural? ¿Se te ocurren pequeñas cosas que puedes hacer para sentirte realizada? Si es así, por favor, escríbelas también.

¿AUTOCOMPASIÓN O AUTOCOMPLACENCIA?

Algunas personas temen que utilizar la autocompasión para satisfacer las necesidades sea una tapadera de la autocomplacencia. Si una mañana llego tarde al trabajo porque tenía que recuperar sueño, eso podría ser autocompasión. ¿Y si lo hago varias veces por semana? ¿Se puede ser *demasiado* autocompasivo? Si realmente nos preocupamos por nosotras mismas, no caeremos en conductas hedonistas que no nos benefician. La autocomplacencia implica optar por el placer a corto plazo a expensas de un daño a largo plazo, y la autocompasión siempre tiene la vista puesta en el gran premio: aliviar el sufrimiento.

En primer lugar, la atención plena nos permite ver con claridad lo que necesitamos de verdad, no solo lo que queremos. ¿Realmente necesito apagar el despertador, o solo busco el placer provisional de dormir un poco más? En segundo lugar, podemos recurrir a la amabilidad para asegurarnos de que nuestra conducta sea realmente beneficiosa para nosotras. ¿De verdad me ayuda llegar tarde al trabajo, sobre todo teniendo en cuenta las más que posibles repercusiones negativas? ¿O sería mejor acostarme antes para asegurarme de dormir suficientes horas? Por último, la sabiduría de la humanidad compartida (la capacidad de ver el panorama en su conjunto y cómo todo está interconectado) garantiza que nuestra conducta sea equilibrada y sostenible. ¿Cómo influirá mi conducta en mi trabajo o en la capacidad de mis compañeros para hacer bien el suyo? La autocompasión nos ayuda a responder a estas preguntas de un modo que reduce la conducta autocomplaciente.

Los estudios demuestran que las personas autocompasivas practican conductas de autocuidado saludables, no autocomplacientes.[25] Por ejemplo, son más propensas a leer las etiquetas de los alimentos para elegir opciones más saludables, a realizar ejercicio físico y a dormir las horas necesarias. En cuanto a las personas que se enfrentan a enfermedades como la fibromialgia, el síndrome de fatiga crónica o el cáncer, la autocompasión les lleva a seguir mejor los consejos médicos y los tratamientos (tomar la medicación tal como se indica, cambiar la dieta o hacer más ejercicio, por ejemplo). Las personas mayores autocompasivas acuden más al médico y se muestran más abiertas a utilizar dispositivos de apoyo, como un andador.[26] Un gran estudio multinacional sobre individuos con VIH/sida concluyó que los participantes más autocompasivos recurrían más a la protección, propia y de los demás, utilizando preservativos en las relaciones sexuales.[27]

Cuando los investigadores analizaron la causa por la que las personas autocompasivas se cuidan más, concluyeron que se debe directamente a lo que llamaron *reflexión benevolente*.[28] Se hablan a sí mismas dándose ánimos y apoyo, realzando la importancia de ser bondadosas consigo mismas.

¿PROVEERNOS O SER EGOÍSTAS?

Otra idea equivocada habitual es que la autocompasión es egoísta. Esta idea crea una barrera especialmente persistente en el caso de las mujeres, a las que nos crían casi desde que nacemos para que cuidemos a los demás y nos hagamos cargo de sus necesidades. Por supuesto, si no nos aseguramos de que todos los componentes de la autocompasión fiera y tierna estén presentes, satisfacer nuestras necesidades puede conllevar el riesgo de convertirse en un pretexto para el egocentrismo. Si no entendemos el verdadero sentido de la conexión y la interdependencia, podríamos convertir las cosas en un juego de suma cero: «Satisfago mis necesidades a expensas de las tuyas». Cuando esto ocurre, la felicidad nos rehúye. Si tengo una amiga que necesita tiempo y atención porque está sufriendo por una ruptura traumática y no le hago caso porque estoy ocupada con mis cosas, yo también sufriré. Me sentiré mal cuando se moleste conmigo, la calidad de nuestra amistad se deteriorará y no podré contar con su apoyo si yo me encuentro en su situación en el futuro. Sin embargo, cuando el yin y el yang están equilibrados, no funciona así. Cuando recordamos que el amor es nuestra necesidad más profunda, el acto de darnos a nosotras mismas incluye automáticamente dar a los demás. De hecho, la autenticidad gratificante y equilibrada es lo que nos permite sostener nuestra generosidad de corazón. No nos vaciamos para acabar sin nada que ofrecer. Nos cuidamos alimentando nuestras conexiones.

Existen numerosas investigaciones que apoyan la idea de que la autocompasión no es egoísta. Por ejemplo, las personas autocompasivas tienden a tener objetivos más compasivos en sus relaciones estrechas,[29] lo que significa que proporcionan un generoso apoyo emocional a los que tienen cerca. Además, sus parejas románticas las describen como personas más cariñosas y generosas en sus relaciones.[30] Son más tolerantes con los defectos y las carencias ajenas, y saben tomar perspectiva o tener en cuenta otros puntos de vista.[31]

Quizá te sorprenda saber que la correlación entre la autocompasión y la compasión hacia los demás suele ser muy débil.[32] En otras palabras, las personas muy autocompasivas tienden a mostrar un poco más de compasión hacia los demás que las personas poco autocompasivas, pero no mucho más. El motivo es que la inmensa mayoría de las personas son significativamente más compasivas con los demás que consigo mismas. Existen muchas personas, sobre todo mujeres, compasivas, generosas y amables con los demás, pero que se tratan fatal a sí mismas. Si existiera una conexión sólida entre la autocompasión y la compasión hacia los demás, significaría que las personas carentes de autocompasión tampoco sentirían compasión por los demás. Sin embargo, no es así.

No obstante, aprender a ser autocompasivo no implica un incremento de la capacidad de ser compasivos con los demás. En un estudio descubrimos que la participación en MSC incrementaba la compasión hacia los demás en un 10%.[33] La mayoría de las personas empezaban con un alto nivel de compasión hacia los demás de entrada (con una media de 4,17 en una escala de 5 al empezar, y con 4,46 al final), de manera que no había demasiado espacio para mejorar. El nivel de autocompasión se incrementó en un 43%, en parte porque los participantes empezaron con una media de 2,65 y acabaron con un 3,78 (también en una escala de 5). Esto demuestra que el aumento de la autocompasión no implica preocuparse *menos* por los demás, sino todo lo contrario. Todavía más importante es que la autocompasión nos permite *mantener* el interés por los demás en el tiempo sin acabar agotadas o quemadas (profundizaremos en ello en el capítulo 10).[34]

Existe otro motivo por el que la autocompasión no es egoísta: porque anima a los demás a tratarse de manera compasiva. Para su artículo titulado «Is Self-Compassion Contagious?» [¿Es contagiosa la compasión?], un grupo de investigadores de la Universidad de Waterloo examinaron cómo influyen en las personas las muestras de autocompasión.[35] Se pidió a los alumnos participantes que recordaran un fracaso académico. A continuación, escucharon un audio (asignado de forma aleatoria) en el que otro estudiante hablaba de un fracaso personal con un tono autocompasivo («asumo estar decepcionado, es normal después de una experiencia como esta») o neutro («acabé aprobando de milagro»). Los participantes que escucharon el audio de una persona expresándose de manera autocompasiva escribieron después acerca de su propio fracaso académico desde una perspectiva más compasiva. Los investigadores atribuyeron sus hallazgos a un proceso de modelado social por el que aprendemos conductas observando a los demás. Por tanto, al ser compasivos con nosotros mismos (sobre todo, cuando lo hacemos de manera obvia) ayudamos a los demás a hacer lo mismo.

Debido a nuestra profunda interconexión, resulta absurdo trazar una línea divisoria arbitraria entre nosotros mismos y los demás ante las penas de la vida. Albert Einstein dijo: «Nuestra tarea debe consistir en ser libres ampliando nuestro círculo de compasión para abrazar a todos los seres vivientes, a toda la naturaleza y su belleza». Somos el centro de ese círculo. No queremos limitar el alcance de lo que nos importa a nosotras mismas, pero tampoco queremos excluirnos de ese círculo: hacerlo sería traicionar nuestra propia humanidad.

Cuando Maslow describió la autorrealización, hizo hincapié en que dejar ir las preocupaciones egoístas era fundamental para el proceso. Afirmó que para expresar nuestra verdadera naturaleza tenemos que descubrir una vocación o un propósito mayores que nuestro pequeño yo. De hecho, el «yo» en cuestiones como la autocompasión y la autorrealización resulta engañoso porque, en realidad, esos estados restan importancia a un yo separado.

La hermosa verdad es que desarrollar todo nuestro potencial nos permite ayudar mejor a los demás. Cuando mejoro mis capacidades como educadora, amplío las posibilidades para mis alumnos. Cuando nutro mi talento, ya sea convertirme en una gran chef, en una cantante clásica o en una piloto de helicóptero de evacuación médica, contribuyo a mejorar la calidad de la experiencia de los demás. Cuando desarrollo mi mundo interior para convertirme en una persona más comprometida y viva, aporto ese entusiasmo a todo el que establece contacto conmigo. Satisfacer nuestras necesidades es un regalo para el mundo.

Capítulo 8
CONVERTIRNOS EN NUESTRA MEJOR VERSIÓN

> Cuando decidimos que algo nos importa de verdad, siempre se produce un cambio.
>
> MEGAN RAPINOE, capitana del equipo
> de fútbol femenino de Estados Unidos[1]

Si nos preocupamos por nosotras mismas y no queremos sufrir, nos sentiremos motivadas de forma natural para lograr nuestros sueños y prescindir de conductas que ya no nos sirven. Un gran impedimento para la práctica de la autocompasión es el temor de ser perezosas y perder la motivación si no somos extremadamente duras con nosotras mismas.[2] Ese miedo surge del desconocimiento del yin y el yang de la autocompasión. Es cierto que el lado tierno de la autocompasión nos ayuda a aceptarnos en toda nuestra gloriosa imperfección. Nos recuerda que no necesitamos ser perfectas para que nos quieran. No necesitamos arreglarnos, somos suficientemente buenas tal como somos ahora para merecer atención y amabilidad.

Sin embargo, ¿significa eso que no tengamos que intentar cambiar hábitos dañinos, lograr nuestros objetivos o cumplir con nuestro destino? Absolutamente no. El deseo de aliviar nuestro sufrimiento nos impulsa a avanzar para lograr lo que queremos en la vida no desde un sentimiento de insuficiencia o ineptitud, sino desde el amor. En lugar de criticarnos duramente cada vez que cometemos un error o fracasamos en algo que nos importa mucho, nos centramos en lo que podemos aprender de la situación. Cuando utilizamos la autocompasión fiera para motivarnos, la experimentamos como una visión que nos anima y nos aporta sabiduría.

ÁNIMO

La palabra *ánimo* proviene del francés antiguo «sacar desde el corazón», y con la autocompasión, el corazón nos guía en el camino del crecimiento y el cambio. En lugar de amenazarnos con castigarnos si no logramos nuestros objetivos, somos amables y comprensivas, y afirmamos nuestro potencial inherente. Darnos ánimo no significa mentirnos o utilizar afirmaciones positivas como «cada día soy más y más fuerte en todos los sentidos», porque podría no ser el caso. Cuando llegamos a cierta edad, *no* somos más fuertes cada día (al menos físicamente). Además, las investigaciones demuestran que las afirmaciones positivas no nos ayudan si dudamos de nosostros mismos.[3] Son huecas, contraproducentes y solo sirven para sentirse peor. En cambio, el ánimo nos permite emprender el viaje hasta donde podamos, aunque no sea tan lejos como esperábamos. Cuando puedo confiar en que no me volveré cruelmente en mi contra aunque meta la pata, y en que seré comprensiva, se instala la sensación de seguridad necesaria para asumir riesgos. Obtendré inspiración y energía de mi propio corazón bondadoso, y me esforzaré más porque quiero, no porque tenga que hacerlo para que me acepten.

Mark Williamson, que dirige la organización Action for Happiness en el Reino Unido, explicó que cambió radicalmente después de escucharme en una charla sobre autocompasión y motivación. Se dio cuenta de que siempre que cometía un error, se lo reprochaba. «P*** imbécil» era una de sus expresiones frecuentes, como si insultarse a sí mismo fuera a hacer que se esforzara más la próxima vez. La voz era tan habitual que casi funcionaba al margen de su conciencia, pero de todos modos ejercía en él un impacto negativo y minaba su confianza en sí mismo. Así, comenzó a realizar una práctica deliberada cada vez que se daba cuenta de que se autocastigaba por algún fallo: desviar su instinto de insultarse a sí mismo con un acrónimo formado por «Pleno, Útil, Tranquilo, Organizado». ¡Resulta mucho más constructivo y motivador que el maltrato verbal!

Por supuesto, la amabilidad no significa aprobar todo lo que hacemos, porque eso tampoco nos ayuda. En ocasiones tenemos que utilizar el amor firme, ser fieras con nosotras mismas para acabar con conductas dañinas. Si nos producimos un daño serio (por una adicción al alcohol o a las drogas, o por quedarnos atrapadas en una relación tóxica), es posible que tengamos que decirnos un «no» contundente. El amor firme es fuerte, pero también amable. Nos lanza mensajes claros como «tienes que dejarlo porque si continúas, seguirás deprimida». El ánimo evidencia que el deseo de cambio procede de un lugar de cuidado y compromiso, no de la culpa o la crítica, motivo por el que resulta más efectivo en última instancia.

SABIDURÍA

La sabiduría de la humanidad compartida nos permite ver las complejas condiciones que conducen al éxito o al fracaso. De ese modo podemos aprender de nuestros errores. Todos sabemos que el fracaso es nuestro mejor maestro. Como dijo Thomas Edison: «No he fracasado, solo he encontrado diez mil maneras que no funcionan». Entendemos que la equivocación nos proporciona mucha más información valiosa que el acierto.

Así, ¿por qué nos disgustamos tanto cuando nos equivocamos? Porque creemos, inconscientemente, que *no deberíamos* fracasar y que algo no va bien en nosotras cuando lo hacemos. Nos agobian tanto los sentimientos de vergüenza y autocrítica que acompañan al fracaso, que somos incapaces de ver con claridad y eso inhibe nuestra capacidad de crecer.

Las investigaciones demuestran que las personas autocompasivas son más sabias y más capaces de aprender de las situaciones en las que se ven inmersas.[4] Cuando se enfrentan a un problema, tienen más probabilidades de considerar toda la información relevante y menos de disgustarse hasta el punto de no ver posibles soluciones. Además, las personas autocompasivas tienen más probabilidades de ver los fracasos como oportunidades de aprendizaje y no como callejones sin salida.[5] Temen menos el fracaso,[6] y cuando fracasan se ven menos incapacitadas por la experiencia y más abiertas a volver a intentarlo.[7] La autocompasión nos ayuda a centrarnos en lo que podemos extraer del fracaso, en lugar de obsesionarnos con lo que podría transmitir sobre nuestra valía como personas. No nos definimos por nuestros contratiempos; por el contrario, vemos su potencial para proporcionarnos la información necesaria para el éxito.

En ocasiones, por supuesto, el proceder más sabio consiste en dejar de lado un objetivo específico si lo hemos intentando todo y no lo conseguimos. Si llevas años intentando ganarte la vida como monologuista y tus chistes siguen siendo recibidos con un silencio ensordecedor, puede que haya llegado el momento de cambiar y probar otra cosa. Un estudio realizado en Japón pidió a los participantes que pensaran en un objetivo importante no alcanzado de los últimos cinco años.[8] Los individuos más autocompasivos no solo se mostraron menos disgustados por el resultado decepcionante, sino también más dispuestos a dejar ir ese objetivo específico y poner sus miras en otra cosa. La autocompasión nos aporta una perspectiva más amplia que nos permite identificar cuál es el mejor uso de nuestro tiempo y nuestro esfuerzo.

En este punto conviene distinguir entre crítica dura y sabiduría diferenciadora.[9] La *crítica dura* implica un etiquetado restringido y rígido de nosotras mismas como «buenas» o «malas». La *sabiduría diferenciadora* identifica lo que funciona y lo que no, lo que resulta beneficioso o dañino, pero con pleno conocimiento de los factores complejos y dinámicos que influyen en la situación. Podemos juzgar nuestros resultados o nuestros logros como buenos o malos sin tomarnos las cosas de manera personal. Que haya fracasado en ese último intento no significa que esté destinada a fracasar de nuevo o que yo sea «un fracaso». Cuando enmarcamos nuestra experiencia en el contexto más amplio de lo que significa ser humano, obtenemos la información necesaria para aprender y crecer.

VISIÓN

La atención plena (mindfulness) nos permite centrarnos y mantenernos fieles a nuestra visión cuando intentamos introducir un cambio.

Dado que nos preocupamos por nosotras mismas y queremos ser felices, no nos desviamos de lo verdaderamente importante. Cuando nos equivocamos, nos dejamos llevar por el sentimiento de fracaso. En lugar de tener presentes los pasos que debemos emprender para avanzar, nuestra conciencia se ve secuestrada por los bandidos de la vergüenza.

Pongamos que estás intentando lanzarte a una nueva aventura (por ejemplo, una organización dedicada a cuidar a los hijos de madres trabajadoras con ingresos bajos). Solicitas fondos a varias fundaciones y todas te rechazan. Recurres a los amigos con posibles conexiones con personas adineradas y no consigues nada. Si te dejas llevar por esos primeros reveses y pierdes la fe en ti misma y en tu capacidad de sacar adelante un proyecto tan ambicioso, nunca lo conseguirás. Sin embargo, si te mantienes fiel a tu visión y asumes cada reto como un bache provisional en el camino, tendrás posibilidades. Si te mantienes lúcida y decidida, podrías ver oportunidades que, de lo contrario, te perderías: por ejemplo, poner en marcha una campaña de financiación colectiva u otras alternativas creativas para conseguir fondos.

La capacidad de seguir adelante después de un fracaso, de recomponernos y volver a intentarlo, y continuar centradas en nuestros objetivos es lo que se conoce como *firmeza de carácter* (una mezcla de determinación y perseverancia).[10] Angela Duckworth, la brillante experta que abordó este elemento desde una perspectiva científica, me dijo en una ocasión que creía que la autocompasión era uno de los elementos fundamentales para desarrollar ese rasgo. La seguridad, el apoyo y los ánimos que proporciona la autocompasión nos permiten mantenernos firmes cuando el camino está lleno de obstáculos. Las investigaciones confirman que las personas autocompasivas tienen más *firmeza de carácter* y determinación para seguir adelante a pesar de los obstáculos.[11] Al mismo tiempo, la autocompasión proporciona la visión clara que necesitamos para identificar cuándo debemos cambiar el rumbo para llegar a nuestro destino.

La pausa de la autocompasión que nos motiva

Esta versión de la pausa de la autocompasión está diseñada para lograr que la energía de la autocompasión fiera nos motive con una visión alentadora y sabia. Encontrarás una versión guiada de esta práctica, en inglés, en FierceSelf-Compassion.org. y, en español, en <https://www.mindfulnessyautocompasion.com/autocompasion-fiera/audios>.

INSTRUCCIONES

Piensa en una situación de tu vida que te gustaría cambiar. Por ejemplo, te gustaría hacer más ejercicio, pero no lo consigues. O te sientes atrapada en un trabajo aburrido y quieres dejarlo, pero no encuentras la energía o la voluntad necesarias. A continuación, intenta imaginar una realidad alternativa mejor para ti (hacer yoga cada mañana o trabajar como escritora autónoma). ¿Qué sientes al pensar en la posibilidad de realizar ese cambio: frustración, decepción, miedo, entusiasmo? Contacta con las emociones a través de las sensaciones físicas de tu cuerpo.

Busca una postura cómoda, pero erguida, sentada o de pie. Asegúrate de sentir una postura energizante y que no se derrumbe. Vas a pronunciar una serie de frases (en voz alta o para tus adentros) diseñadas para apelar a los tres componentes de la autocompasión, a fin de intentar encontrar la motivación necesaria para introducir un cambio con ánimo y apoyo. Como siempre, la idea es que encuentres el lenguaje que mejor te funcione.

- La primera frase apela a la atención plena para que tengas una visión clara de lo que debes cambiar. Recuérdate la nueva realidad que quieres introducir en tu vida. Poco a poco y con convicción, di: «Esta es mi visión de lo que quiero para mí». Otras opciones son: «Esto es lo que quiero manifestar en el mundo» o «Esto es posible para mí».
- La segunda frase apela a la sabiduría de la humanidad compartida. Intenta recordar que todo el mundo se queda estancado o se equivoca, pero que podemos aprender de la experiencia. Di: «Esta es una oportunidad para aprender», u otras posibles opciones: «Crecer duele, forma parte de ser humano», «Normalmente, nos equivoca-

mos antes de acertar» o «No soy la única que se ha enfrentado a un reto como este».

- A continuación, realiza algún gesto de apoyo: por ejemplo, colócate una mano en el hombro opuesto o cierra ligeramente el puño para darte ánimos. La idea es utilizar la amabilidad para apoyarnos en la introducción de los cambios necesarios, y no porque seamos inadecuadas tal como somos, sino porque queremos aliviar nuestro sufrimiento. Prueba a decirte con cariño y convicción: «Quiero ayudarme a alcanzar mis objetivos». Otras opciones podrían ser: «Estoy a tu lado. Te apoyaré», «Sí, yo puedo», «Hazlo lo mejor posible y a ver qué pasa» o «Creo en ti».
- Si te cuesta encontrar las palabras adecuadas, imagina que una persona que te importa mucho está pasando exactamente por la misma situación que tú y quieres animarla y apoyarla en su cambio. ¿Qué le dirías? ¿Cómo sería tu tono de voz? ¿Le ofrecerías una crítica constructiva? ¿Puedes dedicarte ese mismo mensaje?
- Por último, deja que la energía fiera de la visión alentadora y sabia se combine con la energía tierna de la autoaceptación incondicional. Podemos hacer lo posible para introducir los cambios necesarios, pero también es cierto que estamos bien como estamos. Está bien ser imperfectas. Intentaremos hacer lo que podamos para ser felices y aliviar nuestro sufrimiento porque nos importa, pero también podemos dejar ir la necesidad de hacerlo perfectamente bien.

¿POR QUÉ SOMOS TAN DURAS CON NOSOTRAS MISMAS?

Las investigaciones indican que la razón número uno por la que las personas son duras en lugar de amables consigo mismas es porque creen que la autocompasión debilitará su motivación.[12] Creen que la autocrítica es un motivador más eficaz, y que dedicándose insultos crueles y despectivos se esforzarán más la próxima vez. Otra razón por la que nos machacamos es porque así creemos tener el control. Cuando nos autocriticamos, reforzamos la idea de que es posible evitar el fracaso siempre y cuando lo hagamos todo bien. Un tercer factor que entra en juego es el deseo de proteger a nuestro ego. Nos consolamos con la idea de que al menos tenemos un nivel de exigencia alto, aunque no podamos cumplir con él. Nos identificamos con la parte de nosotras que sabe cómo *deberíamos* ser, aunque todavía no lo hayamos conseguido. Como ya hemos dicho, la autocrítica es un comportamiento básico de seguridad.

Es posible que te estés preguntando: «¿Cómo es posible sentirme segura diciéndome que soy una vaga sin iniciativa porque pospongo un trabajo importante?». Porque una parte de mí cree que así me espabilaré y no fracasaré ni perderé mi trabajo o me quedaré sin casa. ¿Por qué me siento segura autoflagelándome por gritar a mis hijos? Porque creo que me ayudará a ser mejor madre en el futuro y mis hijos no me odiarán ni me abandonarán cuando sea mayor. ¿Cómo me ayudan a sentirme segura los insultos que me dedico ante el espejo porque me veo vieja y poco atractiva? Porque creo que si despotrico contra mí primero, las críticas reales o imaginarias de los demás me dolerán menos: se trata de adelantarse, por así decirlo. En cierto modo, nuestra crítica interior intenta apartarnos constantemente de los peligros que podrían hacernos daño.

En primer lugar, debemos reconocer que esta estrategia funciona *en cierto modo*. Muchas personas han acabado su carrera de Medicina o de Derecho, o han alcanzado otras metas importantes a través de la autocrítica implacable. Sin embargo, funciona como una vieja locomotora de carbón: te transporta, pero escupe un denso humo negro. Aunque el miedo a la autocrítica puede motivarnos, la táctica presenta diversas consecuencias inadecuadas:[13] nos provoca miedo al fracaso, conduce a la procrastinación, debilita la confianza en una misma y provoca miedo escénico. Y todo ello perjudica de manera directa a nuestra capacidad de hacerlo bien. Afrontémoslo: la vergüenza no fomenta precisamente una actitud motivada.

Aunque nuestra crítica interior nos debilita, tenemos que honrarla a pesar del dolor porque refleja el deseo natural y sano de estar a salvo. ¡No queremos autoflagelarnos por autoflagelarnos! La autocrítica tiene una buena intención, aunque mal orientada. Como ya hemos comentado, en ocasiones nuestra crítica interior es la voz interiorizada de alguien que nos cuidó en el pasado y no trató de mantenernos a salvo, que era dañino o abusivo.[14] Sin embargo, la parte joven de nosotras que interiorizó esa voz intenta ayudar. No tuvimos más remedio que cargar con la culpa cuando éramos niñas para poder sobrevivir. Incluso cuando la crítica no proviene de los primeros cuidadores, sino que es simplemente una parte asustada de nosotras que quiere avanzar y hacerlo mejor (como los duros diálogos interiores de mi hijo), todo proviene del inocente deseo de estar a salvo. En ocasiones tenemos que usar la compasión fiera con nuestra crítica interior y decirle con firmeza, pero con amabilidad, que ponga fin a sus tácticas de intimidación. Sin embargo, también necesitamos compasión tierna para esa parte de nosotras mismas y reconocer que se esfuerza al máximo por protegernos del peligro. Solo entonces podremos empezar a sentirnos realmente seguras.

Cuando nos motivamos con compasión y no con críticas, obtenemos la sensación de seguridad a través del sistema de cuidado y afiliación de los mamíferos, y no del sistema de amenaza-defensa.[15] Esto tiene importantes implicaciones para nuestro bienestar físico, mental y emocional. La activación frecuente de nuestro sistema nervioso simpático a través de la autocrítica eleva los niveles de cortisol, lo que provoca hipertensión, enfermedades cardiovasculares y accidentes cerebrovasculares, un trío estrechamente relacionado que figura entre las principales causas de muerte en el mundo occidental.[16] La autocrítica es también una de las causas principales de la depresión.[17] Por el contrario, la autocompasión activa el sistema nervioso parasimpático, que reduce el cortisol y aumenta la variabilidad del ritmo cardiaco.[18] Refuerza la función inmunitaria[19] y reduce el estrés; además, se ha demostrado que alivia la depresión.[20] Aprender a motivarnos a través de la compasión en lugar de la crítica es una de las mejores cosas que podemos hacer por nuestra salud y nuestra felicidad.

AMOR, NO MIEDO

Cuando nos brindamos compasión a nosotras mismas después de cometer un error o de no conseguir nuestros objetivos, nos sentimos cuidadas y apoyadas. Esa sensación de seguridad y valía personal es la que nos brinda la plataforma estable desde la que podemos volver a intentarlo. La autocompasión nos ayuda a motivarnos desde el amor, no desde el miedo, y así resulta mucho más eficaz. Piensa en cómo motivamos a los niños. No hace mucho se pensaba que la mejor manera consistía en amenazarlos para que lograran sus objetivos: «La letra con sangre entra».[21] Según la idea dominante, el castigo corporal duro era la única manera de evitar que los niños se convirtieran en holgazanes. Aunque el castigo provoca docilidad a corto plazo, resulta contraproducente a la larga, porque debilita la confianza en uno mismo y empeora los resultados.[22] Sin embargo, utilizamos el castigo con nosotras mismas. Resulta de ayuda pensar en la motivación en el contexto de la crianza de los hijos, porque la autocompasión es una manera de reeducarnos a nosotras mismas en muchos sentidos.

Para motivar con éxito a nuestros hijos, debemos hallar el equilibrio entre el exceso de tolerancia y el exceso de exigencia. Lo sé por mi experiencia como madre. El motivo por el que Rowan siguió casi toda su escolarización en casa fue porque los colegios públicos de la pequeña ciudad de Elgin no podían satisfacer sus necesidades. Lo intentamos, pero un día llegamos a la guardería para ver cómo iba y vimos a todos los niños con necesidades especiales sentados sin hacer absolutamente nada mientras los auxiliares veían la tele y tomaban refrescos. Por eso sacamos a Rowan de la escuela pública y su padre creó el New Trails Learning Center, donde el aula es la naturaleza y los ayudantes son los caballos. El personal se dedicaba principalmente a proporcionar terapia equina a otros niños autistas, pero se formó a una persona para enseñar a Rowan en casa siguiendo el currículo oficial de Texas. Aquel tipo de escolarización le aportó muchas cosas maravillosas: estar al aire libre, montar a caballo, viajar y aprender con el método basado en proyectos (como nuestra expedición de naturaleza a Rumania).

No obstante, a medida que Rowan fue creciendo, me di cuenta de que no estaba recibiendo suficientes estímulos. La filosofía del centro consistía en crear un entorno del «sí», lo que significa que a los niños autistas no se les decía «no» ni se los presionaba, y eso hacía que sus cerebros especialmente sensibles y propensos a la ansiedad se cerraran al aprendizaje. Por ejemplo, en lugar de hacer exámenes sobre el material que aprendía, Rowan participaba en una búsqueda del tesoro en la que su profesor evaluaba si conocía el material por la forma en que respondía a las pistas (por ejemplo, ir a la izquierda si Enrique VIII vivió en la Edad Media o a la derecha si vivió en el Renacimiento). Rowan nunca vivió la experiencia de ser evaluado o calificado explícitamente.

Aunque este enfoque redujo su ansiedad y funcionó muy bien cuando era más pequeño, dejó de servirle cuando llegó a la adolescencia. Necesitaba aprender a lidiar con el fracaso y la presión. Me preocupaba que no avanzara académicamente.

Me mudé a Austin con Rowan cuando tenía dieciséis años y le inscribí en una excelente escuela pública conocida por su programa de autismo. Rowan tuvo que entrar como alumno de primer año porque estaba atrasado en sus estudios, pero encajó enseguida. Le encantaba recibir estímulos, tener un profesor diferente en cada clase, aprender cosas nuevas. La ventaja de educarse en casa fue que el espíritu de Rowan nunca se vio aplastado. Era un chico feliz, seguro de sí mismo y totalmente cómodo con su autismo. Este le ayudó a adaptarse. El inconveniente llegó cuando hizo su primera tanda de exámenes. Estaba confuso y no sabía estudiar. Así, como era de esperar, Rowan fracasó en su primer examen importante de Geografía Mundial: un rotundo suspenso.

Cuando llegó a casa y me comunicó la noticia, yo podría haber intentado motivarlo con el enfoque del látigo que Rowan utilizaba en ocasiones consigo mismo. El mismo enfoque que muchas utilizamos con *nosotras mismas*. «Eres un fracasado inútil. Me avergüenzo de ti. Más te vale hacerlo mejor en tu próximo examen.» Por supuesto, no hice tal cosa. No solo habría sido cruel, sino completamente contraproducente. Una respuesta tan dura solo habría servido para que se sintiera peor por haber suspendido y le provocaría una ansiedad abrumadora en su siguiente examen. Etiquetarlo como incompetente socavaría su capacidad de éxito y podría llevarlo a abandonar por completo la asignatura en cuestión.

En lugar de eso, le di un gran abrazo y le reafirmé mi amor. Tuve compasión por el dolor de su experiencia y le hice saber que es normal y natural fracasar cuando se intenta algo nuevo. Me aseguré de que entendiera que fracasar no tenía nada que ver con su inteligencia o su valor como persona. Sin embargo, ¿lo dejé ahí? ¿Me rendí y volví a la búsqueda del tesoro? ¡Por supuesto que no! Dejarlo ahí y limitarme a aceptar su fracaso, sin ayudarlo a intentar superarlo, también habría sido cruel.

Lo que hice fue reunirme con todos sus profesores y examinar detenidamente cómo estaba estudiando Rowan. Pensamos en el modo de apoyarle creando materiales de estudio adaptados. Le animé a seguir intentándolo porque creía en él y sabía que podía hacerlo. Al final del semestre no solo sacaba buenas notas en los exámenes, sino que además disfrutaba del proceso de estudiar y de la sensación de logro que le producía el éxito.

Podemos adoptar un enfoque similar para motivarnos a nosotras mismas. No queremos dejar las cosas tal como están, porque entonces no aprenderemos ni creceremos. Tenemos que asumir riesgos, pero eso significa que fracasaremos inevitablemente. La manera de reaccionar ante los momentos inevitables de fracaso es fundamental para determinar lo que viene después. Castigarnos a nosotras mismas no nos hace avanzar: solo hace que queramos dejar de intentarlo. Si nos aceptamos a nosotras mismas como las obras en construcción que realmente somos, superaremos los contratiempos con mayor facilidad. La autocompasión tierna nos permite consolarnos y tranquilizarnos cuando no tenemos éxito, y la autocompasión fiera nos inspira para volver a intentarlo.

Motivándose al cambio con Autocompasión

Esta práctica se basa en una visión alentadora y sabia para ayudarnos a cambiar un hábito perjudicial. Es una adaptación de un ejercicio que enseñamos en MSC, «Motivándose a Uno Mismo con Autocompasión», que tardamos años en perfeccionar. Pedíamos a los usuarios que empezaran observando cómo su crítico interior motivaba el cambio, y después pasábamos directamente a un enfoque más compasivo. Sin embargo, a casi todos les costaba realizar el cambio. Después de familiarizarnos más con la terapia de sistemas de la familia interna, añadimos el paso de apreciar los esfuerzos de nuestro crítico interior por mantenernos a salvo. Las piezas acabaron encajando, y ahora es uno de los ejercicios más potentes del programa. Dado que nos obliga a mirar directamente a nuestra crítica interna, conviene que procedas con cautela si sabes que interiorizaste esa voz crítica a raíz de alguien abusivo en tu pasado. Si es el caso, tal vez prefieras realizar el ejercicio con la guía de un terapeuta. Recuerda que también puedes parar si es necesario en algún momento. Este es un ejercicio escrito; prepara papel y lápiz.

INSTRUCCIONES

- Piensa en una conducta que te gustaría cambiar, algo que te cause problemas y por lo que te autocriticas. Opta por una conducta entre poco y moderadamente problemática, no una muy perjudicial.
- Entre los ejemplos de este tipo de conducta figuran «llevo una alimentación muy poco sana», «no hago suficiente ejercicio», «procrastino» o «soy muy impaciente».
- No elijas una característica personal que no puedes cambiar y por la que te autocriticas, como el hecho de tener los pies grandes. Se trata de trabajar en algo que haces y te gustaría cambiar.
- Escribe la conducta y los problemas que te provoca.

Identificando a tu crítica interior

- Piensa en cómo se expresa tu crítica interior cuando se produce la conducta. ¿Lo hace con palabras duras? Si es así, escribe el lenguaje que utiliza tan al pie de la letra como te sea posible. ¿Qué tono de voz emplea tu crítica interior?
- La crítica interior de algunas personas no utiliza palabras duras, sino que transmite un sentimiento de decepción, frialdad o incluso insensibilidad. Cada persona es distinta. ¿Cómo se manifiesta tu crítica interior?

Compasión por sentirte criticada

- Cambia de punto de vista e intenta entrar en contacto con la parte de ti misma que recibe las críticas. ¿Qué sientes al recibir ese mensaje? ¿Qué impacto ejerce en ti? ¿Cuáles son las consecuencias? Escríbelo.
- Si quieres, recurre a un poco de autocompasión tierna para consolarte por lo difícil que resulta recibir un trato tan duro. Intenta escribir algunas palabras cálidas y alentadoras a esa parte de ti misma; por ejemplo, «esto duele mucho», «lo siento mucho», «estoy aquí para lo que necesites» o «no eres la única».

Comprendiendo a tu crítica interior

- A continuación, trata de dirigirte a tu crítica interior con interés y curiosidad. Reflexiona un momento sobre lo que la motiva. ¿Intenta protegerte de algún modo, de mantenerte a salvo del peligro, de ayudarte aunque el resultado no sea productivo? Esa parte crítica de ti misma podría ser joven e inmadura, con un conocimiento limitado sobre lo que puede hacer para ayudar. No obstante, la intención podría ser buena.
- Escribe lo que crees que impulsa a tu crítica interior. Si no lo tienes claro, no pasa nada; piensa en las posibilidades.

Dando las gracias a tu crítica interior

- Si has podido identificar de alguna manera cómo intenta protegerte y ayudarte tu crítica interior, y si te sientes segura haciéndolo, prueba a reconocer su esfuerzo. Incluso puedes escribir unas palabras de agradecimiento. Si, por el contrario, no identificas de qué manera intenta ayudarte tu crítica interior o si sientes que es la voz interiorizada de alguien que abusó de ti en el pasado, sáltate este paso. No hay nada que agradecer a una persona que te traumatizó. Dedícate compasión por el dolor de la autocrítica pasada o continúa con el siguiente paso.
- Haz saber a tu crítica interior que aunque no te ayude mucho en este momento, aprecias su esfuerzo para mantenerte a salvo. Hace lo que puede.

Recurrir a la sabiduría

- Ahora que has escuchado a tu voz autocrítica, puedes apartarla a un lado y dejar espacio para otra voz: la voz sabia y cariñosa de la autocompasión.
- A diferencia de la crítica interior, que ve nuestra conducta como el resultado de ser mala o incompetente, nuestro yo interior compasivo entiende los complejos patrones que rigen nuestra conducta. Es capaz de ver todo el panorama y ayudarnos a aprender de nuestros errores.
- ¿Eres capaz de identificar los motivos por los que te encuentras estancada o los factores que contribuyen a tu conducta dañina? Puede que estés muy ocupada o estresada, o que se trate de un hábito con el que te sientes cómoda. ¿Puedes extraer alguna lección de tus errores pasados para cambiar? Anota tus ideas.

Encontrando tu voz compasiva

- Intenta entrar en contacto con la parte de ti misma que quiere animarte a realizar un cambio no porque seas inaceptable tal como eres, sino porque quiere lo mejor para ti. Resulta evidente que esa conducta te está perjudicando y que tu yo interior compasivo quiere aliviar tu sufrimiento.
- Prueba a repetirte una frase que capte la esencia de tu voz compasiva. Por ejemplo, «me importas mucho, y por eso me gustaría ayudarte a realizar un cambio» o «no quiero que sigas haciéndote daño, estoy aquí para apoyarte».
- Empieza a escribirte una carta con una voz compasiva, de manera libre y espontánea, sobre la conducta que te gustaría cambiar. Utilizando la visión alentadora y sabia, ¿qué palabras de motivación se te ocurren?
- Tal vez necesites también unas palabras de autocompasión protectora para que establezcas límites o hagas frente a tu crítica interior.
- Si no sabes qué decir, prueba a escribir las palabras que surgirían de tu corazón bondadoso hablándole a una buena amiga que pasa por un problema similar al tuyo.

- Por último, prueba a combinar el ánimo para cambiar con el hecho de que también está bien estar donde estás, eres una obra en construcción. No tenemos que ser perfectas ni hacerlo todo bien. Comprueba si puedes hacer que la autoaceptación delicada coexista con el impulso activo de mejorar.
- Escribe algunas palabras de reafirmación para recordarte que tanto si consigues realizar el cambio como si no, sigues siendo una persona válida. Podemos intentar hacer las cosas lo mejor posible, pero no controlar absolutamente todo lo que ocurre.

Una participante en uno de mis talleres de MSC me comentó cuánto le sorprendió descubrir que su crítica interior y su yo interior compasivo deseaban lo mismo para ella a pesar de expresarse de maneras muy distintas. Al parecer, se enfrentaba al enfado reactivo en el trabajo (similar a un *bulldog* interior) y deseaba mejorar sus interacciones con sus colegas. Explicó a la clase: «Mi crítica interior me dice constantemente: "Desgraciada". En este ejercicio, mi yo interior compasivo me acaba de decir: "¡Tranquila!".» Nos hizo reír a todos, y yo me sentí muy identificada con ella. Se trata de un bonito ejemplo que ilustra que necesitamos darnos ánimos y apoyarnos a nosotras mismas cuando realizamos la compleja tarea de integrar la autocompasión fiera y la tierna.

MOTIVACIÓN POR LAS RAZONES ADECUADAS

En psicología se distingue entre objetivos de aprendizaje y de desempeño. A las personas con *objetivos de aprendizaje* las motiva el deseo de desarrollar nuevas habilidades y dominar tareas. Para ellas, los errores forman parte del proceso. A las personas con *objetivos de desempeño* las motiva la consecución para defender o motivar a su ego. Ven el fracaso como una amenaza a su autoestima y sienten que deben hacer las cosas mejor que los demás para sentirse bien consigo mismas. Es la autoestima enseñando la patita: no es suficiente lograr mis mejores resultados, tengo que hacerlo mejor que nadie. Las investigaciones demuestran que las personas autocompasivas son menos propensas a tener objetivos de desempeño,[23] porque su sentido de la autoestima no se basa en la comparación social con los demás. Tienden a establecer objetivos de aprendizaje, y el fracaso pasa de ser algo negativo («no puedo creer que el contrato haya sido para Joan y no para mí, soy un fracaso») a una oportunidad de crecimiento («me pregunto qué habrá hecho Joan para conseguir el contrato. A lo mejor la invito a un café y le pregunto»).

Un estudio realizado en la Universidad McGill de Montreal analizó cómo influía la autocompasión en el bienestar de los estudiantes de primer año de universidad que se enfrentaban a sus primeros fracasos.[24] Los alumnos autocompasivos mostraron más objetivos de aprendizaje y menos de desempeño. Se sentían menos disgustados cuando no lograban sus objetivos y afirmaron estar más preocupados por si sus objetivos eran significativos que por el éxito de esos objetivos. La autocompasión nos ayuda a centrarnos en el *motivo* por el que intentamos conseguir algo. Cuando lo hacemos porque queremos desarrollarnos como personas, no importa realmente si tenemos éxito o no, o lo que los demás piensen de nosotros. Lo que importa es que, como la oruga que hila su capullo, realizamos nuestro potencial cuando continuamos desarrollando al máximo nuestros puntos fuertes y nuestro talento.

Los estudios indican que otro regalo de la autocompasión es que fomenta una actitud de crecimiento, no estanca.[25] Carol Dweck, profesora de Psicología de la Universidad de Stanford, fue la primera en utilizar esos términos.[26] Las personas con una actitud de crecimiento creen que pueden mejorar sus capacidades y cambiar aspectos de su personalidad. Las que muestran una actitud fija se consideran atascadas en las habilidades que su ADN y su educación les han brindado, sin apenas posibilidades de cambiar su destino heredado. Las personas con una actitud de crecimiento son más dadas a intentar mejorar, practicar, esforzarse por cambiar, y se mantienen positivas y optimistas cuando se topan con obstáculos.

Cuando somos compasivas con los aspectos de nuestra personalidad que no nos gustan, tenemos más probabilidades de adoptar una mentalidad de crecimiento y creemos en la posibilidad de cambiar. Un estudio dirigido por Juliana Breines y Serena Chen, de la Universidad de California, Berkeley, ilustra bien este punto. Las investigadoras pidieron a un grupo de alumnos que identificaran sus mayores debilidades (en su mayoría, dificultades como la inseguridad, la ansiedad social y la falta de confianza).[27] A continuación, distribuyeron a los participantes de forma aleatoria en tres grupos: uno en el que tenían que escribir sobre su punto débil con compasión, otro en el que tenían que escribir de manera beneficiosa para su autoestima, y uno de control en el que no escribieron nada.

A continuación, se pidió a los alumnos que escribieran si pensaban o no que su debilidad era fija o maleable. En comparación con los otros dos grupos, los que escribieron de manera autocompasiva mostraron una tendencia más clara hacia una mentalidad de crecimiento («sé que puedo cambiar si trabajo mucho») que hacia una mentalidad fija («es innato, no puedo hacer nada»). Irónicamente, la compasión por nuestras debilidades nos da más confianza en nuestra capacidad de mejorar que los mensajes de ánimo de la autoestima.

¿PERDERÉ EL IMPULSO?

La autocompasión no solo fomenta la idea de que el crecimiento es posible; además, incrementa nuestra capacidad de trabajar para conseguirlo. Aunque muchas personas temen que la autocompasión les haga perder empuje, lo cierto es que ocurre todo lo contrario. Cuando aprendemos a ser más autocompasivas, nuestro nivel de iniciativa personal (es decir, la intención de hacernos cargo de nuestros sueños y cumplirlos) aumenta de forma considerable.[28] La autocompasión no significa dejarse caer en la aceptación pasiva como nos dejaríamos caer en un sillón reclinable. Cuando aceptamos el hecho de que tenemos puntos débiles (¿quién no los tiene?), también tratamos de superarlos.

En otro estudio de Breines y Chen, diversos alumnos de Berkeley se sometieron a un complicado test de vocabulario con unos resultados muy mediocres.[29] A un grupo se le pidió que fuera autocompasivo con el fracaso («si has tenido dificultades con el test que acabas de hacer, no estás solo: resulta habitual que los alumnos tengan dificultades con test como este»); a un segundo grupo se le transmitió un mensaje estimulante para el ego («no te preocupes, tienes que ser inteligente si has entrado en *esta* universidad»), y el tercer grupo, el de control, no recibió ninguna instrucción. A continuación se informó a los alumnos de que pronto realizarían un segundo test de vocabulario. Se les pasó una lista de palabras y definiciones que podían estudiar durante el tiempo que quisieran antes de volver a intentarlo. Las investigadoras registraron el tiempo de estudio. Los alumnos a los que se animó a ser autocompasivos después de fracasar en el primer test invirtieron más tiempo en estudiar que los de los otros dos grupos, y ese tiempo se reflejó en los resultados.

Un motivo habitual por el que no damos lo mejor de nosotros mismos es porque procrastinamos. Ya sea apagando el despertador siete veces o posponiendo esa difícil pero necesaria conversación con un empleado que no hace bien su trabajo, o la revisión con el dentista, la procrastinación hace que las cosas resulten mucho más difíciles. Aunque aplazamos las cosas para evitar el estrés y la incomodidad de realizar una tarea desagradable, resulta irónico que la procrastinación en sí misma sea una importante causa de estrés y ansiedad.[30] Los procrastinadores tienden a autocriticarse y a sentirse incapaces de alcanzar sus objetivos, lo que solo conduce a más preocupaciones y retrasos. Puede ser un bucle interminable del que resulta muy difícil escapar. Las investigaciones demuestran que la autocompasión ayuda a romper ese ciclo porque reduce no solo la procrastinación, sino también el estrés asociado a ella.[31] La autocompasión tierna nos permite aceptar la molestia de una tarea no deseada y no juzgar nuestro deseo de posponerla. La autocompasión fiera nos impulsa a pasar a la acción para hacer lo que debemos.

El corazón autocompasivo es como combustible que nos da empuje para acabar lo que tenemos que acabar.

JUST DO IT, HAZLO

Dado que la autocompasión incrementa la motivación y nos ayuda a reaccionar al fracaso de manera productiva, está empezando a implantarse en el mundo del deporte. Los atletas se ven sometidos a una enorme presión cuando cometen un error. Un fallo en un penalti o un tiro libre puede costar la victoria al equipo y decepcionar a miles de seguidores. Sin embargo, cuando los deportistas se autocritican, les cuesta más recuperar el ritmo. El fracaso forma parte del juego. La reacción de los deportistas a sus errores es fundamental para mantener la competitividad.

El mito de que la autocompasión perjudica a la motivación circula especialmente entre atletas cuyo sustento podría depender de su rendimiento. En un estudio cualitativo acerca de sus creencias sobre la autocompasión, una joven jugadora de baloncesto afirmó: «Si eres demasiado autocompasivo, siempre te conformarás con dar la talla. Nunca te esforzarás por mejorar, y para un deportista de élite eso no debería ser aceptable. Yo necesito ser dura conmigo misma porque si no lo soy, me voy a conformar con ser mediocre».[32] Me parte el corazón escuchar cosas como esa por parte de deportistas. Humillarse no ayuda a alzarse por encima de la mediocridad, solo sirve para quedarse atrapado en el estrés y la ansiedad. Puedes decidir que tu rendimiento no está a la altura y luchar por mejorar sin juzgarte duramente como persona. Esa red de seguridad de saber que lo haces bien, aunque tu rendimiento no sea el mejor, te ayuda a seguir adelante.

De hecho, cada vez más investigaciones demuestran que los deportistas autocompasivos reaccionan de manera más constructiva al fracaso en situaciones de su deporte emocionalmente difíciles. Un estudio realizado en la Universidad de Saskatchewan[33] concluyó que después de cometer errores o de perder, los deportistas autocompasivos mostraron menos tendencia a catastrofizar («he arruinado mi vida») o a tomarse las cosas personalmente («¿por qué me pasan siempre estas cosas?»), y más a mantener la ecuanimidad («todo el mundo tiene un mal día de vez en cuando»). Otro estudio realizado por los mismos investigadores descubrió que los deportistas con autocompasión aseguraban sentir más vitalidad durante sus intervenciones y estaban más motivados para crecer y desarrollarse como profesionales.[34] Cuando se les preguntó por su reacción ante situaciones como cometer un error que implicara la derrota del equipo, se mostraron más propensos a asumir la responsabilidad y a trabajar para mejorar sus habilidades.

Los deportistas autocompasivos afirman sentir menos ansiedad cuando juegan, son más capaces de concentrarse y sienten menos tensión en el cuerpo.[35] Esto se debe en parte al efecto de la autocompasión en el sistema nervioso. Investigadores de la Universidad de Manitoba realizaron un estudio sobre la autocompasión con casi un centenar de atletas universitarios o de escala nacional.[36] Conectaron a los participantes a un sistema de *biofeedback* para medir sus reacciones cuando pensaban en un fallo del pasado. Los atletas autocompasivos se mostraron más calmados fisiológicamente y con una frecuencia cardiaca más variada, lo que aporta una mayor flexibilidad para responder a cambios repentinos como los que pueden producirse en el ámbito deportivo. Las mentes sanas crean cuerpos sanos, que es en parte la forma en que la autocompasión ayuda a los deportistas a lograr el máximo rendimiento.

Por suerte, algunos entrenadores están empezando a entenderlo. Hace unos años, Shaka Smart (entrenador del equipo de baloncesto masculino de la Universidad de Texas en Austin) se interesó por la autocompasión después de leer mi primer libro. Me invitó a impartir un taller breve para que su equipo aprendiera a afrontar el fracaso de manera más productiva. Dado que el baloncesto es un deporte intenso y los jugadores lanzan y fallan canastas constantemente, quedarse atascado después de un fallo significa la derrota. Shaka pensó que la autocompasión podría ayudar.

Pensé que lo más probable sería que el equipo tuviera una reacción negativa al término *autocompasión*, así que no lo utilicé. Hablé sobre la importancia de entrenar la fuerza interior, ya que eso es lo que proporciona la autocompasión fiera. Recordé a los jugadores que tenían que estar mentalmente en forma, no solo físicamente, para gestionar los errores de manera productiva. Para contrarrestar el mito de la complacencia, expuse las investigaciones que demuestran que darse apoyo a uno mismo después de cometer un error incrementa la motivación y la persistencia. A continuación, pregunté: «¿Qué entrenador interior quieren tener en su cabeza? ¿Uno que les grita, les humilla y los pone nerviosos, o uno que los anima y aplica la inteligencia para decirles lo que deben cambiar? ¿Qué entrenador interior será más efectivo?». Al equipo le gustó la idea de la autocompasión abordada de la manera adecuada.

Enseñé algunas prácticas a los chicos, como crear una imagen de un entrenador ideal con una visión alentadora y sabia que los ayudara a jugar lo mejor posible (por suerte, Shaka era un buen modelo). Les mostré cómo utilizar la pausa de la autocompasión que nos motiva cuando necesitaran un empujón y les demostré el tacto tranquilizador y de apoyo para afianzarse emocionalmente dentro y fuera de la cancha. Hoy, el equipo continúa practicando los principios básicos de la autocompasión (¡vamos, Longhorns!).

¿MOTIVACIÓN O PERFECCIONISMO?

Aunque la autocompasión fiera nos motiva para mejorar, si no se equilibra con la autoaceptación puede convertirse fácilmente en perfeccionismo dañino. La sociedad nos presiona mucho para que hagamos bien las cosas. Si nos lanzamos a realizar cambios sin la autoaceptación de una presencia amorosa y conectada, podríamos perpetuar un círculo vicioso de afán de superación incesante. Podemos esforzarnos por ser más inteligentes, o estar más sanos, o tener más éxito o, incluso, ser más autocompasivos con la mentalidad de intentar arreglar lo que se ha roto.

Existen dos tipos de perfeccionismo: el adaptativo y el desadaptativo.[37] El *perfeccionismo adaptativo* significa que nos imponemos unos estándares altos, un enfoque que tiende a mejorar los logros y la perseverancia. El *perfeccionismo desadaptativo* significa que nos autocriticamos cuando no alcanzamos los estándares altos que nos hemos fijado, por lo que acabamos sintiendo que lo mejor de nosotros mismos no es lo suficientemente bueno. Esto puede hacer que nos deprimamos e, irónicamente, que se debilite nuestra capacidad de logro.[38]

En comparación con las personas autocríticas, las autocompasivas apuntan igual de alto en lo que respecta a los estándares de rendimiento.[39] Sueñan a lo grande y quieren alcanzar tantos logros como cualquier otra persona. La diferencia radica en cómo se tratan a sí mismas cuando no alcanzan sus objetivos. Las personas autocompasivas no se machacan cuando fracasan y tienen niveles mucho más bajos de perfeccionismo desadaptativo.[40] El equilibrio entre el yin y el yang aporta energía a las personas autocompasivas para continuar persiguiendo sus sueños incluso cuando se enfrentan a contratiempos. Por ejemplo, un estudio sobre alumnos de Medicina (que tienden a ponerse el listón muy alto) concluyó que los internos más autocompasivos eran menos dados a tener respuestas inadaptadas al fracaso y tenían más probabilidades de acabar sus estudios.[41]

Encuentro mucho perfeccionismo entre los estudiantes de una universidad de primera como la de Texas en Austin. Los alumnos que más acuden a mi despacho en horas de tutoría para preguntarme cómo pueden obtener un crédito extra son los de grado que obtienen una A (el equivalente a un sobresaliente). Muchos alumnos de posgrado también son perfeccionistas. De hecho, los estándares altos suelen ser la causa de su éxito académico. El perfeccionismo resulta contraproducente, sin embargo, cuando se aborda una tarea compleja como un trabajo final de máster o una tesis doctoral. La innovación y la creatividad surgen cuando se tiene la seguridad suficiente para cometer errores, para equivocarse.

Tuve una alumna de posgrado en mi laboratorio de investigación llamada Molly a la que le apasionaba el estudio de la autocompasión. Se había familiarizado con mi trabajo durante sus estudios de grado en Texas A&M, y me aseguró que había transformado su vida de forma radical. Molly era lesbiana en el seno de una familia bastante conservadora, y atribuía a la práctica de la autocompasión el valor de salir del armario a los veinte años. Molly empleó la autocompasión tierna para aceptar y acoger plenamente quien era, y la autocompasión fiera para comunicar a sus padres que era homosexual, tanto si les gustaba como si no. En realidad, aceptaron la noticia mejor de lo que ella esperaba, aunque necesitaron varias conversaciones difíciles para llegar a ese punto.

Resultaba difícil no dejarse conquistar por Molly. Era brillante, divertida, muy inteligente y ambiciosa. Destacaba en todo lo que hacía, ya fuera volar en parapente (su afición favorita), hablar japonés (lo hacía con fluidez) o luchar por la justicia social (organizó un desfile del orgullo gay con su grupo de estudiantes LGTBQ+ de A&M). Al principio se mostró escéptica respecto a la autocompasión porque pensaba que podría restarle energía, pero rápidamente descubrió que la ayudaba a conseguir aquellos sobresalientes a los que estaba acostumbrada. Era tan inteligente que no se había enfrentado a ningún reto académico hasta que llegó al posgrado. Una estudiante de grado excepcionalmente inteligente pero una estudiante media de posgrado, porque, aunque seguía sacando sobresalientes en la mayoría de sus asignaturas, tenía problemas con la Estadística Avanzada. Necesitaba conocimientos especializados de estadística para llevar a cabo la investigación para su tesis (que trataba sobre la ayuda que ofrece la autocompasión a las parejas del mismo sexo para enfrentarse a la discriminación). Recibió clases particulares adicionales, estudió hasta altas horas de la noche y trató de animarse a sí misma a trabajar más y mejor, pero seguía sacando C (C se considera un reprobado en posgrado).

—No sé por qué no mejoran mis notas —me dijo—. No me estoy machacando, estoy siendo amable y animándome con cariño a esforzarme más.

Aunque no fuera abiertamente dura consigo misma, sospeché que una parte de ella no aceptaba que hubiera algo en lo que no destacara. Todavía albergaba la creencia tácita de que tenía que ser perfecta. Ser una alumna sobresaliente se había convertido en una parte tan importante de su identidad que obtener una C era devastador para ella. La ayudé a entender que la motivación de la autocompasión no siempre significa hacerlo mejor. Aunque la fiereza nos anima a esforzarnos por mejorar, también necesitamos ternura para aceptar nuestras limitaciones. ¿Sería el fin del mundo si no era especialmente buena en Estadística Avanzada? Siempre podría recurrir a un asesor en estadística para su tesis. Finalmente, Molly se reconcilió con el hecho de que ese campo no era su fuerte y, por suerte, no le impidió avanzar con su investigación.

Cuando equilibramos la autocompasión fiera y la tierna, no solo tomamos medidas para mejorar; además, aceptamos nuestra imperfección humana. Y cuanto más seguras nos sintamos en nuestra autoaceptación incondicional, más recursos emocionales tendremos para esforzarnos, desafiarnos a nosotras mismas, y hacerlo mejor cuando sea posible. Carl Rogers, uno de los fundadores del movimiento de la psicología humanista en la década de 1940, lo resumió bien cuando afirmó: «La curiosa paradoja es que cuando me acepto tal como soy, puedo cambiar».[42] Una de las maravillas de automotivarnos con compasión es que elimina la ansiedad y el estrés del proceso. Dejamos de agotarnos con la necesidad de ser perfectas o de destacar entre la multitud. No tenemos que superar a los demás para medir nuestro éxito. «Yo contra el mundo» se convierte en «yo como parte del mundo». Los logros personales dejan de ser personales, lo que significa que podemos animarnos a dar lo mejor de nosotras mismas sin exigirnos hacerlo bien siempre.

EL RETO PARA LAS MUJERES

Para las mujeres resulta especialmente importante equilibrar la autocompasión fiera y tierna cuando intentamos realizar un cambio productivo en nuestras vidas y en el mundo en general. El perfeccionismo o el esfuerzo excesivo por alcanzar logros sin la red de seguridad de la autoaceptación incondicional solo añadirá una presión adicional a nuestro trabajo en el mundo. Por otro lado, aprovechar la bondad para superar las barreras, teniendo siempre presente que nos cuidaremos y nos apoyaremos aunque fracasemos, nos resultará mucho más beneficioso.

Como mujeres, tenemos una tarea monumental por delante. El planeta se está calentando. El sistema político ha fracasado. La gente se muere de hambre en algunos lugares del mundo y por obesidad en otros. El sexismo y el racismo arraigados, y la desigualdad económica parecen no tener fin. En su famoso discurso en la Convención de los Derechos de la Mujer (1851), Sojourner Truth afirmó ante las asistentes: «Si la primera mujer que hizo Dios fue suficientemente fuerte para poner el mundo patas arriba ella sola, ¡estas mujeres juntas tendrían que ser capaces de volver a colocarlo en su sitio! Y ahora que están pidiendo hacerlo, más vale que los hombres las dejen».[43] Los viejos métodos del patriarcado ya no funcionan, y es probable que sean las mujeres las que eviten que el mundo se vaya al carajo. Para asumir este reto, resulta esencial que tengamos acceso a todas las herramientas de la autocompasión. La presencia amorosa y conectada nos ayudará a soportar el dolor sin sentirnos superadas. La claridad valiente y empoderada nos hará reaccionar para protegernos del dolor, a nosotras y a nuestros semejantes. La autenticidad plena y equilibrada nos permitirá forjar una nueva forma sostenible de vivir en el mundo. Y la visión alentadora y sabia nos inspirará para trabajar por el cambio necesario. Si somos capaces de aprovechar todo el poder de la compasión fiera y la tierna con el objetivo de aliviar el sufrimiento interior y exterior, ¿quién sabe lo que podremos conseguir?

TERCERA PARTE

LA AUTOCOMPASIÓN
EN EL MUNDO

Capítulo 9
EQUILIBRIO E IGUALDAD
EN EL TRABAJO

> Si nos dan una oportunidad, podremos hacerlo. A fin de
> cuentas, Ginger Rogers hacía exactamente lo mismo que
> Fred Astaire, pero además hacia atrás y con tacones.
>
> ANN RICHARDS, exgobernadora de Texas[1]

Nuestras bisabuelas crecieron en una época en la que las mujeres no podían votar. Se esperaba que se quedaran en casa, se encargaran de las tareas domésticas y cuidaran de los hijos mientras los hombres tenían trabajo y ganaban dinero. Desde entonces se han producido enormes avances en la igualdad de género. En numerosos países, las mujeres universitarias superan en número a los hombres en todos los niveles (grado, máster y doctorado),[2] y obtienen mejores calificaciones.[3] Las mujeres, además, constituimos alrededor del 47% de la población activa.[4] Ocupamos aproximadamente el 50% de los puestos directivos y profesionales, y superamos ligeramente a los hombres en campos como la educación, la sanidad, el sector inmobiliario, las finanzas, los recursos humanos, el trabajo social y los servicios a la comunidad.[5] Sin embargo, nos queda un largo camino por recorrer. En 2018, el sueldo medio de los hombres era un 26,5% superior al de las mujeres. Por poner un ejemplo, en ese mismo año las mujeres trabajadoras americanas ganaron 82 centavos por cada dólar masculino. Y existen diferencias de grupo dentro de esa cifra:[6] las mujeres asiáticas ganaron 90 centavos; las blancas, 79 centavos; las mujeres negras recibieron 62 centavos y las hispanas obtuvieron 54 centavos por cada dólar de un sueldo masculino. Parte de esa brecha salarial se debe a la discriminación, tanto sexual como racial, pero también al hecho de que las mujeres nos repartimos en diferentes profesiones.[7] Los hombres suelen trabajar en campos mejor pagados, como la ingeniería o la informática, mientras que las mujeres tenemos tendencia a trabajar en profesiones peor pagadas, como la enfermería o la educación. Y las mujeres inmigrantes tienen más probabilidades de trabajar en los empleos peor pagados del sector servicios.

Además, el cuidado del hogar y la familia se sigue considerando una responsabilidad femenina en gran medida. Las mujeres tenemos cinco veces más probabilidades de quedarnos en casa a cuidar de los hijos que los hombres.[8] Independientemente de nuestra situación laboral, las mujeres dedicamos más tiempo que los hombres a tareas domésticas como el cuidado de los hijos, de los mayores y del hogar.[9] Las mujeres desempleadas son las que más tiempo dedican a las tareas domésticas (alrededor de treinta y tres horas a la semana), seguidas por las mujeres que trabajamos (veinticuatro horas), los hombres desempleados (veintitrés horas) y los hombres que trabajan (dieciséis horas).[10] Esto significa que las mujeres que trabajan fuera de casa dedican más horas a las tareas del hogar que los hombres que no trabajan. Y estos patrones desiguales se mantienen más o menos en todos los grupos raciales y étnicos. El hecho de que se espere que incluso las mujeres que trabajan fuera de casa nos ocupemos del hogar significa que es más probable que trabajemos a tiempo parcial, que nos acojamos a la baja por maternidad y que necesitemos un horario flexible. Todo ello nos sitúa en desventaja en cuanto a salarios y ascensos.[11]

Las mujeres solo ocupamos el 23% de los puestos en los consejos de administración de las empresas de la lista Fortune 500, y el número de mujeres de color es de solo un 5%.[12] En los puestos más altos, solo el 5% de los directores generales de esas empresas son mujeres de cualquier etnia. Según un estudio reciente, existen menos mujeres directoras ejecutivas que hombres con ese cargo llamados James (en Estados Unidos).[13] Las barreras laborales parecen tan blindadas como siempre.

La cuestión de la igualdad de género en el trabajo debe entenderse en el contexto más amplio de los estereotipos que presentan a los hombres como orientados al sentido de agencia y a las mujeres como comunales.[14] La agencia se asocia con los logros, las exhibiciones de habilidad, la competencia, la ambición, el trabajo duro, la concentración y la autosuficiencia. Es la capacidad de tomar las riendas y hacerse valer de manera enérgica, utilizando la racionalidad y la lógica para analizar y resolver los problemas. Esas son las cualidades que necesitan los líderes eficaces de alto nivel.

Por otro lado, la comunalidad se asocia con la calidez, la amabilidad y la cooperación. Se caracteriza por la empatía, la sensibilidad emocional y la confianza en la intuición además de la lógica. Implica actuar con respeto, discreción y deferencia con los demás. Estas cualidades se valoran más en los mandos intermedios, las secretarias y el sector servicios.

El hecho de que apenas se hayan producido cambios en esos estereotipos de género en los últimos treinta años demuestra que nos encontramos ante una situación muy enquistada.[15] Si esperamos alcanzar la igualdad algún día, tenemos que replantearnos nuestros puntos de vista sobre el género y ampliar miras acerca de lo que constituye un lugar de trabajo funcional.

DESEQUILIBRIO EN EL TRABAJO

El mundo empresarial, tradicionalmente masculino,[16] hace hincapié en la acción fiera. Se necesita autoprotección para asegurarse de salvaguardar los resultados y evitar que los competidores tomen la delantera. En el mundo empresarial, satisfacer las propias necesidades mediante el aumento de sueldos y beneficios se considera una buena práctica. Y la motivación para rendir al máximo y alcanzar la excelencia forma parte indisoluble de la cultura empresarial. Cualidades como la amabilidad, la aceptación y la comprensión no tienen mucho peso, lo que provoca un desequilibrio entre el yin y el yang. Un análisis sobre el uso del vocabulario en el *Wall Street Journal* entre los años 1984 y 2000 reveló que términos como *ganar*, *ventaja* y *derrotar* aparecían en miles de artículos, y que su aparición había aumentado más de un 400% en ese periodo de diecisiete años.[17] En cuanto a términos como *cuidado* y *compasión*, eran prácticamente inexistentes. La preocupación por el bienestar de los demás casi siempre se ignora si perjudica los beneficios, lo que provoca que el mundo se vea a través de una lente deformada.

Una consecuencia negativa de ese desequilibrio es el acoso. Las personas con una visión unidimensional del poder intentan ejercerlo criticando, ridiculizando, humillando o metiéndose con los demás. El acoso laboral se halla más presente en entornos muy competitivos que estimulan los logros individuales.[18] Los superiores tienden a acosar a sus subordinados, y los hombres acosan más que las mujeres. En otras palabras, cuando la fiereza no se contrarresta con ternura, las cosas tienden a descontrolarse. Los estudios demuestran que la mayoría de los trabajadores experimentan acoso en algún momento de sus carreras,[19] lo que provoca un aumento de sustituciones y absentismo, menos compromiso con el trabajo, menos satisfacción laboral y problemas de salud mental. Cualquiera que viera el primer debate presidencial entre Donald Trump y Joe Biden sabe lo dañino que puede ser el acoso. Dificulta mucho las cosas.

Otra consecuencia de ese desequilibrio es la codicia desenfrenada. Tomemos como ejemplo la industria farmacéutica: aunque el campo de la medicina debería centrarse en la compasión y la curación, a las grandes farmacéuticas les preocupa más ganar dinero para los accionistas que tener en cuenta a los pacientes.[20] El medicamento que mi hermano y yo tomamos para nuestra enfermedad de Wilson es un ejemplo de libro de esta forma de lucro. Dado que la enfermedad de Wilson es tan rara (afecta a entre diez y treinta personas por cada millón de habitantes), casi no hay mercado para los fármacos que la tratan. Los dos tomamos Syprine, un agente quelante desarrollado en la década de 1960. En 2015, Valeant Pharmaceuticals compró la patente del fármaco, y en el transcurso de unos años subió el precio un 3.500%: antes costaba seiscientos dólares por mes y ahora cuesta veintiún mil dólares. Teva Pharmaceuticals produjo una versión genérica del medicamento en 2018 y decidió cobrar dieciocho mil dólares por el suministro de un mes (¡vaya ganga!).[21] Por suerte, mi hermano y yo contamos con buenos seguros y no tenemos que desembolsar grandes sumas, pero nuestras aseguradoras todavía tienen que pagar el dineral de medio millón de dólares que estos traficantes exigen cada año para cubrirnos, un gasto que se transfiere a otros miembros del plan. La falta de compasión en el mercado nos perjudica a todos.

Afortunadamente, existe un movimiento incipiente por la incorporación de valores como la amabilidad y la conexión en el mundo empresarial. Jane Dutton y sus colegas del Compassion Lab de la Ross School of Business, de la Universidad de Míchigan, son pioneros en el estudio de la influencia de la compasión en la cultura laboral.[22] Sostienen que el modelo empresarial de egoísmo y beneficio a toda costa es insostenible. Los puestos de trabajo que no priorizan el bienestar de los empleados pueden convertirse fácilmente en entornos hostiles, con jefes egoístas, políticas de oficina dañinas, acoso sexual, abuso psicológico e incluso violencia laboral. El trabajo en un entorno laboral insensible mina la moral, incrementa el estrés y conduce a la depresión. Los cálculos de las pérdidas económicas y la disminución de la productividad relacionadas con ese estrés (basadas en el aumento del absentismo y la rotación de personal,[23] así como en los costes médicos, legales y de seguros) pueden ascender a miles de millones cada año.

Por otro lado, las organizaciones que establecen una cultura de la compasión obtienen beneficios tangibles. Por ejemplo, las empresas que lanzan campañas de donación[24] para ayudar a los empleados necesitados, recompensan las buenas acciones, fomentan la expresión de las emociones en el lugar de trabajo y tienen una política de tolerancia cero frente al acoso desarrollan un mayor compromiso entre los empleados, mejoran la eficacia del equipo y reducen las sustituciones. Estos programas, además, incrementan el rendimiento y mejoran los resultados.[25] Aunque este movimiento resulta prometedor, la cultura empresarial actual ensalza la fiereza y menosprecia la ternura, y tendrá que pasar bastante tiempo antes de que se imponga una reforma seria.

El desequilibrio del yin y el yang en la cultura empresarial contribuye a explicar por qué las mujeres son más propensas a aceptar trabajos mal pagados como profesoras, enfermeras o trabajadoras sociales. En primer lugar, las profesiones dominadas por los hombres que priorizan la codicia sobre el cuidado de los demás suelen ser poco atractivas para las mujeres.[26] En segundo lugar, dado que las mujeres han sido educadas para ser cuidadoras expertas, tienden a interesarse más y a sentirse más cualificadas para las profesiones que implican cuidados.[27] Los demás tienden a estar de acuerdo y contratan más a mujeres para esas funciones, lo que hace que haya menos barreras para el éxito en esos campos. Por desgracia, el hecho de que las profesiones relacionadas con los cuidados se consideren femeninas significa que los empleados de ese sector también tienden a disfrutar de menos valor y estatus, así como de sueldos más bajos.[28]

CONCILIAR TRABAJO Y FAMILIA

El trabajo de las mujeres suele estar condicionado por la necesidad de conciliación con las responsabilidades del cuidado de los hijos. Entre las parejas heterosexuales con hijos, normalmente es el hombre el que trabaja a tiempo completo[29] y la mujer lo hace a tiempo parcial, sobre todo porque los hombres suelen cobrar más. En una encuesta realizada en 2018 por el Center for American Progress[30] entre una muestra demográficamente diversa de casi quinientos padres, las madres se mostraron un 40% más propensas que los padres a informar de que sus carreras se habían visto afectadas por cuestiones relacionadas con el cuidado de los hijos. E incluso cuando las mujeres se las arreglan para sacar adelante a sus hijos, se sienten más culpables que los hombres por trabajar a tiempo completo.[31] Dado que nos educan para subordinar nuestras propias necesidades a las de los demás, sentimos que es egoísta dar prioridad a nuestros trabajos, una preocupación que los hombres no suelen compartir.

La solución no consiste en que las mujeres se parezcan más a los hombres y prioricen el trabajo a expensas de la familia, sino que las oportunidades de trabajo y las responsabilidades familiares se compartan de forma más equitativa. Se puede hacer, aunque debemos reconocer que es más fácil para las mujeres con más recursos o con un historial de apoyo familiar amplio. Los programas gubernamentales (como la atención infantil universal y el permiso familiar remunerado para los padres) también pueden suponer una gran diferencia.

Mi amiga Lin consiguió el equilibrio perfecto. La conocí en una clase de yoga poco después de mudarme a Austin, y muchos días nos tomábamos un té juntas después de clase. Por aquel entonces, Lin trabajaba como diseñadora gráfica en una empresa de publicidad de Austin y empezaba a ser conocida por su trabajo. Sin embargo, también se había criado en una familia asiática tradicional y sus padres la animaron a intentar tener un bebé después de cumplir los treinta. Lin quería tener un hijo, pero no se sentía preparada: estaba disfrutando mucho de su carrera y no quería interrumpirla. En cambio, su marido empezó a preocuparse por las posibles complicaciones de un embarazo. David no quería esperar, así que Lin accedió a intentar quedarse embarazada. Su empresa tenía una estupenda política de baja de maternidad y le guardaría el puesto durante cuatro meses, incluso después de que se agotaran sus ocho semanas de baja. Lin se sintió confusa cuando se quedó embarazada, pero dio por sentado que la interrupción duraría un máximo de seis meses.

Lin tuvo una niña sana, Amy, y David demostró ser un buen padre. Se implicó, ayudaba a cambiar los pañales a la bebé, consolaba a Amy cuando se sentía molesta y la llevaba a pasear en el cochecito casi todas las tardes. A Lin le encantaba ser madre, pero después de medio año de maternidad a tiempo completo, estaba preparada para volver al trabajo.

En aquel momento no había estallado la pandemia de COVID-19, y la expectativa de la empresa de Lin era que los empleados trabajaran de manera presencial. Por tanto, mi amiga tenía que planificar cómo iba a hacerlo. Ninguno de los abuelos vivía en la ciudad, pero se las arregló para encontrar una guardería que le gustaba. Sin embargo, los padres de Lin estaban totalmente en contra de la idea de que volviera a trabajar y fueron muy duros con ella: «No querrás ser una de esas madres ausentes y negligentes, ¿verdad? Tu hija te necesita en casa. Quedará marcada de por vida si la abandonas así». David también estaba en contra de la idea y no le gustaba pensar que Amy pasara el día con extraños a una edad tan temprana. Lin estaba indecisa, pero finalmente cedió y decidió trabajar en casa a tiempo parcial para una empresa de telemarketing que le ofrecía flexibilidad, pensando que podría volver a su trabajo como diseñadora gráfica cuando Amy empezara preescolar.

Lin odiaba aquel trabajo, pero el sueldo no estaba mal y podía cuidar de Amy entre llamada y llamada. Sin embargo, poco tiempo después empezó a sentirse molesta. Torcía el gesto cuando David entraba por la puerta después de un día de trabajo en su estudio de arquitectura. ¿Por qué él podía continuar con la carrera que le gustaba y ella no? Lin intentaba apaciguar aquellos sentimientos y centrarse en todo lo que agradecía, como un marido que la apoyaba y una hija sana. Muchas madres trabajadoras no pueden permitirse el lujo de quedarse en casa con sus hijos aunque quieran. Lin se decía a sí misma que habría sido egoísta anteponer sus propias necesidades.

Cuando Amy tenía dieciocho meses, Lin empezó a sentirse abatida. David supuso que era una depresión posparto provocada por las hormonas, pero Lin sospechaba que se trataba de algo más. Cuando hablamos sobre su situación, animé a Lin a indagar en lo que su descontento le estaba advirtiendo. Inmediatamente dijo que odiaba su vida y que se odiaba a sí misma por odiarla. Le sugerí que se centrara en la autocompasión tierna y que se tratara a sí misma con amabilidad y aceptación durante aquella etapa difícil. A Lin le gustaba escribir, y todos los días dedicaba un rato a su diario. Validó el hecho de que aunque tenía muchas cosas por las que sentirse agradecida, su insatisfacción era real. Se tranquilizó diciéndose que era normal y natural sentirse mal en su situación y que, de hecho, a muchas otras mujeres les ocurría lo mismo. Empezó a ser más cariñosa y comprensiva consigo misma, y se dio cuenta de que sus necesidades eran importantes.

Después de asumir una posición más estable, sugerí a Lin que empezara a centrarse en la autocompasión fiera y en actos que podía llevar a cabo para introducir un cambio. Se dio cuenta de lo importante que era para ella ser diseñadora gráfica; adoraba la mezcla de creatividad y pragmatismo que le permitía integrar el cerebro izquierdo y el derecho. Desempeñar un trabajo satisfactorio era necesario para su felicidad. Quería encontrar la manera de volver, pero se sentía dividida por sus responsabilidades como madre. Además, le preocupaba conseguir trabajo después de tanto tiempo fuera del mercado. Le sugerí que intentara escribirse a sí misma unas palabras de apoyo en su diario, las mismas que dirigiría a una buena amiga a la que apreciara.

Al cabo de un par de meses, Lin decidió intentar recuperar su antiguo trabajo. Se apoyó en la autocompasión fiera para tratar con su antiguo jefe, hacerse valer ante su marido y enfrentarse a sus padres. Con su jefe fue sencillo: Lin tenía mucho talento y le dijo que podía volver cuando quisiera. Con su familia le costó más. Lin le explicó a David cómo se sentía, que su acuerdo la había hecho profundamente infeliz. Al principio, él trató de disuadirla, pero Lin se mantuvo firme y dijo que debían dar la misma prioridad a sus respectivas carreras y compartir el cuidado de su hija. Sugirió que se replantearan sus acuerdos laborales. ¿Podrían repartirse el tiempo en la oficina y en casa, por ejemplo? Después de negociar un poco, David aceptó. Su matrimonio había sufrido y quería volver a ver feliz a Lin. Además, admitió que era lo más justo (algo que impresionó mucho a mi amiga).

Los padres de Lin, en cambio, mantuvieron su postura. Su madre continuó diciendo que Amy quedaría psicológicamente dañada si no estaba con Lin todo el día.

—No estoy de acuerdo —respondió Lin—. Cuando Amy crezca, seguirá teniendo un modelo fuerte en su madre, alguien que se valora a sí misma y que satisface sus propias necesidades.

Su madre no aprobaba aquellas ideas, pero Lin no necesitaba su aprobación. ¡Se aprobaba a sí misma! Cuando Lin regresó al trabajo, a hacer lo que le gustaba, descubrió que disfrutaba más del tiempo con Amy y David, y que podía dar más como esposa, madre e hija. Aunque afirma que encontrar el equilibrio entre el trabajo y la maternidad es una lucha continua, como le ocurre a la mayoría de las mujeres, el esfuerzo merece la pena.

PERCEPCIONES DE LA COMPETENCIA

La maternidad no es lo único que supone una barrera para las mujeres en el trabajo: lo es también la dañina idea de que las mujeres son menos competentes en el ámbito laboral. Este sesgo no es consciente: cuando se pregunta a la gente qué opina sobre la competencia laboral de hombres y mujeres, la mayoría responde que somos igual de competentes o que las mujeres somos incluso más competentes.[32] A nivel inconsciente, sin embargo, el sesgo está muy arraigado. Un buen ejemplo: un estudio reciente reveló que los asistentes virtuales con voz masculina se consideran más eficaces que los de voz femenina.[33] ¡Y eso a pesar de que los ordenadores ni siquiera son humanos! Madeline Heilman, de la Universidad de Nueva York,[34] es una de las investigadoras más destacadas en el estudio del papel de los prejuicios implícitos en la aparición de percepciones de género en el trabajo. Para ser competentes, los líderes deben poseer cierto nivel de agresividad y dureza emocional. Sin embargo, la información sobre la competencia suele ser un poco imprecisa, de modo que utilizamos los estereotipos de género como una guía inconsciente que nos ayuda a procesar la información. Dado que, según los estereotipos, las mujeres tenemos rasgos comunales tiernos,[35] no de sentido de agencia fieros, se da por supuesto que no tenemos lo que hace falta para estar al mando.

La discriminación de género sitúa a las mujeres en una enorme desventaja en el trabajo porque nuestra conducta se malinterpreta y se distorsiona continuamente. Por ejemplo, defenderse de manera apasionada frente a las críticas de un colega se considera una señal de fuerza en un hombre, pero de inestabilidad en una mujer. Cambiar de opinión se ve como una señal de flexibilidad en un hombre, pero se interpreta como una señal de carácter errático o indeciso si lo hace una mujer. Posponer una decisión parece prudente si lo hace un hombre, pero se interpreta como una señal de miedo o timidez en una mujer.

Las investigaciones experimentales demuestran que cuando se pide a los participantes que evalúen la competencia de un solicitante ficticio de empleo, dan puntuaciones más altas de competencia y realizan más ofertas a solicitantes llamados John que a las que se llaman Jennifer,[36] aunque el currículo y la carta de presentación sean idénticos. Esos sesgos inconscientes pueden conducir a la discriminación en las contrataciones y los ascensos aunque los que toman esas decisiones crean que se basan en evaluaciones objetivas. Eso significa que las mujeres tenemos menos probabilidades que los hombres de ser seleccionadas para ascensos y puestos de prestigio. En el ámbito académico, por ejemplo, las profesoras de gestión con currículos similares a sus colegas masculinos (mismos años de experiencia, mismo número de publicaciones y citas de otros expertos que demuestran la influencia en su campo) tienen muchas menos probabilidades de obtener un puesto fijo en su departamento.[37]

Los estudios demuestran una y otra vez que un trabajo idéntico recibe una valoración menos favorable cuando se dice que ha sido realizado por una mujer,[38] y que a las mujeres se nos considera menos capaces, a no ser que nuestro rendimiento sea extremadamente sólido y ajustado a unos estándares claros e inequívocos. Esto es así tanto si la persona que califica el rendimiento de una mujer es un hombre como si es una mujer, un hallazgo que subraya la naturaleza inconsciente de estos estereotipos. En el ámbito del liderazgo, *competencia* significa «agencia», y *agencia* significa «masculino».

Incluso cuando las mujeres mostramos cualidades de agencia en el trabajo, se nos sigue considerando menos competentes porque la idea generalizada es que no es normal que las mujeres seamos fieras. Por ejemplo, una serie de estudios realizados por investigadores de Yale[39] concluyeron que las mujeres que manifiestan enfado en el trabajo reciben un estatus inferior en comparación con los hombres que hacen demostraciones similares. Los investigadores pasaron a los participantes unos vídeos en los que aparecían hombres y mujeres profesionales en una entrevista de trabajo. En los vídeos, los aspirantes describían una situación en la que ellos y un colega perdían una cuenta importante, y cuando el entrevistador les preguntaba cómo se habían sentido, relataban sentimientos de enfado o tristeza. A continuación, se pidió a los participantes en el estudio que calificaran la competencia de los solicitantes, que hicieran una recomendación salarial y que sugirieran el estatus, el poder y la independencia que deberían tener en un futuro trabajo.

Los participantes calificaron a los solicitantes masculinos enfadados como más competentes y merecedores de un sueldo más alto, un estatus más elevado y más independencia en comparación con los candidatos tristes. Además, mostraron la tendencia a dar por sentado que los solicitantes masculinos estaban enfadados por un motivo relevante para la situación, y que aquella era la respuesta adecuada. Con las mujeres ocurrió lo contrario. Los participantes en el estudio consideraron que las mujeres profesionales enfadadas eran menos competentes porque debían de tener algo intrínsecamente malo (los factores circunstanciales se pasaron por alto) y, por tanto, debían ocupar un puesto de menor prestigio, autonomía y salario.

La medida en que las personas suscriben los estereotipos de género también influye en si creen que las desigualdades en el trabajo son justas.[40] Aquellas que creen firmemente en la idea de que los hombres tienen agencia y las mujeres son comunales utilizan ese punto de vista como un razonamiento que explica (o excusa) por qué muchos más directivos y ejecutivos de alto nivel son hombres. Dan por supuesto que los hombres son mejores por naturaleza en los puestos de liderazgo y, por lo tanto, ascienden con mayor rapidez.

Esos estereotipos tienen consecuencias importantes en la vida real. En un metaanálisis de casi cien estudios empíricos llevado a cabo entre 378.850 empleados de diferentes ámbitos, los investigadores compararon las evaluaciones de rendimiento de hombres y mujeres aportadas por sus supervisores.[41] El rendimiento de las mujeres recibía una valoración menos favorable que el de los hombres. Además, las mujeres que acceden al mercado laboral con las mismas calificaciones que los hombres y en puestos similares cobran menos en todas las etapas de sus carreras.[42] Casi la mitad de las mujeres trabajadoras afirman haber experimentado discriminación de género en el trabajo,[43] y el 25% asegura haber sido tratada de incompetente.

Evalúa tu nivel de prejuicios implícitos sobre las mujeres en el trabajo

El test de asociación implícita (TAI) evalúa en qué medida has interiorizado prejuicios de manera inconsciente, como la creencia de que el trabajo es un terreno de hombres y que la casa es el terreno de las mujeres. Un TAI mide los prejuicios por la velocidad con la que relacionas palabras (por ejemplo, asociar nombres masculinos o femeninos con términos del entorno laboral frente a términos relacionados con la familia).

Tony Greenwald (de la Universidad de Washington), Mahzarin Banaji (de Harvard) y Brian Nosek (de la Universidad de Virginia) son tres científicos que han creado una página web fascinante, Project Implicit. Su objetivo consiste en ayudarnos a identificar nuestros prejuicios inconscientes. Puedes registrarte de manera gratuita y realizar diversos TAI, incluido uno sobre prejuicios de género en el entorno laboral, en <https://implicit.harvard.edu/implicit/>.

Según la puntuación que obtuve, tengo muchos prejuicios de género a pesar de considerarme feminista. No olvides ser compasiva contigo misma si tus resultados no son como esperabas. No tenemos prejuicios por decisión propia, pero están con nosotros e influyen en nuestra percepción de los actos ajenos y en las decisiones que tomamos. Debemos reconocer y ver nuestros prejuicios con claridad antes de dar los pasos necesarios para corregirlos.

BACKLASH

Dado que las mujeres tenemos sentido de agencia y somos comunales a la vez, muchas de nosotras revolucionamos el yang y moderamos el yin en el trabajo para que nos consideren competentes. Por desgracia, eso nos hace vulnerables a un fenómeno documentado por primera vez hace más de veinte años: el *backlash*,[44] la tendencia a considerar a las mujeres con cualidades fieras como socialmente deficientes (no lo suficientemente agradables) en comparación con los hombres que muestran exactamente las mismas conductas.

Pensemos en el debate de las primarias demócratas de diciembre de 2019,[45] en el que básicamente se entrevistó a los candidatos para el puesto de liderazgo más alto de Estados Unidos: el cargo de presidente. Después de un par de horas intensas en las que cada uno se dedicó a promocionar sus méritos para liderar la nación, se preguntó a los siete candidatos participantes en el debate (Joe Biden, Bernie Sanders, Elizabeth Warren, Pete Buttigieg, Amy Klobuchar, Tom Steyer y Andrew Yang) si regalarían algo a alguno de los participantes o si pedirían perdón. Todos los candidatos masculinos ofrecieron un regalo (principalmente, basado en sus ideas: un ejemplar de su libro o una propuesta política). Las dos mujeres que compartían escenario aquella noche se sintieron obligadas a pedir perdón. Elizabeth Warren dijo: «Voy a pedir perdón. Sé que a veces me altero mucho. Y a veces me acaloro un poco. No es mi intención». Amy Klobuchar añadió: «Bueno, yo pediría perdón por las veces que cualquiera de ustedes se ha enfadado conmigo. Puedo ser cortante, pero hago esto porque creo que es importante elegir a los candidatos adecuados en esta fase». En otras palabras, «mi fiereza interior estaba completamente expuesta; por favor, no me odien por ello». Las dos mujeres sintieron que debían pedir perdón por ser directas y asertivas a pesar de que tenían que ser así para tener opciones a la presidencia. Sabían que la gente las juzgaría por eso, motivo por el que se sintieron impulsadas a pedir disculpas. En cuanto a los hombres, sabían que serían admirados y respetados por las mismas cualidades.

No debería sorprendernos que Warren y Klobuchar, ambas senadoras extremadamente competentes y experimentadas, quedaran fuera de la carrera. La situación recuerda a lo que le ocurrió a Hillary Clinton, que perdió las elecciones de 2016 frente a Donald Trump (al menos en cuanto a votos electorales). Aquellas mujeres fuertes y competentes que rompieron los estereotipos de género no fueron consideradas suficientemente agradables para convertirse en la líder más poderosa de la nación.

Los prejuicios contra las mujeres en el trabajo se basan no solo en la idea de que somos más comunales que con agencia (es lo que se conoce como *estereotipos descriptivos*); además, así *debe ser* (*estereotipos prescriptivos*). En otras palabras, las mujeres con agencia no gustan (sobre todo si son competentes) porque se asume de manera instantánea que una mujer fiera *no* es comunal. Y en una mujer se valoran las cualidades tiernas de la bondad, el cariño y el cuidado.

Las mujeres que ocupan puestos de mando en ámbitos tradicionalmente masculinos se describen con términos negativos (amargadas, bravuconas, egoístas, deshonestas y retorcidas) en comparación con los jefes masculinos.[46] En un estudio, Heilman y sus colegas examinaron las valoraciones de los participantes sobre un vicepresidente adjunto de ventas de una empresa aeronáutica. El supuesto vicepresidente era responsable de formar y supervisar a los ejecutivos con menos experiencia, acceder a nuevos mercados, mantenerse al día con las tendencias del sector y conseguir nuevos clientes. Los evaluadores leyeron la misma información sobre las características y las cualificaciones de los vicepresidentes, pero había dos condiciones que variaban. En primer lugar, el vicepresidente se llamaba Andrea o James. En segundo lugar, la información sobre el éxito del vicepresidente era clara (acababa de pasar por una revisión anual de rendimiento y había obtenido una puntuación muy alta) o ambigua (estaba a punto de someterse a una revisión anual de rendimiento). Cuando la información sobre el éxito era clara, James y Andrea fueron calificados como igualmente competentes. Cuando la información era ambigua, Andrea fue calificada como menos competente, productiva y eficaz que James. Esto demuestra la influencia de los estereotipos inconscientes en nuestras percepciones, especialmente cuando la información que utilizamos es imprecisa.

Sin embargo, resulta todavía más inquietante que cuando el éxito era claro e inequívoco según las evaluaciones de rendimiento (por lo que ambos candidatos fueron considerados competentes), Andrea fue calificada como menos simpática que James. Dado que su éxito rompía con el estereotipo prescriptivo de que las mujeres deben ser comunales y no con agencia, se la calificó como más desagradable, confabuladora, manipuladora, prepotente, egoísta y poco fiable. Recuerda que las descripciones de James y Andrea eran exactamente iguales; la única diferencia era el nombre. Las calificaciones respecto a lo agradables que eran los candidatos no fueron muy distintas cuando su éxito era ambiguo: aunque los participantes dieron por sentado que Andrea era incompetente, también asumieron que era cariñosa y, por tanto, agradable.

Un fenómeno similar ocurre con la autopromoción. Para avanzar en el trabajo, casi siempre es necesario hablar directamente de los puntos fuertes, el talento y los logros personales. Esto resulta especialmente cierto en situaciones como una entrevista para un puesto de más nivel.

Sin embargo, la autopromoción puede generar reacciones negativas en el caso de las mujeres. Un estudio dirigido por Laurie Rudman, de la Universidad de Rutgers,[47] examinó las evaluaciones de solicitantes de empleo masculinos y femeninos en entrevistas de trabajo grabadas en vídeo. Los solicitantes se mostraban modestos y discretos (mantenían la vista baja y realizaban declaraciones limitadas, como «bueno, no soy un experto, pero...») o seguros y dándose autobombo (manteniendo el contacto visual y con declaraciones como «estoy seguro de que puedo hacerlo...»). Los participantes prefirieron a los hombres que se autopromocionaron, pero a las mujeres discretas. La diferencia fue todavía más extrema en el caso de las mujeres participantes en el estudio, que mostraron un verdadero rechazo por las mujeres que se autopromocionan.

Por muy tentador que resulte no tener en cuenta si caemos bien o no, el hecho de que las mujeres con agencia no gusten significa que resulta menos probable que sean contratadas o ascendidas, ya que la simpatía es un factor influyente para determinar el éxito. Un ámbito importante en el que las mujeres asertivas se enfrentan a un serio rechazo es en las negociaciones salariales. Una mujer que negocia de manera agresiva para obtener un salario más alto no gusta, y eso reduce sus posibilidades de obtener el aumento. Las mujeres lo sabemos y tendemos a ser menos asertivas en las negociaciones y a conformarnos con menos que nuestros homólogos masculinos. Un estudio de la Universidad de Texas en Austin concluyó que las mujeres nos resignamos a un 20% menos por miedo a las represalias.[48] Un metaanálisis de 142 estudios reveló que incluso cuando los empleados se consideran igualmente competentes con independencia de su género, los hombres cobran más y son ascendidos con mayor frecuencia.[49] De hecho, las diferencias salariales entre hombres y mujeres son catorce veces más grandes que las diferencias en las evaluaciones de rendimiento. Esto se debe, en gran parte, al rechazo, al *backlash*.

Así, esta es la posición en la que nos encontramos: no nos ascienden tan a menudo ni nos pagan tanto como a los hombres porque no se nos considera con suficiente agencia, pero también por tener *demasiada* agencia. ¡Y la gente se pregunta por qué sigue existiendo la brecha salarial y hay tan pocas mujeres en puestos de liderazgo!

INTEGRACIÓN EN EL TRABAJO

Integrar el sentido de agencia y la comunalidad en el trabajo (es decir, recurrir a nuestro lado fiero y al tierno al mismo tiempo) puede ayudar a moderar el *backlash*. En un experimento,[50] los participantes vieron entrevistas grabadas de dos hombres y dos mujeres que solicitaban un puesto directivo de mucha presión que requería escuchar con atención las inquietudes de los clientes. A continuación, los participantes valoraron el grado de competencia y simpatía de los candidatos, y recomendaron si debían ser contratados para el puesto. Todos los candidatos se mostraron con mucha agencia y seguros de sí mismos en sus entrevistas, con afirmaciones como «tiendo a crecerme en situaciones de presión. En el instituto fui redactor del periódico y tenía que preparar una columna semanal con un plazo de entrega muy ajustado... y siempre lo sacaba adelante». Sin embargo, un aspirante masculino y otro femenino exageraron con las expresiones de agencia con comentarios como «básicamente, existen dos tipos de personas: los ganadores y los perdedores. Mi objetivo es ser un ganador, el tipo de persona que consigue estar al mando y tomar las decisiones». Los otros dos expusieron más comentarios comunales del tipo «para mí, la vida consiste en las conexiones con los demás... Si puedo ayudar a alguien, me siento realizado de verdad».

Como en estudios anteriores, el hombre y la mujer con el doble de agencia fueron considerados competentes, pero se percibió a la mujer como menos simpática y, por tanto, con menos probabilidades de ser recomendada para el puesto. Sin embargo, a la mujer que combinaba agencia y comunalidad se la consideró tan competente y simpática como el hombre, y con las mismas posibilidades de ser recomendada para el puesto. En un estudio similar, un grupo de investigadores de Israel[51] concluyó que tanto los hombres como las mujeres son considerados más eficaces cuando muestran una combinación de rasgos de agencia y comunales, pero esa diferencia resulta especialmente acusada en el caso de las mujeres. Esas conclusiones sugieren que una forma eficaz de que las mujeres reduzcan los prejuicios de género y salgan adelante en el trabajo consiste en recurrir a la fuerza de la bondad.

Para ello podría ser necesario practicar lo que Joan Williams, profesora de Derecho de la Universidad de California, Hastings, denomina *judo de género*.[52] El judo es un arte marcial japonés, y el término significa «camino suave». La idea consiste en aprovechar el impulso del oponente para dominarlo, fluir con la corriente en lugar de luchar directamente contra ella. La expresión *judo de género* se refiere a apelar a una cualidad tradicionalmente femenina, como la calidez o el cuidado, cuando hacemos algo masculino y con agencia. De ese modo, trabajamos en el marco de los estereotipos de los demás. Por ejemplo, al dar instrucciones a un empleado o a un miembro del equipo (de la forma en que debería hacerlo un líder), si se hace sonriendo o se pregunta por el bienestar de la persona, se puede suavizar la percepción negativa de que se está siendo exigente. La forma en que se expresan las cualidades comunales tiene que ser auténtica y natural, de modo que el estilo variará de una persona a otra. Sin embargo, todas las personas tenemos acceso a las energías yin y yang, y asegurarnos de que ambas estén presentes puede ayudar a reducir la influencia de los prejuicios de género.[53]

No obstante, Williams advierte que cuando demostremos calidez y cuidado en esas situaciones, debemos evitar cualquier atisbo de sumisión. Por ejemplo, pedir disculpas o plantear evasivas («mmm, lo siento mucho, pero ¿te importaría hacer horas extras este fin de semana?») podrían debilitar la credibilidad de nuestro liderazgo. Tenemos que ser autoritarias y cálidas al mismo tiempo, como mejor nos vaya («te necesito para unas horas extras este fin de semana, pero intentaré asegurarme de que no se repita demasiado. Por cierto, ¿cómo está tu familia?»). Al apelar a diferentes aspectos de nosotras mismas de manera simultánea, podemos ser auténticas y encontrar nuestro lugar en el mundo empresarial.

Aunque conviene saber que existen maneras de trabajar dentro de un sistema injusto, también resulta desalentador que tengamos que empezar teniendo en cuenta esas estrategias. Creo que la autocompasión tiene un importante papel que desempeñar cuando se trata de afrontar y, en última instancia, transformar los prejuicios de género en el trabajo.

CÓMO PUEDE AYUDAR LA AUTOCOMPASIÓN TIERNA

Resulta crucial que, como mujeres, nos permitamos experimentar el dolor de la discriminación en el trabajo. Podemos recurrir a una presencia amorosa y conectada para estar con nuestra tristeza y nuestra frustración, esa sensación de tener el corazón encogido cuando nos damos cuenta de que seguimos sin lograr la igualdad en muchos aspectos. Podemos reconocer y afrontar nuestro dolor colectivo por el hecho de que una mujer todavía no haya sido elegida presidenta y que los hombres blancos continúen dominando la política y los negocios. Generaciones de mujeres han visto sus talentos, sus habilidades y sus capacidades suprimidas y denigradas. Ese es el mundo que hemos heredado y, por desgracia, en el que nos encontramos en este momento. Llevamos ese dolor en nuestro interior, e influye en nuestra manera de relacionarnos con otras mujeres. Tenemos que ser conscientes del malestar que supone tener reprimido nuestro lado más tierno en el trabajo, y del dolor agudo que implica participar en un mundo que todavía no se ha abierto a las ventajas del cuidado de los demás como parte de su misión económica.

También se produce frustración cuando nos damos cuenta de que nuestro lado fiero no es aceptado. Duele verse denigrada y rechazada por ser competente y asertiva. Si fingimos que el dolor no está ahí, no podremos curar sus efectos dañinos. Sin embargo, cuando reconocemos el daño y respondemos con cariño hacia nosotras mismas, podemos procesar el dolor y recoger, al mismo tiempo, los beneficios de nuestra propia amabilidad.

Cuando reflexionemos acerca de las injusticias a las que nos enfrentamos en el trabajo, resulta especialmente importante recordar que no tienen nada que ver con nosotras como individuos, sino que son compartidas por millones de mujeres de todo el mundo. En ocasiones, interiorizamos los prejuicios sociales de un modo que perjudica a nuestro concepto de nosotras mismas: «No soy buena en ciencias», «No soy una líder eficaz, puede que él sea mejor que yo...». Sin embargo, cuando vemos los prejuicios como lo que son y denunciamos la injusticia, recordamos que no estamos solas. Podemos conectar con personas que también sufren marginación por su género u otros aspectos de su identidad (orientación sexual, raza, etnia, capacidades, clase, religión). Cuanto más dejemos entrar a los demás en nuestros corazones, reconociendo ese doloroso aspecto de la experiencia humana, menos aisladas nos sentiremos.

También resulta esencial que reconozcamos y perdonemos el hecho de que hemos contribuido a la discriminación a través de nuestros propios prejuicios inconscientes. Como ya hemos visto, las mujeres somos más propensas a sentir rechazo por las mujeres competentes que los hombres. Todas hemos sentido el impulso de denigrar a una mujer con éxito. Muchas de nosotras hemos interiorizado los estereotipos de verla como una «zorra» sin saberlo. Puede que nos sintamos inconscientemente amenazadas por otras mujeres competentes, y eso alimenta nuestra aversión. Sin embargo, no tenemos que autocriticarnos ni culparnos por ello, ya que la mayoría de las veces ocurre al margen de nuestra conciencia. Si eres un ser humano que participa en una sociedad injusta, interiorizarás los prejuicios contra los demás. La autocompasión tierna puede aportarnos la sensación de seguridad y la aceptación incondicional necesarias para reconocer esos prejuicios, que es el primer paso para cambiarlos.[54]

Sin embargo, ¿nos detenemos ahí, en un punto en el que nos sentimos consoladas, pero marginadas? Ni hablar. Para cuidarnos de verdad a nosotras mismas tenemos que pasar a la acción y hacer algo con el trato que recibimos.

CÓMO PUEDE AYUDAR LA AUTOCOMPASIÓN FIERA

La autocompasión fiera nos proporciona la firmeza necesaria para corregir las injusticias, y no solo contra las mujeres, sino contra todas las víctimas de discriminación laboral. La claridad resulta fundamental para esta tarea. Las investigaciones demuestran que uno de los pasos más importantes para reducir los prejuicios de género inconscientes en el trabajo consiste en mirarlos de frente.[55] Podemos preguntarnos: «¿Tendría la misma impresión sobre lo competente o agradable que es esta mujer si fuera un hombre?». Y también podemos pedir a los demás que se planteen esa pregunta. Podemos hablar con la gente sobre la influencia de los prejuicios inconscientes en nuestras valoraciones, incluso entre quienes mantienen un profundo compromiso con la igualdad. Sin embargo, cuando lo hagamos es importante que no demonicemos a los demás. De lo contrario, se encerrarán en sí mismos para proteger sus egos. Además, estaríamos ignorando su humanidad, que es exactamente lo contrario de lo que intentamos lograr.

Cuando te encuentres con compañeros de trabajo hablando mal de una jefa y sospeches que los prejuicios de género desempeñan un papel importante, puedes intervenir. Ante un comentario típico más o menos así: «No puedo creer que Janet no deje de hablar de sí misma. ¿Quién se cree que es? ¿Y has visto cómo ha tratado a su ayudante por el retraso con los archivos? ¡Vaya arpía!», tú podrías intervenir con un comentario de este tipo: «Me pregunto si Janet saldría tan mal parada si fuera un hombre. Nos han hecho creer que las mujeres no deben promocionarse ni ser firmes con los demás. Solo como ejercicio de reflexión, si fuera Kevin, el de *marketing*, quien se comportara así, ¿cómo crees que reaccionaríamos?». Si realizas el comentario sin juzgar ni avergonzar a nadie, utilizando un lenguaje inclusivo *(nos)* en lugar de señalar con el dedo *(tú)*, tendrás alguna posibilidad de arrojar luz sobre los prejuicios inconscientes. Incluso podrías tener la suerte de escuchar algo como «mmm, creo que no me lo había planteado; buena observación». No obstante, aunque solo recibas silencio, la observación estará hecha. Como mujeres, no podemos seguir calladas. Para dejar atrás esos prejuicios tenemos que hacer consciente lo inconsciente.

¿Qué hacemos con nuestra rabia contenida por el trato injusto a las mujeres en el trabajo? Al fin y al cabo, es bueno estar enfadadas. Si tenemos miedo de enfadarnos, las cosas nunca avanzarán. *Debemos* enfadarnos ante la injusticia para aprovechar esa energía protectora para el bien social. Sin embargo, tenemos que utilizar el poder de nuestra rabia con habilidad, apuntando al daño en sí mismo y no a las personas que lo provocan. Cuanto más capaces seamos de apartar nuestros egos y los de los demás, más posibilidades tendremos de obtener el resultado esperado (por cierto, no digo esto como alguien increíblemente hábil en el manejo de su enfado para obtener los resultados deseados, sino como una persona que se ha equivocado tantas veces que sabe lo que no funciona).

Si, por ejemplo, un colega hombre nos pide que preparemos café, que tomemos notas de una reunión, que organicemos un viaje o que prestemos algún otro tipo de ayuda que no forma parte de nuestro trabajo, podemos defendernos con la fuerza de la amabilidad. En lugar de atacar («prepárate tú el pinche café, cerdo»), podemos decir algo como «estoy segura de que ves a las mujeres como algo más que simples secretarias, ¿verdad?», acompañando el comentario con un guiño y una sonrisa. De ese modo le das el beneficio de la duda sin humillarlo, pero también le haces saber que su petición no es razonable.

Otro ejemplo: imagina un escenario en el que un colega hombre te roba una idea y la presenta como propia, un fenómeno habitual según revelan las investigaciones.[56] Jessica Bennett, autora de *El club de la lucha feminista: manual de supervivencia en el trabajo para mujeres*, denomina *bropropriator* [colegas que se apropian] a ese tipo de hombre. Recomienda responder con la técnica que describe como «agradecer y reclamar». Cuando un hombre intente atribuirse una idea tuya, puedes darle las gracias por el hecho de que le guste tu aportación, pero dejando claro que es tuya: «Me alegro mucho de que estés de acuerdo conmigo en esto. ¿Cuáles van a ser nuestros siguientes pasos?». De ese modo facilitas una respuesta positiva al tiempo que proteges la integridad de tu contribución. Bennett ofrece un consejo similar para hacer frente a los *manterrupters* [hombres que interrumpen][57] Bennett recomienda reaccionar hablando sin parar hasta que el otro se vea obligado a callarse. No avergüenzas al *manterrupter*, sino que lo desgastas y dejas claro que nadie va a silenciarte. Esas son algunas de las tácticas para aplicar nuestra fiereza y protegernos en el trabajo.

También es posible contribuir a empoderarnos mutuamente en el entorno laboral. Las investigaciones demuestran que cuando una mujer defiende a otra, ambas se aprecian más.[58] Aunque una mujer que se autopromociona pueda caer mal, no experimenta rechazo *(backlash)* si dice algo positivo sobre una colega porque su conducta con agencia (promocionarse) se combina con un comportamiento comunal (apoyo). Y dado que las mujeres somos especialmente propensas a que no nos caigan bien las mujeres que se autopromocionan, también depende de nosotras cambiar cómo percibimos a las que se atribuyen el mérito de su propio éxito. En lugar de sentirnos amenazadas o de ceder a nuestro condicionamiento inconsciente, podemos alegrarnos del éxito de nuestras hermanas: si gana una, ganamos todas.

Otro beneficio importante que la autocompasión fiera puede proporcionarnos en el trabajo es el de guiarnos hacia carreras auténticas y satisfactorias, que equilibren nuestras necesidades individuales y profesionales con las de nuestras familias. Y eso empieza con una sencilla pregunta: «¿Qué quiero realmente en la vida?». Las elecciones más satisfactorias serán las que nos permitan expresar nuestras energías yin y yang para sentirnos completas. No es necesario que nos consuma la codicia desbocada y no tenemos que elegir carreras desinteresadas que consistan en ayudar a los demás si no son nuestra vocación.

Resulta habitual presentar a la vida laboral y la familiar como dos mundos en conflicto, pero en cierto modo se trata de una falsa dicotomía. Cuando hallamos satisfacción, sentido y un sentimiento de capacidad en nuestros trabajos, nuestras relaciones de amistad y nuestra vida familiar salen beneficiadas. Por el contrario, el hecho de ser una persona completa fuera de nuestra vida laboral nos ayuda a alcanzar todo nuestro potencial en ella. De hecho, las investigaciones indican que la autocompasión ayuda a las mujeres a equilibrar mejor la vida laboral y la personal.[59] Un estudio sobre mujeres en campos como la sanidad, la educación y la economía concluyó que las mujeres con la autocompasión más desarrollada informaron de un mayor equilibrio entre el trabajo y la vida privada, y más satisfacción con sus carreras y sus vidas en general. Otro estudio descubrió que las mujeres autocompasivas se sentían más seguras de su rendimiento laboral,[60] estaban más comprometidas con sus empleados y experimentaban niveles más bajos de agotamiento en el trabajo.

Un obstáculo habitual para las mujeres trabajadoras, sobre todo en campos dominados por los hombres, es el conocido como *síndrome del impostor*.[61] Pauline Clance y Suzanne Imes lo identificaron en 1978, cuando se dieron cuenta de que las mujeres brillantes con doctorados a las que estaban investigando (todas ellas expertas en sus campos) temían verse expuestas como impostoras intelectuales. Aquellas mujeres eran hiperperfeccionistas, pero seguían atribuyendo su éxito a la suerte y vivían en un estado constante de ansiedad ante la idea de ser descubiertas. El síndrome del impostor puede obstaculizar nuestra capacidad de reclamar el lugar que nos corresponde entre hombres que no son más inteligentes que nosotras, pero que se sienten más cómodos como expertos porque les han tratado desde que nacieron como si pertenecieran a un club exclusivo para hombres.

Por suerte, la autocompasión puede ayudar. En un estudio sobre estudiantes de primer año de una prestigiosa universidad europea,[62] los investigadores midieron el grado en que hombres y mujeres experimentaban el fenómeno del impostor. Además, midieron si su orientación de género era con agencia, comunal o andrógina, así como su nivel de autocompasión. Los investigadores descubrieron que, en general, las chicas experimentaban el síndrome del impostor con mayor intensidad que los chicos. Además, concluyeron que las mujeres con más agencia y andróginas eran más autocompasivas, y que las mujeres más autocompasivas eran menos susceptibles al síndrome del impostor. Al aceptarnos y apoyarnos incondicionalmente a nosotras mismas, la autocompasión nos permite reivindicar nuestros propios logros.

La autocompasión fiera también es una fuente potente y estable de motivación en el trabajo, algo fundamental para avanzar. Nos estimula y nos brinda la capacidad de aprender de nuestros errores y una visión clara de hacia dónde nos dirigimos. Se ha demostrado que las personas autocompasivas son más positivas y confían más en sí mismas cuando se enfrentan a dificultades en la búsqueda de empleo.[63] Además, mantienen la calma ante los retos y conservan la esperanza en su búsqueda en lugar de desanimarse. Y no solo eso: los trabajadores autocompasivos manifiestan un mayor nivel de compromiso en el trabajo en cuanto a energía, entusiasmo y concentración.[64] La auto-compasión resulta especialmente útil para superar los fracasos en el trabajo. Un grupo de investigadores de los Países Bajos formó en auto-compasión a casi un centenar de empresarios.[65] El resultado fue que perdieron el miedo y se mostraron más capaces de afrontar situaciones como un descenso repentino de la demanda.

Frente a las críticas duras, los ánimos nos permiten mantenernos fuertes cuando fallamos en el trabajo. De ese modo, podemos reunir el valor y la determinación necesarios para seguir intentándolo. Serena Chen publicó un artículo en *Harvard Business Review* en el que revela los beneficios de la autocompasión en el trabajo.[66] Señaló que aunque la comunidad empresarial haya empezado a incorporar la idea de que el fracaso es una oportunidad de aprendizaje, todavía no sabe ayudar a los empleados a realizar esa transformación. La autocompasión (lo que Chen denomina «aprovechar el poder redentor del fracaso») fomenta exactamente el tipo de mentalidad de crecimiento que se necesita para tener éxito y avanzar en el trabajo.

Hacer una pausa de autocompasión en el trabajo

Todos sabemos lo importante que es tomarse un descanso en el trabajo. Tanto si empleas ese tiempo para saborear una taza de té como para leer unas cuantas páginas de un buen libro, por ejemplo, una pequeña pausa puede ayudarte a «reiniciar». También puedes aprovechar ese tiempo para practicar informalmente la pausa de la autocompasión, que te ayudará a afrontar el estrés, la frustración o las dificultades a las que te enfrentes. La primera pregunta que debes hacerte es: «¿Qué necesito para cuidarme en este preciso instante? ¿Necesito una pausa de la auto-compasión tierna (pág. 133) para calmarme y consolarme, y que me ayude a aceptar las cosas como son? ¿Necesito la pausa de la autocompasión que nos protege (pág. 161) para decir no, establecer límites o defender-me? ¿Necesito la pausa de la autocompasión que nos provee (pág. 192) que me ayude a concentrarme en satisfacer mis propias necesidades de un modo auténtico? ¿O necesito la pausa de la autocompasión que nos motiva (pág. 214) que me ayude a introducir un cambio o a seguir adelan-te? Es posible que necesites una combinación de las anteriores. Si desarrollas el hábito de conectar con lo que necesitas en el momento, podrás mejorar en gran medida tu resiliencia y tu eficacia en el trabajo.

MI VIAJE EN EL ÁMBITO ACADÉMICO

Como todas las mujeres, me he encontrado con prejuicios de género en el trabajo. El académico es un mundo yang. Las «guerras de las escalas» que ya he mencionado dan testimonio de ello, y mi imagen académica puede ser bastante fiera. Y dado que eso va en contra de las normas de género, también implica que a algunos de mis colegas (incluidos los de mi departamento de la Universidad de Texas en Austin) no les caigo bien. Es algo con lo que he tenido que lidiar a lo largo de mi carrera. En parte se trata de la reacción a mi lado *bulldog* que aparece en lugares inapropiados (por ejemplo, en las defensas de las tesis), y resulta comprensible. Pero va más allá. Si hago una pregunta contundente sin ningún tipo de florituras en una reunión del departamento, se recibe como agresiva. Cuando me preguntan cómo me va y soy sincera sobre mi entusiasmo («¡muy bien, gracias! Mi trabajo fue mencionado dos veces en el *New York Times* el mes pasado, ¿a que es genial?»), se interpreta como un gesto narcisista y de autobombo. Sospecho que ninguno de esos actos, ni siquiera mi *bulldog* interior, sorprendería a nadie si yo fuera un hombre.

Al mismo tiempo, como mi trabajo se centra en la autocompasión, también he pagado el precio por ser demasiado blanda. Me negaron el ascenso de profesora adjunta a titular, a pesar de tener un 50% más de citas que el segundo profesor titular más citado de mi departamento, porque se consideró que mi investigación no era «suficientemente rigurosa» para una universidad de investigación R1 (es decir, de primer nivel). Dado que mis clases se centran en ayudar a los estudiantes a aprender habilidades de mindfulness y autocompasión, con trabajos escritos sobre el impacto de tales prácticas en su vida diaria, mi enseñanza no se consideró suficientemente «académica». Y no se valoró el servicio que presté ayudando a crear un programa internacional de formación en autocompasión, ya que se hizo al margen del sistema burocrático (cofundé una organización sin ánimo de lucro en lugar de solicitar cuantiosas subvenciones federales, por ejemplo).

Ya tenía la titularidad como profesora adjunta, y la diferencia salarial entre un profesor adjunto y uno titular es mínima. Así, la denegación del ascenso fue más un golpe a mi ego que a mi medio de vida. Sin embargo, el hecho de que el trabajo de toda mi vida fuera descartado tan a la ligera me sentó como un puñetazo en el estómago. Me dedico al estudio y la enseñanza de la autocompasión porque ayuda a la gente. No he perdido el tiempo haciendo muchas de las cosas que se valoran en el mundo académico tradicional (ser voluntaria en comités, organizar y asistir a reuniones académicas, solicitar subvenciones) porque eso, en realidad, no ayuda a nadie. Sin embargo, yo operaba fuera del sistema, y en este mundo no gusta la gente que va por libre.

¡Qué agradecida estoy a mi práctica de autocompasión! Estaba consternada y desanimada después de que me negaran el ascenso, y necesitaba autocompasión tierna y fiera para salir adelante. En primer lugar, me aseguré de permitirme experimentar plenamente la decepción y el dolor de ser rechazada, el sentimiento de no ser apreciada. Recuerdo estar tumbada en la cama, con las dos manos sobre el corazón, llorando toda la noche. Me dije: «Esto duele mucho. Me siento tan invisible. Tan poco valorada. Pero yo te veo, Kristin. Te valoro y honro lo mucho que has trabajado para traer más compasión a este mundo. Siento mucho que tu departamento y tu universidad tengan otros valores, pero no tiene nada que ver contigo o con el valor de tu trabajo». Dejé que la tormenta llegara, que soltara el diluvio de viento, lluvia y truenos, y seguí adelante.

A la mañana siguiente, cuando me desperté, estaba enfadada. Sentía que me habían tratado injustamente. Me reuní con el decano, el mediador de la universidad y el presidente del comité de promoción y titularidad. Elaboré un documento en el que comparaba el rigor de mis estudios con el de los dos últimos miembros de la facultad en campos similares que habían sido ascendidos (ambos hombres). Estaba claro que mis métodos eran al menos igual de rigurosos, si no más. Sin embargo, la decisión era definitiva y mi única opción era intentarlo de nuevo en un par de años. Eso sí, para hacerlo tendría que adaptarme a unas reglas más del agrado de la universidad, y yo no quería hacer eso. No quiero distraerme de mi trabajo y perder el tiempo en lo que la universidad valora pero a mí me parece irrelevante. Así, decidí hacer un cambio y prejubilarme a finales de 2021. Puedo seguir investigando como profesora adjunta emérita y estoy hablando con varias universidades sobre puestos de investigación, pero me centraré en ayudar al *Center for Mindful Self-Compassion* a llevar autocompasión a aquellos que la necesitan en cualquier parte del mundo: personal de salud, educadores, defensores de la justicia social, padres, adolescentes, cualquier persona que sufra. Aunque da miedo dejar un puesto fijo, sé que es lo correcto.

Como mujeres, vamos a necesitar mucha autocompasión para abrirnos paso y transformar un entorno laboral sexista. Por desgracia, no existen soluciones rápidas. Nuestra única opción consiste en seguir adelante y ser tan auténticas como podamos, honrando a nuestra naturaleza yin y yang. La autocompasión tierna nos permite soportar el dolor de la injusticia, y la autocompasión fiera nos impulsa a defendernos y hacer realidad nuestra visión del futuro. Podemos trabajar juntas para crear un entorno de trabajo en el que el valor de la bondad humana se equilibre con la obtención de beneficios, donde cada voz única tenga la oportunidad de contribuir plenamente, y en el que todas las personas estén en igualdad de condiciones ante el ascenso al éxito.

Capítulo 10

CUIDAR SIN DESCUIDARNOS

> Cuidarme no es autocomplacencia, es supervivencia, y eso es un acto de guerra política.
>
> AUDRE LORDE, escritora y activista[1]

Un aspecto central del rol de género femenino es la expectativa de que vamos a cuidar y apoyar a los demás. Sin embargo, cuando desempeñamos ese papel corremos el riesgo de vernos absorbidas, a menos que se ponga el mismo énfasis en satisfacer nuestras propias necesidades. Si no es así, podemos llegar a ser como esas especies de arañas que practican la matrifagia (las crías se comen a su madre viva, como su fuente de alimento).[2] En lugar de devorar nuestros cuerpos, son las reservas emocionales y psicológicas las que se consumirán hasta que no nos quede casi nada para nosotras.

Existen indicios de que eso podría estar ocurriendo ya en algunos casos. En la actualidad, el 80% de las familias monoparentales están encabezadas por mujeres,[3] lo que significa que las madres son mucho más propensas que los padres a asumir la responsabilidad de criar a sus hijos. Incluso en los hogares biparentales en los que ambos progenitores trabajan a tiempo completo (el sistema más extendido en las familias actuales), se calcula que las esposas que trabajan se encargan del doble de las tareas del hogar y del cuidado de los niños.[4] Esto no solo se debe a que los hombres tienden a ganar más dinero que las mujeres. Cuando las mujeres empiezan a ganar más dinero que sus maridos, aumentan el tiempo que dedican a las tareas domésticas para no perjudicar su imagen de buenas esposas.[5] Y también dedican más tiempo a coordinar las actividades familiares (planificar celebraciones, organizar visitas al médico, interesarse por el estado de los familiares, etcétera). El resultado es que cuatro de cada diez madres trabajadoras afirman sentirse siempre aceleradas,[6] sin tiempo para ellas mismas. Mientras corremos de un lado a otro cuidando de los niños, concertando citas, lavando los platos y preparándonos para la gran reunión del día siguiente, vamos agotando nuestra preciada energía.

Las mujeres, además, asumimos la carga del cuidado de otros miembros de la familia. Tenemos un 50% más de probabilidades que los hombres de cuidar a un cónyuge enfermo o a un pariente anciano aquejado de una enfermedad como el alzhéimer, la demencia o el cáncer.[7] También somos más propensas que los hombres a sufrir las consecuencias negativas en la prestación de cuidados:[8] ansiedad, estrés, depresión, deterioro de la salud física y peor calidad de vida. El resentimiento acumulado que muchas mujeres sienten, en especial cuando sus cargas domésticas no son compartidas por sus compañeros, provoca tensiones y descontento. De hecho, las mujeres casadas que trabajan a tiempo completo y consideran que el reparto de las tareas domésticas es injusto dicen estar más enfadadas y angustiadas,[9] y también son más propensas a experimentar agotamiento,[10] que las que comparten las cargas de forma más equitativa.

Aunque los hombres también cuidan de sus hijos, sus parejas y sus familiares, las expectativas sobre sus aportaciones son mucho más bajas. Y cuando un hombre da un paso adelante, se le celebra como si acabara de ofrecerse para donar un riñón. Una colega mía llamada Stephanie, madre de tres hijos menores de ocho años, me comentó lo absurdo de todo esto. Un día fue con sus dos hijas mayores al centro comercial para comprar ropa para la vuelta al cole mientras su marido, Mike, se quedaba en casa con su hijo pequeño. Al parecer, fue todo un reto asegurarse de que ninguna de las niñas se perdiera mientras iban de tienda en tienda, sobre todo porque Stephanie llevaba varias bolsas. En una tienda, las tres se apretujaron en un probador diminuto mientras la mayor se probaba ropa. La más pequeña se las arregló para pasarse al probador de al lado sin que su madre se diera cuenta, hasta que Stephanie oyó la voz de una mujer preguntando: «¿Podrían intentar controlar a sus hijos, por favor?». Se sintió avergonzada, como si no estuviera a la altura de la tarea de ser madre. Cuando llegaron a casa, estaba agotada. Mike las saludó y parecía especialmente satisfecho.

— ¿Cómo les fue en el día? — preguntó mi amiga.

— ¡Genial! — respondió él alegremente —. Puse a Tyler en el Baby-Björn (silla para bebés) y fuimos a hacer la compra, y en la cola para pagar una pareja de abuelos me dijo que soy un gran padre.

Stephanie me contó que tuvo que evitar poner los ojos en blanco: «¡Ojalá yo lo hubiera tenido tan fácil!».

Historias como la de Stephanie son típicas. Las mujeres pueden dar tres volteretas hacia atrás para cuidar de sus hijos y nadie se da cuenta, excepto si se queda corta. Un hombre hace la mitad y es aclamado como un héroe.

Aunque el cuidado de los demás puede ser una tarea muy significativa y satisfactoria, no resulta agradable si no lo equilibramos con el cuidado de nosotras mismas. Tanto si somos cuidadoras profesionales como cuidadoras de algún familiar o de nuestra pareja, dar y recibir debe ser equitativo para que sea sostenible.

CUIDADOS DESEQUILIBRADOS

Una de las consecuencias más problemáticas de socializar a las mujeres para que seamos tiernas, pero no fieras, es el énfasis excesivo en ayudar a los demás (y la falta de énfasis en ayudarnos a nosotras mismas). La subordinación de nuestras necesidades a las de los demás se considera emblemática de la admirable naturaleza sacrificada que convierte a las mujeres en el sexo «más noble». Esa caracterización alimenta el sexismo benevolente porque presenta la asignación desigual de los recursos (en la que los hombres se llevan la mejor parte), como algo que se debe a la hermosa, generosa y bondadosa naturaleza de las mujeres.

Y caemos en la trampa a menudo. Como todos los seres humanos, queremos ser amadas y aceptadas. En cuanto descubrimos que los demás nos quieren cuando nos sacrificamos, acabamos situándonos en una extraña posición: abandonamos nuestras propias necesidades para mantener una percepción positiva de nosotras mismas, aunque eso implique que cada vez quede menos de nosotras que valorar.

Vicki Helgeson y Heidi Fritz, de la Universidad Carnegie Mellon, califican el hecho de centrarse en las necesidades de los demás hasta el punto de excluir las personales como *comunalidad sin paliativos*,[11] un estado que se produce cuando el cuidado de los demás no se equilibra con el cuidado de una misma. Yo lo llamo *cuidado desequilibrado*. Puede significar que siempre aceptas lo que tu pareja quiere (lugar de vacaciones, restaurante, ciudad en la que vivir), o que inviertes tanto tiempo en ayudar a tu familia, tus amigos o tu organización benéfica favorita que apenas te queda para dedicarlo a tus propios intereses. Y acabas vacía y agotada. No es de extrañar que las mujeres registren niveles más altos de cuidados desequilibrados que los hombres.[12] Aunque cuidar a los demás tiende a asociarse con el bienestar, hacerlo a costa de una misma acaba provocando malestar y explica en parte por qué las mujeres sufrimos más depresiones que los hombres.[13]

En ocasiones, las mujeres no podemos satisfacer nuestras propias necesidades por el simple hecho de que las condiciones del día a día no nos dan esa posibilidad. Es muy probable que a una madre soltera con dos trabajos para mantener a sus hijos no le quede tiempo para sí misma. Sin embargo, los cuidados desequilibrados también pueden deberse al tipo de personalidad o al sentido de la propia identidad. Algunas mujeres eligen centrarse en las necesidades de los demás y excluir las suyas porque creen que es su *deber* y que no merecen otra cosa. Las investigaciones indican que las mujeres que dispensan cuidados desequilibrados tienden a mantenerse en silencio[14] y a sentirse inhibidas ante los demás porque dudan de que lo que puedan decir valga la pena. Tienen dificultades para expresar su auténtico yo o para ser asertivas y defender sus derechos cuando reciben un trato desconsiderado. Esa inexpresividad intensifica los problemas de intimidad en las relaciones románticas.[15] Resulta difícil compartir profundamente con tu pareja si crees que lo que tienes que compartir es inadecuado. Y también hace más difícil revelar tus deseos o insistir con firmeza para que tus necesidades se tengan en cuenta.

Las mujeres que cuidan en una situación de desequilibrio no siempre lo hacen satisfechas. Lo habitual es que se sientan contrariadas al respecto.[16] Tienen miedo de pedir lo que necesitan y, al mismo tiempo, les duele que los demás no les den lo que quieren. Por supuesto, esperar que los demás satisfagan nuestras necesidades de manera espontánea es como esperar que nuestro hijo adolescente saque la basura sin pedírselo. Buena suerte. Si no lo pedimos, probablemente no ocurrirá.

Abandonarse de ese modo puede ser peligroso, incluso fatal. Las investigaciones indican que las personas que dispensan cuidados desequilibrados tienden a descuidar su salud física: quienes padecen diabetes o cáncer de mama, por ejemplo, son menos propensas a acudir al médico,[17] hacer ejercicio, comer bien, tomar la medicación o descansar adecuadamente. Un estudio examinó a personas que habían ingresado recientemente en el hospital por enfermedad coronaria (por ejemplo, un infarto).[18] Los investigadores comprobaron que las personas que prestaban cuidados de forma desequilibrada eran más propensas a experimentar síntomas cardiacos continuados, como dolor en el pecho, mareos, falta de aire, fatiga, náuseas y palpitaciones porque no se cuidaban lo suficiente. Cuando ignoramos nuestras propias necesidades podríamos acabar rompiendo, literalmente, nuestro corazón.

¿Los cuidados que dispensas están desequilibrados?

Puedes comprobar si tu patrón de cuidado de ti misma y de los demás está desequilibrado completando la escala de la comunalidad sin paliativos creada por Fritz y Helgeson.[19]

Instrucciones

Por favor, lee atentamente cada afirmación antes de responder. Por cada punto, piensa si estás de acuerdo o en desacuerdo con la afirmación. Presta especial atención a la precisión con la que se describe tu forma de relacionarte con las personas que te rodean, amigos o familiares. Responde utilizando una escala de 1 (muy en desacuerdo), 2 (ligeramente en desacuerdo), 3 (ni de acuerdo ni en desacuerdo), 4 (ligeramente de acuerdo) o 5 (muy de acuerdo).

____ Pongo las necesidades de los demás por delante de las mías.

____ Me involucro demasiado en los problemas de los demás.

____ Para ser feliz necesito que los demás sean felices.

____ Me preocupa cómo se las arreglan los demás sin mí, cuando no estoy.

____ Me cuesta mucho conciliar el sueño por la noche cuando alguien está disgustado.

____ Me resulta imposible satisfacer mis propias necesidades cuando interfieren con las necesidades de los demás.

____ No puedo decir que no cuando alguien me pide ayuda.

____ Aunque esté agotada, siempre ayudo a otras personas.

____ A menudo me preocupo por los problemas de los demás.

Cuando tengas todas las respuestas, calcula la puntuación total y divídela entre nueve para obtener la media. Las puntuaciones superiores a tres indican que tus cuidados son un poco desequilibrados. Para que te hagas una idea de lo que es normal, un estudio con 361 estudiantes universitarios concluyó que la puntuación media de los hombres era de 3,05, y la de las mujeres, de 3,32.[20]

EL VALOR DE UNA MUJER

Como ya hemos visto, una de las fuerzas que impulsan el cuidado desequilibrado es la necesidad de validación externa.[21] Queremos el aprecio y la aprobación de los demás. Nuestro sentido de valía personal se basa, en muchos casos, en el cumplimiento de las normas establecidas por la sociedad para ser una «buena» madre (que se ofrece a llevar pasteles a la cena de la Asociación de Madres y Padres de Alumnos), o «buena» esposa (que se interesa por las aficiones de su marido), o una «buena» hija (que organiza las reparaciones en casa de sus padres mayores). Muchos de esos actos son auténticas expresiones de cuidado, pero esas buenas acciones quedan empañadas si se utilizan como medio para obtener la aprobación de los demás. En lugar de equilibrar los actos de generosidad con el cuidado de nosotras mismas, empezamos a subordinar lo que realmente queremos para hacer felices a los demás. Esa es en parte la razón por la que tantas mujeres dicen que sí cuando realmente quieren decir que no: temen que nadie las quiera si no lo hacen.

El inconveniente de esta estrategia es que casi nunca funciona. Los demás pueden dar por hechos nuestros cuidados y no apreciarnos, ya sea porque lo deciden así o por la sencilla razón de que están demasiado absortos en sus propios problemas. E incluso cuando los demás nos valoran, puede que no sea suficiente para contrarrestar nuestros sentimientos de ineptitud. Nuestras parejas pueden decirnos las cosas más agradables del mundo («creo que eres genial, eres muy especial para mí»), pero si nosotras mismas no las creemos, es muy probable que rechacemos esas palabras. Si somos incapaces de valorarnos a nosotras mismas, nunca nos sentiremos suficientemente buenas. Esos sentimientos de falta de mérito en las personas que dispensan cuidados desequilibrados contribuyen de manera directa a su infelicidad y su depresión.[22]

En lugar de buscar en los demás el sentimiento de valía y aprobación, es posible mirar hacia dentro, hacia nuestro propio manantial de cariño y buena voluntad, como fuente. Puede parecer una tarea difícil, pero ese es el poder de la autocompasión. Nos aceptamos con nuestros defectos y nos valoramos por nuestras imperfecciones, no a pesar de ellas. Honramos nuestras fortalezas y nuestras debilidades. No tenemos que hacer nada para ganarnos esa aceptación, la reclamamos como un derecho natural. Al fin y al cabo, ¿qué determina nuestra valía como persona? ¿Es lo agradables que somos, lo útiles que somos, lo atractivas que somos, lo bien que caemos? Nuestra valía es simplemente una parte intrínseca del hecho de ser humano, y hacemos lo mejor que podemos con las cartas que nos han tocado. Nuestro valor proviene de tener una conciencia capaz de experimentar toda la gama de emociones humanas. Cuando reconocemos eso, podemos aprender a darnos el amor y la atención que anhelamos.

Todo esto no es simple palabrería. Está respaldado por investigaciones empíricas. Los estudios demuestran que los sentimientos de autoestima arraigados en la autocompasión[23] no dependen de lo bien que caigamos, ni de lo atractivas que seamos, ni del éxito que tengamos. Dado que procede del interior y no del exterior, es más estable a largo plazo.[24] Es incondicional, está ahí para nosotras en los buenos y en los malos momentos.

Cuando de lo que se trata es de autoaceptación incondicional, podemos dar a los demás porque queremos, no porque creamos que debemos hacerlo. Podemos decir que sí cuando nos sintamos capaces. Y cuando nuestro depósito empiece a agotarse, podemos decir que no.

DECIR «NO» A LOS DEMÁS Y «SÍ» A NOSOTRAS MISMAS

Encontrar el equilibrio adecuado entre el cuidado de los demás y el propio es fundamental para que esos cuidados sean saludables. Aunque contamos con una reserva ilimitada de amor para dar, no disponemos de tiempo ni de energía ilimitados. Si damos hasta el punto de perjudicarnos a nosotras mismas, dejaremos de funcionar en línea con la compasión. Dado que la compasión se centra en el alivio del sufrimiento, causarnos dolor a nosotras mismas para aliviar el sufrimiento de los demás no funciona, y no solo en teoría, sino en la práctica. Si no nos esforzamos por satisfacer nuestras propias necesidades para sentirnos realizadas, fracasaremos como cuidadoras. Si acabamos tan agotadas y vacías que no tenemos nada que dar, no seremos muy útiles para nadie.

Verónica aprendió la importancia de cuidarse a sí misma después de asistir a uno de mis talleres intensivos de autocompasión de una semana de duración. Un día, durante la comida, varias de nosotras estábamos hablando de las expectativas culturales depositadas en las mujeres como cuidadoras. Mencioné que había realizado una investigación comparando las normas de autosacrificio entre mujeres mexicoamericanas[25] y euroamericanas, y que había descubierto que las primeras tenían muchas más probabilidades de sentir la presión de renunciar a sus necesidades en las relaciones. Verónica, una mujer mexicoamericana de unos cuarenta años, se mostró de acuerdo; de hecho, aquella era la razón por la que se había sentido atraída por el tema de la autocompasión. Seguimos conociéndonos y acabó explicándome su historia.

Verónica creció en una familia grande, unida y cariñosa, en el centro de California. Como la mayor de seis hijos, empezó a cuidar de sus hermanos menores a los diez años. Su identidad personal se formó en torno a la noción de ser una buena cuidadora, y era recompensada por ser responsable. Aquella situación se prolongó hasta la edad adulta. Verónica se casó y tuvo dos hijos, que ya eran adolescentes. Trabajaba como gerente en una empresa de contabilidad con mucha actividad. Ella era el principal sustento de su familia porque Juan, su marido, empezó a desarrollar una esclerosis múltiple al principio de su matrimonio y ya no podía trabajar. Después de llegar a casa de la oficina, Verónica preparaba la cena para sus hijos y ayudaba a Juan en lo que necesitara. Además, se aseguraba de que la familia compartiera tiempo de calidad. También era una mujer religiosa, y los fines de semana realizaba labores de voluntariado en la iglesia, cocinaba en eventos para recaudar fondos y organizaba campañas de donación. Si alguien necesitaba ayuda, siempre se la pedía a Verónica.

Por dentro, sin embargo, Verónica se ahogaba. Trabajaba hasta el agotamiento y cada vez se sentía más resentida con todos los que dependían de ella. Parecía que su vida consistía en pasar de una tarea a otra. Casi nunca tenía tiempo para hacer lo que le gustaba, como pintar con acuarelas. Había aprendido a pintar en la universidad y le habría encantado convertirse en una artista profesional, pero tomó el camino seguro y se convirtió en contable.

Juan tenía previsto ir a visitar a su familia con los chicos durante un fin de semana de tres días. Verónica tendría, por fin, un descanso. Pensaba refugiarse en casa y pintar sin parar. Sin embargo, su párroco la llamó en el último momento para preguntarle si podía sustituir a una voluntaria enferma en el campamento de verano anual que se celebraba aquel fin de semana. «Significaría mucho para los niños», le dijo. Verónica estuvo a punto de aceptar instintivamente, pero hizo una pausa y respondió que tenía que pensárselo. Aprender sobre la autocompasión fiera le había dejado huella, y sabía que necesitaba más yang. Aquella era una oportunidad para practicar.

Después de colgar el teléfono, lo primero que hizo Verónica fue preguntarse qué pasaría si decía que no. Se dio cuenta de que tenía miedo. ¿Cómo iba a negarse? ¿Qué pensarían de ella en la iglesia? ¿Pensarían que era fría, egoísta, sin corazón, poco cristiana? Más tarde me explicó cómo utilizó las prácticas aprendidas en el taller para afrontar sus miedos. Primero se permitió estar con la preocupación, estableciendo contacto con su manifestación física como una opresión en la parte posterior de la garganta. Era casi como si se ahogara y no pudiera hablar. Se dio cuenta de que temía que si se mantenía firme ya no sería digna de ser amada. Así, probó con otra cosa que había aprendido, aunque se sintiera incómoda. Se dijo a sí misma en voz alta: «Te quiero y te valoro, Verónica. Me importas. Quiero que seas feliz». Lo repitió una y otra vez. Al principio le resultó extraño e incómodo. No se lo creía. Pero insistió y, finalmente, las lágrimas asomaron cuando empezó a dejarse llevar.

A continuación, probó con la práctica de la pausa de la autocompasión que nos provee para invocar el poder de la autenticidad plena y equilibrada. En primer lugar, utilizó el mindfulness para validar el hecho de que lo que realmente quería era hacer un retiro de pintura y no ayudar como voluntaria en el campamento. Avanzó hasta el siguiente paso, el equilibrio, repitiéndose a sí misma: «Mis necesidades también son importantes». Aunque amaba su iglesia y quería ayudar, sabía que tenía que empezar a cuidarse también a sí misma, no solo a los demás. Después dio el último paso de comprometerse con su propio bienestar. Se cubrió la cara con las dos manos y se habló a sí misma como le hablaría a uno de sus hijos: «No quiero que te sientas vacía y agotada, cariño, quiero que te sientas satisfecha y completa. Te mereces un poco de tiempo para ti misma».

Verónica se sintió más fuerte después de esta breve práctica y llamó a su párroco:

— Me encantaría ayudarle, pero tengo planes ese fin de semana. Lo siento.

Él no estaba acostumbrado a escuchar una negativa por parte de Verónica.

— ¿Estás segura de que no puedes reorganizar las cosas? Nos ayudarías mucho.

Verónica respondió con cariño, pero con firmeza:

— No, no puedo. Necesito un poco de tiempo para mí.

El párroco no tuvo más remedio que aceptar su decisión.

Y el mundo no se vino abajo. Verónica pasó un fin de semana muy agradable pintando sola. Estaba muy orgullosa de sí misma, me explicó después. En lugar de tratar de conseguir el amor y la aprobación de los demás como había hecho toda su vida, encontró el valor para darse a sí misma lo que necesitaba.

¿Qué necesito ahora?

La autocompasión se puede utilizar de muchas maneras para satisfacer nuestras necesidades. En ocasiones necesitamos ternura, a veces necesitamos fiereza, y otras veces necesitamos un cambio. Puedes hacer un inventario de los diferentes aspectos de la autocompasión fiera y tierna, y pensar en lo que podrías necesitar en un momento dado para cuidarte (¡puede que los necesites todos!).

Aceptación. ¿Te sientes mal contigo misma o indigna en algún aspecto? A lo mejor solo necesitas aceptarte con amor y comprensión, sabiendo que está bien ser imperfecta.

Consuelo. ¿Estás molesta por algo y necesitas consuelo? Prueba a utilizar alguna caricia relajante para calmar tu cuerpo. A continuación, piensa qué palabras cariñosas dedicarías a una buena amiga que estuviera pasando por una situación similar. Piensa también en el tono de voz que utilizarías. Prueba a decirte lo mismo, de la misma manera, a ti misma.

Validación. ¿Hay una parte de ti que siente que no tienes derecho a quejarte, o has estado tan centrada en arreglar las cosas que no te has parado a pensar en lo mal que lo estás pasando? Intenta verbalizar tus sentimientos de una manera que afirme lo que es válido para ti. Puedes probar a decir en voz alta: «Esto es increíblemente difícil» o «Por supuesto que lo estás pasando mal. A cualquiera en tu situación le ocurriría lo mismo».

Límites. ¿Hay alguien que está sobrepasando los límites (por ejemplo, pidiéndote demasiado o haciéndote sentir incómoda)? Intenta mantenerte con la cabeza bien alta y recurre a la autocompasión fiera para atreverte a decir «no». No es necesario que lo hagas de malas maneras, pero sé firme cuando comuniques lo que te resulta aceptable y lo que no.

Enfado. ¿Alguien te ha hecho daño o te ha maltratado? ¿Te sientes enfadada al respecto o estás reprimiendo tu enfado de una manera poco saludable? Permítete enfadarte; invoca el poder de tu Mamá Osa interior, fiera en su deseo de proteger a los que ama. Querrás ser prudente en la forma de expresar tu enfado para que sea constructivo y no destructivo, pero permítete sentir tu rabia y deja que fluya libremente en tu cuerpo. Esta poderosa emoción es también una cara del amor.

Plenitud. ¿Alguna vez te has preguntado qué necesitas para sentirte plena? El primer paso consiste en identificar lo que necesitamos; el segundo, en tomar medidas para asegurarnos de conseguirlo. Anota las necesidades que consideres que no se están satisfaciendo adecuadamente: apoyo emocional, sueño, risa... Dite a ti misma que mereces ser feliz. Y recuerda que los demás podrían no estar disponibles para satisfacer tus necesidades. ¿Cómo puedes satisfacer esas necesidades tú misma? Por ejemplo, si necesitas contacto, ¿puedes recibir un masaje? Si necesitas descansar, ¿puedes reservarte dos días para relajarte? Si necesitas amor, ¿puedes comprometerte a darte ternura y afecto?

Cambio. ¿Estás atrapada en una situación (un trabajo, una relación o una situación vital) que te produce frustración? ¿Te encuentras repitiendo un comportamiento que te perjudica de alguna manera, como fumar, procrastinar o ver demasiada televisión? ¿Puedes intentar provocar un cambio utilizando la amabilidad y la comprensión en lugar de la autocrítica dura? ¿Puedes inspirarte a ti misma como lo haría un buen *coach*, aportando posibles maneras de mejorar las cosas al tiempo que demuestras tu apoyo y tu fe en tu propia capacidad para lograr tus objetivos?

DOLOR EMPÁTICO

Otro reto al que se enfrentan las mujeres como cuidadoras es sentir el dolor de los que cuidamos. Cuidar personas implica ser sensible a su angustia, y está demostrado que las mujeres somos más empáticas que los hombres.[26] Cuando las personas a las que cuidamos sufren, podemos llegar a identificarnos con su dolor hasta el punto de que nos supera e interfiere en la capacidad de dirigir nuestras vidas. Para entender cómo sucede esto, tenemos que examinar más de cerca el proceso de la empatía.

Carl Rogers definió la *empatía* como la capacidad de «sentir el mundo de otra persona como si fuera el propio».[27] Implica sintonizar con el estado emocional de los demás y subyace a nuestra capacidad de conectar. La empatía se basa en la adopción de una perspectiva cognitiva para entender qué piensan y sienten los demás (poniéndonos en su lugar), pero también tiene un componente prerreflexivo que funciona al margen de la conciencia.

Nuestro cerebro está diseñado para que experimentemos las emociones de los demás de manera directa. Incluso contamos con neuronas especializadas, las neuronas espejo,[28] cuya finalidad consiste en sentir las emociones de los demás. Esa capacidad es preverbal, es decir, no se produce a través del lenguaje. La empatía es lo que nos permite percibir la angustia de los demás, incluso aunque no digan nada al respecto. Podemos sentir su dolor, literalmente.

Nuestro cerebro desarrolló esa capacidad para ayudarnos a cooperar y sobrevivir en grupo. Aunque el principio de la «supervivencia del más fuerte», con su énfasis en la victoria, se atribuye generalmente a Charles Darwin, el naturalista británico consideraba que la *cooperación* era el factor clave para la supervivencia de una especie.[29] La empatía es fundamental para la cooperación, y también facilita la comunicación entre los padres y los bebés preverbales. Esto significa que los padres con mayores capacidades de reflejo satisfacen mejor las necesidades de sus hijos, asegurando así que se transmita el ADN de esas habilidades.[30]

Sin embargo, la empatía no siempre es positiva. En primer lugar, hay personas que sienten el dolor de los demás, pero no les importa. Un estafador hábil, por ejemplo, podría utilizar el miedo o la angustia de otra persona como señal de que es un buen momento para hacer su jugada. En otras ocasiones, podemos sentirnos tan incómodos con el dolor de los demás que los dejamos de lado y los deshumanizamos para no tener que sentir su sufrimiento. Ignorar la situación de los sintecho es un buen ejemplo de ello. Las investigaciones en el campo de la neurociencia indican que cuando estamos en presencia de alguien que sufre, los centros del dolor de nuestro cerebro se activan.[31] Cuando estamos repetidamente en presencia de personas que sufren un trauma físico, emocional o mental, podemos padecer consecuencias serias. Los miembros de los servicios de emergencia, como los bomberos o los técnicos de urgencias médicas, pueden desarrollar un trastorno de estrés traumático secundario por su exposición constante a personas en peligro.[32] Los síntomas son muy similares a los del TEPT (hipervigilancia al peligro, dificultades para dormir, apatía, tensión física, depresión o irritación), aunque el trauma se experimente de forma secundaria. Las personas que ejercen profesiones de ayuda, como enfermeros, profesores, trabajadores sociales y terapeutas, presentan síntomas similares. El trastorno también puede afectar a los cuidadores familiares a cargo de un hijo, un cónyuge o un pariente mayor que sufre.

Si experimentamos dolor empático durante un tiempo prolongado, acabamos agotadas y quemadas. Y a continuación llegan el agotamiento emocional, la despersonalización (una sensación de atontamiento y vacío) y la pérdida de satisfacción en el cuidado de los demás.[33] El agotamiento es una de las principales causas de sustitución entre profesores, trabajadores sociales y profesionales de la salud.[34] Sin embargo, no es frecuente que los cuidadores familiares tengan la opción de renunciar. Deben aguantar, y eso provoca estrés agudo, ansiedad y depresión.[35]

El psicólogo Charles Figley describió el agotamiento del cuidador como *fatiga por compasión*,[36] pero hay quien sostiene que, en realidad, debería llamarse *fatiga por empatía*.[37] Cuando experimentamos empatía, sentimos el dolor de los demás, pero también sostenemos ese dolor con amor. Esa distinción marca la diferencia. La compasión genera sentimientos de cariño y conexión que proporcionan un amortiguador contra los efectos negativos de experimentar el sufrimiento ajeno. La compasión es una emoción positiva, gratificante y energizante por naturaleza. Cuanto más la experimentemos, mejor para nuestra mente y nuestro cuerpo.[38] Las investigaciones demuestran que la compasión reduce la depresión y la ansiedad, incrementa los estados mentales positivos como la esperanza y la felicidad, y mejora la función inmunitaria.

Las neurocientíficas Tania Singer, del Instituto Max Planck de Berlín, y Olga Klimecki, de la Universidad de Ginebra, han estudiado en profundidad la diferencia entre *empatía* y *compasión*.[39] En un experimento examinaron a dos grupos de personas entrenadas durante varios días para experimentar empatía o compasión. A continuación, se les mostraron noticias breves en las que aparecían personas sufriendo (por un accidente físico, por ejemplo, o por un desastre natural). Los vídeos activaron redes cerebrales claramente distintas en cada uno de los grupos de participantes. La formación en empatía provocó la activación de la amígdala y se asoció con sentimientos negativos, como tristeza, estrés y miedo, mientras que la formación en compasión provocó la activación de los centros de recompensa del cerebro y generó emociones positivas, como conexión o amabilidad.

La compasión evita que el dolor empático que experimentamos cuando atendemos a los demás acabe engulléndonos. Es importante sentir compasión no solo por nuestras cargas, sino también encender la luz de la compasión hacia el interior. Cuando sentimos autocompasión por el malestar que supone ser un cuidador, ganamos en resiliencia.

PREVENIR EL AGOTAMIENTO

Un método recomendado habitualmente para prevenir el agotamiento es una forma de autocompasión fiera: establecer límites. Consiste en limitar la cantidad de tiempo y energía que dedicamos a los demás. Ser firme en este sentido exige una autocompasión protectora, una claridad valiente y empoderada. Tanto si se trata de decir «no» a un cliente que te pide tu número de teléfono personal para llamarte el fin de semana, como a tu anciana tía Zelda cuando te pide que la lleves a la tienda por tercera vez en una misma semana, establecer límites resulta esencial para conservar nuestra cordura y nuestra eficacia.

Otra forma de establecer límites consiste en el distanciamiento emocional a fin de comprometernos menos con el sufrimiento de los demás. En ocasiones, simplemente no podemos permitirnos sentir demasiado si eso va a limitar nuestra capacidad de hacer nuestro trabajo. Cuando un médico o un enfermero de urgencias atiende a un paciente con una herida que pone en peligro su vida, se necesita distancia emocional para seguir trabajando sin sentirse superado. Cuando un abogado penalista se va a casa, conviene que deje los problemas de sus clientes en la oficina para que no interfieran en su vida personal. Siempre que tengamos claro lo que hacemos, distanciarnos del dolor de los demás durante un tiempo limitado puede ayudarnos a desempeñar nuestro trabajo de manera eficaz. El verdadero problema surge cuando las personas se distancian de sus propias emociones de forma inconsciente. Si no somos conscientes de que nos cerramos para protegernos, nunca tendremos la oportunidad de procesar el dolor empático que hemos experimentado. Si llego a casa del trabajo y voy directa a la botella de vino o enciendo la televisión para mitigar el estrés que he experimentado en mi turno, esos sentimientos podrían permanecer encerrados en mi interior. Y podría acabar sufriendo hipertensión,[40] depresión o abuso de sustancias. Sin embargo, si nos cerramos de manera consciente, como un acto de cuidado de nuestro bienestar, podremos trabajar los sentimientos difíciles más tarde, cuando tengamos más recursos.

Utilizo esa estrategia continuamente. Si estoy impartiendo una clase o un taller, y alguien comparte una historia desgarradora, no siempre tengo los recursos necesarios para asimilarla en ese momento. Para poder continuar con mi trabajo sin perder el rumbo emocionalmente, compartimento mi dolor empático de manera provisional a fin de seguir enseñando. No obstante, esa misma noche me analizo para ver cómo voy. Si creo que arrastro parte de la angustia del día, realizo alguna práctica, como la «Pausa de la autocompasión tierna» (pág. 133) o «Estar con las emociones difíciles» (pág. 147) para asegurarme de identificar el malestar y ocuparme de él.

El remedio más recetado para prevenir el agotamiento en los cuidadores es el autocuidado. Esta es también una forma de autocompasión fiera dirigida a cuidarnos mediante actividades como paseos, yoga y una buena alimentación. Las investigaciones demuestran que practicar el autocuidado de forma regular puede suponer una gran diferencia para reducir el agotamiento e intensificar los sentimientos positivos sobre el hecho de ayudar a los demás.[41] El autocuidado resulta esencial para recargarnos y «reiniciarnos», y contar así con la energía que precisamos para ocuparnos de las necesidades de los demás. Los estudios indican que los cuidadores más autocompasivos son más dados a realizar actividades de autocuidado como escribir un diario, hacer ejercicio o relacionarse con amigos.[42]

Aunque estas formas de prevenir el agotamiento resultan útiles, tienen limitaciones. En ocasiones no es conveniente establecer límites firmes. Si la persona a la que cuidas es tu hijo, tu pareja, tu padre o tu madre, decir «no» podría no ser lo correcto. Estrategias como el distanciamiento emocional, aunque sean provisionales, también tienen sus limitaciones. La empatía es lo que nos permite entender a la persona que atendemos, y es necesaria para prestar una atención eficaz. Si, en su empeño de protegerse, un médico o un terapeuta se cierra demasiado en presencia de sus pacientes, limitará su capacidad de determinar lo que necesita para aliviar su sufrimiento.

El autocuidado como forma de contrarrestar el agotamiento también presenta una gran limitación. Una analogía común del autocuidado es la de ponerse la máscara de oxígeno antes de ayudar a otras personas en caso de emergencia, tal como nos recuerdan antes de volar. Sin embargo, las actividades de autocuidado no tienen lugar durante el descenso, sino antes del despegue o después de estrellarse (es decir, al margen del entorno de los cuidados). Si eres una enfermera junto a la cama de un paciente enchufado a un respirador a causa del coronavirus, no puedes decir: «¡Oye, me estoy volviendo loca! Me voy a hacer taichí». El autocuidado en el tiempo libre resulta fundamental, pero no es suficiente, porque no ayuda cuando estamos en presencia de alguien que sufre y nuestras neuronas espejo se alteran con su dolor.

Por tanto, ¿cómo nos cuidamos en presencia del sufrimiento? Acudiendo a la autocompasión tierna. Aprendemos a estar con nuestro dolor empático con una presencia amorosa y conectada mientras nos dedicamos a la difícil tarea de cuidar. Reconocemos nuestra angustia: «Esto es muy duro. Me siento confusa y abrumada». Reconocemos que ayudar a los demás es un aspecto exigente, pero gratificante, de la experiencia humana: «No estoy sola». Y nos brindamos apoyo con el tipo de diálogo interior cariñoso que utilizaríamos de forma natural con una amiga: «Siento que lo estés pasando mal. Estoy aquí para lo que necesites». Sostener nuestro dolor empático con compasión en el acto mismo de cuidar proporciona una enorme calma, estabilidad y resiliencia.

Habrá quien piense que resulta inapropiado darnos compasión mientras cuidamos a alguien que está sufriendo mucho más que nosotras. Y nosotras podríamos decirnos: «¿Quién soy yo para quejarme de llevar doce horas seguidas trabajando? ¡Este pobre hombre podría no llegar a mañana!». Aunque pueda parecer egoísta, es todo lo contrario. No nos cuidamos excluyendo a los demás, sino que nos incluimos en el círculo de la compasión. La idea es que debemos darnos compasión tanto a nosotras mismas como a la persona que cuidamos. No es que exista una cantidad limitada de compasión, y que si me dedico tres unidades, solo me quedarán dos para la otra persona. Cuando abrimos nuestro corazón, accedemos a una reserva ilimitada de compasión. Y cuanto más fluye hacia el interior, más puede fluir hacia el exterior.

Además, debemos recordar que las personas a las que cuidamos también perciben nuestro estado de ánimo. La empatía va en ambos sentidos. Si nos sentimos frustradas y agotadas, los demás se identificarán con esos sentimientos negativos; si estamos llenas de autocompasión, sintonizarán con estos sentimientos positivos. Tal como podemos experimentar un estrés traumático secundario, también podemos experimentar una presencia amorosa y conectada secundaria. De ese modo, darnos compasión a nosotras mismas mientras cuidamos de los demás es, en realidad, un *regalo* que ofrecemos al mundo.

CUIDAR DE ROWAN

He aprendido mucho de Rowan acerca de la empatía bidireccional. Los niños autistas pueden ser hipersensibles a las emociones de las personas que los rodean, que es uno de los motivos por los que tienden a retraerse. Cuando Rowan era pequeño, empecé a notar que le afectaba mucho mi estado de ánimo. Si él tenía una rabieta y yo me enfadaba (sus gritos me taladraban el cerebro), aumentaba el volumen y la intensidad de su arrebato. En cambio, cuando me acordaba de calmarme y cuidarme por el dolor de sus rabietas, la intensidad disminuía. A veces era como un espejo que reflejaba mi estado interior casi al instante. La ocasión en la que presencié ese proceso en toda su extensión fue, sí, en un avión.

Rowan tenía unos cuatro años y se encontraba en el punto álgido de su autismo. Todavía no controlaba sus esfínteres, no hablaba y era increíblemente sensible al entorno. Teníamos que tomar un vuelo transatlántico desde Austin para ir a Londres a ver a sus abuelos. Huelga decir que me aterrorizaba lo que pudiera pasar en un viaje tan largo. Era un vuelo directo que salía por la noche, así que esperaba que durmiera la mayor parte del tiempo. Cenamos sin problemas y yo empecé a albergar la esperanza de que todo fuera bien. Y entonces la tripulación apagó las luces de la cabina para que la gente pudiera dormir. Entonces se acabó. Por alguna inexplicable razón, el cambio en la iluminación hizo estallar a Rowan: una rabieta en toda regla con movimientos y gritos descontrolados. Me quedé horrorizada. Fue muy escandaloso y molesto, y me sentí fatal por molestar al resto de pasajeros, que nos miraban fijamente. Me imaginé todas las cosas horribles que estarían pensando: «¿Qué le pasa a ese niño? ¡Hace mucho que dejó atrás la edad tremenda de los dos años!». O peor todavía, imaginé que todos estarían pensando de mí: «¿Qué le pasa? ¿Por qué no hace callar a su hijo?».

Me entró el pánico, pero saltar por la ventana no era una opción. Y entonces tuve una idea brillante. Levanté a Rowan y lo llevé hasta el baño para que tuviera su rabieta allí con la esperanza de amortiguar sus gritos. Fue como el paseo de la vergüenza. Rowan iba llorando, agitándose y golpeando a la gente mientras avanzábamos. Recurrí al código que utilizamos los padres de niños autistas para avisar de su condición con la esperanza de que sean más comprensivos. «Lo siento muchísimo. Niño autista pasando. Perdón.» Sin embargo, cuando por fin llegamos a los baños, estaban todos ocupados. Claro que sí. La lección que la vida tenía para mí en aquel momento no era cómo escapar hábilmente de una situación difícil, sino cómo superarla.

Me senté en el suelo, desesperada. Solo me quedaba una opción: la autocompasión. Me aseguré de que Rowan estuviera a salvo y no se hiciera daño, y deposité el 95% de mi atención en mí misma. Normalmente, cuando me dedico compasión en público, lo hago de manera muy discreta (por ejemplo, sosteniéndome la mano de forma casual mientras me hablo para mis adentros). En aquel momento había tanto en juego que no me importó lo que pensaran los demás. De todos modos, no podía ser peor. Me coloqué las dos manos sobre el corazón y empecé a balancearme a uno y otro lado. Entre susurros, me dije: «Todo va a salir bien, cariño. Lo superarás. Lo estás haciendo lo mejor que puedes». Me sentí más tranquila casi de inmediato. El aprieto en el que me encontraba me conmovió de verdad, y mi corazón se abrió. Poco después, Rowan empezó a calmarse. Sus gritos fueron a menos, y pude abrazarlo y mecerlo. «No pasa nada, cariño. No pasa nada.» Volvimos a nuestros asientos y Rowan durmió toda la noche.

Mi relación con Rowan continúa reflejando ese constante intercambio de compasión por él y por mí, la naturaleza de ida y vuelta de nuestras emociones. Rowan tiene diecinueve años mientras escribo esto, y es un ser humano verdaderamente excepcional, amable, cariñoso, encantador, responsable y adorable. Le apasiona la comida y tiene un gran sentido del humor. A menudo combina ambas cosas. En una ocasión, dejé escapar un grito ahogado ante el horror que me provocan las letras tan gráficas de los temas de rap que le gustan. Rowan se rio y dijo: «No te preocupes, mamá, no me tomo en serio lo que dicen. Solo es una manera de darle más sabor a la música, como la cebolla a un *hot dog*». El otro día tuvo otras dos ocurrencias: «¿Qué se puede comer con los pies? Una pan tostado». «¿Cuál es la comida más popular en el polo norte? Los burritos.» Aunque todavía tiene problemas con los ataques de ansiedad, ya no sufre rabietas ni se porta mal.

Es más: Rowan sacó la licencia de conducir hace poco. Casi todos los padres que hayan enseñado a conducir a sus hijos sabrán cómo les afecta nuestro estado de ánimo. Si mostraba el más mínimo atisbo de miedo cuando Rowan se incorporaba a la autopista o estaba a punto de girar a la izquierda en una carretera con mucho tráfico, él se daba cuenta, y eso le hacía estar más estresado. La forma en que yo gestioné mi propio miedo (que en ocasiones llegó a rozar el terror) marcó la diferencia. Me cruzaba de brazos de forma casual (ocultando, en realidad, un autoabrazo) y me consolaba por el estrés de la situación. Me recordaba a mí misma que no estaba sola, que todos los padres pasaban por aquello y sobrevivían. Eso me permitió sentirme más segura y tranquila para que Rowan pudiera sentir lo mismo. Gracias a mi hijo, he aprendido de primera mano que la autocompasión nos convierte en mejores cuidadores.

ECUANIMIDAD

Para cuidar a los demás sin abandonarnos, también se necesita ecuanimidad, un tipo de equilibrio mental que se mantiene incluso en circunstancias tumultuosas. La ecuanimidad no es un distanciamiento frío ni falta de interés, sino un profundo conocimiento de la ilusión de control. Aunque queramos hacer desaparecer el dolor, no podemos cambiar la realidad del momento presente. No obstante, sí podemos proponernos ayudar y albergar la esperanza de que el futuro mejore. La ecuanimidad forma parte indispensable de la oración de la serenidad, básica en los programas de recuperación de doce pasos: «Dios, concédeme la serenidad para aceptar las cosas que no puedo cambiar, el valor para cambiar las cosas que puedo cambiar, y la sabiduría para conocer la diferencia».[43]

La ecuanimidad es también uno de los dones que surgen de la integración del yin y del yang. Es la danza del ser y del hacer, de la aceptación y del cambio, que infunde un corazón compasivo. Como cuidadoras, podemos utilizar la compasión para calmar y reconfortar, proteger del daño, satisfacer las necesidades y promover la acción. En última instancia, sin embargo, no tenemos el control de lo que ocurre y debemos aceptar esa realidad. En ocasiones, caemos en la trampa de creer que deberíamos ser capaces de hacer desaparecer el dolor ajeno. Nuestros egos entran en juego, y pensamos que nuestras obligaciones serán más llevaderas si somos buenas cuidadoras. Y si eso no ocurre, será porque estamos haciendo algo mal. Los médicos lo tienen especialmente difícil, porque otras personas participan en esa ilusión de control (como si los médicos tuvieran el poder divino de decidir sobre la vida y la muerte). Y lo cierto es que los médicos, como todos los cuidadores, son solo humanos. Podemos hacer todo lo posible por ayudar a las personas que cuidamos, pero el resultado final escapa a nuestro control. Cuando la ecuanimidad es el espacio en el que se desarrollan los cuidados, podemos soltar el apego a los resultados y centrarnos en hacer lo que esté en nuestras manos para ayudar en el momento.

Compasión con ecuanimidad

Enseñamos este ejercicio en el programa general MSC, y también es el plato fuerte de una adaptación dirigida a personas cuidadoras. Se trata de una práctica informal diseñada para utilizar durante el cuidado de personas como una respuesta de autocompasión a la angustia empática. No obstante, conviene aprender a utilizarla haciéndola una o dos veces por tu cuenta antes de aplicarla en una situación real de cuidados. Dispones de una versión guiada de esta práctica, en inglés, en FierceSelf-Compassion.org y, en español, en <https://www.mindfulnessyautocompasion.com/autocompasion-fiera/audios>.

Instrucciones

- Busca una postura cómoda y respira profundamente varias veces con tu cuerpo en el momento presente. Puedes colocar una mano sobre el corazón o donde te aporte consuelo y apoyo, como un recordatorio para infundir amabilidad a tu conciencia.
- Recuerda a alguien a quien estés cuidando y que te esté produciendo agotamiento, frustración o preocupación, alguien que esté sufriendo. Visualiza claramente en tu mente a la persona y la situación de los cuidados, y siente la tensión en tu cuerpo.

- A continuación, dedícate estas palabras en silencio, dejando que circulen tranquilamente por tu mente: «Todo el mundo está en su propio viaje vital. Yo no soy la causa del sufrimiento de esta persona, ni está en mi mano hacer que desaparezca, aunque me gustaría poder hacerlo. Momentos como estos pueden ser difíciles de soportar, pero aun así voy a intentar ayudar lo más que pueda».
- Consciente del estrés que acarreas en tu cuerpo, inhala profundamente mientras atraes la compasión hacia tu interior y llenas cada una de tus células con una presencia amorosa y conectada. Si quieres, puedes imaginar que tu cuerpo se llena de una luz blanca o dorada. Inhala profundamente y bríndate la compasión que necesitas para calmarte.
- Al exhalar, imagina que estás enviando compasión a la persona a la que cuidas. También puedes imaginar que, al exhalar, su cuerpo se llena de una luz blanca o dorada.
- Continúa inspirando y espirando compasión, permitiendo que tu cuerpo encuentre poco a poco un ritmo de respiración natural, que respire por sí mismo: «Uno para mí, uno para ti. Inhalo para mí, exhalo para ti».
- Si necesitas centrarte más en ti misma y en tu angustia, no dudes en dedicar más tiempo a las inspiraciones. Del mismo modo, si te llama más el dolor de la persona a la que cuidas, puedes centrarte más en las espiraciones. Puedes ajustar la proporción según sea necesario, pero asegúrate de incluirte siempre a ti misma y a la otra persona.
- Nota la calma y acaricia tu cuerpo desde el interior mientras respiras.
- Imagínate que estás flotando sin esfuerzo en un mar de compasión, en un océano ilimitado que abarca todo el sufrimiento. Es más que suficiente para ti y para la otra persona.
- Continúa inspirando y espirando compasión todo el tiempo que quieras.
- Cuando estés lista, repite estas palabras en silencio una vez más: «Todo el mundo está en su propio viaje vital. Yo no soy la causa del sufrimiento de esta persona, ni está en mi mano hacer que desaparezca, aunque me gustaría poder hacerlo. Momentos como estos pueden ser difíciles de soportar, pero aun así voy a intentar ayudar lo más que pueda».
- Deja la práctica y permítete ser exactamente como eres en este momento.

AUTOCOMPASIÓN Y RESILIENCIA DE LA PERSONA CUIDADORA

Existen numerosas investigaciones que demuestran que las personas cuidadoras más autocompasivas (por naturaleza o porque han aprendido a serlo) son más resilientes y tienen una mejor salud mental, a pesar de los factores de estrés a los que se enfrentan.[44] Un estudio examinó cómo ayudaba la autocompasión a sobrellevar el cuidado de una pareja diagnosticada con cáncer de pulmón.[45] Los investigadores descubrieron que los cuidadores con autocompasión se sentían menos angustiados por el diagnóstico (sus parejas también) y podían hablar de ello de manera más abierta. Los cuidadores profesionales (terapeutas, enfermeros, residentes de pediatría, comadronas y clérigos) autocompasivos afirman que experimentan menos fatiga y agotamiento.[46] Duermen mejor por la noche a pesar de los niveles de estrés que sufren en el trabajo.[47] Las personas cuidadoras autocompasivas están más comprometidas y satisfechas con su trabajo.[48] Afirman sentir una mayor «satisfacción de la compasión», es decir, buenos sentimientos vinculados a la realización de un trabajo satisfactorio (por ejemplo, felicidad, entusiasmo y gratitud por participar en el bienestar ajeno). Además, tienden a confiar en su capacidad de proporcionar una atención sosegada y compasiva a los demás.[49]

Colaboré en la creación de un breve programa de formación diseñado específicamente para médicos, enfermeros y otros profesionales de la salud llamado Self-Compassion for Healthcare Communities (SCHC, en España se denomina CAIS: Curso de Autocompasión para Instituciones Sanitarias). Desarrollamos el programa en colaboración con el Center for Resiliency del Dell Children's Medical Center, en Austin. El curso es una adaptación del programa MSC, pero en lugar de ocho sesiones de dos horas y media, se compone de seis sesiones de una hora (una planificación mucho más asequible para los profesionales de la salud muy ocupados). Se pide a los participantes que practiquen la autocompasión en el trabajo utilizando los ejercicios que aprenden en el curso, y que incluyen la «Pausa de la autocompasión» y la «Compasión con ecuanimidad». No se les pide que mediten o hagan «deberes», que se sumarían a sus agendas ya repletas, y esa dosis mínima parece ser efectiva. Nuestra investigación demuestra que el curso SCHC incrementó la autocompasión, la atención plena, la compasión por los demás, la satisfacción por la compasión y los sentimientos de realización personal de manera significativa, al tiempo que redujo el estrés, la depresión, el estrés traumático secundario, el agotamiento y el cansancio emocional.[50]

Entrevistamos a participantes que habían completado el programa y recibimos comentarios muy positivos. Una trabajadora social explicó que le había ayudado a mantenerse conectada con sus pacientes: «Estoy escuchando a mi paciente, pero cada parte de mí está aquí... Y escucho». Una logopeda afirmó: «Creo que [la autocompasión] me ha ayudado a establecer límites más saludables». Una enfermera comentó: «Creo que es un programa muy necesario, todo el mundo debería hacerlo. Es muy positivo y útil. Pero me sorprende, después de realizarlo, que ningún otro hospital en el que he trabajado haya hecho algo así». Esperemos que eso no sea así por mucho tiempo y que haya una nueva oleada de autocompasión en la atención sanitaria. El hospital en el que desarrollamos el programa continuó ofreciendo cursos de formación de SCHC con regularidad.

El personal del hospital nos pidió que impartiéramos el programa a los padres de pacientes pediátricos con enfermedades crónicas, como cáncer o parálisis cerebral. Para aquellos padres, la capacidad de brindarse autocompasión por el dolor que supone el cuidado de sus hijos les cambió la vida. Les dio la fuerza necesaria para estar presentes para sus hijos con el corazón abierto, sin sentirse vacíos de energía.

Imagina un mundo en el que la autocompasión se considerara tan esencial para aprender a ser cuidador como tomar la temperatura, o realizar una entrevista de diagnóstico, o ayudar a un niño con problemas de conducta. El peso del cuidado de los demás sería mucho más llevadero.

Un grupo de personas cuidadoras que necesitan especialmente de la autocompasión son las activistas de la justicia social que luchan por cuestiones como la igualdad de género, la expresión sexual, la justicia racial, los derechos humanos o el calentamiento global. Las activistas sociales son especialmente propensas al agotamiento debido a la intensa y desalentadora tarea a la que se enfrentan cuando tratan de cambiar las estructuras de poder arraigadas.[51] Mientras que la mayoría de nosotros da la espalda a las consecuencias devastadoras de la injusticia si no nos afectan directamente, las activistas la buscan y la afrontan por decisión propia. Abrirse al sufrimiento del mundo puede provocar un tremendo dolor empático, que se ve agravado por los bajos salarios, los altos niveles de estrés y las largas horas de trabajo. Además, tienen que lidiar con las reacciones negativas de los que ocupan el poder y combaten sus esfuerzos sin descanso. Todo eso crea las condiciones perfectas para el agotamiento, que lleva a muchas personas a abandonar el activismo.[52]

Por desgracia, el activismo también puede ir acompañado de la creencia de que la atención debe ser unidireccional. Kathleen Rodgers, de la Universidad de Ottawa,[53] realizó entrevistas en profundidad a cincuenta trabajadores de Amnistía Internacional y descubrió que en la organización imperaba una cultura del altruismo y la abnegación que provocaba un aumento del agotamiento. Como comentó un trabajador: «Hay un potencial de culpabilidad incorporado, de no hacer lo suficiente por las personas víctimas de alguna injusticia que "merecen", o "necesitan", o "deben recibir" la atención, y cada pedacito de atención, y toda la energía que podamos aportar, así que si no cumples..., en cierto modo es como una traición a las víctimas».[54] Ese punto de vista no tiene en cuenta que el autocuidado es, en realidad, la fuente de energía que alimenta nuestra capacidad de ayudar a los demás.

La autocompasión es fundamental para fomentar la fuerza y la resiliencia necesarias en el abordaje de problemas dolorosos como la pobreza arraigada, el tráfico sexual o el abuso conyugal. Para que nosotras, como mujeres, traigamos justicia a un mundo injusto, debemos asegurarnos de que nuestra compasión se dirija tanto al interior como al exterior. La buena noticia es que los roles de género nos han permitido ser cuidadoras poderosas y capaces. Ya tenemos las habilidades y los recursos para aliviar el sufrimiento; solo tenemos que darnos permiso para cuidarnos a nosotras mismas mientras lo hacemos. Podemos confiar en la fiera Mamá Osa para luchar por lo que está bien y en la madre tierna para que nos cuide en nuestro viaje.

Capítulo 11
LO QUE HACEMOS POR AMOR

No puede existir amor sin justicia.

BELL HOOKS, escritora y activista[1]

Uno de los ámbitos en los que más afecta la clasificación por géneros del yin y el yang es el de las relaciones sentimentales. Con demasiada frecuencia vendemos nuestras almas para estar con una pareja porque nos adoctrinan desde que nacemos para que creamos que, de lo contrario, estamos incompletos. Empezamos a creer que necesitamos estar en una relación para ser felices. Muchas mujeres colaboran en el mantenimiento de esa creencia. Si no estás casada y una vieja amiga te llama para preguntarte cómo te va, existen muchas posibilidades de que su primera pregunta sea: a) «¿Tienes una relación?» o b) «¿Cómo va la relación?». Como si ese fuera el aspecto más importante de nuestras vidas.

Expresiones comunes como *mi otra mitad* refuerzan la noción de que, en la sociedad, la plenitud requiere de dos personas. Lo que ocurre, en parte, es que el yin y el yang se han dividido por géneros (al menos en las relaciones heterosexuales). Así, una mujer educada para ser yin siente que necesita estar con un hombre educado como yang para que esas energías se equilibren. Tradicionalmente, se ha enseñado a la mujer a dirigir su ternura hacia el exterior y no hacia el interior, y que necesita sentirse amada y aceptada por un hombre para experimentar esa ternura por sí misma. Aprendemos que la presencia amorosa y conectada viene de un hombre que nos ama (de manera romántica), que está conectado con nosotras (emocional y psicológicamente) y que está en nuestra presencia (en una relación comprometida). También se nos enseña que las cualidades fieras de proteger, proveer y motivar vienen del exterior y no del interior. Necesitamos un hombre que nos proteja físicamente, que nos ayude a mantenernos materialmente y que nos motive dando un sentido a nuestras vidas. Aunque esas normas tradicionales ya no tienen el mismo poder que antes, siguen influyendo en nuestra concepción de las relaciones.

Cuando la integración del yin y el yang se produce en las parejas, pero no en los individuos, puede ser poco saludable. En lugar de sentirse satisfecha de forma independiente, la mujer puede volverse codependiente, necesitada o empalagosa, siempre persiguiendo la atención de un hombre para sentirse valiosa. También puede caer en la pasividad o la sumisión, o sentirse incómoda con la soledad, incapaz de acceder al poder que alberga en su interior. Colette Dowling llamó a esta condición *complejo de Cenicienta*[2] en referencia al cuento de hadas cuya heroína se siente indefensa e insignificante hasta que la rescata el príncipe azul. La socialización de género nos dice que necesitamos encontrar a un príncipe que nos haga sentir amadas y protegidas, un ideal que nos impide aprender a amarnos y protegernos a nosotras mismas.

Afortunadamente, la autocompasión proporciona una salida a ese engaño al permitirnos satisfacer nuestras necesidades directamente. Nos ayuda a encontrar el equilibrio entre el yin y el yang desde dentro, no desde fuera. La autocompasión también mejora nuestra vida amorosa, con o sin una relación. Cuando nos valoramos de verdad, dependemos menos de otra persona para sentirnos queridas, felices, valiosas o seguras. Eso nos aporta una libertad increíble para disfrutar de la vida, ser auténticas en nuestra forma de expresarnos y encontrar sentido y satisfacción tanto si estamos solas como si salimos con alguien o tenemos pareja formal.

AUTOCOMPASIÓN EN LAS RELACIONES

Cuando estamos en una relación romántica comprometida, la autocompasión constituye un recurso inestimable para fortalecerla. La capacidad de brindarse cuidados y apoyo cuando se está pasando por un momento de dificultad o inseguridad hace que resulte más fácil mostrarse y comprometerse con los demás. Si no exigimos que la pareja satisfaga todas nuestras necesidades exactamente como queremos y cuando queremos (mimos ahora y que nos dejen en paz después), le estaremos quitando presión para que siempre lo haga todo bien. De ese modo resulta más fácil encontrar la armonía.

El filósofo alemán Arthur Schopenhauer se refirió a las relaciones humanas con la metáfora del dilema del erizo: «En un frío día de invierno, varios erizos se acurrucaron para darse calor y no congelarse. Sin embargo, pronto sintieron el efecto de sus púas y se separaron. Cuando la necesidad de calor los unió de nuevo, se repitió el inconveniente de las púas. Así, se vieron enfrentados a dos males hasta que encontraron la distancia adecuada desde la que podían tolerarse mutuamente».[3] Como los erizos, inevitablemente hacemos daño a nuestras parejas románticas y experimentamos barreras a la intimidad. Cuanto más calor interno generemos a través de la autocompasión, más capaces seremos de encontrar armonía con nuestras parejas y el equilibrio adecuado entre espacio y proximidad. Lejos del egoísmo, este recurso interno proporciona estabilidad y flexibilidad, lo que mejora nuestra competencia como pareja.

Esa competencia queda reflejada en las investigaciones que demuestran que las personas autocompasivas tienen relaciones románticas más saludables.[4] Tienen menos probabilidades de pelearse con sus parejas, disfrutan de interacciones más satisfactorias y pasan más tiempo de calidad juntos. Además, están más satisfechas sexualmente.[5] Se sienten mejor con su papel en la relación, son más felices y están menos deprimidas. Cuando surgen conflictos, son más propensas a llegar a acuerdos justos y a ser honestas con sus parejas cuando se trata de pedir lo que necesitan o quieren.[6]

En un estudio que realizamos sobre los conflictos en las relaciones, una estudiante universitaria autocompasiva explicó cómo solucionaba las cosas con su novio: «Estaba muy ocupada con los estudios, las animadoras, los deportes, la música y el trabajo. Dedicaba mucho tiempo y esfuerzo a esas cosas porque eran importantes para mí. Sé que mi novio quería pasar más tiempo conmigo, pero el día no tenía más horas».[7] La joven optó por pasar un poco más de tiempo con su novio, pero no hasta el punto de renunciar a algo realmente importante para ella. «Hemos solucionado las cosas de esta manera porque nos respetamos. Cada uno tenía sus propios deseos y necesidades, y nuestra relación era mucho más importante para nosotros que cualquier problema que tuviéramos en un momento dado.» Ese tipo de equilibrio era menos frecuente en los estudiantes que no practicaban la autocompasión. Subordinaban sus necesidades a las de sus parejas con más frecuencia. Una joven lo explicó así: «Siempre quiero complacerle y hacerle feliz. Y tengo miedo de que no quiera estar conmigo si le hago enfadar. Es muy persuasivo y casi siempre me convence para que vea las cosas desde su punto de vista».[8] La autocompasión fiera nos da la fuerza necesaria para mantenernos firmes cuando surgen desacuerdos, mientras que la autocompasión tierna nos permite ser más abiertas de mente, cercanas y cariñosas.

Así quedó patente en otro estudio que realizamos sobre la autocompasión en las relaciones románticas.[9] Incluimos a más de cien parejas adultas que vivían en la zona de Austin y tenían una relación con un compromiso a largo plazo. Evaluamos el nivel de autocompasión de cada persona, su autoestima, su capacidad para ser auténtica en la relación y lo cómoda que se sentía expresando sus opiniones. También pedimos a los participantes que nos dieran información sobre el comportamiento de sus parejas. ¿Eran cercanas y cariñosas, o frías y distantes? ¿Los aceptaban y les daban espacio y libertad en la relación, o eran críticas y controladoras? ¿Alguna vez se habían mostrado verbalmente abusivas o agresivas? Por último, preguntamos a los participantes si se sentían satisfechos y seguros en su relación.

Las personas más autocompasivas afirmaron sentirse más auténticas y capaces de expresar sus opiniones sobre asuntos importantes, demostrando así su capacidad de recurrir a la fiereza interior para defenderse. Su capacidad de autocuidado también parecía traducirse en una actitud más cariñosa en general. Sus parejas las describieron como más cercanas y comprensivas (por ejemplo, «es agradable y amable conmigo»), tolerantes («respeta mis opiniones») y que fomentaban su autonomía («me da toda la libertad que quiero»). En cambio, fueron menos propensas a ser retratadas como distantes (por ejemplo, «actúa como si yo molestara»), controladoras («espera que haga todo a su manera»), o agresivas («grita, sale de la habitación dando portazos»). Curiosamente, descubrimos que el nivel de autocompasión de los individuos, y no su autoestima, era lo que determinaba las descripciones positivas de sus parejas. En otras palabras, a pesar de tener una autoestima alta, sus parejas podrían seguir describiéndolas negativamente. Sin embargo, las personas autocompasivas fueron retratadas como más cariñosas en la relación por la inmensa mayoría. No es de extrañar que las parejas de las personas autocompasivas afirmaran sentirse más seguras y satisfechas. Este estudio ofrece todavía más pruebas de que la autocompasión no provoca un comportamiento egocéntrico o interesado. Cuanto más amor seamos capaces de darnos a nosotras mismas, más reservas tendremos para los demás.

Una de las limitaciones de nuestro estudio fue que no resultó muy diverso desde el punto de vista étnico (las parejas eran predominantemente blancas). No obstante, una tesis de la Universidad Estatal de Kansas[10] sobre doscientos diez matrimonios heterosexuales negros también reveló que las parejas más autocompasivas afirmaron tener relaciones más cercanas, más gratificantes y más felices. Sus integrantes eran menos propensos a mostrar comportamientos negativos, como menospreciar al otro o caer en enfrentamientos (acusaciones, insultos o sacar a relucir heridas del pasado, por ejemplo). Una vez más, los resultados sugieren que tratarnos con amabilidad a nosotras mismas facilita que tratemos a nuestras parejas de un modo que nos lleva a disfrutar de relaciones más sanas y duraderas.

La autocompasión nos ayuda a aceptar que somos seres humanos defectuosos que hacemos lo que podemos. Todas, en un momento u otro, hemos sido desconsideradas con nuestra pareja o hemos actuado de una manera que lamentamos. Cuanto más comprensivas e indulgentes seamos con nuestras propias imperfecciones humanas, más comprensivas e indulgentes seremos con las limitaciones de nuestras parejas. Esa aceptación incondicional en ambas direcciones construye relaciones más sólidas. Jia Wei Zhang y Serena Chen, de la Universidad de Berkeley, examinaron el papel de la autocompasión y la aceptación en las relaciones románticas.[11] Reclutaron a estudiantes universitarios y personas adultas de más edad, y les pidieron que describieran un defecto personal (por ejemplo, «soy desordenado») y un defecto que percibieran en su pareja romántica (por ejemplo, «acostumbra a procrastinar»). Descubrieron que las personas autocompasivas eran más propensas a aceptar sus propios defectos y los de sus parejas. Estas lo confirmaron y añadieron que se sentían menos juzgadas y más aceptadas. Y esa aceptación mutua se traducía en una mayor satisfacción general en la relación.

No obstante, la autocompasión no consiste únicamente en aceptar las debilidades: también fomenta el cambio y el crecimiento saludables. En una serie de tres estudios realizados por investigadores de la Universidad de Tennessee[12] se descubrió que las mujeres autocompasivas comprometidas en relaciones duraderas afrontaban mejor las dificultades con sus parejas. El primer estudio concluyó que las mujeres con niveles más altos de autocompasión se mostraban más comprometidas con la resolución de los problemas (por ejemplo, «normalmente intento solucionar las cosas con mi pareja de inmediato»). En el segundo estudio se pidió a las mujeres que imaginaran que habían hecho algo de lo que se arrepentían, como no haber apoyado a su pareja en un momento de necesidad. Los investigadores solicitaron a las participantes que tuvieran compasión por el error y descubrieron que aquello las motivó más para enmendar las cosas. El tercer estudio analizó el nivel de satisfacción con la relación entre las mujeres en sus primeros cinco años de matrimonio. Aunque la mayoría de las personas se sienten menos satisfechas en ese periodo, las mujeres autocompasivas eran tan felices en su relación a los cinco años como recién casadas, lo que demuestra el notable poder de la autocompasión para crear y mantener relaciones sanas.

Autocompasión para los retos en la relación

Las relaciones románticas son una gran fuente de felicidad, pero también de sufrimiento. Podemos dedicarnos compasión fiera o tierna cuando nos enfrentemos a problemas en la relación; dependerá de lo que necesitemos en cada momento. Esta práctica se puede realizar por escrito o como una reflexión interna, y está diseñada para personas que mantienen una relación romántica en este momento.

INSTRUCCIONES

- Piensa en una dificultad que estés teniendo con tu pareja. Puede que no estén de acuerdo en algo, o que te sientas insatisfecha por algún motivo, o mal por algo que tú o tu pareja han hecho. Repasa mentalmente la situación e intenta ser lo más específica que puedas. ¿Quién dijo qué a quién, qué pasó o dejó de pasar?
- A continuación, intenta dejar de lado la historia por un momento y céntrate en tus emociones. ¿Qué sientes en este momento? ¿Tristeza, frustración, soledad, miedo, vergüenza, enfado? ¿Una combinación de sentimientos? Intenta localizar los sentimientos en tu cuerpo. Concéntrate en la sensación física de la emoción. Utiliza el mindfulness para reconocer el dolor de lo que estás sintiendo. Es duro sentirse así. Comprueba si puedes permitir que los sentimientos estén ahí sin necesidad de arreglarlos inmediatamente o hacer que desaparezcan.
- Recuerda la humanidad compartida de la situación. No estás sola. Todas las relaciones se enfrentan a desafíos. Todas las relaciones son imperfectas. Intenta ser amable contigo misma en medio de este desafío. En primer lugar, utiliza algún tipo de tacto tranquilizador y de apoyo: por ejemplo, coloca una mano en el lugar de tu cuerpo donde sientas las emociones, o las dos manos sobre el corazón, o utiliza un gesto de fuerza (como un puño sobre el corazón y la otra mano encima).
- Por último, dedícate unas palabras amables, justo lo que necesitas escuchar en ese momento: por ejemplo, unas palabras agradables de aceptación o consuelo; unas palabras fieras de coraje; la validación de tus necesidades o el estímulo para realizar un cambio. Si te cuesta encontrar las palabras adecuadas, puedes imaginar lo que le dirías a una buena amiga que estuviera experimentando la misma dificultad en su relación. ¿Qué palabras fluirían de manera natural hacia tu amiga? ¿Puedes intentar decírtelas a ti misma?

Muchas personas me han explicado que su relación sentimental mejoró cuando empezaron a practicar la autocompasión. Michelle, una estudiante de posgrado que asistió a mi seminario avanzado sobre autocompasión, fue una de ellas. Me contó que acostumbraba a ser muy autocrítica y dura consigo misma. Era una «fanática del control» y tenía que estar todo en orden, incluida su relación. Michelle corría maratones y cuidaba muchísimo su salud, como demostraban su piel perfecta y su esbelta figura. Llevaba dos años saliendo con Brandon, que era bombero, y se querían. Tenían mucho en común: les gustaba la música y el senderismo, y compartían una visión similar de la vida. Pero tenían problemas.

Michelle, que era una persona puntual, le había pedido a Brandon que le enviara un mensaje de texto si iba a llegar más de veinte minutos tarde. Él se olvidaba a menudo, sobre todo si salía con sus amigos. Sentada a la mesa del restaurante, sola, esperándole, Michelle se ponía furiosa por lo desconsiderado que era. Sin embargo, cuando él aparecía, ella actuaba como si nada porque no quería que pensara que era una pesada.

Otro problema: Brandon no era tan romántico como a ella le gustaría. Quería que le transmitiera su amor con más pasión (Michelle era una gran seguidora de los romances históricos, como *Outlander* y *Poldark*, y deseaba en secreto aquella misma intensidad). Brandon, en cambio, era más sencillo y la expresión dramática de las emociones le parecía poco natural. Sus héroes eran tipos fuertes y callados que expresaban su amor a través del compromiso. Aunque apreciaba la estabilidad de Brandon, Michelle se sentía decepcionada por su falta de pasión.

Admitía que uno de sus mayores problemas con Brandon era que a él le gustaba comer en restaurantes de comida rápida como Taco Bell y McDonald's. Cuando Michelle encontraba los envases vacíos en el coche, a veces le hablaba mal y le daba un sermón fulminante sobre nutrición. Después se avergonzaba y se autocriticaba por ser tan autoritaria.

Brandon quería a Michelle a pesar de aquellos problemas y le había pedido que se mudara a vivir con él, pero ella dudaba. ¿El problema era la relación, o simplemente estaba siendo demasiado quisquillosa y exigente? Decidió aprender sobre la autocompasión, principalmente para sí misma, pero también con la esperanza de que la ayudara con Brandon. Leyó varios libros y después se apuntó a mi seminario.

Michelle practicó la autocompasión concienzudamente (como todo lo que hacía), y al cabo de un tiempo empezó a notar cambios. Estaba menos nerviosa, más motivada y menos controladora. Las cosas también empezaron a mejorar con Brandon. Michelle se dio cuenta de que muchas de sus reacciones con él procedían de sus propias inseguridades. Por ejemplo, cuando Brandon llegaba tarde, una parte de ella temía que fuera porque se estaba desenamorando y ya no le importaba. Por eso también quería que él le expresara su afecto de una manera que la hiciera sentir como una de las heroínas de los dramas que le gustaban. Quería sentirse cien por cien segura de que era digna de ser amada y adorada. Incluso su preocupación por la salud, aunque en general era un valor positivo en su vida, se debía en parte al miedo a engordar o enfermar, y proyectaba aquel miedo en Brandon.

Cuando aprendió a afrontar aquellas inseguridades con autocompasión, le resultaron menos debilitantes. En primer lugar, pudo aceptar su existencia. Había hecho suficiente terapia para saber de dónde venían: sus padres se divorciaron cuando ella era pequeña y se enfrentaron en una amarga batalla por su custodia. Sabía que la sanación sería lenta, pero estaba decidida a intentarlo. Cuando Brandon se retrasaba y ella empezaba a creer que no le importaba, tomaba conciencia de su miedo, y se daba apoyo y amabilidad. Era natural que se angustiara, y se tranquilizaba con su propio cariño y su comprensión. Cuando sentía el deseo de que Brandon fuera más romántico, reconocía la pena de sentirse decepcionada. A continuación, intentaba satisfacer su necesidad de romanticismo comprándose un enorme ramo de flores. Si reaccionaba de forma exagerada a los hábitos alimenticios de Brandon, en lugar de arremeter contra sí misma, intentaba comprender lo que impulsaba sus reacciones. Era un desencadenante relacionado con su preocupación por la salud, que en realidad era algo bueno.

Cuanta más autocompasión tierna se brindara y más se aceptara tal como era, más fácil le resultaría hacer lo mismo por Brandon. Cuando Michelle se quitó la presión y aceptó que ninguna relación es perfecta, empezaron a pelearse menos.

No obstante, Michelle no se detuvo ahí. Algunas de sus quejas eran legítimas y debían ser abordadas con autocompasión fiera. Se dio cuenta de que sermonear a Brandon sobre su consumo de comida rápida era su problema y que no tenía derecho a decirle lo que tenía que comer: al fin y al cabo, era un hombre adulto. En cambio, la petición de que le enviara un mensaje si iba a llegar tarde era válida. Le dijo a Brandon la verdad sobre lo mucho que le molestaba, sobre todo cuando se encontraban en público. Si era necesario, él podía poner la alarma del teléfono, pero era importante para ella. Michelle sabía que su retraso no significaba que no la quisiera, pero seguía siendo desconsiderado y ella necesitaba que respetara su tiempo.

Las conversaciones más difíciles fueron las que tenían que ver con la forma en que Brandon expresaba su amor. Él decía que no iba a cambiar, y que ella no debía esperar que actuara como el personaje de una novela romántica. Ella reconocía que tenía razón en eso. Sin embargo, sus necesidades de intimidad no se estaban satisfaciendo del todo. Comprarse flores ayudaba, pero no era suficiente. Empezaron a tener conversaciones sobre qué podía hacer Michelle para que él se sintiera más seguro y se abriera, demostrándole su apoyo y aceptación. Eso le ayudaría a ser más vulnerable. Hablaron de la cultura machista del cuerpo de bomberos y de cómo contribuía a que se sintiera incómodo expresando su ternura. Aunque le iba a resultar difícil, estaba dispuesto a probar algo diferente. Michelle aprendió a pedirle a Brandon que expresara sus sentimientos sin que se sintiera juzgado, y con el tiempo se sintió más cómodo.

Incluso empezaron a tener conversaciones sinceras sobre el equilibrio de poder en la relación. Brandon admitió que a veces le hacía esperar en las citas para que sus amigos no pensaran que era un «mandilón» y lo vieran como el que mandaba. También fue capaz de ver que su resistencia a la intimidad era otra forma de tener poder, para que ella siempre quisiera más. Fueron conversaciones difíciles, pero las afrontaron con amor, respeto y compasión, que los ayudó a escucharse mutuamente. Mientras Michelle recurrió a la autocompasión para tratar su papel en sus problemas, Brandon fue capaz de compadecerse por su parte y admitir sus defectos con mayor facilidad. Michelle y Brandon llevan dos años viviendo juntos, y hasta el momento todo va bien.

AMOR Y PATRIARCADO

Las dinámicas de poder basadas en el género suelen desempeñar un papel en el trasfondo de las relaciones heterosexuales. Esto se debe a que el patriarcado dio forma a la historia del amor y del matrimonio.[13] En la era preindustrial, el matrimonio se consideraba principalmente un acuerdo económico entre familias y se basaba en consideraciones de estatus y estabilidad económica. No era habitual que la mujer eligiera al hombre con el que se casaba; esa decisión la tomaban sus padres. El amor no era una razón de peso para casarse. La doctrina de la *coverture* (que se aplicó obligatoriamente hasta el siglo XIX) establecía que un hombre era dueño de su esposa, incluidos su cuerpo y sus servicios, todos sus bienes y salarios, y la custodia de los hijos en el poco probable caso de divorcio.[14] Dado que la mujer era considerada básicamente como esclava, necesitaba un hombre para sobrevivir físicamente.

Sin embargo, en los albores de la Ilustración cobró popularidad la idea del amor en el matrimonio como una expresión de la libertad individual y la búsqueda de la felicidad. Escritoras como Jane Austen y Charlotte Brontë ensalzaron el amor romántico como fuente de significado y plenitud para las mujeres, aunque todavía no tuvieran derecho a votar o gestionar sus propiedades. El ideal para una mujer, dentro y fuera de las novelas, consistía en encontrar un hombre que la amara, la cuidara, la adorara y la protegiera en una unión feliz y satisfactoria.

No obstante, los maridos no siempre eran cariñosos o inofensivos; en ocasiones se mostraban emocionalmente inaccesibles, negligentes o abusivos. Pegar a la esposa fue legal hasta 1920.[15] Y aunque se suponía que el amor romántico se basaba en el respeto mutuo, se esperaba que la mujer se sometiera a las decisiones de su marido. Tenía que minimizar su inteligencia para que la de él no se sintiera amenazada. Como bromeó Rita Rudner: «Cuando por fin conocí al señor Perfecto, no tenía ni idea de que su nombre era Siempre».[16] Aun así, estar casada con un hombre que hacía que su mujer se sintiera especial, valorada y protegida era el ideal romántico de la sociedad (a pesar de que pocos matrimonios estuvieran a la altura del acuerdo). Sin duda, es mejor perderse en un sueño romántico que despertar y ver la verdad de tu falta de poder.

Las mujeres tenían que hacer lo imposible para preservar aquellas ilusiones, ya que dependían económicamente de los hombres y no ocupaban lugar alguno en la sociedad fuera del matrimonio. Dado que el poder femenino se limitaba a la esfera del hogar, las mujeres tenían que tratar de encontrar allí satisfacción. Con frecuencia hacían la vista gorda ante las infidelidades, ignoraban los comportamientos groseros y aguantaban que les hablaran mal. Su única opción era poner buena cara en sus relaciones infelices, ya que el divorcio no era una opción. Aquella visión del matrimonio, sostenida por el ideal romántico, continuó más o menos durante toda la década de 1950.

Las cosas empezaron a cambiar a partir de los años sesenta hasta entrados los ochenta. El divorcio y la cohabitación pasaron a ser más habituales. Más y más mujeres empezaron a trabajar y a asistir a la universidad. La segunda ola del feminismo (la primera fue el movimiento sufragista) nos sorprendió. Libros pioneros como *La mística de la feminidad* (de Betty Friedan), que cuestionaba el ideal de la mujer como esposa y ama de casa, se convirtieron en éxitos de ventas. Gloria Steinem cofundó la revista *Ms.* con un enorme éxito en su rechazo de la idea de que el estatus de una mujer dependía de si era soltera (*Miss*) o casada (*Mrs.*). La idea misma del amor romántico se puso en tela de juicio, y las feministas radicales argumentaron que «el amor, en el contexto de una relación opresiva entre hombre y mujer, se convierte en un pegamento emocional para justificar la relación dominante-sumisa».[17] Las costumbres pensadas para que las mujeres resulten atractivas a los hombres, como el uso de maquillaje, chocaban con el patriarcado. Una protesta en el concurso de Miss América incluyó el lanzamiento de zapatos de tacón y sujetadores en un cubo de basura. Las manifestantes no los quemaron, pero los periodistas no dudaron en describir el acto como una quema de sujetadores (similar a la quema de cartillas militares). Y así fue como toda una generación de mujeres sin pelos en la lengua recibieron el apelativo de «feministas quemasujetadores».[18]

En las siguientes décadas se produjo una reacción cultural contra la agenda feminista, y el deseo de poner fin a la opresión femenina en las relaciones románticas pasó a ser denominado *odio a los hombres*. A pesar de los esfuerzos de la siguiente oleada de feministas surgida con el título IX y las clases de estudios sobre la mujer, el feminismo entró en una fase de relativa calma. Y entonces se produjo el tsunami de activismo del #MeToo y la Marcha de las Mujeres tras la toma de posesión de Trump.[19] Los casos de acoso sexual y la exclusión de las mujeres de los puestos de poder volvieron a dominar los titulares. Lo que ha tardado más en despertar es la necesidad de cuestionar el papel del amor y del romance en nuestras vidas. Muchas mujeres muy competentes, activistas y autosuficientes que conozco siguen creyendo que necesitan una pareja para sentirse amadas, realizadas y valoradas.

A las mujeres se nos da bien entregar nuestro corazón. El problema es que con el corazón regalamos nuestro poder si creemos que la fuente de amor y seguridad está en una relación con una pareja, y no en una relación con nosotras mismas. Las mujeres heterosexuales estamos tan condicionadas a sentirnos valoradas en función de si un hombre nos ama y se compromete con nosotras que, en ocasiones, nos abandonamos a nosotras mismas en beneficio de la unión. Muchas mujeres que ganan suficiente dinero, tienen éxito y son independientes creen que *necesitan* a un hombre para ser felices. Estas ideas pueden llevarnos a permanecer en malas situaciones más tiempo del que deberíamos. Piensa en todas las famosas ricas que toman constantemente malas decisiones en el amor. Piensa en tus propias amigas. Piensa en ti misma. Aunque resulta difícil saber si una relación es sana cuando la iniciamos, una vez que estamos inmersas en ella, es en parte nuestra creencia de que necesitamos una pareja para estar completas lo que influye en nuestro proceso de toma de decisiones. Muchas veces ignoramos las señales de alarma porque deseamos con todas nuestras fuerzas que nuestras relaciones salgan bien.

Las mujeres en relaciones homosexuales no se enfrentan a los mismos problemas que las mujeres heterosexuales, ya que es menos probable que estén atrapadas en guiones culturales de género. Un estudio realizado por investigadores de la Universidad de Texas en Austin[20] examinó a 157 parejas de lesbianas y 115 parejas heterosexuales legalmente casadas o en cohabitación (durante una media de quince años), y descubrió que las mujeres de las uniones heterosexuales eran más propensas a declarar que su cónyuge las defraudaba, actuaba de forma desconsiderada o no las escuchaba con atención. Las mujeres lesbianas revelaron un mayor bienestar psicológico en sus relaciones. Aunque las parejas del mismo sexo se enfrentan a una mayor discriminación[21] y presión externa de la sociedad (y no podemos pasar por alto esa injusticia) en el ámbito de su relación, en muchos casos se liberan de algunas de las dinámicas dañinas del patriarcado.[22]

¿NECESITAMOS TENER UNA RELACIÓN PARA SER FELICES?

Aunque las mujeres ya no necesitamos estar casadas para ocupar nuestro lugar en la sociedad, el impulso de tener una relación sigue siendo poderoso. Incluso cuando dejamos una mala relación, la sensación de que no estamos completas si no estamos en pareja puede empujarnos a empezar otra relación demasiado rápido. La percepción de que las mujeres sin pareja son solteronas inútiles continúa vigente, aunque de forma sutil, y nuestra cultura refuerza esa visión. Los hombres pueden querer tener relaciones y sentirse amados, pero no lo *necesitan*. Su valor y su sensación de seguridad no dependen de ello en el nivel inconsciente más profundo, como ocurre con las mujeres. No se les compadece como a nosotras por ser solteros. De hecho, los medios de comunicación continuamente ofrecen imágenes de hombres solteros felices y respetados. No es así para las mujeres.

Revolutions of the Heart, el libro que Wendy Langford publicó hace veinte años, continúa vigente. La autora entrevistó a quince mujeres sobre el lugar que ocupaban las relaciones románticas en sus vidas. Hannah, que era soltera y deseaba tener una relación desesperadamente, afirmaba: «Siento que hay un vacío en mi vida [...]. Es esa idea de ser *realmente* especial para una persona [...]. Anhelo tener a alguien para eso de..., bueno, despertarte a las tres de la mañana a su lado y pensar "oh, esto es *íntimo* de verdad" [...]. Me pregunto si alguna vez encontraré a alguien con quien volver a tener relaciones. Eso me preocupa».[23]

Otro tema común entre las mujeres era que necesitaban que un hombre las quisiera para sentirse dignas. Ruth explicaba: «Creo que en algún lugar de mi mente tenía la idea de que si *realmente era* una persona deseable, atractiva, agradable, o lo que sea, entonces tendría a un hombre cerca».[24] Además, veían el amor romántico como una forma de sentirse completas. Cuando Diane describe la sensación de enamoramiento en una relación pasada, dice: «Fue maravilloso. Era como una unidad, ¿sabes? La sensación de dos mitades de una nuez juntas formando un todo».[25] Esas actitudes respecto a la relación romántica no han cambiado en las últimas dos décadas.

Para que las mujeres seamos realmente libres, tenemos que dejar de lado la idea de que necesitamos una pareja para estar completas. Podemos aprender a sentirnos completas por nuestra cuenta. Muchas mujeres en la cuarentena y la cincuentena (me incluyo) están solteras y divorciadas. Queremos tener una relación, pero no encontramos una pareja que nos ofrezca lo que necesitamos: inteligencia emocional, espiritualidad, conciencia de nosotras mismas, respeto e igualdad. Algunas mujeres se comprometen y mantienen una relación con alguien que no las hace felices, o se quedan solteras y se sienten insatisfechas porque no tienen pareja. El denominador común es la creencia de que necesitamos una pareja para ser felices. No es así. Las fuentes de felicidad son muy variadas, y entre ellas figuran los amigos, la familia, el trabajo y la espiritualidad. Las fuentes más importantes son incondicionales y no dependen de las circunstancias, y una de las más accesibles es la autocompasión.

UNA RELACIÓN AMOROSA
CON NOSOTRAS MISMAS

La autocompasión no solo nos hace más felices cuando estamos en una relación romántica: además, nos permite ser felices sin ella. Un regalo radical de la autocompasión para las mujeres es el descubrimiento de que no necesitamos una pareja para sentirnos realizadas. Podemos desarrollar y acceder plenamente a nuestras energías yin y yang en el contexto de la autocompasión. Las mujeres heterosexuales que temen que la práctica de este tipo de autosuficiencia pueda traducirse de alguna manera en odio a los hombres deben saber que no es así. Podemos amar a los hombres, disfrutar de su compañía, vivir con ellos, casarnos con ellos o tener hijos con ellos si así lo decidimos. La cuestión es, simplemente, que no los *necesitamos*. Podemos recurrir a la autocompasión tierna para sentirnos amadas y valoradas, y a la fiera para sentirnos seguras y atendidas.

La capacidad de estar con nosotras mismas y aceptarnos con una presencia amorosa y conectada es fundamental para encontrar la felicidad fuera de una relación romántica. Todas tenemos una profunda necesidad de sentirnos especiales, adoradas, valiosas, importantes y cuidadas. Podemos satisfacer esas necesidades de manera directa, porque cuando nuestro corazón está totalmente abierto, vemos nuestra propia belleza. Esa belleza no depende de la perfección física ni de tenerlo todo controlado. Es la belleza de ser un individuo único con una historia única, inigualable y, por lo tanto, especial. Nuestra valía no proviene de nuestros logros, ni de encontrar una pareja que nos diga que somos adorables. Proviene del hecho de que somos seres humanos conscientes, que sienten y respiran, que forman parte de la vida que se desarrolla segundo a segundo, tan preciosos como cualquier otro. Cuando nos dedicamos la atención que anhelamos recibir de los demás, nos convertimos en personas notablemente autosuficientes.

Cuando estamos en pleno contacto con la autocompasión fiera, podemos proporcionarnos aquello que a las mujeres heterosexuales se nos ha dicho que solo puede darnos un hombre. Cuando la energía de la claridad valiente y empoderada corre por nuestras venas, podemos convocar a nuestra guerrera interior siempre que la necesitemos. La capacidad de defendernos significa que no dependemos de un hombre que nos proteja. Si alguien nos insulta o sobrepasa nuestros límites, podemos enfrentarnos a esa persona. Es posible que se produzcan situaciones en las que se necesite fuerza física, o en las que nuestra integridad física corra peligro, pero si no estamos en una relación podemos recurrir a los amigos, la familia, los vecinos o la policía para pedir ayuda. Y si contamos con los medios, podemos contratar ayuda para hacer las cosas que antes hacían nuestros maridos o novios (por ejemplo, existen servicios por horas para trasladar enseres pesados, realizar arreglos en casa, cortar el césped, etcétera).

Tampoco necesitamos que un hombre nos mantenga. En primer lugar, podemos satisfacer nuestras necesidades económicas por nosotras mismas. Aunque a las mujeres se nos paga menos y eso debe cambiar, no vale la pena mantener una relación con un hombre con el que no somos felices solo para aumentar nuestro bienestar material. Es una solución que casi nunca funciona a nuestro favor. En cuanto a nuestras necesidades emocionales, como el apoyo y la compañía, muchas de ellas pueden ser satisfechas por nuestros mejores amigos. Cada vez más mujeres optan por depositar su sentido de pertenencia en un círculo de amigas en lugar de hacerlo en un hombre, y descubren que esos vínculos son profundos, gratificantes y estables. Lo más importante es que con la autocompasión podemos *darnos* amor, cuidados y apoyo emocional.

También podemos dedicar nuestro tiempo a lo que es satisfactorio y auténtico. De hecho, en cierto modo somos más libres para aprender y crecer sin una pareja. Es habitual que las mujeres abandonemos nuestros intereses y dediquemos casi toda nuestra energía a la relación, sobre todo al principio. Tengo una buena amiga que lleva años queriendo escribir un libro. Tiene mucho talento y sé que su proyecto sería un gran regalo para el mundo. Cuando está soltera avanza mucho, pero en cuanto se mete en una relación, el libro queda en suspenso. ¿Cuánto de nuestro precioso tiempo y de nuestra energía consumimos en buscar pareja, enamorarnos, preocuparnos por si debemos continuar o no, si la relación es adecuada para nosotras, en abordar los problemas? Por supuesto, si mantenemos una relación estable y sólida, puede proporcionarnos mucha libertad y apoyo para alcanzar nuestros logros. Sin embargo, no queremos tirar todo lo demás por la borda mientras buscamos ese final feliz. Cuando estamos solteras, tenemos tiempo y espacio para perseguir nuestros sueños. Si caemos en la trampa de creer que el único objetivo importante en la vida es estar en pareja, ¿qué nos estamos perdiendo? La autocompasión puede ayudarnos a desarrollar todo nuestro potencial, independientemente de nuestras circunstancias.

Cuando el yin y el yang se encuentran integrados en nuestro interior, nos liberamos de muchas de las limitaciones de los roles de género. Las energías masculina y femenina se unen dentro de nosotras. Dejamos de externalizar una parte esencial de nuestro ser y, como resultado, somos capaces de vivir según nuestro verdadero yo. Por supuesto, eso no significa que dejemos de querer o necesitar a los demás. El deseo de experimentar el amor romántico también es una parte esencial de nuestra naturaleza, y el dolor surge de forma natural cuando estamos solas. El sueño de conocer al príncipe azul no consiste solo en querer que alguien nos cuide, como se presenta en el complejo de Cenicienta. También se trata de querer experimentar el amor, la intimidad y la conexión a través de la unión de dos almas. Es una experiencia profundamente espiritual y hermosa.

Desde la publicación de su influyente *¿Acaso no soy yo una mujer?*, en 1981, bell hooks, pseudónimo de Gloria Jean Watkins, representa una figura central del movimiento feminista con su denuncia de las formas en que el amor romántico engaña a las mujeres para que acepten su subordinación bajo el disfraz de amor y atenciones de su hombre. Sin embargo, también reconoce la importancia del deseo de unión. En *Communion: The Female Search for Love*, escribe: «Las mujeres poderosas que se quieren a sí mismas saben que nuestra capacidad de hacernos cargo de nuestras propias necesidades emocionales es esencial, pero eso no sustituye al compañerismo y la unión amorosa».[26] Cuando digo a las mujeres que pueden satisfacer sus necesidades de romance diciéndose a sí mismas lo que les gustaría oír de los demás («te quiero, eres preciosa, te respeto, no te abandonaré»), su reacción inmediata consiste en responder que no es lo mismo tener una pareja que te lo diga. Cierto, no es lo mismo. No pretendemos que lo sea. En cambio, podemos abrirnos completamente al dolor de no ver cumplido nuestro sueño de amor romántico y sostenerlo con la misma ternura con la que trataríamos a un niño asustado y solo. Podemos honrar ese sueño y mantener viva la llama de la esperanza de que algún día pueda suceder.

El problema es que tendemos a dar prioridad a esa fuente de felicidad sobre todas las demás. Creemos que ese amor es el único que realmente cuenta. Aunque seamos exactamente la misma persona cuando una pareja nos dice que somos válidas y dignas de ser amadas que cuando nos lo decimos nosotras mismas, pensamos que la perspectiva de la pareja es la única válida. Con esa actitud cedemos nuestro poder y subestimamos nuestra propia capacidad de amar.

Además, nos predispone para el desamor, ya que una unión duradera no está garantizada aunque encontremos el «amor verdadero». Puede que tengamos la suerte de experimentarlo durante un tiempo, pero la vida se acaba interponiendo, las cosas cambian, las personas se alejan... Piensa en todas las mujeres que conoces que mantienen relaciones románticas satisfactorias con posibilidades de que duren el resto de sus vidas. Existen, pero no son la norma. Aproximadamente, solo la mitad de todos los matrimonios duran más de veinte años, y muchos matrimonios duraderos son insatisfactorios.[27] ¿Realmente queremos basar nuestra felicidad en algo tan frágil, sobre lo que tenemos tan poco control?

Aunque darnos amor a nosotras mismas no sustituye a una relación romántica, en realidad es más importante porque no depende de las circunstancias. Solo podemos garantizar al cien por cien que la única persona que estará a nuestro lado toda la vida somos nosotras mismas. Y el amor que procede de la autocompasión no surge de nuestro pequeño yo, sino de nuestra conexión con algo más grande. Cuando estamos realmente presentes y nos preocupamos por nosotras mismas, tanto en momentos de alegría como de dolor, la sensación de estar separadas de los demás se desvanece. Nos damos cuenta de que nuestra conciencia es una ventana a nuestra experiencia única, en constante cambio y en desarrollo, pero la luz de la conciencia que asoma por esa ventana no está separada de la luz que entra por otras ventanas. Como seres humanos, nuestras experiencias son distintas, algunos sufren mucho más que otros, pero la luz es esencialmente la misma. El motivo por el que la unión de dos personas enamoradas resulta tan maravillosa es que experimentamos una fusión de conciencias. Sin embargo, no necesitamos a otra persona a nuestro lado para experimentarla. Podemos encontrar la fusión, la unión y la unidad en nuestro interior.

MI VIAJE HACIA LA PLENITUD

Después de varias relaciones fallidas, personalmente he llegado a aceptar estar sola. Me he enfrentado a la soledad y al miedo a «no contar» si no tengo una relación con un hombre. También he aprendido que la autocompasión es la clave para salir de esa prisión. En este momento puedo decir con orgullo que mi felicidad ya no depende de tener una relación. Aunque me gustaría estar con alguien, ya no estoy dispuesta a transigir. Puedo ser feliz por mi cuenta, y he aprendido que soy la única que puede hacerme sentir amada, valorada, realizada y segura. Eso no significa que no haya sido un largo viaje hasta llegar a este punto.

Es posible que algunas lectoras conozcan la historia que explico en mi primer libro, *Sé amable contigo mismo*, sobre cómo nos conocimos Rupert (el que sería mi marido) y yo en la India antes de mudarme a Texas y tener a nuestro hijo Rowan. Rupert era activista por los derechos humanos, autor de guías de viajes y una de las personas más interesantes que había conocido. Era mi príncipe azul. Un caballero inglés de brillante armadura, rubio y de ojos azules, que me conquistó y que parecía cumplir el sueño de amor y romance que a todas nos inculcan de pequeñas. Después de que a Rowan le diagnosticaran autismo, Rupert (un entusiasta jinete) descubrió que nuestro hijo tenía una misteriosa conexión con los caballos y que sus síntomas mejora-

ban muchísimo cuando estaba con ellos. En un encuentro de curande-
ros indígenas celebrado para concienciar sobre la difícil situación de
los bosquimanos del Kalahari, Rowan también respondió bien al contacto con los chamanes. Así, nuestra familia emprendió un viaje fan-
tástico a la tierra donde el chamanismo es la religión nacional y de
donde es originario el caballo: Mongolia. Cabalgamos por la estepa
y nos reunimos con el pueblo de los renos en busca de la curación para
nuestro hijo. Esta historia se relata en el documental y en el libro *El
chico de los caballos*. Parece un cuento de hadas. Sin embargo, como estamos aprendiendo cada vez más, esos cuentos no nos sirven y, de
hecho, casi siempre nos debilitan.

Rupert fue mi segundo marido. Mi primer matrimonio acabó
cuando yo tuve una aventura (algo que iba en contra de todos mis valores). El proceso de lidiar con la vergüenza y los remordimientos por
mi comportamiento fue lo que me ayudó en gran medida a comprender el poder de la autocompasión para sanar y empezar de nuevo.
Quería hacerlo bien cuando decidiera casarme por segunda vez. La
honestidad era fundamental para mí, y me comprometí solemnemen-
te a ser honesta en mi relación a toda costa. No quería volver a experimentar aquella guerra interna. Pensé que Rupert habría hecho un
compromiso similar.

Sin embargo, poco después del diagnóstico de Rowan empecé a
tener la sensación de que Rupert no me lo contaba todo. No puedo
decir exactamente por qué, solo era una intuición. Estábamos inmer-
sos en la lucha por afrontar el autismo de Rowan, de modo que dejé a
un lado aquella molesta sensación. El diagnóstico fue una de las cosas
más duras por las que había pasado, y no me quedaba energía para lidiar con las dudas sobre mi matrimonio. Sin entrar en detalles, digamos que finalmente me enteré de que Rupert me había mentido en
repetidas ocasiones sobre encuentros sexuales a escondidas con otras
mujeres. Cuando me enfrenté a él, se mostró abrumado por la vergüenza y la culpa. Me dijo que lo sentía mucho y que lo que más deseaba era salvar nuestra relación.

Me quedé destrozada. El gran enfrentamiento tuvo lugar justo
antes de asistir a un retiro de meditación, y lloré durante toda la estan-

cia. Sin embargo, mi práctica de mindfulness y autocompasión era sólida y salí adelante. Intenté acceder a un estado de presencia amorosa y conectada, y fui capaz de sostener el dolor sin sentirme superada. Dado que teníamos un hijo pequeño con necesidades especiales, pensé que la mejor opción era intentar que el matrimonio funcionara. Acudimos a terapia de pareja y albergué la esperanza de que las cosas mejoraran.

Mientras tanto, mi trabajo en el campo de la autocompasión empezó a despegar. Cuando escribí mi primer libro, expliqué principalmente los momentos maravillosos de mi relación con Rupert. Logré convencerme de que ya no me mentía. En retrospectiva, me doy cuenta de que ignoré muchas señales de alerta. Para ser sincera, era más fácil asumir que todo estaba bien que hacer frente a la verdad de que no era así.

Poco después de la publicación del libro, en 2011, descubrí más aventuras ocultas (unas cuantas, de hecho). Supe sin ninguna duda que debía poner fin al matrimonio. A pesar de que seguía queriéndolo. A pesar de que teníamos un hijo autista. No podía permitirme ser tratada de aquella manera. Recibí el apoyo de mis amigos, que me ayudaron a encontrar la fuerza necesaria. En aquel momento no sabía nada de la autocompasión fiera, pero supe que iba a necesitar mucha fuerza para dejarlo. Mamá Osa se había despertado, aunque todavía no tenía un nombre para ella. Llevaba un trozo de hierro en la cartera como símbolo de la determinación que necesitaba.

Cuando le dije a Rupert que me iba, repitió lo mucho que lo sentía y lo avergonzado que estaba, y admitió que probablemente tenía un problema de adicción al sexo. Aunque sentí compasión por él, mi protectora interior se levantó y dijo «no». No iba a quedarme esperando a ver si era capaz de cambiar o no. Para mí había terminado. Dado que teníamos que cuidar a Rowan (que, además, seguía con su escolarización en casa), continuamos siendo amigos e intentamos asegurarnos de que la ruptura no le afectara negativamente.

Aunque estaba orgullosa de mí misma por haberlo dejado, continué apegada a la idea de tener una relación romántica satisfactoria. A lo mejor mi alma gemela andaba por ahí fuera. Un año después, más o menos, conocí a un brasileño. Era amable, inteligente, meditaba mucho y era guapísimo. Solo había un problema: dejó muy claro desde el principio que no quería una relación seria. Como conectábamos a la perfección en muchos niveles (emocional, espiritual y sexual), aguanté durante años con la esperanza de que por fin cambiara de opinión. Nunca lo hizo. Siempre fue honesto y sincero conmigo, pero se alejaba cada vez que sentía que la cosa se ponía demasiado seria. Intenté culparlo de la situación: seguramente, tenía un trastorno de apego o algún otro problema. La realidad era que queríamos cosas diferentes en la vida. Nada que objetar a eso. Mi práctica de autocompasión me ayudó a sostener la pena y el dolor de aquella verdad, pero el deseo de una relación seguía ardiendo con fuerza en mi interior.

No hace mucho tuve una breve pero intensa relación con otro hombre que parecía darme todo lo que siempre había querido: honestidad, pasión, amor, amistad, apoyo y, lo más importante, compromiso. Me dijo que yo era la mujer de sus sueños y que quería pasar el resto de su vida conmigo. Además, se llevaba de maravilla con Rowan y parecía ser una presencia masculina positiva en su vida. Por aquel entonces, Rupert había formado otra familia y se había mudado a Alemania, de modo que yo necesitaba ayuda. Aquel nuevo amor era músico y me confesó que era exadicto, pero que estaba sobrio y sabía lo que hacía. ¡Incluso había leído mi libro en Alcohólicos Anónimos antes de conocernos! Me preocupaba su historial, pero intenté aceptarlo sin juzgarlo. Estábamos muy enamorados y se vino a vivir con nosotros.

Sin embargo, empezó a retroceder, jugaba a videojuegos durante horas y se comportaba como un adolescente malhumorado. A veces, mientras hablaba con él, cabeceaba en medio de una frase. Yo sabía que no era normal, pero también era cierto que padecía insomnio. Cuando se lo comenté, juró que se debía a la falta de sueño. Una vez más, lo pasé por alto y aparté aquel ligero sentimiento de agobio, ya que una parte de mí todavía valoraba la ilusión del amor por encima de la verdad. Después de tres meses en aquella situación, busqué en Google qué significa que alguien dé cabezadas, y lo primero que apareció fue que se trata de una señal inequívoca de adicción a los opiáceos. Me enfrenté a él y le pedí que se sometiera a una prueba de drogas. Se enfadó y me dijo que no podía estar con una mujer que no confiaba en él, recogió su ropa y se marchó furioso. Por suerte, Rowan estaba en Europa visitando a su padre en aquel momento. Inmediatamente cambié todas las cerraduras de casa.

Volvió al día siguiente pidiendo otra oportunidad. Yo no pestañeé. Mamá Osa se levantó, y aunque sentí compasión por él como la había sentido por Rupert, de ninguna de las maneras iba a permitirle que se acercara a mi hijo. Sin embargo, tuve que aceptar el hecho de que, dado su historial, debería haber sido más precavida. Había puesto a Rowan en peligro al permitirle que se mudase con nosotros. Traicioné mis principios para perseguir el sueño del romance sin querer ver la verdad. Una vez más, necesitaba invadirme de autocompasión tierna para perdonar mis errores y sostener el dolor. Mi naturaleza confiada y tolerante es en realidad una cualidad positiva, pero se desequilibró con la autoprotección fiera.

Había hecho suficiente terapia para darme cuenta de que me impulsaba la niña herida que intentaba alcanzar la plenitud a través de la pareja. La procedencia de aquella herida era obvia: mi padre se marchó cuando yo tenía dos años, y después lo vi muy de vez en cuando. Tras la ruptura con el músico, fui a visitar a mi padre a Dinamarca (se mudó allí después de casarse con una danesa y se quedó en el país después de divorciarse).

La visita, aunque dolorosa, me dio una nueva visión de mi historia temprana. Me armé de valor para contarle a mi padre todo el trabajo interior que había hecho y decirle que le perdonaba por haberse ido y que le quería a pesar de todo. Supongo que esperaba un «siento mucho haberte hecho daño, cariño; yo también te quiero».

En lugar de eso, observé en mi padre una extraña expresión de dolor mientras bajaba la mirada.

—Me prometí que nunca te diría esto. ¡Me lo prometí! —murmuró.

—¿El qué? —le pregunté.

—¡Cuando eras una bebé, me odiabas!

—¿Qué? —pregunté, atónita.

—Me odiabas. No me hablaste durante los dos primeros años de tu vida. Querías que me marchara para poder tener a tu madre para ti sola. Y pensé que marcharme era lo mejor que podía hacer.

Por suerte, no me lo tomé como algo personal. Solo pensé: «Este hombre está loco. ¿Necesita proyectar odio en un bebé inocente para justificar su abandono? Eso es enfermizo». No intenté discutir con él, aunque me moría de ganas de decirle: «Los bebés no odian. ¿Y no sabes que no hablan con nadie durante los dos primeros años?». Sin embargo, solo dije que estaba cansada y me fui a la cama. Me di cuenta de que ya era mayor y me quería lo mejor que podía. Fui capaz de ocuparme de mis propias heridas y aceptarlo tal como era. El problema era suyo, no mío.

Más tarde, cuando le pregunté a mi madre, me explicó que mi padre tenía celos del amor y de la atención que me dedicó cuando nací, y que en parte por eso se fue. Me di cuenta de que, una vez más, se trataba de la separación del yin y el yang. Mi padre estaba desconectado de su propia autocompasión (había tenido una relación difícil con sus padres) y, por tanto, dependía de los cuidados de mi madre. Cuando ella dirigió hacia mí su energía cuidadora, él se sintió perdido y abandonado, y se marchó. Aquel episodio me dejó un vacío que yo intentaba llenar con una relación romántica.

Ahora estoy totalmente comprometida a no dar ningún crédito a la falacia de que estoy incompleta. No volveré a faltar a mis principios nunca más aunque eso signifique no volver a tener pareja. Estoy abierta al amor, pero me encuentro centrada en hallar la felicidad a través de la conexión interior. Me doy cuenta de que si nuestro sentido de la unión se afirma sobre la base de nuestro sentido de la separación (cuando nuestra energía tierna yin se separa de la energía feroz yang), nunca estaremos completos. Si pensamos que tiene que producirse intimidad con alguien ajeno a nosotras, nos sentimos solas cuando estamos solas. Sin embargo, la idea de que la conexión solo se produce entre dos seres separados, es una ilusión. La conexión se encuentra en nuestro interior. Surge de la fusión y la integración del yin y el yang. Procede de la realización de nuestra verdadera naturaleza, nuestra interrelación inherente con toda la vida. Puedes llamarlo Dios, conciencia universal, amor, naturaleza, divinidad... como quieras. Lo sentimos cuando prescindimos de la identificación de la mente egoica con un yo separado, que es lo que provoca la sensación de no ser suficiente, de que estamos incompletos.

Mi práctica explícita en el último año ha consistido en ver más allá de esa ilusión de separación. Cuando me abordan los sentimientos de soledad o de querer estar con un hombre, los percibo con atención plena. No descarto ni menosprecio el deseo. Lo honro y reconozco su carácter sagrado. Me pregunto qué es lo que más anhelo. Por lo general, son afirmaciones de mi valía como mujer: que soy deseada, querida, valorada y guapa. Que estoy segura y que no seré abandonada. A continuación, me dedico esas afirmaciones en voz alta (en un espacio privado, claro está). Mientras no me apegue a la idea de que «quiero que esas palabras vengan de otra persona» y las pronuncie de manera auténtica, resultan sorprendentemente gratificantes. Recuerdo que ya estoy completa y que no necesito que nadie me complete. Ya estoy conectada (a mí misma, al mundo, a la conciencia, al amor, a ser).

¿Qué anhelo?

Este ejercicio se basa en varias prácticas de MSC diseñadas para ayudarnos a contactar con nuestras necesidades más profundas y satisfacerlas directamente con autocompasión. Se puede realizar como una reflexión interna o como un ejercicio de escritura, lo que te parezca adecuado.

INSTRUCCIONES

- En primer lugar, pregúntate cuáles son tus anhelos respecto a la pareja. Si mantienes una relación romántica, ¿te falta algo (más intimidad, pasión, validación, compromiso)? Si no tienes una relación, ¿anhelas tener pareja?
- Comprueba si puedes localizar el sentimiento de anhelo en tu cuerpo como una sensación física. Puede ser un ardor en el corazón, un vacío en el estómago, una presión en la frente o un malestar general. ¿Cuáles son las sensaciones corporales que te transmiten que el anhelo está presente? Si no puedes localizar ninguna sensación en particular, no pasa nada: simplemente, observa qué sientes.
- A continuación, con suavidad, colócate una mano sobre el lugar de tu cuerpo donde sientas el anhelo (si no localizas ninguno, colócala sobre el corazón u otro lugar que te reconforte).

- ¿Qué crees que ganarías en tu vida si se cumpliera tu anhelo (por ejemplo, más conexión, entusiasmo, apoyo, estabilidad)?
- ¿Cómo crees que te haría sentir como persona el hecho de cumplir ese anhelo? ¿Especial, valorada, válida, guapa, amada, importante, feliz?
- ¿Hay algo que anhelas que tu pareja te susurre al oído («eres increíble», «te quiero», «te respeto», «nunca te dejaré»)?
- Di en voz alta las mismas palabras que anhelas escuchar de una pareja. Puede que te resulte incómodo, pero deja que sea así. Si te asalta la idea de que esas palabras suenan vanidosas o egocéntricas, trata de dejar que esos pensamientos desaparezcan. Eso es lo que anhelas escuchar, y esos anhelos son válidos en sí mismos. ¿Puedes dedicarte esas palabras poniendo toda tu intención?
- Respira profundamente varias veces mientras imaginas que al inspirar te activas con autocompasión fiera y al espirar te relajas con autocompasión tierna. Siente esas dos energías fusionándose e integrándose en tu interior.
- Ten presente que tu anhelo de unión y conexión es válido. Puedes satisfacerlo en tu interior mediante la fusión del yin y el yang. Es posible expandirlo permitiéndote sentir tu conexión con un todo más grande. Utiliza el símbolo de unidad que prefieras. Si eres una persona espiritual, puede ser Dios, Alá o la conciencia divina; en caso contrario, puede ser simplemente el planeta Tierra o el universo. En realidad, no estás sola. Trata de sentir esa conexión con algo más grande que tú y mantén esa conciencia todo el tiempo que puedas.
- Por último, intenta decir unas palabras de gratitud por todas las fuentes de amor y conexión que tienes en tu vida, incluida tú misma.

Realizo esta práctica de forma habitual, y para mí ha sido transformadora. En el momento de escribir esto, puedo decir honestamente que he hallado más amor, alegría y plenitud de los que jamás habría imaginado. Aunque no he renunciado a encontrar a un hombre con el que compartir mi vida, el hecho de que mi felicidad no dependa de ello es un precioso regalo que me he hecho a mí misma.

Epílogo
CAMINO DE SER UN
DESASTRE COMPASIVO

> Podemos seguir estando chiflados después de todos estos
> años. Podemos seguir enfadados... La cuestión no es in-
> tentar ignorarnos y convertirnos en algo mejor. Se trata
> de hacernos amigos de quienes ya somos.
>
> PEMA CHÖDRÖN,
> escritora y maestra de meditación[1]

Llevo casi veinticinco años practicando la autocompasión a diario.
Aunque gracias a ella soy más fuerte, más tranquila y más feliz, y mi
bulldog interior ladra menos que antes, sigo luchando. Soy tan imperfecta como siempre, y así es como debe ser. Ser humano no consiste
en hacerlo bien, sino en abrir el corazón (tanto si te equivocas como si
aciertas). He aprendido a hacerlo con el tiempo, y para ello me ha bas-
tado pasar por mis errores y mis experiencias difíciles.

Tengo tendencia a ser más yang que yin, pero cuando eso me supone algún problema, soy amable conmigo misma y recupero el equilibrio. He aprendido a amar ese lado fiero, valiente, a veces cascarra-
bias y reactivo de mí misma porque sé que en parte es responsable de
muchas de las cosas que he conseguido: escribir libros, dirigir investigaciones, desarrollar programas de formación, impartir talleres y, lo
más importante, criar a mi hijo, Rowan. Esos logros han contado con
el empuje de la fiereza y de la ternura. No obstante, aunque no hubiera logrado nada de eso, e incluso si todo se detuviera mañana, sé que
no sería menos valiosa por ello.

En una ocasión escuché estas palabras a un maestro de meditación: «El objetivo de la práctica consiste simplemente en convertirse

en un desastre compasivo».[2] Piénsalo. Si tu objetivo no es más que apoyarte, ayudarte y ser compasiva contigo misma *pase lo que pase*, tu objetivo siempre será alcanzable. Aprendes a aceptar el desastre como la plena expresión de la experiencia de la vida humana. No es que alcances un estado de equilibrio y te quedes así. Perdemos el equilibrio una y otra vez, y es la compasión por los tropiezos lo que restablece el equilibrio. Cuando soy demasiado directa con alguien con quien no estoy de acuerdo, en cuanto me doy cuenta de que ha ocurrido (normalmente, en cuestión de segundos), me disculpo y soy amable conmigo misma. Sé que la chispa que hay detrás de mi reacción exagerada es una maravillosa parte fiera que ha anulado por un momento la consideración hacia los sentimientos de la otra persona. Cuando dejo pasar un comportamiento (en mí o en los demás) que resulta ser dañino, no tardo en darme cuenta de que esa aceptación excesiva proviene de una parte pacífica y amorosa de mí misma con una gran capacidad para aceptar las cosas como son, pero que necesito una acción fiera más correctiva.

Al abrir mi corazón al desastre enmarañado encontré la fuerza para soportar más de lo que nunca hubiera creído posible, y no lo cambiaría en nada porque me ha permitido ser quien soy hoy.

Creo que este proceso también se está produciendo entre las mujeres en general. A medida que recuperamos la fiereza reprimida a lo largo de los años, restablecemos el equilibrio y honramos nuestra verdadera naturaleza. A medida que aprendemos a cuidar sin ser sumisas, y a enfadarnos sin ser agresivas, no solo integramos el yin y el yang en nuestro interior, sino también en la sociedad en su conjunto. Este viaje es un reto y, seguramente, cometeremos errores en el camino. Cuando denunciemos a los depredadores, puede que nos equivoquemos respecto a la protección de la intimidad y a la presunción de inocencia. En nuestro camino hacia la justicia de género podemos olvidarnos de prestar suficiente atención a las necesidades de otros grupos oprimidos. Mientras intentamos encontrar el equilibrio adecuado entre el trabajo y la familia, o la realización personal y la justicia social, podemos llegar a sentirnos superadas. Fracasaremos una y otra vez, inevitablemente, en el camino hacia la consecución de nuestros objetivos (igualdad en la representación política, igualdad salarial, igualdad de trato). Y entonces nos levantaremos, corregiremos el desequilibrio y volveremos a intentarlo. El movimiento feminista, como todos los movimientos, ha sido y seguirá siendo un desastre. No obstante, gracias a nuestras habilidades como cuidadoras, posee el potencial real para ser un desastre compasivo. Si infundimos compasión fiera y tierna al proceso de empoderamiento femenino, podremos centrarnos en nuestro objetivo final: aliviar el sufrimiento. Si mantenemos nuestros corazones abiertos mientras trabajamos por el cambio, habremos tenido éxito.

Esto tiene que ocurrir a nivel personal y social simultáneamente. Aunque cada una de nosotras es la protagonista central de la historia de su vida, todas nuestras historias están entrelazadas. Cuando la compasión fiera y la tierna corren por nuestras venas y fluyen hacia dentro y hacia fuera, ayudamos a la sociedad y nos ayudamos a nosotras mismas. Los tropiezos y las caídas no solo se convierten en una oportunidad para aprender y crecer; además, nos permiten relacionarnos con otras personas que también atraviesan dificultades, y eso refuerza la conexión. El drama desgarrador que se desarrolla a nivel personal, político y global podría ser justamente lo que hace falta para proporcionar lecciones esenciales para nuestro despertar. ¿Quién sabe qué acontecimientos se necesitan, por difíciles que sean, para moldear positivamente nuestra evolución individual y colectiva? Como mínimo, nuestras dificultades nos permiten comprender mejor la naturaleza del sufrimiento. Si nos abrirnos a él con amor y compasión, seremos capaces de abrazar los desafíos y trabajar con ellos de manera productiva.

Rowan por fin se ha acercado a esta idea y la ha incorporado a su enfoque de la vida. Después de luchar contra la realidad del dolor y de la imperfección durante años, ahora se da cuenta de lo necesaria que es para nuestra transformación. El otro día, después de olvidarse de hacer una tarea importante (algo que en el pasado le habría llevado a autoflagelarse), dijo de manera bastante espontánea: «Una vida sin errores sería como una comida insípida. Aburrida y previsible. La imperfección es la salsa picante que da sabor a la comida». Ha llegado a esta conclusión a su manera y a su tiempo, pero sus efectos empiezan a resultar evidentes. A medida que ha ido lidiando con todos los cambios debidos a la pandemia (confinamiento, clases a distancia a través de Zoom, ahora ir a clase presencial pero solo con unos pocos alumnos), me ha sorprendido con su flexibilidad y su resiliencia. Aunque sus ataques de ansiedad siguen siendo un reto, ahora es muy probable que se coloque una mano sobre el corazón después de un episodio y diga: «Está bien, Rowan. Estás a salvo. Estoy aquí para ti». Le está ayudando mucho. Rowan aprendió a una edad muy temprana que no es tanto lo que te sucede en la vida lo que determina tu salud y tu felicidad, sino la compasión que pones en todo lo que sucede.

En cuanto a mí, estoy entrando en una nueva fase: los años de la mujer sabia o *crone*[3] (figura arquetípica de la mujer sabia). Después de la menopausia, las mujeres ya no tenemos que preocuparnos de si nos quedamos embarazadas. En general, nuestros hijos (si tenemos) ya están criados y disfrutamos de estabilidad en el trabajo. Es una época para acumular sabiduría y devolverla a la comunidad. Aunque nos cueste aceptar algunos aspectos que acompañan al hecho de envejecer (la piel se arruga y la visión disminuye), también puede ser una época maravillosa siempre que no nos resistamos a los cambios y los aceptemos de buen grado. Es el momento en el que nos sentimos realmente poderosas como mujeres tras desprendernos de muchas de las inseguridades y los engaños de la juventud. Aunque la sociedad suele menospreciar a las mujeres mayores porque el atractivo sexual ya no es nuestra cualidad dominante, se trata de un sistema de valores impuesto por el patriarcado, una visión retorcida muy fácil de derribar con la autocompasión fiera. Lo cierto es que ganamos en belleza a medida que envejecemos porque nuestras almas han tenido la oportunidad de florecer por completo. Esa etapa puede ser estimulante y radicalmente transformadora. Para mí lo ha sido.

Por un lado, he dejado de intentar comprender mis patrones y curar mis heridas. Me he dado cuenta de que mi ego y mi personalidad son suficientemente funcionales. No necesito entenderme más a fondo, aunque agradezco los años de terapia que me han ayudado a llegar hasta aquí. Ya conozco y aprecio todos los aspectos de mí misma: la parte que es como una guerrera con el arco tensado cuando percibo que alguien falta a la verdad; la parte que habla con autenticidad, aunque no siempre con diplomacia; la parte que es trabajadora y sigue adelante aunque las cosas se pongan difíciles, y la parte capaz de sostenerlo todo con amor.

Ahora mi trabajo se centra principalmente en soltar los bloqueos que interrumpen el flujo libre de mi energía yin y yang. Cuando medito, ni siquiera sé lo que estoy dejando ir. No hay un argumento. Simplemente repito: «Que deje ir lo que ya no me sirve», y siento que la energía se desplaza por mi cuerpo. Como utilizo mucho el intelecto en mi trabajo, practico el estar cómoda con el no saber. No sé a qué estoy apegada, no sé por qué las cosas son como son, no sé qué pasará en el futuro (si volveré a tener una relación, qué haré cuando me jubile de la Universidad de Texas en Austin, qué pasará con nuestra sociedad y nuestro planeta). Me concentro en estar en paz con el hecho de no tener una idea clara de lo que está ocurriendo, y confío en aceptar lo que haya que aceptar y trabajar para cambiar lo que haya que cambiar cuando llegue el momento. Es como si yo, «Kristin», ya no controlara las cosas ni tomara decisiones en mi vida, sino que me limito a brindarme apoyo y ayuda a medida que las cosas van sucediendo. Al dejar de identificarme con el yo que sabe y controla las cosas, me siento más ligera por dentro, menos sobrecargada y más llena de luz.

Como mujeres, también estamos dejando de autoidentificarnos, y de ese modo nos liberamos. Estamos dejando de identificarnos con los roles de género que nos han limitado durante años, durante toda nuestra vida y la de nuestras madres, durante generaciones. A medida que nuestro sentido de valía personal deje de sustentarse en la aprobación social basada en el género y que dependamos menos de los hombres para sentirnos seguras, cada una de nosotras será capaz de expresar su propia energía yin y yang de forma única. Y eso es válido para hombres, personas transexuales, no binarias y de género fluido. Imagina en qué podríamos convertirnos, independientemente del género, si todos nos despojáramos de los estereotipos que limitan lo que se supone que debemos ser. Si dejáramos ir lo que ya no nos sirve: la autocrítica, los sentimientos de aislamiento y las historias de miedo e incapacidad que nos frenan. Si pudiéramos honrar el hecho de que caerse y levantarse una y otra vez no es un problema, sino nuestro camino. Si nos celebráramos a nosotras mismas como el glorioso desastre en constante evolución que somos. Si aplicáramos la compasión fiera y la tierna como principios rectores de nuestras vidas, podríamos tener la oportunidad de arreglar el mundo.

AGRADECIMIENTOS

Este libro es el resultado del trabajo en equipo, y tengo que agradecer su existencia a muchas personas. En primer lugar, me gustaría dar las gracias a Chris Germer, mi colega desde hace muchos años, buen amigo y cocreador del programa MSC. Desarrollamos juntos muchas de las ideas sobre la autocompasión fiera y tierna, y la mayoría de los ejercicios de este libro proceden de nuestro trabajo conjunto. Me gusta bromear diciendo que Chris es mi relación masculina adulta más funcional, y realmente ha sido una unión maravillosa y productiva.

Existen numerosas maestras de MSC, como Michelle Becker y Cassondra Graf, que han aportado ideas y conocimientos sobre la manifestación del lado fiero de la autocompasión. Les estoy muy agradecida por ello y por el apoyo de todo el equipo del Center for Mindful Self-Compassion, incluido nuestro brillante director ejecutivo, Steve Hickman, por fomentar la práctica de la autocompasión en todo el mundo.

Las contribuciones de Kevin Conley fueron inestimables para este libro. Actuó como mi primer editor y trabajó conmigo en el manuscrito. Su ayuda se percibe en casi todas las páginas. Aprecio muchísimo su paciencia y su buen humor mientras intercambiábamos ideas y borradores.

También me siento profundamente agradecida con mi editora en Harper Wave, Karen Rinaldi, que me ayudó a dar forma a este libro en muchos aspectos. Ella captó este libro desde el principio, y es maravilloso sentirse tan comprendida. También agradezco el cuidado trabajo de Haley Swanson y del maravilloso equipo de Harper Wave. Me he sentido muy cuidada.

Me gustaría dar las gracias a mi agente, Elizabeth Sheinkman, que fue la primera persona a la que envié la propuesta del libro y que me convenció de que tenía que escribirlo. Sus comentarios como mujer me resultaron tan útiles como su opinión profesional sobre la comercialización de la obra, y aprecio mucho la confianza que depositó en mí.

Tengo una gran deuda con la sabiduría de los maestros de la tradición de meditación Insight que me descubrieron la compasión fiera, en especial con Sharon Salzberg y Tara Brach. Estas dos mamás osas son maravillosos ejemplos de la integración entre la autocompasión fiera y la tierna. Su orientación y sus enseñanzas han sido inestimables.

Otra maestra espiritual a la que me gustaría dar las gracias es Carolyn Silver. Llevo trabajando con ella varios años y su ayuda práctica en mi proceso de desarrollo es un regalo que nunca podré devolver. Ella me mantiene en el camino cuando me desvío del centro. La quiero mucho.

Me gustaría dar las gracias a mi amiga y colega Shauna Shapiro, que fue la primera persona, aparte de mí, que utilizó la escala de la autocompasión en investigación, y que a lo largo de los años se ha convertido en una querida y fiel confidente.

También fueron esenciales para este libro el amor y la amistad de Kelley Rainwater, mi mejor amiga. Ella me inició en los misterios de la feminidad divina y me ayudó a invocar esa guía cuando más la necesitaba. Nuestras charlas de horas sobre la feminidad, el patriarcado y la historia fueron fundamentales para el desarrollo de muchas de las ideas que transmito en el libro. Ha sido una compañera constante y me ha ayudado a superar algunos de los momentos más difíciles de mi vida. Además, hemos celebrado muchos momentos felices. Mi vida no sería la misma sin ella.

Por supuesto, mi vida ni siquiera existiría sin mi madre. Le estoy agradecida no solo por el increíble trabajo que hizo criándonos a mi hermano Parker y a mí, sino también por su amistad constante. No acepta tonterías de nadie, y me ha enseñado muchas cosas sobre cómo ser una mujer fiera.

Mi más profunda gratitud es para mi hijo, Rowan: su enorme valentía y su resiliencia son una inspiración para mí cada día. Me ha enseñado muchas cosas, y soy muy afortunada por tener un hijo tan bueno, cariñoso y maravilloso.

Finalmente, me gustaría agradecer a todas las mujeres valientes que atravesaron el trauma colectivo de «George» y que se unieron para apoyarse mutuamente cuando fue necesario. Esperemos que seamos más fuertes gracias a ello y que podamos usar nuestras voces para ayudar a prevenir que situaciones como esta sucedan en el futuro.

NOTAS

Introducción. La fuerza de la bondad

1. A. Gorman, «La colina que ascendemos», poema leído en la ceremonia de investidura de Joseph Biden, 20 de enero de 2021, <https://www.cnbc.com/2021/01/20/amanda-gormans-inaugural-poem-the-hill-we-climb-full-text .html>.

2. J. L. Goetz, D. Keltner y E. Simon-Thomas, «Compassion: An Evolutionary Analysis and Empirical Review», *Psychological Bulletin*, 136, n.º 3, 2010, págs. 351-374.

3. C. Germer y K. D. Neff, «Mindful Self-Compassion (MSC)», en I. Ivtzan (comp.), *The Handbook of Mindfulness-Based Programs: Every Established Intervention, from Medicine to Education*, Londres, Routledge, 2019, págs. 55-74.

4. G. Groth, entrevista con Jack Kirby, *Comics Journal*, n.º 134, 23 de mayo de 2011, parte 6.

5. «Más allá de Vietnam: un tiempo para romper el silencio», discurso pronunciado por Martin Luther King Jr. el 4 de abril de 1967 en una reunión de Clergy and Laity Concerned, Iglesia de Riverside, ciudad de Nueva York.

6. K. D. Neff, «Self-Compassion: An Alternative Conceptualization of a Healthy Attitude toward Oneself», *Self and Identity*, 2, n.º 2, 2003, págs. 85-102.

7. K. D. Neff, «Development and Validation of a Scale to Measure Self-Compassion», *Self and Identity*, 2, 2003, págs. 223-250.

8. K. D. Neff, K. Kirkpatrick y S. S. Rude, «Self-Compassion and Adaptive Psychological Functioning», *Journal of Research in Personality*, 41, 2007, págs. 139-154.

9. Dato basado en una búsqueda de entradas de la palabra *autocompasión* en el título en Google Scholar, noviembre de 2020.

10. L. Kohlberg y R. H. Hersh, «Moral Development: A Review of the Theory», *Theory into Practice*, 16, n.º 2, 1977, págs. 53-59.

11. E. Turiel, *The Culture of Morality: Social Development, Context, and Conflict*, Cambridge University Press, Cambridge, RU, 2002.

12. C. Wainryb y E. Turiel, «Dominance, Subordination, and Concepts of Personal Entitlements in Cultural Contexts», *Child Development*, 65, n.º 6, 1994, págs. 1701-1722.

13. A. C. Wilson *et al.*, «Effectiveness of Self-Compassion Related Therapies: A Systematic Review and MetaAnalysis», *Mindfulness*, 10, n.º 6, 2018, págs. 979-995.

14. K. D. Neff y C. K. Germer, «A Pilot Study and Randomized Controlled Trial of the Mindful Self-Compassion Program», *Journal of Clinical Psychology*, 69, n.º 1, 2013, págs. 28-44.

15. F. Raes *et al.*, «Construction and Factorial Validation of a Short Form of the Self-Compassion Scale», *Clinical Psychology and Psychotherapy*, 18, 2011, págs. 250-255.

1. Fundamentos de la autocompasión

1. Discurso de apertura de Kavita Ramdas, el 19 de mayo de 2013, a los graduados de Mount Holyoke College.

2. J. Kornfield, «Freedom of the Heart», *Heart Wisdom*, episodio 11, 2017, <https://jackkornfield.com/freedom-heart-heart-wisdom-episode-11> (consultado el 13 de noviembre de 2020).

3. K. D. Neff, «Self-Compassion: An Alternative Conceptualization of a Healthy Attitude toward Oneself», *Self and Identity*, 2, 2003, págs. 85-101.

4. J. A. Brewer, «Meditation Experience Is Associated with Differences in Default Mode Network Activity and Connectivity», *Proceedings of the National Academy of Sciences*, 108, n.º 50, 2011, págs. 20254-20259.

5. L. Mak *et al.*, «The Default Mode Network in Healthy Individuals: A Systematic Review and Meta-analysis», *Brain Connectivity*, 7, n.º 1, 2017, págs. 25-33.

6. M. Ferrari *et al.*, «Self-Compassion Interventions and Psychosocial Outcomes: A MetaAnalysis of RCTs», *Mindfulness*, 10, n.º 8, 2019, págs. 1455-1473.

7. Análisis de la literatura sobre autocompasión en los capítulos 3 y 4 de C. K. Germer y K. D. Neff, *Teaching the Mindful Self-Compassion Program: A Guide for Professionals*, Nueva York, Guilford Press, 2019.

8. K. D. Neff, S. S. Rude y K. L. Kirkpatrick, «An Examination of Self-Compassion in Relation to Positive Psychological Functioning and Personality Traits», *Journal of Research in Personality*, 41, 2007, págs. 908-916.

9. A. MacBeth y A. Gumley, «Exploring Compassion: A Meta-Analysis of the Association between Self-Compassion and Psychopathology», *Clinical Psychology Review*, 32, 2012, págs. 545-552.

10. S. Cleare, A. Gumley y R. C. O'Connor, «Self-Compassion, Self-Forgiveness, Suicidal Ideation, and Self- Harm: A Systematic Review», *Clinical Psychology and Psychotherapy*, 26, n.º 5, 2019, págs. 511-530.

11. C. L. Phelps *et al.*, «The Relationship between Self-Compassion and the Risk for Substance Use Disorder», *Drug and Alcohol Dependence*, 183, 2018, págs. 78-81.

12. K. D. Neff *et al.*, «The Forest and the Trees: Examining the Association of Self-Compassion and Its Positive and Negative Components with Psychological Functioning», *Self and Identity*, 17, n.º 6, 2018, págs. 627-645.

13. T. D. Braun, C. L. Park y A. Gorin, «Self-Compassion, Body Image, and Disordered Eating: A Review of the Literature», *Body Image*, 17, 2016, págs. 117-131.

14. D. D. Biber y R. Ellis, «The Effect of Self-Compassion on the Self-Regulation of Health Behaviors: A Systematic Review», *Journal of Health Psychology*, 24, n.° 14, 2019, págs. 2060-2071.

15. W. J. Phillips y D. W. Hine, «Self-Compassion, Physical Health, and Health Behaviour: A MetaAnalysis», *Health Psychology Review*, 15, n.° 1, 2019, págs. 113-139.

16. J. G. Breines y S. Chen, «Self-Compassion Increases Self-Improvement Motivation», *Personality and Social Psychology Bulletin*, 38, n.° 9, 2012, págs. 1133-1143.

17. J. W. Zhang y S. Chen, «Self-Compassion Promotes Personal Improvement from Regret Experiences Via Acceptance», *Personality and Social Psychology*, 42, n.° 2, 2016, págs. 244-258.

18. A. A. Scoglio *et al.*, «Self-Compassion and Responses to Trauma: The Role of Emotion Regulation», *Journal of Interpersonal Violence*, 33, n.° 13, 2018, págs. 2016-2036.

19. L. M. Yarnell y K. D. Neff, «Self-Compassion, Interpersonal Conflict Resolutions, and Well-Being», *Self and Identity*, 12, n.° 2, 2013, págs. 146-159.

20. J. S. Ferreira, R. A. Rigby y R. J. Cobb, «Self-Compassion Moderates Associations between Distress about Sexual Problems and Sexual Satisfaction in a Daily Diary Study of Married Couples», *Canadian Journal of Human Sexuality*, 29, n.° 2, 2020, págs. 182-196.

21. K. D. Neff y E. Pommier, «The Relationship between Self-Compassion and Other-Focused Concern among College Undergraduates, Community Adults, and Practicing Meditators», *Self and Identity*, 12, n.° 2, 2013, págs. 160-176.

22. Z. Hashem y P. Zeinoun, «Self-Compassion Explains Less Burnout among Healthcare Professionals», *Mindfulness*, n.° 11, 2020, págs. 2542-2551.

23. K. D. Neff y R. Vonk, «Compassion Versus Global Self-Esteem: Two Different Ways of Relating to Oneself», *Journal of Personality*, 77, 2009, págs. 23-50.

24. P. Gilbert, «Social Mentalities: Internal "Social" Conflicts and the Role of Inner Warmth and Compassion in Cognitive Therapy», en P. Gilbert y K. G. Bailey (comps.), *Genes on the Couch: Explorations in Evolutionary Psychotherapy*, Hove, RU, Psychology Press, 2000, págs. 118-150.

25. S. W. Porges, *The Polyvagal Theory: Neurophysiological Foundations of Emotions, Attachment, Communication, and Self-Regulation*, Nueva York, Norton, 2011 (trad. cast.: *La teoría polivagal: fundamentos neurofisiológicos de las emociones, el apego, la comunicación y la autorregulación*, Madrid, Pléyade, 2017).

26. R. J. Gruen *et al.*, «Vulnerability to Stress: Self-Criticism and Stress-Induced Changes in Biochemistry», *Journal of Personality*, 65, n.° 1, 1997, págs. 33-47.

27. S. Herculano-Houzel, *The Human Advantage: A New Understanding of How Our Brain Became Remarkable*, Cambridge, MA, MIT Press, 2016 (trad. cast.: *La ventaja humana: una nueva interpretación del carácter extraordinario del cerebro humano*, Barcelona, Intervención Cultural, 2018).

28. S. E. Taylor, «Tend and Befriend: Biobehavioral Bases of Affiliation Under Stress», *Current Directions in Psychological Science*, 15, n.° 6, 2006, págs. 273-277.

29. C. S. Carter, «Oxytocin Pathways and the Evolution of Human Behavior», *Annual Review of Psychology*, 65, 2014, págs. 17-39.

30. S. W. Porges, «The Polyvagal Theory: Phylogenetic Contributions to Social Behavior», *Physiology and Behavior*, 79, n.º 3, 2003, págs. 503-513.

31. T. Field, *Touch*, Cambridge, MA, MIT Press, 2014.

32. P. R. Shaver *et al.*, «Attachment Security as a Foundation for Kindness toward Self and Others», en K. W. Brown y M. R. Leary (comps.), *The Oxford Handbook of Hypoegoic Phenomena*, Oxford, Oxford University Press, 2017, págs. 223-242.

33. N. D. Ross, P. L. Kaminski y R. Herrington, «From Childhood Emotional Maltreatment to Depressive Symptoms in Adulthood: The Roles of Self-Compassion and Shame», *Child Abuse and Neglect*, 92, 2019, págs. 32-42.

34. R. C. Fraley y N. W. Hudson, «The Development of Attachment Styles», en J. Specht (comp.), *Personality Development across the Lifespan*, Cambridge, MA, Elsevier Academic Press, 2017, págs. 275-292.

35. M. Navarro-Gil *et al.*, «Effects of Attachment-Based Compassion Therapy (ABCT) on Self-Compassion and Attachment Style in Healthy People», *Mindfulness*, n.º 1, 2018, págs. 51-62.

36. L. R. Miron *et al.*, «The Potential Indirect Effect of Childhood Abuse on Posttrauma Pathology through Self-Compassion and Fear of Self-Compassion», *Mindfulness*, 7, n.º 3, 2016, págs. 596-605.

37. C. Germer, *The Mindful Path to Self-Compassion: Freeing Yourself from Destructive Thoughts and Emotions*, Nueva York, Guilford Press, 2009 (trad. cast.: *El poder del mindfulness: libérate de los pensamientos y las emociones destructivas con la atención plena*, Barcelona, Paidós, 2011).

38. A. Lutz *et al.*, «Attention Regulation and Monitoring in Meditation», *Trends in Cognitive Sciences*, 12, n.º 4, 2008, págs. 163-169.

39. N. N. Singh *et al.*, «Soles of the Feet: A Mindfulness-Based Self-Control Intervention for Aggression by an Individual with Mild Mental Retardation and Mental Illness», *Research in Developmental Disabilities*, 24, n.º 3, 2003, págs. 158-169.

40. T. Parker-Pope, «Go Easy on Yourself, a New Wave of Research Shows», *New York Times*, 29 de febrero de 2011, <https://well.blogs.nytimes.com/2011/02/28/go-easy-on-yourself-a-new-wave-of-research-urges/>.

41. S. Salzberg, «Fierce Compassion», Omega, 2012, <https://www.eomega.org/article/fierce-compassion>.

42. S. Salzberg y R. Thurman «Meeting Our Enemies and Our Suffering», *On Being with Krista Tippett*, 31 de octubre de 2013, <https://onbeing.org/programs/sharon-salzberg-robert-thurman-meeting-our-enemies-and-our-suffering>.

43. M. Palmer, *Yin & Yang: Understanding the Chinese Philosophy of Opposites*, Londres, Piatkus Books, 1997 (trad. cast.: *El yin y el yang: introducción a la filosofía china de opuestos y su aplicación a la vida diaria*, Madrid, Jaguar, 2005).

44. E. Olson, «The Buddhist Female Deities», en S. Nicholson (comp.), *The God-*

dess *Re-Awakening: The Feminine Principle Today*, Wheaton, IL, Quest Books, 1989, págs. 80-90.

45. J. Kornfield, *Bringing Home the Dharma: Awakening Right Where You Are*, Boston, Shambala, 2012.

2. ¿Qué tiene que ver el género?

1. B. White, *If You Ask Me (And of Course You Won't)*, Nueva York, Putnam, 2011.

2. A. H. Eagly y V. J. Steffen, «Gender Stereotypes Stem from the Distribution of Women and Men into Social Role», *Journal of Personality and Social Psychology*, 46, n.º 4, 1984, págs. 735-754.

3. T. A. Kupers, «Toxic Masculinity as a Barrier to Mental Health Treatment in Prison», *Journal of Clinical Psychology*, 61, n.º 6, 2005, págs. 713-724.

4. Y. J. Wong y A. B. Rochlen, «Demystifying Men's Emotional Behavior: New Directions and Implications for Counseling and Research», *Psychology of Men and Masculinity*, 6, n.º 1, 2005, págs. 62-72.

5. D. D. Rucker, A. D. Galinsky y J. C. Mage, «The Agentic-Communal Model of Advantage and Disadvantage: How Inequality Produces Similarities in the Psychology of Power, Social Class, Gender, and Race», *Advances in Experimental Social Psychology*, 58, 2018, págs. 71-125.

6. J. K. Swim y B. Campbell, «Sexism: Attitudes, Beliefs, and Behaviors», en R. Brown y S. Gaertner (comps.), *The Handbook of Social Psychology: Intergroup Relations*, vol. 4, Oxford: Blackwell Publishers, 2001, págs. 218-237.

7. P. Glick y S. T. Fiske, «An Ambivalent Alliance: Hostile and Benevolent Sexism as Complementary Justifications for Gender Inequality», *American Psychologist*, 56, n.º 2, 2001, págs. 109-118.

8. Associated Press, «Robertson Letter Attacks Feminists», *New York Times*, 26 de agosto de 1992, <https://www.nytimes.com/1992/08/26/us/robertson-letter-attacks-feminists.html>.

9. M. K. Roach, *Six Women of Salem: The Untold Story of the Accused and Their Accusers in the Salem Witch Trials*, Boston, Da Capo Press, 2013.

10. The 22 Convention, octubre de 2020, <https://22convention.com>.

11. K. Fleming, «Mansplaining Conference Hopes to "Make Women Great Again"», *New York Post*, 2 de enero de 2020, <https://nypost.com/2020/01/02/mansplaining-conference-hopes-to-make-women-great-again/>.

12. D. Ging, «Alphas, Betas, and Incels: Theorizing the Masculinities of the Manosphere», *Men and Masculinities*, 22, n.º 4, 2019, págs. 638-657.

13. A. J. Kelly, S. L. Dubbs y F. K. Barlow, «Social Dominance Orientation Predicts Heterosexual Men's Adverse Reactions to Romantic Rejection», *Archives of Sexual Behavior*, 44, n.º 4, 2015, págs. 903-919.

14. J. T. Jost y A. C. Kay, «Exposure to Benevolent Sexism and Complementary Gender Stereotypes: Consequences for Specific and Diffuse Forms of System Justification», *Journal of Personality and Social Psychology*, 88, n.º 3, 2005, págs. 498-509.

15. J. K. Swim, «Sexism and Racism: Old-Fashioned and Modern Prejudices», *Journal of Personality and Social Psychology*, 68, n.º 2, 1995, págs. 199-214.

16. J. E. Cameron, «Social Identity, Modern Sexism, and Perceptions of Personal and Group Discrimination by Women and Men», *Sex Roles*, 45, n.os 11-12, 2001, págs. 743-766.

17. N. Bowles, «Jordan Peterson, Custodian of the Patriarchy», *New York Times*, 18 de mayo de 2018, <https:// www.nytimes.com/2018/05/18/style/jordan-peterson-12-rules-for -life.html>.

18. K. D. Locke, «Agentic and Communal Social Motives», *Social and Personality Psychology Compass*, 9, n.º 10, 2015, págs. 525-538.

19. M. Schulte-Rüther *et al.*, «Gender Differences in Brain Networks Supporting Empathy», *Neuroimage*, 42, n.º 1, 2008, págs. 393-403.

20. M. L. Batrinos, «Testosterone and Aggressive Behavior in Man», *International Journal of Endocrinology and Metabolism*, 10, n.º 3, 2012, págs. 563-568.

21. S. M. van Anders, J. Steiger y K. L. Goldey, «Effects of Gendered Behavior on Testosterone in Women and Men», *Proceedings of the National Academy of Sciences*, 112, n.º 45, 2015, págs. 13805-13810.

22. I. Gordon *et al.*, «Oxytocin and the Development of Parenting in Humans», *Biological Psychiatry*, 68, n.º 4, 2010, págs. 377-382.

23. A. H. Eagly y W. Wood, «The Nature-Nurture Debates: 25 Years of Challenges in Understanding the Psychology of Gender», *Perspectives on Psychological Science*, 8, n.º 3, 2013, págs. 340-357.

24. E. W. Lindsey y J. Mize, «Contextual Differences in Parent-Child Play: Implications for Children's Gender Role Development», *Sex Roles*, 44, n.os 3-4, 2001, págs. 155-176.

25. J. S. Hyde, «Gender Similarities and Differences», *Annual Review of Psychology*, 65, 2014, págs. 373-398.

26. K. Bussey y A. Bandura, «Social Cognitive Theory of Gender Development and Differentiation», *Psychological Review*, 106, n.º 4, 1999, págs. 676-713.

27. S. Damaske, *For the Family? How Class and Gender Shape Women's Work*, Oxford, Oxford University Press, 2011.

28. S. L. Bem, «Gender Schema Theory: A Cognitive Account of Sex Typing», *Psychological Review*, 88, n.º 4, 1981, págs. 354-364.

29. J. Piaget, *The Language and Thought of the Child*, Londres, Lund Humphries, 1959, obra original publicada en 1926 (trad. cast.: *El lenguaje y el pensamiento del niño pequeño*, Barcelona, Paidós, 2006).

30. L. Festinger, «Cognitive Dissonance», *Scientific American*, 207, n.º 4, 1962, págs. 93-106.

31. C. L. Martin y C. F. Halverson Jr., «The Effects of Sex-Typing Schemas on Young Children's Memory», *Child Development*, 54, n.° 3, 1983, págs. 563-574.

32. F. Hill *et al.*, «Maths Anxiety in Primary and Secondary School Students: Gender Differences, Developmental Changes and Anxiety Specificity», *Learning and Individual Differences*, 48, 2016, págs. 45-53.

33. D. Z. Grunspan *et al.*, «Males Under-Estimate Academic Performance of Their Female Peers in Undergraduate Biology Classrooms», *PLOS ONE*, 11, n.° 2, 2016, e0148405.

34. J. Herbert y D. Stipek, «The Emergence of Gender Differences in Children's Perceptions of Their Academic Competence», *Journal of Applied Developmental Psychology*, 26, n.° 3, 2005, págs. 276-295.

35. L. A. Rudman, A. G. Greenwald y D. E. McGhee, «Implicit Self-Concept and Evaluative Implicit Gender Stereotypes: Self and Ingroup Share Desirable Traits», *Personality and Social Psychology Bulletin*, 27, n.° 9, 2001, págs. 1164-1178.

36. L. A. Rudman, «Sources of Implicit Attitudes», *Current Directions in Psychological Science*, 13, 2004, págs. 79-82.

37. D. Proudfoot, A. C. Kay y C. Z. Koval, «A Gender Bias in the Attribution of Creativity: Archival and Experimental Evidence for the Perceived Association between Masculinity and Creative Thinking», *Psychological Science*, 26, n.° 11, 2015, págs. 1751-1761.

38. M. E. Heilman y M. C. Haynes, «No Credit Where Credit Is Due: Attributional Rationalization of Women's Success in Male-Female Teams», *Journal of Applied Psychology*, 90, n.° 5, 2005, págs. 905-916.

39. E. L. Haines, K. Deaux y N. Lofaro, «The Times They Are a-Changing... or Are They Not? A Comparison of Gender Stereotypes, 1983-2014», *Psychology of Women Quarterly*, 40, n.° 3, 2016, págs. 353-363.

40. K. D. Neff y L. N. Terry-Schmitt, «Youths' Attributions for Power-Related Gender Differences: Nature, Nurture, or God?», *Cognitive Development*, 17, 2002, págs. 1185-1203.

41. D. D. Tobin *et al.*, «The Intrapsychics of Gender: A Model of Self-Socialization», *Psychological Review*, 117, n.° 2, 2010, págs. 601.

42. M. E. Kite, K. Deaux y E. L. Haines, «Gender Stereotypes», en F. L. Denmark y M. A. Paludi (comps.), *Psychology of Women: A Handbook of Issues and Theories*, 2.ª ed., Westport, CT, Praeger, 2007, págs. 205-236.

43. C. Leaper y C. K. Friedman, «The Socialization of Gender» en J. E. Grusec y P. D. Hastings (comps.), *Handbook of Socialization: Theory and Research*, Nueva York, Guilford Press, 2007, págs. 561-587.

44. E. F. Coyle, M. Fulcher y D. Trübutschek, «Sissies, Mama's Boys, and Tomboys: Is Children's Gender Nonconformity More Acceptable When Nonconforming Traits Are Positive?», *Archives of Sexual Behavior*, 45, n.° 7, 2016, págs. 1827-1838.

45. J. P. Hill y M. E. Lynch, «The Intensification of Gender-Related Role Expec-

tations during Early Adolescence», en J. Brooks-Gunn y A. C. Petersen (comps.), *Girls at Puberty*, Nueva York, Springer, 1983, págs. 201-228.

46. A. A. Nelson y C. S. Brown, «Too Pretty for Homework: Sexualized Gender Stereotypes Predict Academic Attitudes for Gender-Typical Early Adolescent Girls», *Journal of Early Adolescence*, 39, n.° 4, 2019, págs. 603-617.

47. L. A. Rudman y P. Glick, «Prescriptive Gender Stereotypes and Backlash toward Agentic Women», *Journal of Social Issues*, 57, n.° 4, 2001, págs. 743-762.

48. B. E. Whitley, «Sex-Role Orientation and Psychological Well-Being: Two Meta-Analyses», *Sex Roles*, 12, n.ºs 1-2, 1985, págs. 207-225.

49. E. C. Price *et al.*, «Masculine Traits and Depressive Symptoms in Older and Younger Men and Women», *American Journal of Men's Health*, 12, 2018, págs. 19-29.

50. J. Taylor, «Gender Orientation and the Cost of Caring for Others», *Society and Mental Health*, 5, 2015, págs. 49-65.

51. B. Thornton y R. Leo, «Gender Typing, Importance of Multiple Roles, and Mental Health Consequences for Women», *Sex Roles*, 27, n.° 5, 1992, págs. 307-317.

52. J. S. Nevid y S. A. Rathus, *Psychology and the Challenges of Life*, 13.ª ed., Nueva York, Wiley, 2016.

53. C. Cheng, «Processes Underlying Gender-Role Flexibility: Do Androgynous Individuals Know More or Know How to Cope?», *Journal of Personality*, 73, 2005, págs. 645-673.

54. S. Harter *et al.*, «Level of Voice among High School Women and Men: Relational Context, Support, and Gender Orientation», *Developmental Psychology*, 34, 1998, págs. 1-10.

55. J. T. Spence y R. L. Helmreich, *Masculinity and Femininity: Their Psychological Dimensions, Correlates, and Antecedents*, Austin, TX, University of Texas Press, 1978. Téngase en cuenta que solo se incluyen los puntos masculino y femenino del PAQ, y que el orden y el enunciado de algunos puntos se han modificado para facilitar el recuento. Además, el sistema de puntuación difiere ligeramente del original. Esta versión adaptada de la escala no debe ser utilizada en investigaciones.

56. L. M. Yarnell *et al.*, «MetaAnalysis of Gender Differences in Self-Compassion», *Self and Identity*, 14, n.° 5, 2015, págs. 499-520.

57. P. Luyten *et al.*, «Dependency and Self-Criticism: Relationship with Major Depressive Disorder, Severity of Depression, and Clinical Presentation», *Depression and Anxiety*, 24, n.° 8, 2007, págs. 586-596.

58. R. Lennon y N. Eisenberg, «Gender and Age Differences in Empathy and Sympathy», en N. Eisenberg y J. Strayer (comps.), *Empathy and Its Development*, Cambridge, RU, Cambridge University Press, 1987, págs. 195-217 (trad. cast.: *La empatía y su desarrollo*, Bilbao, Desclée de Brouwer, 1992).

59. K. D. Neff, M. Knox y O. Davidson, «A Comparison of Self-Compassion and Compassion for Others as They Relate to Personal and Interpersonal Wellbeing among Community Adults» (manuscrito en preparación).

60. E. Pommier, K. D. Neff e I. Tóth-Király, «The Development and Validation of the Compassion Scale», *Assessment*, 27, n.° 1, 2019, págs. 21-39.

61. L. M. Yarnell *et al.*, «Gender Differences in Self-Compassion: Examining the Role of Gender Role Orientation», *Mindfulness*, 10, n.° 6, 2019, págs. 1136-1152.

62. P. Gilbert *et al.*, «Fears of Compassion: Development of Three Self-Report Measures», *Psychology and Psychotherapy: Theory, Research and Practice*, 84, n.° 3, 2011, págs. 239-255.

3. Mujeres furiosas

1. G. Steinem, *The Truth Will Set You Free, But First It Will Piss You Off!: Thoughts on Life, Love, and Rebellion*, Nueva York, Random House, 2019.

2. R. L. Buntaine y V. K. Costenbader, «Self-Reported Differences in the Experience and Expression of Anger between Girls and Boys», *Sex Roles*, 36, 1997, págs. 625-637.

3. A. H. Eagly y V. Steffen, «Gender and Aggressive Behavior: A Meta-Analytic Review of the Social Psychological Literature», *Psychological Bulletin*, 100, 1986, págs. 309-330.

4. K. A. Martin, «Becoming a Gendered Body: Practices of Preschools», *American Sociological Review*, 63, n.° 4, 1998, págs. 494-511.

5. J. B. Miller, «The Development of Women's Sense of Self», en J. Jordan *et al.* (comps.), *Women's Growth in Connection: Writings from the Stone Center*, Nueva York, Guilford Press, 1991, págs. 11-26.

6. R. S. Mills y K. H. Rubin, «A Longitudinal Study of Maternal Beliefs about Children's Social Behaviors», *Merrill-Palmer Quarterly*, 38, n.° 4, 1992, págs. 494-512.

7. R. Fivush, «Exploring Differences in the Emotional Content of Mother-Child Conversations about the Past», *Sex Roles*, 20, 1989, págs. 675-691.

8. T. M. Chaplin, P. M. Cole y C. Zahn-Waxler, «Parental Socialization of Emotion Expression: Gender Differences and Relations to Child Adjustment», *Emotion*, 5, n.° 1, 2005, págs. 80-88.

9. S. P. Thomas (comp.), *Women and Anger*, Nueva York, Springer, 1993.

10. S. P. Thomas, «Women's Anger: Causes, Manifestations, and Correlates», en C. D. Spielberger e I. G. Sarason (comps.), *Stress and Emotion*, vol. 15, Washington, D. C., Taylor and Francis, 1995, págs. 53-74.

11. S. P. Thomas, C. Smucker y P. Droppleman, «It Hurts Most around the Heart: A Phenomenological Exploration of Women's Anger», *Journal of Advanced Nursing*, 28, 1998, págs. 311-322.

12. L. Brody, *Gender, Emotion, and the Family*, Cambridge, MA, Harvard University Press, 2009.

13. S. P. Thomas, «Women's Anger, Aggression, and Violence», *Health Care for Women International*, 26, n.° 6, 2005, págs. 504-522.

14. J. C. Walley-Jean, «Debunking the Myth of the "Angry Black Woman": An Exploration of Anger in Young African American Women», *Black Women, Gender and Families*, 3, n.º 2, 2009, págs. 68-86.

15. D. C. Allison *et al.* (comps.), *Black Women's Portrayals on Reality Television: The New Sapphire*, Lanham, MD, Rowman and Littlefield, 2016.

16. M. V. Harris-Perry, *Sister Citizen: Shame, Stereotypes, and Black Women in America*, New Haven, CT, Yale University Press, 2011.

17. C. W. Esqueda y L. A. Harrison, «The Influence of Gender Role Stereotypes, the Woman's Race, and Level of Provocation and Resistance on Domestic Violence Culpability Attributions», *Sex Roles*, 53, n.ºs 11-12, 2005, págs. 821-834.

18. S. Shernock y B. Russell, «Gender and Racial/Ethnic Differences in Criminal Justice Decision Making in Intimate Partner Violence Cases», *Partner Abuse*, 3, n.º 4, 2012, págs. 501-530.

19. J. M. Salerno y L. C. Peter-Hagene, «One Angry Woman: Anger Expression Increases Influence for Men, but Decreases Influence for Women, during Group Deliberation», *Law and Human Behavior*, 39, n.º 6, 2015, págs. 581-592.

20. A. Campbell y S. Muncer, «Sex Differences in Aggression: Social Representation and Social Roles», *British Journal of Social Psychology*, 33, 1994, págs. 233-240.

21. L. M. Yarnell *et al.*, «Gender Differences in Self-Compassion: Examining the Role of Gender Role Orientation», *Mindfulness*, 10, n.º 6, 2019, págs. 1136-1152.

22. G. Parker y H. Brotchie, «Gender Differences in Depression», *International Review of Psychiatry*, 22, n.º 5, 2010, págs. 429-436.

23. E. Won e Y. K. Kim, «Stress, the Autonomic Nervous System, and the Immune-Kynurenine Pathway in the Etiology of Depression», *Current Neuropharmacology*, 14, n.º 7, 2016, págs. 665-673.

24. I. Jalnapurkar, M. Allen y T. Pigott, «Sex Differences in Anxiety Disorders: A Review», *Journal of Psychiatry, Depression and Anxiety*, 4, 2018, págs. 1-9.

25. C. A. Timko, L. DeFilipp y A. Dakanalis, «Sex Differences in Adolescent Anorexia and Bulimia Nervosa: Beyond the Signs and Symptoms», *Current Psychiatry Reports*, 21, n.º 1, 2019, págs. 1-8.

26. P. Gilbert *et al.*, «An Exploration into Depression-Focused and Anger-Focused Rumination in Relation to Depression in a Student Population», *Behavioural and Cognitive Psychotherapy*, 33, n.º 3, 2005, págs. 273-283.

27. R. W. Simon y K. Lively, «Sex, Anger and Depression», *Social Forces*, 88, n.º 4, 2010, págs. 1543-1568.

28. S. Nolen-Hoeksema, «Emotion Regulation and Psychopathology: The Role of Gender», *Annual Review of Clinical Psychology*, 8, 2012, págs. 161-187.

29. R. W. Novaco, «Anger and Psychopathology», en M. Potegal, G. Stemmler y C. Spielberger (comps.), *International Handbook of Anger*, Nueva York, Springer, 2010, págs. 465-497.

30. R. Stephens, J. Atkins y A. Kingston, «Swearing as a Response to Pain», *Neuroreport*, 20, n.º 12, 2009, págs. 1056-1060.

31. J. P. Tangney *et al.*, «Relation of Shame and Guilt to Constructive Versus Destructive Responses to Anger across the Lifespan», *Journal of Personality and Social Psychology*, 70, n.º 4, 1996, págs. 797-809.

32. T. A. Cavell y K. T. Malcolm (comps.), *Anger, Aggression, and Interventions for Interpersonal Violence*, Mahwah, NJ, Lawrence Erlbaum, 2007.

33. S. A. Everson *et al.*, «Anger Expression and Incident Hypertension», *Psychosomatic Medicine*, 60, n.º 6, 1998, págs. 730-735.

34. R. M. Suinn, «The Terrible Twos- Anger and Anxiety: Hazardous to Your Health», *American Psychologist*, 56, n.º 1, 2001, págs. 27-36.

35. T. W. Smith *et al.*, «Hostility, Anger, Aggressiveness, and Coronary Heart Disease: An Interpersonal Perspective on Personality, Emotion, and Health», *Journal of Personality*, 72, 2004, págs. 1217-1270.

36. A. Pascual-Leone *et al.*, «Problem Anger in Psychotherapy: An Emotion-Focused Perspective on Hate, Rage and Rejecting Anger», *Journal of Contemporary Psychotherapy*, 43, n.º 2, 2013, págs. 83-92.

37. K. Davidson *et al.*, «Constructive Anger Verbal Behavior Predicts Blood Pressure in a Population-Based Sample», *Health Psychology*, 19, n.º 1, 2000, págs. 55-64.

38. E. Halperin, «Group-Based Hatred in Intractable Conflict in Israel», *Journal of Conflict Resolution*, 52, 2008, págs. 713-736.

39. M. R. Tagar, C. M. Federico y E. Halperin, «The Positive Effect of Negative Emotions in Protracted Conflict: The Case of Anger», *Journal of Experimental Social Psychology*, 47, n.º 1, 2011, págs. 157-164.

40. E. Halperin *et al.*, «Anger, Hatred, and the Quest for Peace: Anger Can Be Constructive in the Absence of Hatred», *Journal of Conflict Resolution*, 55, n.º 2, 2011, págs. 274-291.

41. S. Chemaly, *Rage Becomes Her: The Power of Women's Anger*, Nueva York, Simon and Schuster, 2018, pág. xxiii (trad. cast.: *Enfurecidas: reivindicar el poder del enfado femenino*, Barcelona, Paidós, 2019).

42. D. J. Leonard *et al.*, «We're Mad as Hell and We're Not Going to Take It Anymore: Anger Self-Stereotyping and Collective Action», *Group Processes and Intergroup Relations*, 14, n.º 1, 2011, págs. 99-111.

43. D. M. Taylor *et al.*, «Disadvantaged Group Responses to Perceived Inequity: From Passive Acceptance to Collective Action», *Journal of Social Psychology*, 127, 1987, págs. 259-272.

44. L. Lerer y J. Medina, «The "Rage Moms" Democrats Are Counting On», *The New York Times*, 17 de agosto de 2020, <https://www.nytimes.com/2020/08/17/us/politics/democrats-women-voters-anger.html>.

45. «About MomsRising», MomsRising, <https://www.momsrising.org/about>.

46. «Our Story», Moms Demand Action, <https://momsdemandaction.org/about/>.

47. «Herstory», Black Lives Matter, <https://blacklivesmatter.com/herstory/>.

48. A. Fresnics y A. Borders, «Angry Rumination Mediates the Unique Associ-

ations between Self-Compassion and Anger and Aggression», *Mindfulness*, 8, n.º 3, 2016, págs. 554-564.

49. R. C. Schwartz y M. Sweezy, *Internal Family Systems Therapy*, Nueva York, Guilford Press, 2019 (trad. cast.: *Terapia sistemas de familia interna, IFS*, Barcelona, Eleftheria, 2021).

50. N. A. Shadick *et al.*, «A Randomized Controlled Trial of an Internal Family Systems-Based Psychotherapeutic Intervention on Outcomes in Rheumatoid Arthritis: A Proof-of-Concept Study», *Journal of Rheumatology*, 30, n.º 11, 2013, págs. 1831-1841.

51. S. Kempton, *Awakening Shakti: The Transformative Power of the Goddesses of Yoga*, Boulder, CO: Sounds True, 2013 (trad. cast.: *El despertar de la Shakti: el poder transformador de las diosas del yoga*, Madrid, Gaia, 2019).

52. D. Whyte, *Consolations: The Solace, Nourishment and Underlying Meaning of Everyday Words*, Edimburgo, Canongate Books, 2019.

53. «What Is Qi? (and Other Concepts)», Taking Charge of Your Health and Wellbeing, Universidad de Minnesota, <https://www.takingcharge.csh.umn.edu/explore-healing-practices/traditional-chinese-medicine/what-qi-and-other-concepts>.

54. B. Glassman y R. Fields, «Instructions to the Cook», *Tricycle Magazine*, primavera de 1996.

55. P. Muris, «A Protective Factor against Mental Health Problems in Youths? A Critical Note on the Assessment of Self-Compassion», *Journal of Child and Family Studies*, 25, n.º 5, 2015, págs. 1461-1465.

56. K. D. Neff *et al.*, «Examining the Factor Structure of the Self-Compassion Scale Using Exploratory SEM Bifactor Analysis in 20 Diverse Samples: Support for Use of a Total Score and Six Subscale Scores», *Psychological Assessment*, 31, n.º 1, 2019, págs. 27-45.

57. P. Muris y H. Otgaar, «The Process of Science: A Critical Evaluation of More Than 15 Years of Research on Self-Compassion with the Self-Compassion Scale», *Mindfulness*, 11, n.º 6, 2020, págs. 1469-1482.

58. K. D. Neff, «Commentary on Muris and Otgaar: Let the Empirical Evidence Speak on the Self-Compassion Scale», *Mindfulness*, 11, n.º 6, 23 de mayo de 2020, págs. 1900-1909.

4. #MeToo

1. E. Brockes, «#MeToo Founder Tarana Burke: "You Have to Use Your Privilege to Serve Other People"», *The Guardian*, 15 de enero de 2018, <https://www.theguardian.com/world/2018/jan/15/me-too-founder-tarana-burke-women-sexual-assault>.

2. «The Facts behind the #MeToo Movement: A National Study on Sexual

Harassment and Assault», dirigido por Stop Street Harassment, febrero de 2018, <http://www.stopstreetharassment.org/wp-content/uploads/2018/01/Full-Report-2018-National-Study-on-Sexual-Harassment-and-Assault.pdf>.

3. Encuentro de *ABC News/Washington Post* sobre acoso sexual, publicado el 17 de octubre de 2017.

4. H. McLaughlin, C. Uggen y A. Blackstone, «Sexual Harassment, Workplace Authority, and the Paradox of Power», *American Sociological Review*, 77, n.º 4, 2012, págs. 625-647.

5. «Statistics», National Sexual Violence Resource Center, <https://www.ns vrc.org/statistics>, consultado el 14 de noviembre de 2020.

6. M. C. Black *et al.*, *National Intimate Partner and Sexual Violence Survey: 2010 Summary Report*, recuperado de Centers for Disease Control and Prevention, National Center for Injury Prevention and Control, 2011, <http://www.cdc.gov/Viol encePrevention/pdf/NISVS_Report2010-a.pdf>.

7. Departamento de Justicia, Oficina de Programas de Justicia (EE. UU.), *National Crime Victimization Survey, 2010-2016*, 2017.

8. D. K. Chan *et al.*, «Examining the Job-Related, Psychological, and Physical Outcomes of Workplace Sexual Harassment: A Meta-Analytic Review», *Psychology of Women Quarterly*, 32, n.º 4, 2008, págs. 362-376.

9. C. R. Willness, P. Steell y K. Lee, «A Meta-Analysis of the Antecedents and Consequences of Workplace Sexual Harassment», *Personnel Psychology*, 60, n.º 1, 2007, págs. 127-162.

10. E. R. Dworkin *et al.*, «Sexual Assault Victimization and Psychopathology: A Review and Meta-Analysis», *Clinical Psychology Review*, 56, 2017, págs. 65-81.

11. A. O'Neil *et al.*, «The #MeToo Movement: An Opportunity in Public Health?», *Lancet*, 391, n.º 10140, 2018, págs. 2587-2589.

12. L. M. Ward *et al.*, «Sexuality and Entertainment Media», en D. Tolman *et al.* (comps)., *APA Handbook of Sexuality and Psychology*, 2.ª ed., Washington, DC: American Psychological Association, 2014, págs. 373-423.

13. D. L. Mosher y S. S. Tomkins, «Scripting the Macho Man: Hypermasculine Socialization and Enculturation», *Journal of Sex Research*, 25, n.º 1, 1988, págs. 60-84.

14. R. C. Seabrook, L. Ward y S. Giaccardi, «Why Is Fraternity Membership Associated with Sexual Assault? Exploring the Roles of Conformity to Masculine Norms, Pressure to Uphold Masculinity, and Objectification of Women», *Psychology of Men and Masculinity*, 19, n.º 1, 2018, págs. 3-13.

15. S. K. Murnen, C. Wright y G. Kaluzny, «If "Boys Will Be Boys", Then Girls Will Be Victims? A Meta-Analytic Review of the Research That Relates Masculine Ideology to Sexual Aggression», *Sex Roles*, 46, n.ºˢ 11-12, 2002, págs. 359-375.

16. S. K. Huprich *et al.*, «Are Malignant Self-Regard and Vulnerable Narcissism Different Constructs?», *Journal of Clinical Psychology*, 74, n.º 9, 2018, págs. 1556-1569.

17. A. Arabi, *Becoming the Narcissist's Nightmare: How to Devalue and Discard the Narcissist While Supplying Yourself*, Nueva York, SCW Archer Publishing, 2016.

18. «Facts About Sexual Harassment», US Equal Employment Opportunity Commission, <https://www.eeoc.gov/fact-sheet/facts-about-sexual-harassment>, consultado el 18 de febrero de 2021.

19. L. McLean, M. Bambling y S. R. Steindl, «Perspectives on Self-Compassion from Adult Female Survivors of Sexual Abuse and the Counselors Who Work with Them», *Journal of Interpersonal Violence*, 2018, págs. 1-24, avance en línea, DOI: 0886260518793975.

20. A. A. Scoglio *et al.*, «Self-Compassion and Responses to Trauma: The Role of Emotion Regulation», *Journal of Interpersonal Violence*, 33, n.º 13, 2015, págs. 2016-2036.

21. J. M. Dicks, «Sexual Assault Survivors' Experiences of Self-Compassion» (tesis doctoral inédita, Universidad de Alberta, 2014).

22. *Ibidem*, pág. 75.

23. L. B. Shapira y M. Mongrain, «The Benefits of Self-Compassion and Optimism Exercises for Individuals Vulnerable to Depression», *Journal of Positive Psychology*, 5, 2010, págs. 377-389.

24. «Child Sexual Abuse Statistics», Darkness to Light, <https://www.d2l.org/the-issue/statistics/>, consultado el 15 de octubre de 2020.

5. Aceptarnos con ternura

1. T. Brach, *Radical Acceptance: Embracing Your Life with the Heart of a Buddha*, Nueva York, Bantam, 2004 (trad. cast.: *Aceptación radical: abrazando tu vida con el corazón de un buda*, Madrid, Gaia, 2018).

2. A. Blasi *et al.*, «Early Specialization for Voice and Emotion Processing in the Infant Brain», *Current Biology*, 21, n.º 14, 2011, págs. 1220-1224.

3. D. Büring, *Intonation and Meaning*, Oxford, Oxford University Press, 2016.

4. F. J. Ruiz, «A Review of Acceptance and Commitment Therapy (ACT) Empirical Evidence: Correlational, Experimental Psychopathology, Component and Outcome Studies», *International Journal of Psychology and Psychological Therapy*, 10, n.º 1, 2010, págs. 125-162.

5. S. Young, «Break through Pain», 2017, <https://www.shinzen.org/wp-content/uploads/2016/12/art_painprocessingalg.pdf>, consultado el 8 de enero de 2021.

6. K. D. Neff, «Self-Compassion, Self-Esteem, and Well-Being», *Social and Personality Compass*, 5, 2011, págs. 1-12.

7. J. D. Brown, «Evaluations of Self and Others: Self-Enhancement Biases in Social Judgments», *Social Cognition*, 4, n.º 4, 1986, págs. 353-376.

8. S. M. Garcia, A. Tor y T. M. Schiff, «The Psychology of Competition: A Social Comparison Perspective», *Perspectives on Psychological Science*, 8, n.º 6, 2013, págs. 634-650.

9. M. R. Di Stasio, R. Savage y G. Burgos, «Social Comparison, Competition and Teacher-Student Relationships in Junior High School Classrooms Predicts Bullying and Victimization», *Journal of Adolescence*, 53, 2016, págs. 207-216.

10. S. M. Coyne y J. M. Ostrov (comps.), *The Development of Relational Aggression*, Oxford, Oxford University Press, 2018.

11. J. Crocker *et al.*, «Downward Comparison, Prejudice, and Evaluations of Others: Effects of Self-Esteem and Threat», *Journal of Personality and Social Psychology*, 52, n.° 5, 1987, págs. 907-916.

12. J. Crocker y K. M. Knight, «Contingencies of Self-Worth», *Current Directions in Psychological Science*, 14, n.° 4, 2005, págs. 200-203.

13. J. Crocker y L. E. Park, «The Costly Pursuit of Self-Esteem», *Psychological Bulletin*, 130 2004, págs. 392-414.

14. M. H. Kernis y B. M. Goldman, «Assessing Stability of Self-Esteem and Contingent Self-Esteem», en M. H. Kernis (comp.), *Self-Esteem Issues and Answers: A Sourcebook of Current Perspectives*, Hove, RU, Psychology Press, 2006, págs. 77-85.

15. K. D. Neff y R. Vonk, «Self-Compassion versus Global Self-Esteem: Two Different Ways of Relating to Oneself», *Journal of Personality*, 77, 2009, págs. 23-50.

16. Para obtener una visión general de la investigación, véase capítulo 2 de C. K. Germer y K. D. Neff, *Teaching the Mindful Self-Compassion Program: A Guide for Professionals*, Nueva York, Guilford Press, 2019.

17. H. Rockliff *et al.*, «A Pilot Exploration of Heart Rate Variability and Salivary Cortisol Responses to Compassion-Focused Imagery», *Clinical Neuropsychiatry: Journal of Treatment Evaluation*, 5, n.° 3, 2008, págs. 132-139.

18. L. B. Shapira y M. Mongrain, «The Benefits of Self-Compassion and Optimism Exercises for Individuals Vulnerable to Depression», *Journal of Positive Psychology*, 5, 2010, págs. 377-389.

19. J. P. Tangney y R. L. Dearing, *Shame and Guilt*, Nueva York, Guilford Press, 2003.

20. E. A. Johnson y K. A. O'Brien, «Self-Compassion Soothes the Savage Ego-Threat System: Effects on Negative Affect, Shame, Rumination, and Depressive Symptoms», *Journal of Social and Clinical Psychology*, 32, n.° 9, 2013, págs. 939-963.

21. A. Allen y M. R. Leary, «Self-Compassion, Stress, and Coping», *Social and Personality Psychology Compass*, 4, n.° 2, 2010, págs. 107-118.

22. D. A. Sbarra, H. L. Smith y M. R. Mehl, «When Leaving Your Ex, Love Yourself: Observational Ratings of Self-Compassion Predict the Course of Emotional Recovery Following Marital Separation», *Psychological Science*, 23, 2012, págs. 261-269.

23. A. M. Friis, N. S. Consedine y M. H. Johnson, «Does Kindness Matter? Diabetes, Depression, and Self-Compassion: A Selective Review and Research Agenda», *Diabetes Spectrum*, 28, n.° 4, 2015, págs. 252-257.

24. M. R. Hayter y D. S. Dorstyn, «Resilience, Self-Esteem and Self-Compassion in Adults with Spina Bifida», *Spinal Cord*, 52, n.° 2, 2013, págs. 167-171.

25. M. Nery-Hurwit, J. Yun y V. Ebbeck, «Examining the Roles of Self-Compassion and Resilience on Health-Related Quality of Life for Individuals with Multiple Sclerosis», *Disability and Health Journal*, 11, n.° 2, 2017, págs. 256-261.

26. A. Barnes *et al.*, «Exploring the Emotional Experiences of Young Women with Chronic Pain: The Potential Role of Self-Compassion», *Journal of Health Psychology*, 2018, págs. 1-11, avance en línea, DOI: 1359105318816509.

27. L. Zhu *et al.*, «The Predictive Role of Self-Compassion in Cancer Patients' Symptoms of Depression, Anxiety, and Fatigue: A Longitudinal Study», *Psycho-Oncology*, 28, n.° 9, 2019, págs. 1918-1925.

28. J. M. Brion, M. R. Leary y A. S. Drabkin, «Self-Compassion and Reactions to Serious Illness: The Case of HIV», *Journal of Health Psychology*, 19, n.° 2, 2014, págs. 218-229.

29. K. D. Neff y D. J. Faso, «Self-Compassion and Well-Being in Parents of Children with Autism», *Mindfulness*, 6, n.° 4, 2014, págs. 938-497.

30. C. L. Phelps *et al.*, «The Relationship between Self-Compassion and the Risk for Substance Use Disorder», *Drug and Alcohol Dependence*, 183, 2018, págs. 78-81.

31. S. Basharpoor *et al.*, «The Role of Self-Compassion, Cognitive Self-Control, and Illness Perception in Predicting Craving in People with Substance Dependency», *Practice in Clinical Psychology*, 2, n.° 3, 2014, págs. 155-164.

32. J. C. Rainey, C. R. Furman y A. N. Gearhardt, «Food Addiction among Sexual Minorities», *Appetite*, 120, 2018, págs. 16-22.

33. Y. Kotera y C. Rhodes, «Pathways to Sex Addiction: Relationships with Adverse Childhood Experience, Attachment, Narcissism, Self-Compassion and Motivation in a Gender-Balanced Sample», *Sexual Addiction and Compulsivity*, 26, n.ᵒˢ 1-2, 2019, págs. 54-76.

34. A. E. Diac *et al.*, «Self-Compassion, Well-Being and Chocolate Addiction», *Romanian Journal of Cognitive Behavioral Therapy and Hypnosis*, 4, n.ᵒˢ 1-2, 2017, págs. 1-12.

35. M. Brooks *et al.*, «Self-Compassion amongst Clients with Problematic Alcohol Use», *Mindfulness*, 3, n.° 4, 2012, págs. 308-317.

36. S. R. Newcombe, «Shame and Self-Compassion in Members of Alcoholics Anonymous» (tesis doctoral inédita, Wright Institute, 2015).

37. Y. Jiang *et al.*, «Buffering the Effects of Peer Victimization on Adolescent Non-suicidal Self-Injury: The Role of Self-Compassion and Family Cohesion», *Journal of Adolescence*, 53, 2016, págs. 107-115.

38. P. Wilkinson y I. Goodyer, «Non-suicidal Self-Injury», *European Child & Adolescent Psychiatry*, 20, n.° 2, 2011, págs. 103-108.

39. D. LoParo *et al.*, «The Efficacy of Cognitively-Based Compassion Training for African American Suicide Attempters», *Mindfulness*, 9, n.° 6, 2018, págs. 1941-1954.

40. J. G. Breines y S. Chen, «Self-Compassion Increases Self-Improvement Motivation», *Personality and Social Psychology Bulletin*, 38, n.° 9, 2012, págs. 1133-1143.

41. A. Vazeou-Nieuwenhuis y K. Schumann, «Self-Compassionate and Apologetic? How and Why Having Compassion toward the Self Relates to a Willingness to Apologize», *Personality and Individual Differences*, 124, 2018, págs. 71-76.

42. K. D. Neff *et al.*, «Caring for Others without Losing Yourself: An Adaptation of the Mindful Self-Compassion Program for Healthcare Communities», *Journal of Clinical Psychology*, 76, 2020, págs. 1543-1562.

6. Mantenernos firmes

1. O. Stevenson y A. B. Allen, «Women's Empowerment: Finding Strength in Self-Compassion», *Women and Health*, 57, n.º 3, 2017, págs. 295-310.

2. J. A. Christman, «Examining the Interplay of Rejection Sensitivity, Self-Compassion, and Communication in Romantic Relationships» (tesis doctoral inédita, Universidad de Tennessee, 2012).

3. B. L. Mah *et al.*, «Oxytocin Promotes Protective Behavior in Depressed Mothers: A Pilot Study with the Enthusiastic Stranger Paradigm», *Depression and Anxiety*, 32, n.º 2, 2015, págs. 76-81.

4. C. K. De Dreu *et al.*, «The Neuropeptide Oxytocin Regulates Parochial Altruism in Intergroup Conflict among Humans», *Science*, 328, n.º 5984, 2010, págs. 1408-1411.

5. S. R. Kaler y B. J. Freeman, «Analysis of Environmental Deprivation: Cognitive and Social Development in Romanian Orphans», *Journal of Child Psychology and Psychiatry*, 35, n.º 4, 1994, págs. 769-781.

6. M. Yousafzai, *I Am Malala: The Girl Who Stood Up for Education and Was Shot by the Taliban*, Nueva York, Little, Brown, 2013 (trad. cast.: *Yo soy Malala: la joven que defendió el derecho a la educación y fue tiroteada por los talibanes*, Madrid, Alianza, 2019).

7. J. S. Turner, «Explaining the Nature of Power: A Three-Process Theory», *European Journal of Social Psychology*, 35, n.º 1, 2005, págs. 1-22.

8. E. R. Cole, «Intersectionality and Research in Psychology», *American Psychologist*, 64, n.º 3, 2009, págs. 170-180.

9. G. Fuochi, C. A. Veneziani y A. Voci, «Exploring the Social Side of Self-Compassion: Relations with Empathy and Outgroup Attitudes», *European Journal of Social Psychology*, 48, n.º 6, 2018, págs. 769-783.

10. Entrevista con Rosa Parks, *Scholastic*, enero-febrero de 1997 <http://teacher.scholastic.com/rosa /interview.htm>.

11. J. Halifax, *Being with Dying: Cultivating Compassion and Fearlessness in the Presence of Death*, Boulder, CO, Shambhala Publications, 2009 (trad. cast.: *Estar con los que mueren: cultivar la compasión y la valentía en presencia de la muerte*, Barcelona, Kairós, 2019).

12. W. Wood y A. H. Eagly, «Gender Identity», en M. R. Leary y R. H. Hoyle

(comps.), *Handbook of Individual Differences in Social Behavior*, Nueva York, Guilford Press, 2009, págs. 109-125.

13. J. de Azevedo Hanks, *The Assertiveness Guide for Women: How to Communicate Your Needs, Set Healthy Boundaries, and Transform Your Relationships*, Oakland, CA, New Harbinger, 2016.

14. J. C. Campbell *et al.*, «Intimate Partner Homicide: Review and Implications of Research and Policy», *Trauma, Violence and Abuse*, 8, 2007, págs. 246-269.

15. A. B. Allen, E. Robertson y G. A. Patin, «Improving Emotional and Cognitive Outcomes for Domestic Violence Survivors: The Impact of Shelter Stay and Self-Compassion Support Groups», *Journal of Interpersonal Violence*, 2017, avance en línea, DOI: 0886260517734858.

16. C. Braehler y K. D. Neff, «Self-Compassion for PTSD», en N. Kimbrel y M. Tull (comps.), *Emotion in PTSD*, Cambridge, MA, Elsevier Academic Press, 2020, págs. 567-596.

17. R. Yehuda, «Post-Traumatic Stress Disorder», *New England Journal of Medicine*, 346, n.º 2, 2002, págs. 108-114.

18. B. L. Thompson y J. Waltz, «Self-Compassion and PTSD Symptom Severity», *Journal of Traumatic Stress*, 21, 2008, págs. 556-558.

19. K. Dahm *et al.*, «Mindfulness, Self-Compassion, Posttraumatic Stress Disorder Symptoms, and Functional Disability in US Iraq and Afghanistan War Veterans», *Journal of Traumatic Stress*, 28, n.º 5, 2015, págs. 460-464.

20. J. K. Rabon *et al.*, «Self-Compassion and Suicide Risk in Veterans: When the Going Gets Tough, Do the Tough Benefit More from Self-Kindness?», *Mindfulness*, 10, n.º 12, 2019, págs. 2544-2554.

21. R. Hiraoka *et al.*, «Self-Compassion as a Prospective Predictor of PTSD Symptom Severity among Trauma-Exposed US Iraq and Afghanistan War Veterans», *Journal of Traumatic Stress*, 28, 2015, págs. 1-7.

22. M. A. Cherry y M. M. Wilcox, «Sexist Microaggressions: Traumatic Stressors Mediated by Self-Compassion», *The Counseling Psychologist*, 49, n.º 1, 2021, págs. 106-137.

23. J. P. Robinson y D. L. Espelage, «Bullying Explains Only Part of LGBTQ-Heterosexual Risk Disparities: Implications for Policy and Practice», *Educational Researcher*, 41, n.º 8, 2012, págs. 309-319.

24. A. J. Vigna, J. Poehlmann-Tynan y B. W. Koenig, «Does Self-Compassion Facilitate Resilience to Stigma? A School-based Study of Sexual and Gender Minority Youth», *Mindfulness*, 9, n.º 3, 2017, págs. 914-924.

25. A. J. Vigna, J. Poehlmann-Tynan, y B. W. Koenig, «Is Self-Compassion Protective among Sexual-and Gender-Minority Adolescents across Racial Groups?», *Mindfulness*, 11, n.º 3, 2020, págs. 800-815.

26. C. C. Y. Wong y N. C. Yeung, «Self-Compassion and Posttraumatic Growth: Cognitive Processes as Mediators», *Mindfulness*, 8, n.º 4, 2017, págs. 1078-1087.

27. M. Navarro-Gil *et al.*, «Effects of Attachment-Based Compassion Therapy

(ABCT) on Self-Compassion and Attachment Style in Healthy People», *Mindfulness*, 11, n.º 1, 2020, págs. 51-62.

28. A. A. Scoglio *et al.*, «Self-Compassion and Responses to Trauma: The Role of Emotion Regulation», *Journal of Interpersonal Violence*, 33, n.º 13, 2015, págs. 2016-2036.

29. P. Gilbert, «The Origins and Nature of Compassion Focused Therapy», *British Journal of Clinical Psychology*, 53, n.º 1, 2014, págs. 6-41.

30. P. Gilbert y S. Procter, «Compassionate Mind Training for People with High Shame and Self-Criticism: Overview and Pilot Study of a Group Therapy Approach», *Clinical Psychology and Psychotherapy: An International Journal of Theory and Practice*, 13, n.º 6, 2006, págs. 353-379.

31. E. Ashfield, C. Chan y D. Lee, «Building "A Compassionate Armour": The Journey to Develop Strength and Self-Compassion in a Group Treatment for Complex Post-traumatic Stress Disorder», *Psychology and Psychotherapy: Theory, Research and Practice*, 2020, avance en línea, DOI: 10.1111/papt.12275/.

32. C. Craig, S. Hiskey y A. Spector, «Compassion Focused Therapy: A Systematic Review of Its Effectiveness and Acceptability in Clinical Populations», *Expert Review of Neurotherapeutics*, 20, n.º 4, 2020, págs. 385-400.

33. M. L. King Jr., *Where Do We Go from Here: Chaosor Community?*, vol. 2, Boston, Beacon Press, 2010: obra original publicada en 1968 (trad. cast.: *A dónde vamos: ¿caos o comunidad?*, Barcelona, Aymá, 1968).

34. M. A. Mattaini, *Strategic Nonviolent Power: The Science of Satyagraha*, Athabasca, Canadá, Athabasca University Press, 2013.

35. M. K. Gandhi, «Letter to Mr.- (25 January 1920)», *The Collected Works of Mahatma Gandhi*, vol. 19, Deli, India, Publications Division, Ministry of Information and Broadcasting, Government of India, 1958.

36. M. K. Gandhi, *My Experiments with the Truth*, Nueva York, Simon and Schuster, 2014; obra original publicada en 1928 (trad. cast.: *Mis experiencias con la verdad*, Barcelona, RBA, 2002).

37. P. Valera y T. Taylor, «Hating the Sin but Not the Sinner: A Study about Heterosexism and Religious Experiences among Black Men», *Journal of Black Studies*, 42, n.º 1, 2011, págs. 106-122.

38. D. A. Fahrenthold, «Trump Recorded Having Extremely Lewd Conversation about Women in 2005», *The Washington Post*, 8 de octubre de 2016, <https://www.washingtonpost.com/politics/trump-recorded-having-extremely-lewd-con versation-about-women-in-2005/2016 /10/07/3b9ce776-8cb4-11e6-bf8a-3d26847 eeed4_story.html>.

39. A. Jamieson, «Women's March on Washington: A Guide to the Post-inaugural Social Justice Event», *The Guardian*, 27 de diciembre de 2016, <https://www.theguardian.com/us-news/2016/dec/27/womens-march-on-washington-dc-guide>.

40. M. Broomfield, «Women's March against Donald Trump Is the Largest Day of Protests in US History, Say Political Scientists», *Independent*, 23 de enero de 2017, <https://www.independent.co.uk/news/world/americas/womens-march-anti-

donald-trump-womens-rights-largest-protest-demonstration-us-history-political-scientists-a7541081.html>.

41. K. Capps, «Millions of Marchers, Zero Arrests», Citylab, <https://www.bloomberg.com/news/articles/2017-01-22/millions-gather-for-women-s-march-none-arrested>.

42. N. Caraway, *Segregated Sisterhood: Racism and the Politics of American Feminism* (Knoxville, TN: University of Tennessee Press, 1991).

43. V. Ware, *Beyond the Pale: White Women, Racism, and History*, Londres, Verso Books, 2015.

44. G. E. Gilmore, *Gender and Jim Crow: Women and the Politics of White Supremacy in North Carolina, 1896-1920*, 2.ª ed. , Chapel Hill, NC, UNC Press Books, 2019.

45. T. Closson, «Amy Cooper's 911 Call, and What's Happened Since», *The New York Times*, 8 de julio de 2020, <https://www.nytimes.com/2020/07/08/nyregion/amy-cooper-false-report-charge.html>.

46. B. Hooks, *Black Women and Feminism*, Londres, Routledge, 1981.

47. V. Purdie-Vaughns y R. P. Eibach, «Intersectional Invisibility: The Distinctive Advantages and Disadvantages of Multiple Subordinate-Group Identities», *Sex Roles*, 59, n.ºs 5-6, 2008, págs. 377-391.

7. Satisfacer nuestras necesidades

1. H. Grant, *Pocket Frida Kahlo Wisdom*, Londres, Hardie Grant Publishing, 2018.

2. World Economic Forum, *Global Gender Gap Report*, 2018.

3. J. H. Shih y N. K. Eberhart, «Gender Differences in the Associations between Interpersonal Behaviors and Stress Generation», *Journal of Social and Clinical Psychology*, 29, n.º 3, 2010, págs. 243-255.

4. M. J. Mattingly y S. M. Blanchi, «Gender Differences in the Quantity and Quality of Free Time: The US Experience», *Social Forces*, 81, n.º 3, 2003, págs. 999-1030.

5. W. J. Phillips y S. J. Ferguson, «Self-Compassion: A Resource for Positive Aging», *Journals of Gerontology Series B: Psychological Sciences and Social Sciences*, 68, n.º 4, 2012, págs. 529-539.

6. B. J. Schellenberg, D. S. Bailis y A. D. Mosewich, «You Have Passion, but Do You Have Self-Compassion? Harmonious Passion, Obsessive Passion, and Responses to Passion-related Failure», *Personality and Individual Differences*, 99, 2016, págs. 278-285.

7. L. M. Yarnell y K. D. Neff, «Self-Compassion, Interpersonal Conflict Resolutions, and Well-being», *Self and Identity*, 12, n.º 2, 2013, págs. 146-159.

8. J. W. Zhang *et al.*, «A Compassionate Self Is a True Self? Self-Compassion Promotes Subjective Authenticity», *Personality and Social Psychology Bulletin*, 45, n.º 9, 2019, págs. 1323-1337.

9. A. H. Maslow, *A Theory of Human Motivation*, Nueva York, Simon and Schuster, 2013.

10. R. M. Ryan y E. L. Deci, *Self-Determination Theory: Basic Psychological Needs in Motivation, Development, and Wellness*, Nueva York, Guilford Press, 2017.

11. E. L. Deci y R. M. Ryan, «The "What" and "Why" of Goal Pursuits: Human Needs and the Self-Determination of Behavior», *Psychological Inquiry*, 11, n.º 4, 2000, págs. 227-268.

12. E. L. Deci y R. M. Ryan (comps.), *Handbook of Self-Determination Research*, Rochester, NY, University Rochester Press, 2004.

13. K. D. Neff, «Development and Validation of a Scale to Measure Self-Compassion», *Self and Identity*, 2, 2003, págs. 223-250.

14. K. E. Gunnell *et al.*, «Don't Be So Hard on Yourself! Changes in Self-Compassion during the First Year of University Are Associated with Changes in Well-Being», *Personality and Individual Differences*, 107, 2017, págs. 43-48.

15. R. A. Shweder, M. Mahapatra y J. G. Miller, «Culture and Moral Development», en J. Kagan y S. Lamb (comps.), *The Emergence of Morality in Young Children*, Chicago, University of Chicago Press, 1987, págs. 1-83.

16. E. Turiel, *The Culture of Morality: Social Development, Context, and Conflict*, Cambridge, RU, Cambridge University Press, 2002.

17. N. Desai y M. Krishnaraj, *Women and Society in India*, Deli, India, Ajanta Press, 1987.

18. R. Batra y T. G. Reio Jr., «Gender Inequality Issues in India», *Advances in Developing Human Resources*, 18, n.º 1, 2016, págs. 88-101.

19. I. Malhotra, *Indira Gandhi: A Personal and Political Biography*, Carlsbad, CA, Hay House, 2014.

20. K. D. Neff, «Judgments of Personal Autonomy and Interpersonal Responsibility in the Context of Indian Spousal Relationships: An Examination of Young People's Reasoning in Mysore, India», *British Journal of Developmental Psychology*, 19, n.º 2, 2001, págs. 233-257.

21. K. D. Neff, «Reasoning about Rights and Duties in the Context of Indian Family Life» (tesis doctoral inédita, Universidad de California, Berkeley, 1998), pág. 128.

22. C. Clarke, «Texas Bar Owner Prohibits Customers from Wearing Masks», *CBS News*, 28 de mayo de 2020, <https://www.cbsnews.com/news/texas-bar-liberty-tree-tavern-bans-masks-customers/>.

23. T. Merton, *My Argument with the Gestapo: A Macaronic Journal*, Nueva York, New Directions Books, 1969, págs. 160-161.

24. S. C. Hayes, K. D. Strosahl y K. G. Wilson, *Acceptance and Commitment Therapy: The Process and Practice of Mindful Change*, Nueva York, Guilford Press, 2011 (trad. cast.: *Terapia de aceptación y compromiso: proceso y práctica del cambio consciente*, Bilbao, Desclée de Brouwer, 2021).

25. K. J. Homan y F. M. Sirois, «Self-Compassion and Physical Health: Explor-

ing the Roles of Perceived Stress and Health-Promoting Behaviors», *Health Psychology Open*, 4, n.º 2, 2017, págs. 1-9.

26. A. B. Allen, E. R. Goldwasser y M. R. Leary, «Self-Compassion and Well-Being among Older Adults», *Self and Identity*, 11, n.º 4, 2012, págs. 428-453.

27. C. Dawson Rose *et al.*, «Self-Compassion and Risk Behavior Among People Living with HIV/AIDS», *Research in Nursing and Health*, 37, n.º 2, 2014, págs. 98-106.

28. M. L. Terry *et al.*, «Self-Compassionate Reactions to Health Threats», *Personality and Social Psychology Bulletin*, 39, n.º 7, 2013, págs. 911-926.

29. J. Crocker y A. Canevello, «Creating and Undermining Social Support in Communal Relationships: The Role of Compassionate and SelfImage Goals», *Journal of Personality and Social Psychology*, 95, n.º 3, 2008, págs. 555-575.

30. K. D. Neff y S. N. Beretvas, «The Role of Self-Compassion in Romantic Relationships», *Self and Identity*, 12, n.º 1, 2013, págs. 78-98.

31. J. W. Zhang, S. Chen y T. K. Tomova, «From Me to You: Self-Compassion Predicts Acceptance of Own and Others' Imperfections», *Personality and Social Psychology Bulletin*, 46, n.º 2, 2020, págs. 228-241.

32. K. D. Neff y E. Pommier, «The Relationship between Self-Compassion and Other-Focused Concern among College Undergraduates, Community Adults, and Practicing Meditators», *Self and Identity*, 12, n.º 2, 2013, págs. 160-176.

33. K. D. Neff y C. K. Germer, «A Pilot Study and Randomized Controlled Trial of the Mindful Self-Compassion Program», *Journal of Clinical Psychology*, 69, n.º 1, 2013, págs. 28-44.

34. M. C. Delaney, «Caring for the Caregivers: Evaluation of the Effect of an Eight-Week Pilot Mindful Self-Compassion (MSC) Training Program on Nurses' Compassion Fatigue and Resilience», *PLOS ONE*, 13, n.º 11, 2018, e0207261.

35. K. Miller y A. Kelly, «Is Self-Compassion Contagious? An Examination of Whether Hearing a Display of Self-Compassion Impacts Self-Compassion in the Listener», *Canadian Journal of Behavioural Science/Revue Canadienne des Sciences du Comportement*, 52, n.º 2, 2020, págs. 159-170.

8. Convertirnos en nuestra mejor versión

1. Megan Rapinoe, «Why I Am Kneeling», blog *Players Tribune*, octubre de 2016, <https://www.theplayerstribune.com/articles/megan-rapinoe-why-i-am-kneeling>.

2. K. J. Robinson *et al.*, «Resisting Self-Compassion: Why Are Some People Opposed to Being Kind to Themselves?», *Self and Identity*, 15, n.º 5, 2016, págs. 505-524.

3. J. V. Wood, W. Q. Perunovic y J. W. Lee, «Positive Self-Statements: Power for Some, Peril for Others», *Psychological Science*, 20, n.º 7, 2009, págs. 860-866.

4. K. D. Neff, S. S. Rude y K. Kirkpatrick, «An Examination of Self-Compas-

sion in Relation to Positive Psychological Functioning and Personality Traits», *Journal of Research in Personality*, 41, 2007, págs. 908-916.

5. Y. Miyagawa, Y. Niiya y J. Taniguchi, «When Life Gives You Lemons, Make Lemonade: Self-Compassion Increases Adaptive Beliefs about Failure», *Journal of Happiness Studies*, 21, n.º 6, 2020, págs. 2051-2068.

6. K. D. Neff, Y.-P. Hsieh y K. Dejitthirat, «Self-Compassion, Achievement Goals, and Coping with Academic Failure», *Self and Identity*, 4, 2005, págs. 263-287.

7. M. E. Neely *et al.*, «Self-Kindness When Facing Stress: The Role of Self-Compassion, Goal Regulation, and Support in College Students' Well-Being», *Motivation and Emotion*, 33, 2009, págs. 88-97.

8. Y. Miyagawa, J. Taniguchi e Y. Niiya, «Can Self-Compassion Help People Regulate Unattained Goals and Emotional Reactions toward Setbacks?», *Personality and Individual Differences*, 134, 2018, págs. 239-244.

9. J. Goldstein y J. Kornfield, *Seeking the Heart of Wisdom: The Path of Insight Meditation*, Boston, Shambhala, 1987.

10. A. Duckworth y J. J. Gross, «Self-Control and Grit: Related but Separable Determinants of Success», *Current Directions in Psychological Science*, 23, n.º 5, 2014, págs. 319-325.

11. K. D. Neff *et al.*, «The Forest and the Trees: Examining the Association of Self-Compassion and Its Positive and Negative Components with Psychological Functioning», *Self and Identity*, 17, n.º 6, 2018, págs. 627-645.

12. Robinson, «Resisting Self-Compassion», art. cit., págs. 505-524.

13. T. A. Powers, R. Koestner y D. C. Zuroff, «Self-Criticism, Goal Motivation and Goal Progress», *Journal of Social and Clinical Psychology*, 26, 2007, págs. 814-828.

14. B. E. Gibb, «Childhood Maltreatment and Negative Cognitive Styles: A Quantitative and Qualitative Review», *Clinical Psychology Review*, 22, n.º 2, 2002, págs. 223-246.

15. P. Gilbert, «Social Mentalities: Internal "Social" Conflicts and the Role of Inner Warmth and Compassion in Cognitive Therapy», en P. Gilbert y K. G. Bailey (comps.), *Genes on the Couch: Explorations in Evolutionary Psychotherapy*, Hove, RU, Psychology Press, 2000, págs. 118-150.

16. D. Hering, K. Lachowska y M. Schlaich, «Role of the Sympathetic Nervous System in Stress-Mediated Cardiovascular Disease», *Current Hypertension Reports*, 17, n.º 10, 2015, págs. 80-90.

17. U. Dinger *et al.*, «Interpersonal Problems, Dependency, and Self-Criticism in Major Depressive Disorder», *Journal of Clinical Psychology*, 71, n.º 1, 2015, págs. 93-104.

18. H. Kirschner *et al.*, «Soothing Your Heart and Feeling Connected: A New Experimental Paradigm to Study the Benefits of Self-Compassion», *Clinical Psychological Science*, 7, n.º 3, 2019, págs. 545-565.

19. W. J. Phillips y D. W. Hine, «Self-Compassion, Physical Health, and Health Behaviour: A Meta-Analysis», *Health Psychology Review*, 2019, págs. 1-27.

20. A. M. Ehret, J. Joormann y M. Berking, «Examining Risk and Resilience

Factors for Depression: The Role of Self-Criticism and Self-Compassion», *Cognition and Emotion*, 29, n.º 8, 2015, págs. 1496-1504.

21. L. D. Eron, «Spare the Rod and Spoil the Child?», *Aggression and Violent Behavior*, 2, n.º 4, 1997, págs. 309-311.

22. E. T. Gershoff, «Corporal Punishment by Parents and Associated Child Behaviors and Experiences: A Meta-Analytic and Theoretical Review», *Psychological Bulletin*, 128, n.º 4, 2002, págs. 539-579.

23. M. Shimizu, Y. Niiya y E. Shigemasu, «Achievement Goals and Improvement Following Failure: Moderating Roles of Self-Compassion and Contingency of Self-Worth», *Self and Identity*, 15, n.º 1, 2015, págs. 107-115.

24. N. Hope, R. Koestner y M. Milyavskaya, «The Role of Self-Compassion in Goal Pursuit and Well-Being among University Freshmen», *Self and Identity*, 13, n.º 5, 2014, págs. 579-593.

25. R. Chu, «The Relations of Self-Compassion, Implicit Theories of Intelligence, and Mental Health Outcomes among Chinese Adolescents» (tesis doctoral inédita, San Francisco State University, 2016).

26. C. W. Dweck, *Self-Theories: Their Role in Motivation, Personality, and Development*, Hove, RU, Psychology Press, 2000.

27. J. G. Breines y S. Chen, «Self-Compassion Increases Self-Improvement Motivation», *Personality and Social Psychology Bulletin*, 38, n.º 9, 2012, págs. 1133-1143.

28. I. Dundas *et al.*, «Does a Short Self-Compassion Intervention for Students Increase Healthy Self-Regulation? A Randomized Control Trial», *Scandinavian Journal of Psychology*, 58, n.º 5, 2017, págs. 443-450.

29. J. G. Breines y S. Chen, «Self-Compassion Increases Self-Improvement Motivation», *Personality and Social Psychology Bulletin*, 38, n.º 9, 2012, págs. 1133-1143.

30. D. M. Tice y R. F. Baumeister, «Longitudinal Study of Procrastination, Performance, Stress, and Health: The Costs and Benefits of Dawdling», *Psychological Science*, 8, n.º 6, 1997, págs. 454-458.

31. F. M. Sirois, «Procrastination and Stress: Exploring the Role of Self-Compassion», *Self and Identity*, 13, n.º 2, 2014, págs. 128-145.

32. L. M. Sutherland *et al.*, «Narratives of Young Women Athletes' Experiences of Emotional Pain and Self-Compassion», *Qualitative Research in Sport, Exercise and Health*, 6, n.º 4, 2014, págs. 499-516.

33. N. A. Reis *et al.*, «Self-Compassion and Women Athletes' Responses to Emotionally Difficult Sport Situations: An Evaluation of a Brief Induction», *Psychology of Sport and Exercise*, 16, 2015, págs. 18-25.

34. L. J. Ferguson *et al.*, «Self-Compassion and Eudaimonic Well-Being during Emotionally Difficult Times in Sport», *Journal of Happiness Studies*, 16, n.º 5, 2015, págs. 1263-1280.

35. Z. Huysmans y D. Clement, «A Preliminary Exploration of the Application of Self-Compassion within the Context of Sport Injury», *Journal of Sport and Exercise Psychology*, 39, n.º 1, 2017, págs. 56-66.

36. L. Ceccarelli *et al.*, «Self-Compassion and Psycho-Physiological Recovery from Recalled Sport Failure», *Frontiers in Psychology*, 10, 2019, págs. 1564.

37. J. Stoeber y K. Otto, «Positive Conceptions of Perfectionism: Approaches, Evidence, Challenges», *Personality and Social Psychology Review*, 10, 2006, págs. 295-319.

38. S. B. Sherry *et al.*, «Self-Critical Perfectionism Confers Vulnerability to Depression after Controlling for Neuroticism: A Longitudinal Study of Middle-aged, Community-Dwelling Women», *Personality and Individual Differences*, 69, 2014, págs. 1-4.

39. K. D. Neff, «Development and Validation of a Scale to Measure Self-Compassion», *Self and Identity*, 2, 2003, págs. 223-250.

40. M. Ferrari *et al.*, «Self-Compassion Moderates the Perfectionism and Depression Link in Both Adolescence and Adulthood», *PLOS ONE*, 13, n.º 2, 2018, e0192022.

41. C. M. Richardson *et al.*, «Trainee Wellness: Self-Critical Perfectionism, Self-Compassion, Depression, and Burnout among Doctoral Trainees in Psychology», *Counselling Psychology Quarterly*, 33, n.º 2, 2018, págs. 1-12.

42. C. Rogers, *On Becoming a Person: A Therapist's View of Psychotherapy*, Boston, Houghton Mifflin, 1995, pág. 17; obra original publicada en 1960 (trad. cast.: *El proceso de convertirse en persona*, Barcelona, Paidós, 1996).

43. Versión de Francis Gage del discurso «Ain't I a Woman», de Sojourner Truth, 23 de abril de 1863, <https://www.the sojournertruthproject.com/compare-the-speeches/>.

9. Equilibrio e igualdad en el trabajo

1. Convención de Demócratas de julio de 1988, «Transcript of the Keynote Address by Ann Richards, the Texas Treasurer», *The New York Times*, 19 de julio de 1988, <https://www.nytimes .com/1988/07/19/us/transcript-of-the-keynote-address-by-ann-richards-the-texas-treasurer.html>.

2. National Center for Education Statistics, «Table 318.30. Bachelor's, Master's, and Doctor's Degrees Conferred by Postsecondary Institutions, by Sex of Student and Discipline: 2015-16», *Digest of Education Statistics*, 2017, <https://nces.ed.gov /programs/digest/d17/tables/dt17_318.30.asp?current=yes>.

3. A. R. Amparo, G. Smith y A. Friedman, «Gender and Persistent Grade Performance Differences between Online and Face to Face Undergraduate Classes», en *EdMedia+ Innovate Learning*, Ámsterdam, Association for the Advancement of Computing in Education, junio de 2018, págs. 1935-1939.

4. M. DeWold, «12 Stats About Working Women», *US Department of Labor Blog*, 6 de marzo de 2017, <https://www.ishn.com/articles/105943-stats-about-work ing-women>.

5. US Bureau of Labor Statistics, marzo de 2017, <https://www.bls.gov/career outlook/2017/data-on-display /women-managers.htm>.

6. R. Bleiweis, «Quick Facts about the Gender Wage Gap», Center for American Progress, 24 de marzo de 2020, <https://www.americanprogress.org/issues/ women/reports/2020/03/24/482141/quick-facts-gender-wage-gap/>.

7. N. Graf, A. Brown y E. Patten, «The Narrowing, but Persistent, Gender Gap in Pay», Pew Research Center, 22 de marzo de 2019, <https://www.pewresearch. org /fact-tank/2019/03/22/gender-pay-gap-facts/>.

8. G. Livingston, «Stay-at-Home Moms and Dads Account for About One-in-Five US Parents», Pew Research Center, 24 de septiembre de 2018, <https://www. pewresearch.org/fact-tank/2018/09/24/stay-at-home-moms-and-dads-account-for -about-one-in-five-u-s-parents/>.

9. Foro Económico Mundial, *Global Gender Gap Report*, 2018.

10. D. Kanal y J. T. Kornegay, «Accounting for Household Production in the National Accounts», *Survey of Current Business*, 99, n.° 6, junio de 2019, <https://apps. bea .gov/scb/2019/06-june/0619-household-production.htm>.

11. Y. van Osch y J. Schaveling, «The Effects of Part-time Employment and Gender on Organizational Career Growth», *Journal of Career Development*, 47, n.° 3, 2020, págs. 328-343.

12. Alliance for Board Diversity, «Missing Pieces Report: The 2018 Board Diversity Census of Women and Minorities on Fortune 500 Boards», 2018, <https:// www2.deloitte .com/us/en/pages/center-for-board-effectiveness/articles/miss ing-pieces-fortune-500-board-diversity-study-2018.html>.

13. C. C. Miller, K. Quealy y M. Sanger-Katz, «The Top Jobs Where Women are Outnumbered by Men Named John», 24 de abril de 2018, *The New York Times*, <https://www .nytimes.com/interactive/2018/04/24/upshot/women-and-men-named-john.html>.

14. M. E. Heilman y E. J. Parks-Stamm, «Gender Stereotypes in the Workplace: Obstacles to Women's Career Progress», *Advances in Group Processes*, 24, 2007, págs. 47-77.

15. E. L. Haines, K. Deaux y N. Lofaro, «The Times They Are a-Changing... or Are They Not? A Comparison of Gender Stereotypes, 1983-2014», *Psychology of Women Quarterly*, 40, n.° 3, 2016, págs. 353-363.

16. M. E. Heilman y E. J. Parks-Stamm, «Gender Stereotypes in the Workplace: Obstacles to Women's Career Progress», en S. J. Correll (comp.), *Social Psychology of Gender: Advances in Group Processes*, vol. 24, Bingley, RU, Emerald Group Publishing, 2007, págs. 47-77.

17. J. P. Walsh, K. Weber y J. D. Margolis, «Social Issues and Management: Our Lost Cause Found», *Journal of Management*, 29, n.° 6, 2003, págs. 859-881.

18. D. Salin, «Bullying and Organisational Politics in Competitive and Rapidly Changing Work Environments», *International Journal of Management and Decision Making*, 4, n.° 1, 2003, págs. 35-46.

19. A. K. Samnani y P. Singh, «20 Years of Workplace Bullying Research: A Review of the Antecedents and Consequences of Bullying in the Workplace», *Aggression and Violent Behavior*, 17, n.º 6, 2012, págs. 581-589.

20. M. R. Reiff., «The Just Price, Exploitation, and Prescription Drugs: Why Free Marketeers Should Object to Profiteering by the Pharmaceutical Industry», *Review of Social Economy*, 77, n.º 2, 2019, págs. 108-142.

21. A. Keown, «Price of Teva's Generic Drug to Treat Wilson's Disease Sparks Outrage», *BioSpace*, 26 de febrero de 2018, <https://www.biospace.com/article/price-of-teva-s-generic-drug -to-treat-wilson-s-disease-sparks-outrage/>.

22. M. C. Worline y J. E. Dutton, *Awakening Compassion at Work: The Quiet Power that Elevates People and Organizations*, Oakland, CA, Berrett-Koehler, 2017.

23. P. J. Rosch, «The Quandary of Job Stress Compensation», *Health and Stress*, 3, n.º 1, 2001, págs. 1-4.

24. J. E. Dutton *et al.*, «Leading in Times of Trauma», *Harvard Business Review*, 80, n.º 1, 2002, págs. 54-61.

25. K. Cameron *et al.*, «Effects of Positive Practices on Organizational Effectiveness», *Journal of Applied Behavioral Science*, 47, n.º 3, 2011, págs. 266-308.

26. J. A. Kennedy y L. J. Kray, «Who Is Willing to Sacrifice Ethical Values for Money and Social Status? Gender Differences in Reactions to Ethical Compromises», *Social Psychological and Personality Science*, 5, n.º 1, 2014, págs. 52-59.

27. K. McLaughlin, O. T. Muldoon y M. Moutray, «Gender, Gender Roles and Completion of Nursing Education: A Longitudinal Study», *Nurse Education Today*, 30, n.º 4, 2010, págs. 303-307.

28. P. England, M. Budig y N. Folbre, «Wages of Virtue: The Relative Pay of Care Work», *Social Problems*, 49, n.º 4, 2002, págs. 455-473.

29. Pew Research Center, «Raising Kids and Running a Household: How Working Parents Share the Load», 4 de noviembre de 2015, <https://www.pewsocial trends.org/2015/11/04 /raising-kids-and-running-a-household-how-working-par ents-share -the-load/>.

30. J. Halpin, K. Agne y M. Omero, «Affordable Child Care and Early Learning for All Families», Center for American Progress, septiembre de 2018, <https://cdn. american progress.org/content/uploads/2018/09/12074422/ChildCarePolling-re port.pdf>.

31. J. L. Borelli *et al.*, «Bringing Work Home: Gender and Parenting Correlates of Work-Family Guilt among Parents of Toddlers», *Journal of Child and Family Studies*, 26, n.º 6, 2017, págs. 1734-1745.

32. A. H. Eagly, C. Nater, D. L. Miller, M. Kaufmann y S. Sczesny, «Gender Stereotypes Have Changed: A Cross-Temporal Meta-Analysis of US Public Opinion Polls from 1946 to 2018», *American Psychologist*, 75, n.º 3, 2020, págs. 301.

33. C. P. Ernst y N. Herm-Stapelberg, «Gender Stereotyping's Influence on the Perceived Competence of Siri and Co.», *Proceedings of the 53rd Hawaii International Conference on System Sciences*, enero de 2020.

34. M. E. Heilman, «Gender Stereotypes and Workplace Bias», *Research in Organizational Behavior*, 32, 2012, págs. 113-135.

35. Heilman, «Gender Stereotypes and Workplace Bias», art. cit., págs. 113-135.

36. C. A. Moss-Racusin *et al.*, «Science Faculty's Subtle Gender Biases Favor Male Students», *Proceedings of the National Academy of Sciences*, 109, n.° 41, 2012, págs. 16474-16479.

37. L. J. Treviño *et al.*, «Meritocracies or Masculinities? The Differential Allocation of Named Professorships by Gender in the Academy», *Journal of Management*, 44, n.° 3, 2018, págs. 972-1000.

38. H. K. Davison y M. J. Burke, «Sex Discrimination in Simulated Employment Contexts: A Meta-Analytic Investigation», *Journal of Vocational Behavior*, 56, n.° 2, 2000, págs. 225-248.

39. V. L. Brescoll y E. L. Uhlmann, «Can an Angry Woman Get Ahead? Status Conferral, Gender, and Expression of Emotion in the Workplace», *Psychological Science*, 19, n.° 3, 2008, págs. 268-275.

40. J. L. Cundiff y T. K. Vescio, «Gender Stereotypes Influence How People Explain Gender Disparities in the Workplace», *Sex Roles*, 75, n.ᵒˢ 3-4, 2016, págs. 126-138.

41. A. Joshi, J. Son y H. Roh, «When Can Women Close the Gap? A Meta-Analytic Test of Sex Differences in Performance and Rewards», *Academy of Management Journal*, 58, n.° 5, 2015, págs. 1516-1545.

42. C. Buffington *et al.*, «STEM Training and Early Career Outcomes of Female and Male Graduate Students: Evidence from UMETRICS Data Linked to the 2010 Census», *American Economic Review*, 106, n.° 5, 2016, págs. 333-338.

43. K. Parker y C. Funk, «Gender Discrimination Comes in Many Forms for Today's Working Women», Pew Research Center, 14 de diciembre de 2017, <https://www.pewresearch.org/fact-tank/2017/12/14/gender-discrimination-comes-in-many-forms-for-todays-working-women/>.

44. L. A. Rudman y P. Glick, «Feminized Management and Backlash toward Agentic Women: The Hidden Costs to Women of a Kinder, Gentler Image of Middle Managers», *Journal of Personality and Social Psychology*, 77, n.° 5, 1999, págs. 1004-1010.

45. A. Linskey, «The Women Asked for Forgiveness. The Men Tried to Sell Their Books: How a Democratic Debate Moment Put a Spotlight on Gender», *The Washington Post*, 20 de diciembre de 2019, <https://www.washingtonpost.com/politics/seek-forgiveness-or-give-a-gift-how-a-democratic-debate-moment-put-gender-in-the-spotlight/2019/12/20/6b77450c-22db-11ea-a153-dce4b94e4249_story.html>.

46. M. E. Heilman, C. J. Block y R. Martell, «Sex Stereotypes: Do They Influence Perceptions of Managers?», *Journal of Social Behavior and Personality*, 10, 1995, págs. 237-252.

47. L. A. Rudman, «Self-Promotion as a Risk Factor for Women: The Costs and

Benefits of Counter-Stereotypical Impression Management», *Journal of Personality and Social Psychology*, 74, n.º 3, 1998, págs. 629-645.

48. E. T. Amanatullah y M. W. Morris, «Negotiating Gender Roles: Gender Differences in Assertive Negotiating Are Mediated by Women's Fear of Backlash and Attenuated When Negotiating on Behalf of Others», *Journal of Personality and Social Psychology*, 98, n.º 2, 2010, págs. 256-267.

49. A. Joshi, J. Son y H. Roh, «When Can Women Close the Gap? A Meta-Analytic Test of Sex Differences in Performance and Rewards», *Academy of Management Journal*, 58, n.º 5, 2015, págs. 1516-1545.

50. L. A. Rudman y P. Glick, «Prescriptive Gender Stereotypes and Backlash toward Agentic Women», *Journal of Social Issues*, 57, n.º 4, 2001, págs. 743-762.

51. R. Kark, R. Waismel-Manor y B. Shamir, «Does Valuing Androgyny and Femininity Lead to a Female Advantage? The Relationship between Gender-Role, Transformational Leadership and Identification», *Leadership Quarterly*, 23, n.º 3, 2012, págs. 620-640.

52. J. C. Williams, «Women, Work and the Art of Gender Judo», *The Washington Post*, 24 de enero de 2014, <https://www .washingtonpost.com/opinions/women-work-and-the-art-of-gender-judo/2014/01/24/29e209b2-82b2-11e3-8099-9181471f7aaf_story.html>.

53. J. C. Williams y R. Dempsey, *What Works for Women at Work: Four Patterns Working Women Need to Know*, Nueva York, NYU Press, 2018.

54. J. L. Howell y K. A. Ratliff, «Not Your Average Bigot: The Better-Than-Average Effect and Defensive Responding to Implicit Association Test Feedback», *British Journal of Social Psychology*, 56, 2017, págs. 125-145.

55. K. McCormickHuhn, L. M. Kim y S. A. Shields, «Unconscious Bias Interventions for Business: An Initial Test of WAGES-Business (Workshop Activity for Gender Equity Simulation) and Google's "re:Work" Trainings», *Analyses of Social Issues and Public Policy*, 20, n.º 1, 2020, págs. 26-65.

56. M. E. Heilman y M. C. Haynes, «No Credit Where Credit Is Due: Attributional Rationalization of Women's Success in Male-Female Teams», *Journal of Applied Psychology*, 90, n.º 5, 2005, págs. 905-916.

57. K. J. Anderson y C. Leaper, «Meta-Analyses of Gender Effects on Conversational Interruption: Who, What, When, Where, and How», *Sex Roles*, 39, n.ºˢ 3-4, 1998, págs. 225-252.

58. C. A. Moss-Racusin y L. A. Rudman, «Disruptions in Women's Self-Promotion: The Backlash Avoidance Model», *Psychology of Women Quarterly*, 34, n.º 2, 2010, págs. 186-202.

59. J. M. Nicklin, K. Seguin y S. Flaherty, «Positive Work-Life Outcomes: Exploring Self-Compassion and Balance», *European Journal of Applied Positive Psychology*, 3, n.º 6, 2019, págs. 1-13.

60. A. Reizer, «Bringing Self-Kindness into the Workplace: Exploring the Mediating Role of Self-Compassion in the Associations between Attachment and Organizational Outcomes», *Frontiers in Psychology*, 10, 2019, págs. 1148.

61. P. R. Clance y S. A. Imes, «The Imposter Phenomenon in High Achieving Women: Dynamics and Therapeutic Intervention», *Psychotherapy: Theory, Research and Practice*, 15, n.º 3, 1978, págs. 241-249.

62. A. Patzak, M. Kollmayer y B. Schober, «Buffering Impostor Feelings with Kindness: The Mediating Role of Self-Compassion between Gender-Role Orientation and the Impostor Phenomenon», *Frontiers in Psychology*, 8, 2017, pág. 1289.

63. L. M. Kreemers, E. A. van Hooft y A. E. van Vianen, «Dealing with Negative Job Search Experiences: The Beneficial Role of Self-Compassion for Job Seekers' Affective Responses», *Journal of Vocational Behavior*, 106, 2018, págs. 165-179.

64. Y. Kotera, M. van Laethem y R. Ohshima, «Cross-cultural Comparison of Mental Health between Japanese and Dutch Workers: Relationships with Mental Health Shame, Self-Compassion, Work Engagement and Motivation», *Cross Cultural and Strategic Management*, 27, n.º 3, 2020, págs. 511-530.

65. Y. Engel *et al.*, «Self-Compassion When Coping with Venture Obstacles: Loving-Kindness Meditation and Entrepreneurial Fear of Failure», *Entrepreneurship Theory and Practice*, 2019, págs. 1-27, avance en línea, DOI: 1042258719890991.

66. S. Chen, «Give Yourself a Break: The Power of Self-Compassion», *Harvard Business Review*, 96, n.º 5, 2018, págs. 116-123.

10. Cuidar sin descuidarnos

1.   A. Lorde, *A Burst of Light: And Other Essays*, Mineola, NY, IXIA Press, 2017, pág. 130.

2.   T. A. Evans, E. J. Wallis y M. A. Elgar, «Making a Meal of Mother», *Nature*, 376, n.º 6538, 1995, págs. 299.

3.   T. Grall, «Custodial Mothers and Fathers and Their Child Support: 2015», Oficina del Censo de Estados Unidos, febrero de 2020, obra original publicada en 2018, <https://www .census.gov/library/publications/2018/demo/p60-262.html>.

4.   S. M. Bianchi *et al.*, «Housework: Who Did, Does or Will Do It, and How Much Does It Matter?», *Social Forces*, 91, n.º 1, 2012, págs. 55.

5.   M. Bittman *et al.*, «When Does Gender Trump Money? Bargaining and Time in Household Work», *American Journal of Sociology*, 109, n.º 1, 2003, págs. 186-214.

6.   Pew Research Center, «Who's Feeling Rushed?», 28 de febrero de 2016, <https://www.pewsocialtrends.org/2006/02/28/whos-feeling-rushed/>.

7.   AARP Public Policy Institute, «Caregiving in the US 2015», junio de 2015, <https://www.aarp.org/content/dam/aarp/ppi/2015/caregiving-in-the-us-research-report-2015.pdf>.

8.   Q. P. Li, Y. W. Mak y A. Y. Loke, «Spouses' Experience of Caregiving for Cancer Patients: A Literature Review», *International Nursing Review*, 60, n.º 2, 2013, págs. 178-187.

9. K. J. Lively, L. C. Steelman y B. Powell, «Equity, Emotion, and Household Division of Labor Response», *Social Psychology Quarterly*, 73, n.° 4, 2010, págs. 358-379.

10. L. Lieke *et al.*, «Positive and Negative Effects of Family Involvement on Work-Related Burnout», *Journal of Vocational Behavior*, 73, n.° 3, 2008, págs. 387-396.

11. V. S. Helgeson y H. Fritz, «A Theory of Unmitigated Communion», *Personality and Social Psychology Review*, 2, 1998, págs. 173-183.

12. D. M. Buss, «Unmitigated Agency and Unmitigated Communion: An Analysis of the Negative Components of Masculinity and Femininity», *Sex Roles*, 22, n.° 9, 1990, págs. 555-568.

13. L. Jin *et al.*, «Depressive Symptoms and Unmitigated Communion in Support Providers», *European Journal of Personality: Published for the European Association of Personality Psychology*, 24, n.° 1, 2010, págs. 56-70.

14. H. L. Fritz y V. S. Helgeson, «Distinctions of Unmitigated Communion from Communion: Self-Neglect and Overinvolvement with Others», *Journal of Personality and Social Psychology*, 75, n.° 1, 1998, págs. 121-140.

15. V. S. Helgeson, «Relation of Agency and Communion to Well-Being: Evidence and Potential Explanations», *Psychological Bulletin*, 116, 1994, págs. 412-428.

16. S. G. Ghaed y L. C. Gallo, «Distinctions among Agency, Communion, and Unmitigated Agency and Communion According to the Interpersonal Circumplex, Five-Factor Model, and Social-Emotional Correlates», *Journal of Personality Assessment*, 86, n.° 1, 2006, págs. 77-88.

17. V. S. Helgeson y H. L. Fritz, «The Implications of Unmitigated Agency and Unmitigated Communion for Domains of Problem Behavior», *Journal of Personality*, 68, n.° 6, 2000, págs. 1031-1057.

18. H. L. Fritz, «Gender-linked Personality Traits Predict Mental Health and Functional Status Following a First Coronary Event», *Health Psychology*, 19, n.° 5, 2000, págs. 420-428.

19. H. L. Fritz y V. S. Helgeson, «Distinctions of Unmitigated Communion from Communion: SelfNeglect and Overinvolvement with Others», *Journal of Personality and Social Psychology*, 75, n.° 1, 1998, págs. 121-140. Téngase en cuenta que para este libro se cambiaron algunos puntos para que la codificación inversa no fuese necesaria.

20. V. Thornton y A. Nagurney, «What Is Infidelity? Perceptions Based on Biological Sex and Personality», *Psychology Research and Behavior Management*, 4, 2011, págs. 51-58.

21. D. C. Jack y D. Dill, «The Silencing the Self Scale: Schemas of Intimacy Associated with Depression in Women», *Psychology of Women Quarterly*, 16, 1992, págs. 97-106.

22. L. Jin *et al.*, «Depressive Symptoms and Unmitigated Communion in Support Providers», *European Journal of Personality*, 24, n.° 1, 2010, págs. 56-70.

23. K. D. Neff *et al.*, «The Forest and the Trees: Examining the Association of

Self-Compassion and Its Positive and Negative Components with Psychological Functioning», *Self and Identity*, 17, n.º 6, 2018, págs. 627-645.

24. K. D. Neff y R. Vonk, «Self-Compassion Versus Global Self-Esteem: Two Different Ways of Relating to Oneself», *Journal of Personality*, 77, 2009, págs. 23-50.

25. K. D. Neff y M. A. Suizzo, «Culture, Power, Authenticity and Psychological WellBeing within Romantic Relationships: A Comparison of European American and Mexican Americans», *Cognitive Development*, 21, n.º 4, 2006, págs. 441-457.

26. A. E. Thompson y D. Voyer, «Sex Differences in the Ability to Recognise Non-verbal Displays of Emotion: A Meta-Analysis», *Cognition and Emotion*, 28, n.º 7, 2014, págs. 1164-1195.

27. C. Rogers, *On Becoming a Person: A Therapist's View of Psychotherapy*, Boston, Houghton Mifflin, 1995, pág. 248; obra original publicada en 1961 (trad. cast.: *El proceso de convertirse en persona*, Barcelona, Paidós, 1996).

28. M. Iacoboni, «Imitation, Empathy, and Mirror Neurons», *Annual Review of Psychology*, 60, 2009, págs. 653-670.

29. D. Keltner, *Born to Be Good*, Nueva York, W. W. Norton, 2009.

30. F. B. De Waal, «Putting the Altruism Back into Altruism: The Evolution of Empathy», *Annual Review of Psychology*, 59, 2008, págs. 279-300.

31. P. L. Jackson, P. Rainville y J. Decety, «To What Extent Do We Share the Pain of Others? Insight from the Neural Bases of Pain Empathy», *Pain*, 125, 2006, págs. 5-9.

32. M. Ludick y C. R. Figley, «Toward a Mechanism for Secondary Trauma Induction and Reduction: Reimagining a Theory of Secondary Traumatic Stress», *Traumatology*, 23, n.º 1, 2017, págs. 112-123.

33. C. Maslach, «Burnout: A Multidimensional Perspective», en W. B. Schaufeli, C. Maslach y T. Marek (comps.), *Series in Applied Psychology: Social Issues and Questions. Professional Burnout: Recent Developments in Theory and Research*, Filadelfia, Taylor and Francis, 1993, págs. 19-32.

34. S. E. Showalter, «Compassion Fatigue: What Is It? Why Does It Matter? Recognizing the Symptoms, Acknowledging the Impact, Developing the Tools to Prevent Compassion Fatigue, and Strengthen the Professional Already Suffering from the Effects», *American Journal of Hospice and Palliative Medicine*, 27, n.º 4, 2010, págs. 239-242.

35. M. Ferrara *et al.*, «Prevalence of Stress, Anxiety and Depression in with Alzheimer Caregivers», *Health and Quality of Life Outcomes*, 6, n.º 1, 2008, págs. 93.

36. C. R. Figley (comp.), *Treating Compassion Fatigue*, Londres, Routledge, 2002.

37. O. Klimecki y T. Singer, «Empathic Distress Fatigue Rather Than Compassion Fatigue? Integrating Findings from Empathy Research in Psychology and Social Neuroscience», en B. Oakley *et al.* (comps.), *Pathological Altruism*, Oxford, Oxford University Press, 2012, págs. 368-383.

38. E. M. Seppälä *et al.* (comps.), *The Oxford Handbook of Compassion Science*, Oxford, Oxford University Press, 2017.

39. T. Singer y O. M. Klimecki, «Empathy and Compassion», *Current Biology*, 24, n.º 18, 2014, págs. R875-78.

40. M. R. Oreskovich *et al.*, «The Prevalence of Substance Use Disorders in American Physicians», *American Journal on Addictions*, 24, n.º 1, 2015, págs. 30-38.

41. A. Salloum *et al.*, «The Role of Self-Care on Compassion Satisfaction, Burnout and Secondary Trauma among Child Welfare Workers», *Children and Youth Services Review*, 49, 2015, págs. 54-61.

42. J. Mills, T. Wand y J. A. Fraser, «Examining Self-Care, Self-Compassion and Compassion for Others: A Cross-sectional Survey of Palliative Care Nurses and Doctors», *International Journal of Palliative Nursing*, 24, n.º 1, 2018, págs. 4-11.

43. J. G. Littleton y J. S. Bell, *Living the Serenity Prayer: True Stories of Acceptance, Courage, and Wisdom*, Avon, MA, Adams Media, 2008, pág. 14.

44. C. Conversano *et al.*, «Mindfulness, Compassion, and Self-Compassion Among Health Care Professionals: What's New? A Systematic Review», *Frontiers in Psychology*, 11, 2020, págs. 1-21.

45. M. P. Schellekens *et al.*, «Are Mindfulness and Self-Compassion Related to Psychological Distress and Communication in Couples Facing Lung Cancer? A Dyadic Approach», *Mindfulness*, 8, n.º 2, 2017, págs. 325-336.

46. K. Raab, «Mindfulness, Self-Compassion, and Empathy among Health Care Professionals: A Review of the Literature», *Journal of Health Care Chaplaincy*, 20, n.º 3, 2014, págs. 95-108.

47. K. J. Kemper, X. Mo y R. Khayat, «Are Mindfulness and Self-Compassion Associated with Sleep and Resilience in Health Professionals?», *Journal of Alternative and Complementary Medicine*, 21, n.º 8, 2015, págs. 496-503.

48. J. Duarte, J. Pinto-Gouveia y B. Cruz, «Relationships between Nurses' Empathy, Self-Compassion and Dimensions of Professional Quality of Life: A Cross-sectional Study», *International Journal of Nursing Studies*, 60, 2016, págs. 1-11.

49. K. Olson y K. J. Kemper, «Factors Associated with Well-Being and Confidence in Providing Compassionate Care», *Journal of Evidence-Based Complementary and Alternative Medicine*, 19, n.º 4, 2014, págs. 292-296.

50. K. D. Neff *et al.*, «Caring for Others without Losing Yourself: An Adaptation of the Mindful Self-Compassion Program for Healthcare Communities», *Journal of Clinical Psychology*, 76, 2020, págs. 1543-1562.

51. C. Maslach y M. Gomes, «Overcoming Burnout», en R. MacNair y Psychologists for Social Responsibility (comps.), *Working for Peace: A Handbook of Practical Psychology and Other Tools*, Atascadero, CA, Impact Publishers, 2006, págs. 43-59.

52. H. Rettig, *The Lifelong Activist: How to Change the World without Losing Your Way*, Nueva York: Lantern, 2006.

53. K. Rodgers, «Anger Is Why We're All Here: Mobilizing and Managing Emotions in a Professional Activist Organization», *Social Movement Studies*, 9, n.º 3, 2010, págs. 273-291.

54. *Ibidem*, pág. 280.

11. Lo que hacemos por amor

1. b. hooks, *Communion: The Female Search for Love*, Nueva York, Perennial, 2003, pág. 66.

2. C. Dowling, *The Cinderella Complex: Women's Hidden Fear of Independence*, Nueva York, Pocket Books, 1981 (trad. cast.: *El complejo de Cenicienta: el miedo de las mujeres a la independencia*, Barcelona, Debolsillo, 2016).

3. A. Schopenhauer, *Parerga and Paralipomena: Short Philosophical Essays*, vol. 2, Oxford, Oxford University Press, 1851, pág. 651 (trad. cast.: *Parerga y Paralipómena: escritos filosóficos menores*, vol. 2, Málaga, Ágora).

4. E. H. K. Jacobson *et al.*, «Examining Self-Compassion in Romantic Relationships», *Journal of Contextual Behavioral Science*, 8, 2018, págs. 69-73.

5. J. S. Ferreira, R. A. Rigby y R. J. Cobb, «Self-Compassion Moderates Associations between Distress about Sexual Problems and Sexual Satisfaction in a Daily Diary Study of Married Couples», *Canadian Journal of Human Sexuality*, 29, n.º 2, 2020, págs. 182-196.

6. L. M. Yarnell y K. D. Neff, «Self-Compassion, Interpersonal Conflict Resolutions, and Well-being», *Self and Identity*, 2, n.º 2, 2013, págs. 146-159.

7. Yarnell y Neff, «Self-Compassion», art. cit., pág. 156.

8. *Ibidem*.

9. K. D. Neff y S. N. Beretvas, «The Role of Self-Compassion in Romantic Relationships», *Self and Identity*, 12, n.º 1, 2013, págs. 78-98.

10. Z. Williams, «Relationship Satisfaction in Black Couples: The Role of Self-Compassion and Openness» (tesis doctoral inédita, Universidad Estatal de Kansas, 2019).

11. J. W. Zhang, S. Chen y T. K. Tomova Shakur, «From Me to You: Self-Compassion Predicts Acceptance of Own and Others' Imperfections», *Personality and Social Psychology Bulletin*, 46, n.º 2, 2020, págs. 228-242.

12. L. R. Baker y J. K. McNulty, «Self-Compassion and Relationship Maintenance: The Moderating Roles of Conscientiousness and Gender», *Journal of Personality and Social Psychology*, 100, n.º 5, 2011, págs. 853.

13. S. Coontz, «The World Historical Transformation of Marriage», *Journal of Marriage and Family*, 66, n.º 4, 2004, págs. 974-979.

14. R. Geddes y D. Lueck, «The Gains from Self-Ownership and the Expansion of Women's Rights», *American Economic Review*, 92, n.º 4, 2002, págs. 1079-1092.

15. «Domestic Violence Facts, Information, Pictures-Encyclopedia.com articles about Domestic violence», *Encyclopedia.com*, consultada el 6 de septiembre de 2020.

16. K. Luppi, «Comedian-Actress Rita Rudner Brings a Bit of Real Life to Laguna Playhouse's "Act 3..."», *Los Angeles Times*, 8 de enero de 2016, <https://www.latimes.com/socal/coastline-pilot/entertainment/tn-cpt-et-0108-rita-rudner-20160108-story.html>.

17. A. Koedt, E. Levine y A. Rapone, «Politics of the Ego: A Manifesto for New

York Radical Feminists», en A. Koedt, E. Levine y A. Rapone (comps.), *Radical Feminism*, Nueva York, Times Books, 1970, págs. 379-383.

18. N. Greenfieldboyce, «Pageant Protest Sparked Bra-Burning Myth», *NPR*, 5 de septiembre de 2008, <https://www.npr.org/templates/story/story.php?storyId =94240375>, consultada el 6 de febrero de 2012.

19. K. Boyle, #*MeToo, Weinstein and Feminism*, Londres, Palgrave Pivot, 2019.

20. M. A. Garcia y D. Umberson, «Marital Strain and Psychological Distress in Same-Sex and Different-Sex Couples», *Journal of Marriage and Family*, 81, n.º 5, octubre de 2019, págs. 1253-1268.

21. A. K. Randall *et al.*, «Associations between Sexual Orientation Discrimination and Depression among Same-Sex Couples: Moderating Effects of Dyadic Coping», *Journal of Couple and Relationship Therapy*, 16, n.º 4, 2017, págs. 325-345.

22. A. M. Pollitt, B. A. Robinson y D. Umberson, «Gender Conformity, Perceptions of Shared Power, and Marital Quality in Same-and Different-Sex Marriages», *Gender and Society*, 32, n.º 1, 2018, págs. 109-131.

23. W. Langford, *Revolutions of the Heart: Gender, Power and the Delusions of Love*, Hove, RU, Psychology Press, 1999, pág. 27.

24. *Ibidem*, pág. 29.

25. *Ibid.*, pág. 39.

26. hooks, *Communion*, *op. cit.*, pág. 152.

27. C. E. Copen *et al.*, «First Marriages in the United States», National Health Statistics Reports, 22 de marzo de 2012, <https://www.cdc.gov/nchs/data/nhsr/nhsr049.pdf>.

Epílogo. Camino de ser un desastre compasivo

1. P. Chödrön, *The Wisdom of No Escape and the Path of Loving-Kindness*, Boston, Shambhala, 1991 (trad. cast.: *La sabiduría de la no evasión: la senda del amor compasivo que lleva a la liberación*, Barcelona, Oniro, 2012).

2. R. Nairn, conferencia pronunciada en el monasterio Kagyu Samye Ling, Dumfriesshire, Escocia, septiembre de 2009.

3. J. S. Bolen, *Goddesses in Older Women: Archetypes in Women over Fifty*, Nueva York, Harper Perennial, 2002 (trad. cast.: *Las diosas de la mujer madura: arquetipos femeninos a partir de los cincuenta*, Barcelona, Kairós, 2017).

Índice analítico y de nombres

ACERCA DE LA AUTORA

KRISTIN NEFF obtuvo su doctorado por la Universidad de California, Berkeley, con sus estudios sobre desarrollo moral. Realizó dos años más de posdoctorado en la Universidad de Denver, donde estudió el desarrollo de la identidad personal. En la actualidad es profesora asociada de Psicología Educativa en la Universidad de Texas en Austin. Durante su último año de posgrado, Kristin empezó a interesarse por el budismo. Desde entonces practica meditación siguiendo la tradición de Insight Meditation. Durante su trabajo posdoctoral decidió realizar una investigación sobre autocompasión, un concepto fundamental de la psicología budista que todavía no se había analizado empíricamente. Kristin es pionera en este campo de investigación. Hace casi veinte años creó una escala para medir el nivel de autocompasión. Además de escribir numerosos artículos académicos y capítulos de libros sobre el tema, es autora de *Sé amable contigo mismo: el arte de la compasión hacia uno mismo*. En colaboración con uno de sus colegas, el doctor Chris Germer, Kristin ha desarrollado un programa de formación empíricamente demostrado, llamado Mindful Self-Compassion, que imparten miles de maestros en todo el mundo (<www.Cen terforMSC.org>). Además, son coautores de *Cuaderno de trabajo de mindfulness y autocompasión* y *Teaching the Mindful Self-Compassion Program: A Guide for Professionals*. Para más información sobre autocompasión, incluyendo un test de autocompasión, artículos de investigación, prácticas guiadas y agenda de talleres de la doctora Neff, consulta <www. self-compassion.org>.